KB092923

문예신서
223

담화 속의 논증

정치 담화, 사상 문학, 허구

루스 아모시

장인봉 / 이보영 / 정지혜 / 정효영 / 조현경 / 최연희 옮김

東 文 選

담화 속의 논증

Ruth Amossy
L'argumentation dans le discours
discours politique, littérature d'idées, fiction

This edition was published by arrangement
with Les Éditions Nathan, Paris
through BF Agency, Seoul

머리말

　고대 그리스 문화에 의해 고안되었던 수사학은 실제 연설에 관련된 효과적인 말에 대한 이론으로 간주될 수 있다. 고대인들에게 있어서 수사학은 도시의 시민들이 최대한 다양한 주제들에 대하여 청중을 설득하는 기술의 기초를 세우는 학습과 분리될 수 없는 것이었다. 알다시피 수사학은 시대의 흐름에 따라 점차 설득술보다는 말을 잘하는 기술로 되었다. 그것은 담화의 장식들에 속하는 많은 문채들로 축소되어 마침내 확신을 이끌어 내는 능력을 언어에 부여하는 첫번째 사명을 잊어버렸다.

　아리스토텔레스에게서 유래되었고 카임 페렐만에 의해 명예가 회복된 훌륭한 전통을 잇는 담화에서의 논증분석(이후 '논증분석')은 말로 된 또는 글로 쓰여진 담화가 대중에게 영향을 끼치고자 하는 방법들을 기술하고 설명할 것이다. 그러므로 이러한 분석은 그것이 실행되는 구체적인 의사 소통 상황에서 말의 힘을 연구한다. 그것은 화자와 청자가 사용하는 언어 수단들을 통해 상호 작용하는, 즉 서로서로에게 영향을 행사하는 방식을 연구한다.

　의사 소통의 우위가 명확히 드러나는 범위에서 전개되는 논증분석은 방법들의 가능한 한 완벽한 목록을 만들고자 하는 낡은 수사학적 전통과는 단절된다. 그것의 목표는 보충적인 분류를 제공하거나 종종 열의를 꺾는 많은 학술적인 명명을 답습하는 것이 아니다. 물론 논증분석은 모든 설득 시도가 동원하는 수단들의 본질에 대해 자문하지만 논증을 정의하는 언어 교류 공간에 그 수단들을 설정하려고 한다. 그런데 논증이 다소 효과적인 수사학적 방법들의 사용에만 그치는 것은 아니다. 또 논리적으로 타당한 논거의 사용과 혼동되지도 않는다. 즉 논증은 추론의 전개로 귀착되지 않는다. 논증이 이와 분리될 수 없는 것은, 필리프 브르통이 잘 말해 주듯이, 그것이 단지 '의사 소통 상황에서 추론을 사용'하기 때문이다.(1996: 3) 설득 기획에 적극 참여하는 화자와 그가 자신의 관점들로 끌어들이고자 하는 청자 사이의 상호 작용이 중요하다.

진행중이고 상황에 처한 언어 활동을 연구한다는 점에서 논증분석은 오늘날 언어 활동의 사용을 맥락 속에서 숙고하는 화용론의 다양한 경향을 따라 나타난다. 오늘날 언어과학의 진전은 고대 수사학이 남긴 유산에 결실을 맺게 한다. 발화체들의 의미에 관한 질문, 담화의 일관성 원칙들, 대화적 상호 작용들을 중심으로 하는 최근의 연구들은 모두 담화의 논증적 기능 작용을 고려한다. 그것들은 그렇게 함으로써 텍스트들의 언어적 측면에 중점을 두고자 하는 분석의 도구들을 풍부하게 하고 다듬는 데 기여한다. 따라서 논증분석은 수사학과 밀접한 관련이 있는 언어과학의 영역에서 나타난다.

그러나 여기서 문제시되는 것은 담화에 내재된 논증 차원이지 안스콩브르와 뒤크로에게서처럼 언어에서의 논증이 아니다.(서론 참조) '담화(discours)'는 소쉬르적 의미에서 체계로서의 '언어(langue)'와는 대조적으로 화자에 의한 언어 활동의, 즉 맥락 속에서 언어 용법의 사용이라는 일상적인 의미로 취해진 것이다. 담화에서의 논증분석은 발화 작용 장치(어떤 담화 상황에서 누가 누구에게 말하는가)와 상호 작용의 역학(어떤 논리와 전략에 따라서 상대방들간의 교류가 실행되는가)을 고려한다. 그러나 그것은 또한 제도적·사회적 그리고 역사적 여건에 특히 중요성을 부여한다. 논증적 담화가 언어를 통해 이성을 지닌 청중에게 영향을 끼치고자 하는 시도를 구성한다는 점에서 보편적인 양상을 지닌다면, 그것은 또한 많은 사회 문화적 요소들을 지닌다. 제도적 입장들(정치가와 대중에게 같은 방식으로 말을 건넬 수 없다), 장르의 제약들(우리는 상거래에서의 상대방과 법정에서의 판사에게 같은 방식으로 영향을 미치지 않는다), 예의 범절(우리는 프랑스나 미국 또는 일본에서 같은 방식으로 대화 상대방에게 영향을 끼치지 않는다)을 고려해야만 한다. 모든 말은 상황에 놓이고, 규칙이 문화와 시대에 따라 변화하는 사회적 공간에서만 의미를 지니고 그 효력을 획득한다.

요컨대 담화에서의 논증분석은 말의 효력을 그것의 제도적·사회적 그리고 문화적 차원에서 연구할 것이다. 그것을 설명하고 그 방법들을 시험하기 위해서 우리는 (전부는 아니지만) 다양한, 특히 프랑스 자료체의 사례들을 인용할 것이다. 전적으로 현대의 예들을 선호한다고 해서 고찰된 방식들이 옛날의 텍스트들에 적용되지 않음을 뜻하는 것은 절대 아니다. 그것은 단지 이러한 분석적 접근이 우리의 현실에 대한 올바른 이해를 위해 얼마나 중요한가를 보여 주고자 하는 것이다. 가능한 한 폭넓게 다루기 위해서 우리는 국회에서 말해진 담화, 평화주의적 성명서, 여성운동 전단지 또는 정치 구호에 집중할 것이다. 우리는 관념 토론, 신문 논쟁, 그리고 1인칭과 3인칭 시점의 허구적 이야기들을 살펴볼 것이다. 텍스트들을 다양하게 사용함으로써 비문학적인 것과 문학적인 것, 사실적인 것과 허구적인 것, 사회적 하위 계층의 장르들과 귀족적 장르의 것들을 격리시키는 철통 같은 장벽들을 없애게 해줄 것이다. 그것들의 특수성을 지우고 부당하게 섞어 버리는 것은 아니다. 반대로 논증분석이 속하는 담화분석은 장르들의 특성에 근거하고 제도적 분할을 고려한다. 그래도 역시 매우 다양한 담화들이 논증적 측면 아니면 논증적 목표를 포함할 수 있으며, 이러한 측면은 이끌어내는 것이 중요한 공통의 요소들과 메커니즘들을 포함한다.

매우 다양한 담화 장르들의 논증적 측면을 파악할 수 있게 해주는 분석 모델의 확립은 여러 단계들을 거칠 것이다. 고전 수사학과의 관계 속에서 현대 접근 방법들을 개관적으로 소개함으로써 담화의 논증분석을 설립하고, 그것의 구성 원리들을 이끌어 낼 수 있을 것이다.(서론) 다음 장들에서는 체계적으로 연구해야 하는 중요한 담화의 여러 가지 양상들을 소개할 것이다: 1) 담화의 발화 작용 장치를 구성하는 청중과 연설자의 에토스(즉 연설자 자신의 소개)(제I부); 2) 한편으로는 공유된 명백한 사실들과 통념이, 다른 한편으로는 생략 삼단 논법과 유추가 나타내는 논증적 상호 작용의 토대들(제II부); 3) 로고스와 파토스의 긴밀한 결합에서의 논증이 동원하는 언어 수단들과 문채들의 논증적 기능(제III부); 4) 논증적 담화에 틀을 제공하는 장르의 중요성(제IV부). 이 마지막 부분은 다른 곳에서 이미 동원되었던 전체적인 틀을 다시 검토함으로써, 정치 담화에서 차용한 예들에 대한 더욱 완성된 논증분석에서부터 소위 '상상'이라고 여겨지는 문학과 허구적 이야기까지를 시험할 수 있게 될 것이다.[1]

---

1) 우리의 연구는 광고논증에 대해서는 다루지 않으며, 이는 같은 총서에서 출간된 장 미셸 아당(1997)의 훌륭한 저서를 참고하기 바란다.

차 례

머리말 ———————————————————————————————— 5

서 론 논증분석: 영역, 대상, 방법 ——————————————— 13

1. 논증분석의 수사학적 토대 ————————————————— 14
2. 논증분석의 논리학적 토대 ————————————————— 24
3. 논증분석의 화용론적 토대 ————————————————— 29
4. 담화의 논증분석: 그 절차와 대상 ————————————— 41

제 I 부 발화 작용 장치들

제1장 청중에 적응하기 ——————————————————— 53

1. 청중: 정의와 특성 ———————————————————— 54
2. 담화에서 청중의 기재 —————————————————— 58
3. 동질적 청중과 혼합적 청중 ———————————————— 66
4. 보편적 청중에 대한 문제 ————————————————— 80
5. 논증적 전략으로서의 청중의 구축 ————————————— 85

제2장 연설의 에토스 혹은 연설가의 연출 —————————— 89

1. 고전 수사학: 에토스, 담화 이미지인가,
   텍스트 외적 조건인가? —————————————————— 89
2. 언어과학과 현대 사회과학 ———————————————— 95
3. 논증분석에서의 에토스 —————————————————— 102

4. 사례 연구 ———————————— 108

5. 선결 에토스의 수정 ———————————— 118

제 II 부 논증의 근거

제3장 그럴듯함과 자명함: 통념, 상호 담화, 일반 공리 ——— 127

1. 통념 또는 여론의 힘 ———————————— 128

2. 통념, 통념적 요소, 상호 담화 ———————————— 134

3. 수사학에서의 일반 공리: 아리스토텔레스에서 페렐만까지 ——— 141

4. 통념적 요소의 형태: 토포이, 사회 통념, 전형 ——————— 152

제4장 생략 삼단 논법과 유추 ———————————— 163

1. 삼단 논법과 생략 삼단 논법 ———————————— 165

2. 논증적 의사 소통에서의 오류 ———————————— 178

3. 예시, 또는 유추에 의한 증거 ———————————— 189

제 III 부 로고스와 파토스의 방식

제5장 논증분석을 위한 화용론적 요소들 ———————————— 203

1. 말해진 것: 제시와 연결의 전략 ———————————— 204

2. 말해지지 않은 것, 또는 함축의 힘 ———————————— 213

3. 연결사 ———————————— 224

제6장 논증에서 파토스와 감정의 역할 ———————————— 231

1. 이성과 열정 ———————————— 232

2. 논증적 상호 작용 안에서의 감정 ———————————— 240

3. 담화 안에 감정의 기재 ———————————— 252

제7장 로고스와 파토스 사이: 문채 ———————— 259

1. 논증성과 문채성 ———————————————— 259
2. 문채와 파토스 ————————————————— 260
3. 상투적 표현의 힘 ——————————————— 263
4. 새로운 것과 예기치 못한 것 —————————— 265
5. 문채, 텍스트의 일관성과 논증 ————————— 268

제 IV 부 담화 장르

제8장 형식적 · 제도적 틀 ————————————— 277

1. 이론적 고찰 ————————————————— 277
2. 선거 슬로건의 불가사의한 힘 —————————— 284
3. 논쟁적 토론:《르몽드》에서 〈중성형에 대한 논쟁〉 ——— 293
4. 허구 이야기와 그 장치:《1914년 여름》의 예 ———— 304

결 론 ————————————————————— 317

별 첨 ————————————————————— 321

별첨 1: 로맹 롤랑,《싸움을 넘어서》———————— 321
별첨 2: 폴 데룰레드의 기념 담화 ————————— 322
별첨 3: 장 조레스의 국회 담화 —————————— 323
별첨 4: 앙리 바르뷔스의《포화: 분대 일지》————— 324
별첨 5: 〈삽화가 있는 알자스〉의 '잡지 광고 전단' ——— 326
별첨 6: 마르크 푸마롤리, 〈중성형에 대한 논쟁〉 ——— 328

참고 문헌 ———————————————————————— 335

역자 후기 ———————————————————————— 345

색 인 ———————————————————————— 347

서 론

논증분석: 영역, 대상, 방법

　논증분석의 쟁점과 방법을 잘 이해하기 위해서는, 그것을 현대 지식의 영역 안에 다시 놓고 생각해야 한다. 이어질 간략한 개관은 논증분석이 준거하는 학문들을 연대기적으로 완벽하게 설명하거나, 논증분석을 정의하는 데 참고할 수 있는 이론들을 총망라코자 하는 것은 아니다.[1] 좀더 겸허하게 현대적 관점에서, 그리고 시간 선상에서 논증 그리고/또는 담화의 효율성에 관한 주된 접근들을 소개하고자 하는 것이다. 매우 다양한 경향의 지지자들은 '논증' '수사학' '설득' 또는 '비언표적 효력'을 어떤 의미로 사용하는가? 그들은 그들의 정의로부터 어떤 탐구 방법을 이끌어 내며, 논증적 담화에 대하여 어떻게 접근하는가? 우리는 논증의 수사학적 · 논리학적 그리고 화용론적 토대를 검토할 것이다. 이러한 개관은 설득술 안에서 상호 작용의 언어적 구성, 논리적 추론, 그리고 미학이 종종 품고 있는 복잡한 관계에 대한 일련의 문제들을 제기하면서 논증분석의 영역과 방법을 제시해 줄 것이다.

---

　1) 수사학의 역사에 대하여, 최근의 두 저서를 유익하게 참조할 것이다: 미셸 메이예 편, 《그리스로부터 오늘날까지 수사학의 역사》(1999); 마크 푸마롤리 편, 《근대 유럽에서의 수사학의 역사》(1999). 그리스와 로마에서 고대 수사학에 관한 조르주 케네디 (1963, 1972)의 고전이 된 저서는, 파티롱(1990)과 데보르드(1966)의 저서처럼 여전히 유익하다. 논증 이론의 연대순 기록을 위해서는 필리프 브르통과 질 고티에(2000)의 개설을 참조할 것이다.

1. 논증분석의 수사학적 토대

설득술로서의 아리스토텔레스의 수사학

말의 사용은 인간에게 영향력을 행사하기 위하여 주어졌다. 이것이 기원전 329년에서 323년 사이에 쓰여진 아리스토텔레스의 《수사학》의 입장이다. 이는 "각각의 문제에 대하여 설득하는 데 적절할 수 있는 것을 생각하는 능력"으로 정의된 원리를 보여 준다.(아리스토텔레스, 1991: 82[2])

아리스토텔레스의 수사학은 미셸 메이예가 지적하였듯이 "담화에 의한 수단과 목적의 관계 설정에 대한 분석"이다.(앞글: 20) 그것은 사람들이 그들을 갈라 놓는 거리를 강조하거나 줄이기 위하여 협상하는 방식을 연구한다.(메이예, 1993: 22)

여기서 기원전 5세기에 코락스라는 시칠리아인이 고안하고 플라톤의 《고르기아스》(약 기원전 388)에서 이미 열띤 논쟁을 불러일으킨 아주 오래된 학문의 역사를 서술하지는 않겠다. 하지만 설득술로 정의되는 고대 수사학의 사회적 · 문화적 특성만은 강조되어야 한다. 법과 관례를 갖춘 정치적 · 제도적 공간인 폴리스(polis)의 틀 안에 위치된 효과적인 말은 "인간 집단이 그들을 집합시키고, 활력을 주며, 동기를 부여하는 상징적 가치들의 주변에 구성되는 순간으로부터만 […] 생각할 수 있다."(몰리니에, 1992: 5) 같은 사고의 맥락에서 말에 의한 설득술은 판단의 자유로운 행사를 전제한다는 것을 환기해야 된다. 수사학은 청자가 힘에 의해 강요되지 않고도 스스로 동의를 나타낼 수 있는 곳에서만 의미를 가진다.

대중의 결정이 토론을 불러일으켰던 자유로운 도시국가, 폴리스의 산물인 고대 그리스의 수사학은 논쟁의 조정을 통하여 정의의 진행을, 대중적

---

2) 여기서는 편의상, 그리고 메이예의 서문을 이용하고자 포켓판을 채택했다.

발언의 실행을 통하여 민주주의의 올바른 기능 작용을 가능케 했다. 그래서 고대 그리스의 수사학은 특히 재판적인 것과 토의적인 것(넓은 의미의 정치, 또는 미래에 관한 결정을 요구하는 모든 것)을 대상으로 삼은 것이다. 그리고 거기에 과시적인 것, 또는 의식에서 행해지는 화려한 담화(찬사, 기념 담화 등)가 첨가되었다. 수사학은 아리스토텔레스의 《수사학》에서 이 세 가지 차원으로 개념화·형식화·정리되었는데, 이것은 이미 키케로에게는 학문의 주된 기준으로 나타난다.

아리스토텔레스로부터 유래한 개념 안에서 수사학은, 청중에게 합리적인 것으로 보일 수 있는 입장을 따르게 함으로써 영향을 주려고 마련된 말로서 나타난다. 수사학은 의견을 채택하고, 결정을 내리는 것이 중요한 모든 인간 영역에서 필연적으로 인간의 능력 밖인 절대적 진리가 아니라 그럴듯해 보이는 것에 근거를 두면서 실행된다. 적에 직면하여 행동 방침을 선택해야 하는 군중, 그의 고객에게 과해진 혐의를 벗겨야 하는 변호사는 절대적인 확실성에 기대를 걸 수 없다. 인간사에 관한 것은 증명할 수 있거나 증명된 진리의 이치에 좀처럼 속하지 않는다. 진실임직한 것과 발언할 만한 것은 이처럼 수사학의 경계를 구성한다. 이들이 수사학을 진리의 틀밖에 위치시킨다는 점에서 종종 수사학의 주요한 약점으로 간주되었으나 사실 진실임직한 것과 발언할 만한 것은 수사학의 힘의 원리를 구성한다. 이들은 절대적 진리가 보장될 수 없는 수많은 분야에서 합리성의 규범에 따라 추론하고 의사 소통토록 해준다.

요컨대 수사학에서 말은 언어 교류에서 행사되는 힘을 가진다고 말할 수 있다. 이 언어 교류 동안에 이성을 타고난 인간은 믿고 행하기에 그럴듯하고 합리적으로 보이는 것에 기초하면서, 비강제적인 방식으로 자신의 시각을 동료들로 하여금 공유토록 할 수 있다. 이러한 관점은 아리스토텔레스의 이론에서 말터(lieu commun) 또는 토포스(topos)의 중심성을 설명해 준다. 말터는 우리가 그것에 기초하여 동의를 확립할 수 있는 채택된 도식을 구성하므로 담화는 말터에 의거해야 한다.(II, 3)

아리스토텔레스의 전통에서 수사학은 다음과 같이 정의된다.

1. 화자가 그가 말을 건네는 사람을 고려하는 의사 소통의 과정 밖에서는 존재하지 않는 담화: 말하는 것(또는 글 쓰는 것)은 의사 소통하는 것이다.

2. 사고에 영향을 주고자 하는 담화——그럼으로써 현실에 영향을 주고자 하는——따라서 그 용어의 완전한 의미에서 언어 활동: 말하는 것은 여기서 행하는 것이다.

3. 이성을 준거하는 그리고 추론할 수 있는 청자에게 말을 건네는 언어활동: 알다시피 그리스어로 로고스는 이성과 말을 동시에 가리킨다.

4. 설득 목표에 도달하기 위하여 기술과 전략을 사용하는 구축된 담화: 말하는 것은 조직되고 방향지어진 총체 속에서 언어적 자원들을 동원하는 것이다.

아리스토텔레스에게 로고스는 무엇보다도 생략 삼단 논법과 예증법이라는 두 가지 작용에 기초한다. 첫번째 것은 불완전한 삼단 논법이며 연역에서 나온다. 고전이 된 예인 "모든 사람은 죽는다, X는 사람이다, 따라서 X도 죽는다"는 그 구성 요소들 중 단 하나로 축소될 수 있다. 스스로를 누구와도 바꿀 수 없다고 믿는 어떤 사람에게 삼단 논법의 대전제, 즉 "모든 사람은 죽는다"를 내세우는 것으로 충분할 수 있다.(II, 2) 예증법은 유추에 근거하고 특별한 것에서 일반적인 것으로 이동하는 귀납에서 나온다. 아리스토텔레스의 예들보다 나중의 한 예를 들자면 돌아온 탕아의 비유를 언급할 수 있을 것이다.

그렇지만 담화와 이성으로 이해되는 로고스가 아리스토텔레스에게는 수사학적 설득 기획의 중심점 중 하나일 뿐임을 강조해야 한다. 그에게 있어

담화에 내재하는 증거는 세 가지 종류이다. 하나는 연설자의 도덕적 특성에 있고, 다른 것은 청중의 재량에, 그리고 끝으로 다른 하나는 담화가 설득

력 있거나 설득력 있어 보일 때 담화 그 자체에 있다.

(아리스토텔레스, 1991: 83)

따라서 에토스의 중요성을 과소 평가해서는 안 된다. 에토스란 연설자가 그의 담화 안에 자신을 투영하는 이미지인데, 이것은 그의 신뢰성과 권위를 확신시키는 데 크게 이바지한다. 사람들은 정직이 의심스러운 사람보다는 정직하다고 알려진 사람에 의해 더 쉽게 설득된다. 또한 연설자가 그의 청중에게 불러일으키고자 하는 감정인 파토스에도 정당한 자리를 부여해야 한다. 왜냐하면 동의를 이끌어 내고 행동의 본보기를 만들고자 한다면 설득하는 것만큼이나 감동시키는 것이 중요하기 때문이다. 판사는 동정심이 불러일으켜진 피고에 대한 형벌을, 어떤 감정에도 호소하지 않고 제출된 사건의 피의자에 대한 형벌보다 더 쉽게 경감시켜 줄 것이다. 시민들은 냉정한 논리보다는 적에 대한 분노를 일으키는 담화에 의해 더 쉽게 무기를 들 것이다.

각각 연설자와 청중을 중심으로 하는 에토스와 파토스의 차원이, 추론에 집중된 논증 이론에서 언제나 그들의 정당한 중요성에 따라 평가되었던 것은 아니었다. 하지만 아리스토텔레스의 관점에서 그것은 대단한 중요성을 띤다. 《수사학》은 에토스의 우위를 강조하며, 책 한 권 전체를 파토스에 바쳤다. 따라서 아리스토텔레스의 수사학이 1) 화자의 문채가 결정적인 역할을 하며, 2) 이성과 열정이 연관된 부분을 갖는다는 관점에서 사회적 행위의 모터로서 말의 효력을 검토한다는 것을 강조해야 될 것이다.

문채에 관한 개론으로서의 수사학

수사학을 설득을 목표로 하는 담화로 보는 이 견해는 점차 말을 잘하는 기술로 보는 견해와 경합을 벌이다가 결국 그 자리를 잃게 되었다. 일반적으로 (철학에 속하는) 변증법적 추론과 그후 문채로 (그리고 특히 문채와 전의로) 축소된 수사학의 분리는 파리 루아얄콜레주대학교 교수인 피에르 드라 라메, 일명 라무스(Ramus)에게로 거슬러 올라가게 한다. 고전 수사학은 다음과 같은 주요한 다섯 부분에 기초한다.

- **착상**(l'invention), 담화에 이용할 재료들의 탐색.
- **배열**(la disposition), 담화 안에 재료들의 조직화.
- **미사여구법**(l'élocution), 문체의 문제.
- **암기**(la mémoire), 담화를 기억하기.
- **행동**(l'action), 목소리와 몸짓에 관련된 대중 연설의 실행.

대중 연설의 구술 실행에 부여된 역할이 점차 축소됨에 따라 암기와 행동이 서서히 사라진 것 이외에도, 수사학에서 착상과 배열이 떼어내져 논리학의 몫으로 보내졌다. 미사여구법과 한편으로 착상, 다른 한편으로는 배열 사이의 이러한 단절은 사실 중세 시대에 교육되었던 것과 같은 지식의 재분배의 특성을 띤다. 수사학은 교양 과목 중 트리비움〔중세 대학의 일곱 과목 중 문법, 수사, 논리〕의 틀 안에서 의미를 갖는데, 거기에서 수사학은 문법——언어 실행의 기초가 되는 규칙 연구——과 논리(헤겔 이전의 의미로)——증명과 반박에 쓰이는 수단 연구——사이에 나타났다. 피에르 드 라 라메의 《논리》(1555)는 추론에 속하는 모든 것, 즉 논제(topique)(추론이 양식으로 삼는 말터)와 배열(추론의 기초가 되는 조직화)을 수사학의 영역에서 논리의 영역으로 양도한다. '라무스의 학설(ramisme)'은 그때부터 수사학을 장식술로 축소하면서 파괴한다. 물론 라틴어 개론들과 그들의 후예들이 이미 장식술에 중요한 위치를 부여했지만 "라무스적 장식과 라틴 장식(ornamentum) 사이에는 치장과 도구를, 겉치레와 기능적인 것을 분리하는 공간이 있다."(쿠엔츠, 1994: 220) 이는 미사여구법으로 축소된 수사학이 현대 문체가 이어받은 그 내용과 형태 사이의 분리를 이행한다는 것을 의미한다.

제라르 주네트가 충분히 해석한 두 저서, 즉 뒤마르새의 《전의》(1730)와 피에르 퐁타니에의 《담화의 문채》(1821-1830)에서 문채의 시대는 절정에 이르게 된다. 주네트는 그의 《축소된 수사학》(1972)에서 이미 더 이상 효과적인 발언술이 아닌 것이 어떻게 차차 문채에 대한 개론이 되고, 그후에 은유와 환유에 집중된 연구가 될 정도로 좁혀졌는지를 보여 주었다. 뒤마르새가 기초를 다진 《전의적 축소》는 수사학을 단호하게 유사성(은유)과 인접성(환유)의 관계들만으로 유도한 퐁타니에의 기획으로 이어진다. 이 '모범적인 문채의 쌍'은 20세기에 야콥슨이나 μ그룹(1970)과 같은 시학에 열중한 언어학자들이 의해 재개되었다.

소쉬르가 시작한 구조주의 언어학의 위대한 시기인 1960년대부터 수사학이 문채 차원에서 누린 관심의 회복은 전통적 개론들에 비하여 이중 변화를 나타낸다. 우선 한 체계의 법칙을 연구하는 과학의 영역에 위치한 그 당시 사람들은 일반 규칙들을 끌어냄으로써 담화 사실들을 분석코자 한다. 그들은 범주화를 하거나 분류학을 제공코자 하는 것이 아니라 명료함의 모델을 구축하고자 한다. 다음으로 그들의 연구 활동은 고대 시대부터 수사학의 영역에서 시작된 이행, 즉 웅변술에서 문학으로의 이행을 완성하고 확립한다. 그들의 기획은 전적으로 문학적 담화와 문학성(또는 그것을 문학적으로 만드는 담화의 내재적 속성)으로 향한 그들의 관심과 관련된다. 《일반 수사학》의 저자들 중 한 사람인 장 마리 클린켄베르그는 다음과 같이 말하기에 이른다: "일반 수사학은 문학에 특수해 보이는 언어 구조에 대한 탐구에 의해"(1996: 340) 다시 말하면 "그 과정에서 문채의 개념과 같은 고대 수사학의 틀에서 고안된 개념들을 만난 시학에 의해 자극을 받은 언어학자들에게서 발전되었다."(앞글: 341) 수사학을 문학으로만 제한하지 않고──문채는 소위 '문학적' 또는 '시적' 담화를 사방에서 벗어났다──, 구조주의에 몰두한 새로운 수사학은 특히 미학을 중심으로 전개된 언어의 사용에 관심을 가졌다.

라무스에서 구조주의로부터 발생한 새로운 수사학에 이르기까지 우리는 현대 언어과학의 틀에서 논증분석이 갱신하고 연장하는 아리스토텔레스의 모델과는 반대 지점에 있다.[3] 그래도 문체에 대한 고찰의 중요성은 논증과 함께 문체가 품고 있는 복잡한 관계에 관한 풍부한 문제들을 제기할 것이다. 사실 어느 정도로 문체가 발언의 효과에 기여하는지를 자문해 볼 수 있다. 달리 말하면, 수사학에서 어떤 자리를 미학에 부여해야 하는가? 광고와 문학적 담화처럼 널리 문체의 효과에 호소하는 담화의 유형들에서 어떻게 수사학과 미학이 결합되는가? 오늘날 몰리니에와 안 에르슈베르 피에로와 같은 몇몇 문체론자들이 이 문제에 착수했다. 그렇지만 어떤 방식으로 아름다움이 사회적 의사 소통의 공간 안에서 청중의 자유로운 동의를 획득하는 가능성을 강화시키는지에 대한 문제는 여전히 활짝 열려진 채로 남아 있다.

카임 페렐만의 신수사학

문채의 분류와 분석의 기획으로서의 '축소된 수사학'과 관계를 끊음으로써 카임 페렐만의 신수사학은 사회적 교류의 차원에서 검토되는 말의 힘에 대한 풍부한 고찰을 되살린다. 고대 수사학의 근원으로 돌아가는 1958년(1970년부터 여러 번 재판됨) 페렐만과 올브레히츠-티테카에 의해 편찬된 《논증 개론: 신수사학》에서 논증은 "동의를 얻고자 제시하는 주장에 대한 사람들의 동의를 불러일으키거나 증대시키게 해주는 담화 기술"로 정의된다.(페렐만과 올브레히츠-티테카, 1970: 5)

이러한 전향은 그것이 모든 논증의 의사 소통 차원에 역점을 두기 때문에 더 중요하다. 자신의 담화로 영향을 주기 위하여 연설자는 그가 말을 건네는 사람(들)에게 맞추어야 한다: "연설자는 그가 영향을 주기를 원한다

---

3) 클린켄베르그가 최근에 그녀가 사람들이 받아들인 것만큼 급진적인 것은 아니라는 것을 보이기 위하여(클린켄베르그, 1996) 두 신수사학간의 단절 문제를 재개했다는 점을 주목하자.

면 그의 청중에게 맞추어야만 한다."(앞글: 9) 페렐만은 담화를 발화하거나 쓰는 사람을 구별 없이 연설자(orateur)라고 하며 "연설자가 자신의 논증으로 영향을 주고자 하는 이들의 총체"를 폭넓게 청중(auditoire)이라 한다.(앞글: 25) 연설자는 선택의 방향을 바꾸고자 하고, 행동을 야기시키려 하며, 적어도 적절한 시기에 표출될 수 있는 행동에의 경향을 만들어 내려고 한다. 이는 그가 자신의 말을 듣고 있는 사람들의 믿음, 가치, 의견을 고려함으로써만 가능하다. 즉 연설자는 그의 대화 상대방들의 문화적 유산에 속하는 '지배적 의견'과 '만인이 인정하는 신념'을 고려해야 함을 의미하는 것이다. 청중이 다소 논쟁의 대상이 되는 주장에 동의하도록 만들기 위해서 화자는 일치점들에서부터 출발해야만 하는데, 이 일치점들이 보편적인 위계와 가치를 근거로 결정함으로써 사고의 일치를 수립하게 하는 논증의 전제들이다. 그리고 나서 연설자는 그의 논증을 말터(lieux communs)(아리스토텔레스의 토포이) 즉 공유된 추론 도식에 기대게 하는데, 그 안에 자신의 고유한 논거들을 슬그머니 넣는다. 이렇게 연설자는 처음에는 전제에 부여된 동의를 결론으로 옮길 수 있을 것이다.

이러한 관점은 모든 개인 상호 관계를 외면하는 논리적 추론의 전개로서의 논증 개념과 단절하는 것이다. 페렐만에게는 설득 작업에서 논거와 논거의 연결 유형들의 중요성을 과소 평가하는 것은 문제가 아니다. 오히려 이러한 작업들을 그들의 틀, 즉 연설자와 청중간의 교류 안에 재통합하는 것이 문제이다. 물론 청중은 발언을 하지 않을 때에도 교류에 참가하는 것이다. 그래서 페렐만은 증명과 논증을 분리하는 차이를 강조한다. 증명이 수신자의 동의를 얻지 않아도 되는 공리에 근거하고 그것으로부터 결론을 이끌어 낸다면, 논증은 앞서 동의의 대상이 되어야 하는 전제에 근거한다. 논증은 "정신적 접촉의 존재를 가정한다."(페렐만, 1970: 18) 정신적 접촉은 "심리적·사회적 조건들에 대한 고려를 필요로 하며, 그런 조건들이 없다면 논증은 대상도 효과도 없게 될 것이다."(1970: 18) 요컨대 논증은 주체의 간섭을 외면하는 순수한 논리적 추론의 영역에서 전개되는 연역적 추론이 아니다. 반대로 논증은 화자와 청자간의 상호 관계를 필요로 한다. 설득을 목표로 하는 담화의 역학 속에서 연설자와 청중이 서로에 대해 행사하는 상호 영향은 '신수사학'의 핵심 중 하나를 구성한다.

이러한 틀 안에서 페렐만은 과시적인 것을 재판적인 것과 토의적인 것의 곁으로 복권시킨다. 이것은 토대가 되는 행위로서 그 파장은 상당하다. 고전 수사학은 과시적인 것을 빈약한 논증 사례로 생각했다. 화려한 부분에서 구체적 목적을 지향하는 연설의 실행보다는 구경거리를 보았던 것이다. 물론 페렐만이 계획된 언어 전략으로 청중의 동의를 얻어내고자 하는 담화라는 개념에 충실한 자세를 견지하기는 한다. 하지만 신수사학은 의식(儀式) 도중에 발언되는 공식 담화와 같은 기념 담화가 명시적인 주장을 표명하지 않을 때조차도 충분히 논증적이라고 생각한다. 페렐만에 따르면, 사실 "과시적 담화의 논증은 어떤 가치에 대한 동의의 강도를 증대시키려는 것이다." 즉 그것은 "과장하고 가치를 높이기 위하여 수사학이 지닌 모든 수단들을 이용함으로써 청중들이 인정한 어떤 가치들에 대하여 일치를 만들어 내려 한다."(1970: 67) 과시적인 것이 도시국가의 삶에서 핵심적인 것은 의견의 표명을 결정하는 가치들에 대한 동의, 즉 획득된 것 같지만 언제나 불안정하게 남아 있는 동의를 강화시키게 해주기 때문이다.

과시적인 것의 논증성을 강조함으로써 페렐만은 논증의 범위를 명시하고 영역을 확장한다. 그는 수사학이 아름다움에 중심을 두고 주장을 펼쳐야 할 필요성을 중시하지 않는다는 공통점을 지니는 과시적인 것과 문학적인 것 사이에 전통적으로 설립했던 접근에 새로운 의미를 부여한다. 따라서 그후로 문학은 과시적 담화와 함께 재판적 · 정치적 연설의 곁에서 논증의 영역에 포함된 것으로 나타난다.

일반적으로 말하면 페렐만은 논증의 언어적 측면에서 논증적 담화를 분석하기보다는 논증의 기초가 되는 사고의 도식과 연결 유형에 더 역점을 둔다. 그가 올브레히츠-티테카와 함께 편찬한 《개론》에서 페렐만은 논증 기법을 다양한 유형의 연결로서 간주하는데, 그러한 연결 유형에 따라 그

릴듯한 추론, 즉 청중의 동의를 이끌어 낼 수 있는 추론이 구성된다. 그는 연합 기법과 분리 기법, 즉 요소들간에 어떤 유형의 관계를 세우면서 설득하는 논증과 반대로 혼합되거나 연합되는 경향이 있는 것을 구별코자 하는 논증을 구분한다. 연합에 의한 논증이 페렐만의 관점에서 가장 풍부하다. 여기에는 여러 개의 커다란 범주들이 있다. 우선 유사 논리 논거는 (비모순에서 파생된 양립 불가능성처럼) 형식논리학을 따르지 않으면서 그것과 비슷한 관계를 요소들 사이에 세우는 것이다. 그 다음 실재 구조에 기반한 논거는 (인과 관계처럼) 어떤 요소를 현실의 일부를 이루고 이미 청자에 의해 인정된 것으로 인식되는 다른 것과 연합시키는 것이다. 끝으로 (유추처럼) 연합이 현실의 이미지를 구성하는, 실재 구조를 세우는 연결이 있다. 이러한 일반적 범주들 안에 우리는 여러 방식들을 나타내는 다양한 기법들을 나열할 수 있다.

달리 말하면, 페렐만이 발전시킨 논증 이론은 그럴듯한 추론을 구성하는 연결(또는 분리)을 허용하는 방식들로 이해되는 주요한 논증 기법들에 대한 분류학을 제공한다. 그 자체로서 논증 기법들은 다양한 언어 형태 안에서 전개될 수 있다. 담화의 표명 너머에 위치하는 관계 양식은 개별적인 출현들이 구체화시키게 될 추상적 모델을 구성한다. 신수사학은 그후로 일반적 관점에서 논증적 연결 유형과 그것의 분류에 대한 연구에 몰두한다. 논증적 의사 소통의 보편소들에 대한 목록을 만들면서, 신수사학은 언어적 기능 작용들을 직접적인 고려 선상에서 다루지 않는다.

신수사학은 그렇게 언어적 차원에서 벗어나긴 하지만 청중의 중요성, 논증적 상호 작용에서의 전제와 일치점의 기본 특성, 그리고 논증에 표지를 세우는 공론과 같은 몇몇 주요한 구성 성분들을 강조한다는 점에서 담화분석에 핵심적인 틀을 제공한다. 처음 몇십 년 동안은 (오스틴과 같은) 언어철학자들이나 (뒤크로와 같은) 화용론자들이 페렐만의 저서를 참고하지 않았지만 오늘날에는 언어학자들과 담화분석가들(장 미셸 아당, 마르크 앙주노, 마르크 도미니치, 로젤린 코렌, 크리스티앙 플랑탱)이 점점 더 페렐만의 저서에서 언어학 연구를 위한 풍부한 원천을 보고 있다. 분명 《랑가주》 2000년 3월호 〈담화기호학과 수사학의 경향〉이 페렐만을 참조하는 것은 우연이 아닐 것이다.

2. 논증분석의 논리학적 토대

신수사학은 많은 현대 논증 이론들과 마찬가지로 형식논리학에 대안을 제시하고자 하는 철학의 영역에 포함된다. 아리스토텔레스의 진정한 후계자인 페렐만은 진실임직한 것으로 생각되는 주장을 받아들이게 만드는 기술과 형식적 작업이 진리에 이르게 해야 하는 논리학을 구별한다. 있을 법한 것과 발언할 만한 것 속에서 사라져 가기 때문에 도시국가의 토론에서 행해지는 구술 논증은 형식논리학을 지배하는 작용들을 통해서는 이행될 수 없다.

> 보다 바람직한 것, 받아들일 만한 것, 그리고 합리적인 것을 세우는 것이 중요한 분야에서 추론은 형식적으로 정확한 연역이나 특별한 것에서 일반적인 것으로 이행하는 귀납이 아니라 사람들의 동의에 제시한 주장에 대하여 동의를 획득하는 것을 목표로 하는 모든 종류의 논증을 의미한다.
>
> (페렐만, 1977: 9-10)

이미 본 것처럼, 이는 형식논리학이 (추상적으로가 아니라) 청중과 대면하고 (청중의 앞선 동의가 필요 없는 공리가 아닌) 그들과 공유하는 전제의 기초 위에서, (형식화된 언어라기보다는) 자연 언어로 이루어진 추론을 분석하는데 적절치 못하다는 사실에 기인한다. 하지만 형식논리학이 구술 논증에 적용될 수 없다는 것이 구술 논증이 논리학의 영역을 벗어난다는 것은 아니며, 합리성을 벗어난다는 의미는 더더욱 아니다. 인지적 작용과 목적지향적 조직화를 포함하는, 사회적 맥락 속에서 자연어로 실행된 추론으로 간주되는 논증은 자신의 고유한 논리를 지닌다. "따라서 논증이 수학적으로 처리되지 않을 때 사고가 어떻게 작용하는지를 파악하는——적어도 기술하는——문제가 제기된다."(그리즈, 1996: 115)

논리적 탐구가 논증이라는 광범위한 영역을 계속해서 지배하는 것은 바로 이러한 전체적 목표 안에서이다. 구술 논증의 언어적 차원을 강조하는 담화에서의 논증분석과는 반대로 추론의 방식과 규범들을 분석코자 하는 다양한 경향이 존재한다. 규범적 경향을 가진 앵글로색슨의 영향을 받은 '비형식논리학'이나 기술적 목표를 가진 뇌샤텔(Neuchâtel)학파의 '자연논리학'의 경우도 그러하다. 이 두 영역으로의 짧은 우회는 담화분석이 다른 목적을 추구한다 할지라도 그들에게서 빌어올 수 있는 것을 이용하기 위해서는 필수 불가결하다.

비형식논리학과 오류에 관한 연구

1970년대부터 소위 '비형식' 논리학(informel logic)이 북미에서 발전했다. 비형식논리학은 수학적 영향을 받은 논리학과는 반대로 구체적 경우들에서 표현되는 것과 같은 일상적 삶 속에서의 추론을 대상으로 한다. 다양한 확장 속에서, 이 논리학의 분파는 논거에 대한 분석뿐만 아니라 평가까지도 허용하는 도구들을 발전시키려 한다. 따라서 이는 형식논리학의 틀 밖에서 유효한 추론을 구성하는데 집중된 철학적 분야에 관계된다. 비형식논리학은 같은 시기에 폴리스에서 산출된 담화에 대한 비판적 분석 방법을 정리하려는 이들의 관심사와 일치한다. 이는 미국인들이 **비판적 사고**(critical thinking)라 부른 것으로 비판적 분석에 대한 개인들의 타고난 능력을 발전시키고자 했다. 구체적으로 말해서 이는 분석 도구 이상으로 정신 상태를 학생들에게 주입시키기 위한 강의를 장려하는 것이었다. 물론 비판적 사고는 논거에 대한 연구와 그것의 유효성에 대한 검토만으로 한정되지는 않는다. 하지만 비판적 사고는 그것들을 포함하며 그래서 이 두 분야——학문으로서의 비형식논리학과 학습의 대상이 되는 총체적 능력으로서의 비판적 숙고——는 종종 혼동되었다.

비형식논리학은 특히 논거의 본질과 구조(논거란 무엇인가?), 그것의 유효성을 보증하는 기준(좋은 논거란 무엇인가?), 그리고 오류의 다양성(무엇이 논거의 효력을 상실케 하는가? 어떻게 무효한 논거의 유형들을 탐색하고 목록을 만들 수 있는가?)에 대해 자문했다. 이러한 의문은 《소피스트적 논박》에서 추론의 악습들을 나열하고 설명하려 했던 아리스토텔레스에게로 거슬러 올라간다. 이는 무엇이 논거가 유효하게 보이게 하며, 그 결과로 무엇이 그렇지 않게 하는지를 이해하는 데 관련된 문제였다. 이것이 **오류**(paralogismes)라고도 불리는 거짓 논거이다(영어로는 fallacies).

비형식논리학은 논증을 기술하고 평가하는 것에 대한 관심에서 오류에 대한 연구를 상당히 확장시켰다. 오류에 대한 연구에서 규범적 차원은 기술적 사명보다 우세하다. "왜 너는 계속 담배를 피우면서 나에게는 담배를 끊으라는 거니?"에서, 이는 단지 **사람을 향한**(ad hominem)(논의되는 것을 대상으로 한다기보다 사람을 대상으로 하는) 논거를 기술하는 것만이 아니라 거짓 추론을 알리는 것이다. 사실 제안자가 담배를 피우건 피우지 않건 그의 대화 상대방에게 흡연이 덜 해로워지는 것은 아니다.

1970년 함블린의 저서 《오류들》에 의해 재개되고, 우즈와 월턴(Woods et Walton, 1982, 1989)의 연구 활동으로 재구상된 오류의 문제는 많은 논평을 불러일으킨다. 담화분석자들에게 오류의 문제는 논증적 담화에 대한 검토에서 어느 정도로 논리적 실패들을 줄일 수 있는가라는 문제를 제기한다. 설득 작업에서 유효한 논거와 궤변을, 이성에 대한 호소와 조작을 구별하는 것은 필수불가결하지 않은가? 평가하는 것과 판단하는 것에 대한 거부는 의심스런 실행을 드러낼 수 있는 모든 비판적 접근을 방해할 위험이 있다. 같은 위험이 유일한 기준이 효율성인 규범적 접근을 위협한다. 좋은 논증이 효력이 있는 것이라고 생각하는 것은 의심스런 조작과 거짓 추론들에 입각하여 영향력을 얻어내려는 담화를 드러나게 해주지 않기 때문이다. 고대부터 수사학에 가해진 모든 비난들이 그 점에 기인하며 이는 종종 수사학이라는 용어를 궤변론과 조작의 동의어로 만들었다. 담화에 대한 규범적 접근이 정립된 것은 오류를 포함하여 가능한 모든 수단으로 사람들에 대한 지배력을 얻어내려는 시도들로부터 유효한 추론과 타당한 논증을 분리하기 위해서이다.

논증 담화를 진실성의 모델과 결부시키는 것을 거부하고 담화의 실행에 대한 기술로 그치려 하는 분석자는 그때부터 자신을 비판적 관점에 남아 있게 해주는 해결책을 찾아야만 한다. 사실 기술적 접근은 규범적 접근만큼이나 사회적 상호 작용의 차원에서 취해진 언어 교류에 대한 비판에 기여하고자 한다. 이 저서를 통해 보게 될 것처럼 논증분석은 담화의 기능에 관하여 상세히 검토하는 것이 그의 상대자에게 영향을 끼치려는 방식에 대한 폭로는 아닐지라도, 해명이라는 생각에 의지한다. 달리 말하면 분석이 그 자체로 비판의 도구인 것이다. 이러한 관점에서 오류에 대한 연구에 어떤 자리를 할애해야 하는지 알아야 한다.

그리즈의 자연논리학

규범적 접근을 택하지 않으면서 형식논리학에 대안을 제시하려는 흥미로운 시도는 장 블레즈 그리즈와 그의 뇌샤텔대학교의 기호학 연구 센터에 의해 발전되었다. 1960년대말부터 그리즈는 자연 언어로 논증을 설명할 수 있는 모델을 정립하려고 애쓴다. 형식논리학과는 대조적으로 그 모델에서 '사고 작용'은 '담화 활동'과 분리될 수 없다.(1990: 65) 따라서 이는 필연적으로 의사 소통의 틀에 위치하는 '논리-담화 작용'의 문제이다. 논리-수학적 언어 활동에는 '발화 주체의 개념이 없지만' 반대로 자연 언어에는 "상호 대화와 의사 소통 상황에, 즉 사회적 맥락 안에 [⋯] 적어도 두 주체"가 있다. 그렇기 때문에 논증은 그리즈에 의해 다음과 같이 정의된다.

상황 S에 대한 B의 판단을 주어진 의미에서 변화시키기 위하여 청자 B에게 말하는 연설자 A의 담화 전략의 총체.

(그리즈, 1971: 3)

이 정의는 후기의 표명에서 다음과 같이 다듬어진다.

내가 의미하는 바대로 논증은 대화 상대방을 조작의 대상으로서가 아니라 자신의 견해를 공유시켜야 할 제삼의 자아로 여긴다. 그에게 영향을 끼친다는 것은 사물의 어떤 측면을 강조하면서, 다른 것은 가리면서, 새로운 것을 제시하면서 그에게 제공하는 다양한 재현을 변화시키려는 것이다.

(그리즈, 1990: 41)

논증하는 것이 대화 상대방에게 제공하는 다양한 재현들을 변화시키려는 것이라면 "그것을 받아들이게 하고, 인정하게 하며, 동의하게 해야 한다."(앞글) 달리 말하면, 화자는 그의 대화 상대방으로 하여금 반대 담화를 행하지 않도록 하면서(그에게 제안된 것을 '수락한다'는 것은 이러한 의미에서이다), 또한 찬성 담화를 하도록 하면서(이렇게 그는 제안된 것에 동의한다) 그에게 제안된 것을 받아들이도록 해야만 한다. 그리즈가 화자−청자 관계에 기초한 의사 소통의 관점을 제안하는 것은 언어적 설득 과정을 분석하기 위해서이다.

이러한 틀 안에서 화자는 자신이 말을 건네는 사람을 위하여 화제가 되는 담화적 재현들을 구축하며, 이러한 재현들을 재구성하는 것은 대화 상대방의 몫이다. 화자는 대화 상대방에 대해 갖는 생각에 입각하여 재현들을 구축하며, 대화 상대방 또한 자신에게 말하는 사람에 대한 생각을 갖는다. 그리즈는 화자와 청자가 이루는 언어 교류의 참여자들에 대한, 그리고 대상에 대한 선행 이미지를 '재현'이라 부른다. 이는 발언에 앞서 보는 방식들에 관련된다(말하자면 '사회적 재현'). 그는 필연적으로 간소화된 형태로 담화 속에 기재된 현실의 재현이 말로 옮겨지는 활동을 '도식화'라고 명명한다. 끝으로 그는 담화 안의 도식화 산물을 '이미지'라고 지칭한다. 도식화 활동은 앞선 재현에 의거하며 담화 속에서 현실에 대한 이미지를 구축하는 것으로 대화의 궁극 목적에 의해 조정된다.

자연논리학은 이러한 상황에서의 추론 개념에서 출발하여 대상의 부류에 대한 탐지, 그들을 풍부하게 해줄 확장, 그들을 한정하는 술어, 그리고 추론된 그들의 조직화를 대상으로 하는 논리-담화적 작업을 밝히려 한다. 따라서 그것은 인지적 작업을 강조한다.

그리즈의 자연논리학이 어떤 경우에도 페렐만의 신수사학과 혼동될 수 없지만, 분명 이 두 현대 이론은 논증분석을 위한 토대로 확인되는 여러 원리들을 구상한다. 비형식논리학과는 반대로 이들은 사실 논증이 그 자체로 추상적 추론이 아니라 형식논리학의 용어로 행해진 증명은 더더욱 아니며, 적어도 두 참여자를 연루시키는 의사 소통 상황에서 전개되는 담화라는 생각을 공유한다. 담화적·대화적 논증은 교류의 참여자들이 서로에 대해 갖는 이미지와 그들의 교류가 의거하는 문화적 선구축물(전제, 재현, 토포이……)들을 이용하는 과정을 통하여 보는 방식과 생각하는 방식을 형상화한다.

하지만 페렐만도 그리즈도 논증적 상호 작용의 담화적 기능 작용을 자신의 고찰의 중심에 두지 않는다. 그들의 논증 이론은 사람들의 동의와 사회적 삶의 합리성에 대한 가능성을 보장하는, 자연어로 이행된 논리 작업을 파악하는 데 전념한다. 그것이 언어 전략이나 논리-담화 작용에 몰두하긴 하지만 철학의 범위에 포함된다.

3. 논증분석의 화용론적 토대

1950년대말, 논증에 관한 페렐만의 연구 활동이 아리스토텔레스 수사학의 명예를 회복했을 때, 그것은 언어과학에서 거의 간과되었다. 이러한 무관심은 결코 우연이 아니었다. 구조주의의 유행은 파롤(parole)을 무시한 채 하나의 체계로 간주되는 랑그(langue)에 대한 연구에 특권을 부여토록 한 것이다. 개별적인 것으로 옮겨진 파롤은 그로 인하여 과학적 탐구 영역에서 배제되었다. 맥락에서의 언어 사용이 정당한 연구 대상이 될 수 없었으므로 수사학적 차원은 필연적으로 언어학자들의 권한을 벗어났다. 시학에 관련된 문채의 수사학만이 가능했다. 요컨대 화자가 언어적 수단으로 그의 청중에게 영향을 미칠 수 있는 방식에 관심을 기울이는 수사학은 당연히 영역 밖에 남아 있었다.

따라서 논증 이론으로서의 수사학이 언어과학 안에서 정당성을 획득(혹은 오히려 재발견)하기 위해서는, 앵글로색슨의 분석철학과 화용론의 영향을 받은 다른 개념이 요구되었다. 이러한 전환은 (구조주의에서든 생성문법에서든) 더 이상 언어 체계뿐 아니라 맥락에서의 발화체에 대한 연구도 시도하려는 경향이 공고해졌을 때 이루어졌다. 알다시피 특히 언어 행위에 관한 오스틴과 설의 연구 활동이 기초가 되었다. 말하는 것을 행동하는 것으로 간주하는 오스틴은 행동이 말에서 수행되는 '비언표적 행위(약속하기와 같은)' 개념과 말을 건네는 사람에게 효과를 산출코자 하는 '언향적 행위(위로하기나 격려하기와 같은)' 개념을 맨 먼저 제시했다. 어떤 **효력**(force)을 가지고 청자를 지향하는 행위로서의 언어 활동에 대한 이 개념은(분석철학의 창시자들이 그것에 대해 거의 전념하지는 않았지만) 관심이 사라졌던 오래된 수사학의 전통을 되살려 준다.

화용론적 탐구 원리가 수사학과 분명한 유사성을 드러내는 것은 도미니크 맹그노가 다음의 언급에서 강조한 바이다. "그리스에서 언어학적 사고가 출현하자마자 상황에서의 담화의 효율성을 다루는 것에 대하여 지대한 관심이 표명되는 것을 보았다. 수사학, 즉 담화의 설득력에 대한 연구는 현재 화용론이 표지를 세운 분야에 완전히 포함된다."(1990: 1) 고대에는 수사학이 "명제와 그것의 범주들을 연구의 중심에 배치했던 논리학 옆에서 언어를 '맥락 속에서 행사되는 효력'으로 이해할 수 있는 접근 방식을 제공했다."(맹그노, 1991: 11) 이와 마찬가지로 오늘날은 화용론이 랑그의 언어학 옆에 담화언어학, 즉 "발화 주체의 활동, 발화의 역동성, 사회적 맥락에서의 관계를 가장 중요한 위치에 배치하면서 언어 활동에 접근하는 연구의 총체"를 제공한다.(앞글) 화용론은

> **기호의 효력**, 언어의 **활동적** 특성, 근본적 **반사성**(언어가 고유한 발화
> 활동을 나타내면서 세상을 지시한다는 사실), **상호 작용적** 특성, 발화를 해
> 석하게 해주는 틀과의 핵심적 관계를 가장 중요한 위치에 놓는다.
>
> (맹그노, 1996: 66)

화용론과 수사학의 밀접한 관계는 오늘날 이 두 분야 중 하나에 할애된 대부분의 개론에 나타날 정도로 인정된다. 필리프 블랑셰는 《오스틴에서 고프먼까지의 화용론》에서 다음과 같이 기술한다. "고대 수사학자들은 이미 화용론자들이었다. 그들은 언어 활동, 논리학(특히 논증적인), 그리고 청중에 대한 **담화의 효과** 사이에 존재하는 관계들에 대해 고찰했다." 다른 어조로 《수사학》이라는 제목의 저서에서: "언어학이 [...] 상호 작용과 화용론적 고찰 속에서 약화되는 오늘날, 수사학은 언제나 특정한 대중을 지향하는 말의 중요성을 주장해 왔기 때문에 선택의 여지를 되찾게 되었다." (가르드-타민, 1996: 12)

화용 변증법

화용 변증법은 프란스 반 에메렌, 롭 그루텐도르스트, 그리고 암스테르담 학파가 갈등 해소의 변증법적 과정으로서 간주되는 논증 이론에 부여한 이름이다. 논증은 거기에서 다음과 같이 나타난다.

이성적인 판사 앞에서 논쟁의 대상이 되는 입장을 정당화(또는 논박)하는
데 사용되는 수많은 명제들을 제시함으로써, 청중 또는 독자의 면전에서 이
입장에 대한 수락 가능성을 높이는 것(또는 감소시키는 것)을 목표로 하는 이
성의 언어적 · 사회적 활동.

(반 에메렌 外, 1984: 53)

이렇게 정의된 논증은 언어 활동 과정에 대한 기술을 제공하는 언어학적
분석이, 사용된 논거의 유효성을 평가하게 해주는 규범들에 의해 보완되는
틀 속에 위치한다. 그것은 동시에 기술적——논증적 담화의 화용론으로서
——이면서 규범적——미국의 비판적 사고에 가까운 비판적 토론으로서
——이기를 바란다.

반 에메렌과 그루텐도르스트는 무엇보다 그들의 논증 개념이 《말하는
것은 행하는 것》에서 오스틴이 기초를 다진 언어 행위 이론에 근거한다는
점에서 화용론으로부터 영감을 받았다. 말하는 것이 행위를 구성할 수 있
다는 생각을 채택하여, 그들은 약속하기 · 질문하기 · 단언하기 등과 같이
행동을 가리키는 비언표적 효력의 개념을 그들의 고려에 넣는다. 그들에
따르면 논증은 발화체의 총체에까지 확장되는 복잡한 언어 행위로 구성된
다. 다시 말해, 논증은 위에서 나열된 하나의 언어 행위——소위 기초 언어
행위——들 중 하나로 한정되지 않고 더 높은 층위에서 이루어지는 의사
소통——소위 복합 언어 행위——의 기능 속에 이 행위들을 포함시킨다.
화용-변증법은 복합 언어 행위의 구성과 전개를, 견해의 갈등을 해결하기
위한 대화의 틀 안에서 분석한다. 그것은 그런 점에서 기술적이다.

합의 추구로서의 논증 개념을 중시하는 화용 변증법은 기술될 수 있을
뿐만 아니라 평가될 수도 있는 구체적인 논증에 입각하여 이상적 모델을
정립하려고 애쓴다. 따라서 그것은 해결되지 않은 토론이나 풍부하게 불화
의 여지를 허용하는 논증 개념에서 벗어난다. 해결의 필요성에 의해 유도
된 과정에 집중하는 동시에 화용 변증법은 일련의 규칙들을 발표함으로써

갈등을 해결할 수 있는 합리적인 대화를 장려하려 한다. 이는 규범들에 기초한 논증적 교류의 진정한 윤리학에 관계되는 것으로 위반은 지적되어야 한다. 비판적 토의의 의무론을 개략적으로 보여 주는 규칙들은 폴 그라이스의 협동 원리에서 영향을 받은 것이다.(Ⅲ, 1) 해결의 과정으로서 정의되는 토론의 '십계명' 중에서: 두 편은 상대편이 자신의 관점을 표명하는 것을 방해하지 말아야 한다. 그들은 자신들의 관점을 변호할 때 그렇게 할 책임을 진다. 공격은 실제로 제기된 입장에 대한 것이어야 한다. 이 규칙들에 대한 모든 위반은, 대화적 용어로는 비판적 토론 규범에 대한 위반으로 재정의된 오류를 구성한다. 화용 변증법은 이런 점에서 규범적이다.

우리는 오늘날 학파를 자처하는 경향이 있는 논증에 관한 연구가 비형식 논리학과 언어학적 화용론의 두 초석 위에 세워진 것을 알 수 있다. 앞에서 보았듯이 화용론적 관점에서 이러한 접근은 주로 언어 행위 개념을 빌려온 분석철학과 그라이스의 협동 원리에서 나온 연구 활동의 영향을 받은 것이다.

안스콩브르와 뒤크로의 화용 의미론에서의 논증

화해술로 생각되는 논증분석의 전제와 절차에서 아주 멀리 떨어진 안스콩브르와 뒤크로의 연구 활동은 프랑스에서 의미론적 방향성과 발화체의 연쇄들에 대한 연구로 이해되는 논증 개념을 부과했다. 이러한 화용론적 이론에서, 수사학과 논증이라는 용어들은 아리스토텔레스의 전통이 그들에게 부여했던 것과는 아주 다른 의미를 갖게 된다.

대략 언어 활동에 대한 고찰의 핵심적 차원을 되찾았다는 느낌은 뒤크로와 그에게서 영향을 받은 사람들의 연구 활동에서 먼저 재통합의 이중 시도를 수반한다고 할 수 있다. 이는 다음과 같이 구별되는 두 연구 시기에 이행되었다.

- 첫번째는 화용론에 의해 고안된 모델에 소위 '수사학'이라는 구성 요

소를 도입하는 것이었다.

- 두번째는 화용 의미론의 영역에 논증 개념을 재적용하고 재정의하는 것으로 표시된다.

의미론적 연구 활동에서 오스왈드 뒤크로는 우선 '의미론적 구성 요소' 또는 언어로 된 명제에 부여된 의미(signification)와 대립하여, 상황에서의 발화체의 의미 작용(sens)을 가리키기 위하여 '수사학적 구성 요소'에 의지했다.

> 수사학적 구성 요소는 A에 결부된 A' 라는 의미와 A가 발화되는 X라는 상황에 비추어 생각할 때, 상황 X에서 A의 실제 의미를 예측하는 것을 임무로 갖는다.
>
> (뒤크로, 1984: 15)

'나 피곤해'에서, 변하지 않고 문자 그대로의 성격에 속하는 첫번째 의미 A' 가 명제에 결합된다. 그러나 발화체는 화자가 자신의 건강 상태에 대해 묻는 의사에게 답하는 것인지, 영화를 보러 가자는 친구에게 답하는 것인지, 사랑을 나누자고 권하는 남편에게 답하는 것인지에 따라서 가변적인 의미를 갖게 된다. 뒤크로 이론의 이 첫번째 단계에서, 수사학적 구성 요소는 어떻게 "발화 상황이 발화체의 개별적 출현의 실제 의미 작용을 설명하기 위하여, 의미가 모든 문맥과는 독립적으로 발화체 그 자체에 결합된 후에만 작용하는지를 보이면서" 자연 언어의 의미론적 기술을 허용해야 한다.(앞글: 16) 이러한 사실로부터 수사학적 구성 요소는 의미론적 구성 요소와는 반대로 덧붙여진 것처럼 보인다. 뒤크로에 의하면, 그의 고찰의 이 단계에 따르면 "의미론적 기술에서 그들의 용법과는 독립적으로 정당화될 수 있는" 수사학적 구성 요소의 법칙들은 엄밀하게 말하면 언어학에 속하지 않는다. 이 규칙들은 "예를 들어 일반 심리학·논리학·문학 비평 등에 의해 정당한 것으로 인정될 수 있을 것이다."(앞글: 17) 우리는 '수사학' 이 상황에서의 발화체가 갖는 의미 작용을 가리킨다는 점에서 '화용론'과 동의어라는 것을 주목할 것이다.

그러나 이는 단지 안스콩브르와 뒤크로가 논증 개념에 특권을 부여하게 됨에 따라 곧 넘어서게 되는 경로의 지표일 뿐이고 아리스토텔레스와는 매우 다른 의미를 갖는다. 사실 논증은 그들에게 있어서 설득을 목표로 하는 언어 전략의 총체가 아니라 어떤 결론에 이르게 하는 발화체의 연쇄로서 좀더 제한적으로 정의된다.

> 화자가 발화체 E1(또는 발화체의 총체)을 **인정토록** 하기 위해 마련된 것으로 다른 발화체 E2(또는 다른 발화체의 총체)를 제시할 때 그는 논증을 하는 것이다.
>
> (뒤크로와 안스콩브르, 1988: 8)

이 접근의 주된 독창성은 논증을 담화 사실이 아닌 언어 사실로 생각한다는 것이다. 사실 소위 '통합적' 화용론의 틀 안에서(화용론적 층위가 거기에서 의미론적 층위와 분리될 수 없기 때문에 이렇게 명명된) 수사학적 구성 요소는 더 이상 이전처럼 언어외적 분야에 속하는 덧붙여진 요소가 아니다. 반대로 이것은 발화체의 의미 작용을 구성한다. 안스콩브르와 뒤크로의 용어로 말하자면,

> 발화체의 의미 작용은 통합적·구성적 부분으로서 우리가 논증적 효력이라고 부르는 영향력의 형태를 띤다. 의미하는 것은 발화체에 대하여 방향성을 부여하는 것이다.
>
> (앞글, 1988: 서문)

따라서 모든 발화체는 어떤 결론을 지향하며 이러한 방향성은 의미 작용을 구성한다. "발화체의 사용은 적어도 진리 조건의 실현에 대하여 정보를

주는 것만큼 근본적인 목적을 가지는데, 이 목적은 수신자를 다른 것들에서 등돌리게 하면서 결론 방향으로 지향시키는 것이다."(앞글: 113) 예를 들어 '이 호텔은 비싸다'는 이어질 법한 발화체 '그 호텔에 가지 마세요'에 대한 논거이다. 반면에 '그 호텔에 가세요'나 '나는 당신에게 그 호텔을 추천합니다'와 같은 일련의 권고는 이어지기에 적절치 않은 것 같다. 수사학적 구성 요소는 발언의 결과가 아니라 발화체의 의미 작용 자체에 속한다. 발화체 E1이 그것으로 다른 발화체 E2를 인정하게 하기 위해 마련된 연쇄로 정의되었으므로 논증은 이제부터는 언어의 통합적 부분이다.

이 분석 틀은 화용론자들로 하여금 **토포이** 개념을 다시 취하게 했다. 이 개념 또한 고전 수사학에서 차용한 것으로, E1과 E2 사이의 결론을 이끌어내는 관계가 이루어지게 하는 '담화 연쇄의 보증'(안스콩브르, 1995: 19-50)을 가리킨다. 이것은 "날씨가 따뜻하다. 산책하러 가자"에서 따뜻한 것이 산책에 좋다는 토포스(topos)처럼, "추론을 뒷받침하는 데 쓰이는 일반 원리이지만 추론은 아니다."(II, 1)

이러한 관점은 안스콩브르와 뒤크로로 하여금 수사학적 차원을 언어학 속에 완전히 통합시키게 해주었다. 그들은 실제로 다음과 같이 말한다. "논증적 연쇄의 가능성을 랑그에 대한 연구와 연결하고 [⋯] **언어 외적** 수사학에 버려두지 않고자 한다. 우리에게 논증적 연쇄의 가능성은 특별한 언어 행위, 즉 논증 행위를 통하여 결정된다."(1988: 9)

이처럼 수사학은 통합 화용론에 의해 회복되었다. 논증을 언어와 발화체의 의미 작용의 중심에 위치시키는 이 이론은 '통합논증주의'라 규정되었다. 알다시피 어떤 결론 방향으로 유도하는 발화체 연쇄로 간주되는 논증에 대한 정의는 아리스토텔레스에 의해 열린 관점으로부터 상당히 멀어진다. 게다가 그것은 '그는 똑똑하지만 멍청하다' 대 '그는 멍청하지만 똑똑하다' 또는 '날씨가 따뜻하다. 산책하러 가자'와 같은 유형의 발화체나 발화체군을 중시한다. 특히 화용론자의 자료체는 담화 전략들을 검토하려는 수사학자가 도전하는 자료체와는 상당히 다르다. 그렇다면 이 두 접근은 서로 양립불가능하고 배타적이라는 말인가?

통합 화용론이 전통적인 의미의 논증에서 벗어나는 것은 분명하다. 수사학에 있어서는 "논증성이란 담화의 조직 방식에서 찾아야 하는"(플랑탱, 1996: 18) 것이지만 통합 화용론은 설득 전략을 분석하거나 담화에 전념하고자 하지 않는다. 반대로 토포이나 언어에서 발화체 연쇄를 가능케 하는 연결사들에 대해 아주 면밀하게 연구한다. 그럼에도 불구하고 통합 화용론은 논증분석에 값진 공헌을 하는데, 이는 그것이 발화체의 논증 방향성, 발화체 연쇄를 묵시적으로 보장하는 토포이, 이 연쇄들을 표면상으로 가능하게 하는 연결사들을 연구하기 때문이다. 우리는 이렇게 미시분석의 층위에서 연구할 수 있다.

논증에 대한 대화적 접근

안스콩브르와 뒤크로의 이론에 의해 제안된 논증에 대한 제한적 정의는 논증을 설명하기 위하여 현대 화용론에 의해 이행된 시도 전체를 포괄하기에는 아직 부족하다. 자크 뫼슐레가 기초를 다진 대화분석과 크리스티앙 플랑탱이 발전시킨 논증적 상호 작용에 관한 연구와 같은 다양한 흐름들을 구별할 수 있다. 뫼슐레와 플랑탱은 공통적으로 아리스토텔레스로부터 나온 수사학적 관점(처음에는 교류틀을 제기하지 않는 발화체 연쇄에 관한 연구와는 반대로)에 연구와 분석을 위치시키는 대화적 틀 안에 논증을 놓는다. 그러나 그들의 기본 원리와 방식은 다르다. 뫼슐레와 플랑탱이 정립한 분석 방법의 세부 사항으로 들어가지는 않고, 중요한 원리와 쟁점을 강조할 것이다.

대화분석

에릭 룰레와 제네바 학파(le groupe de Genève)의 연구 활동의 영향하에, 《논증과 대화》에서 뫼슐레가 고안한 대화분석은 '논증적 사실과 대화적 사

실 간의 관계'를 분석하고자 한다.(1985: 18) 뫼슐레에게

실현 장소가 대화인 모든 언어적 상호 작용이 공동 행위와 논증의 틀을 규정한다. 즉 이는 개입된 어떤 행동들 또는 목표가 된 '결론들,' 상호 대화자들이 토론하고, 체면을 잃거나 얻으며, 논점을 확인하고, 결론에 도달하기 위해서나 그렇지 않더라도 협상하고, 견해를 입증하거나 논쟁을 해야만 하는 공간이다. 따라서 대화적 담화분석은 언어적 상호 작용에 개입하는 공동 행위와 논증을 밝히는 것을 목적으로 할 것이다.

(앞글: 14)

이러한 접근은 철저히 구성된 예들('이상적인 담화')를 다루는 화용-의미론의 연구와 다르다. 또한 '담화의 화용론적 분석'이 정치적 토론뿐만 아니라 식탁 주변에서의 친근한 대화에서 빌려온 실제 대화 자료체에 전념하려 한다는 점에서도 구별된다. 거기에서 "어떤 결론에 도움이 되도록 마련된 발화체의 제시에 의해 실현된 행위"(1985: 189)로 정의된 논증 행위가 연구된다. 예를 들어 다음과 같은 유형의 연쇄들을 볼 수 있다.

A1: 너 오늘 저녁에 영화 보러 갈래?
B1: 안 돼. 나 일해야 해.
A1: 그래도 가자. 긴장을 풀어줄 거야.
B1: 우겨도 소용없어, 게다가 난 피곤해.

(1985: 115)

실제 담화의 화용론적 분석에 의해 제기된 문제는 대화에서 실현된 언어 행위의 유형들, 이러한 행위들이 연결되는 방식, 대화의 계층 구조와 관련된다. 이 틀에서 논증 행위가 무엇인지 그리고 어떻게 실현되는지뿐만 아니라 논증적 함축이 어떻게 담화 연쇄의 이해에 개입하는지 검토한다.

이러한 맥락에서 다른 연구 활동들은 일상 교류에서 논증적 자원들의 즉각적 사용에 특권을 주었다. 기렌 마르텔은 고유한 방식(예를 들어 말하는 도중에 어떤 논거들을 포기하거나 반복하는)을 갖는 구어 담화에서 파악된 '일상의 수사학을 위하여'(1998) 변호한다. 그는 퀘백의 정보제공자들로부터 수집한 자료들 안에서 (학술적 수사학과는 대조적으로) '자연스러운(natu-relle)' 수사학의 요소들을 모색하고, 구술 교류에서 주어진 화자에 특수한 조직화 방식과 복잡한 논증 도식들을 밝혀낸다.

논증적 상호 작용의 분석

다른 분석 틀들이 논증 차원에서 실제 대화 연구를 위하여 제안되었는데, 마르텔의 연구 활동과 같은 최근의 연구 활동들이 그러한 틀들로부터 폭넓은 혜택을 입었다. 이는 주로 언어 연구의 상호 작용적 접근에서 확립된 상호 작용의 분석에 관련된다. 언어적 상호 작용에서 언어 활동의 본질적 실체를 보았던 미하일 바흐친이 이미 격찬한, 이러한 접근은 1980년대부터 프랑스에서 그 중요성이 증대되었다. "말하는 것은 상호 영향을 주는 것이다"라는 굼페르츠의 표현을 다시 들어, 카트린 케르브라트-오레키오니는 다음과 같이 말한다. "요컨대 상호 작용은 말의 행사가 보통 여러 참여자를 연루시킨다는 것을 의미한다——참여자들은 언제나 서로에 대한 **상호 영향 망**을 행사한다. 말하는 것은 교환하는 것이고, 교환하면서 변화시키는 것이다."(케르브라트-오레키오니, 1998: 54-55) 상호 작용을 중심으로 한 이러한 접근이 야기한 대화분석은 (미국의 연구 활동에서 물려받은) 말 순서, (사과나 감사와 같은) 교류 의식(儀式)들, 관계의 조화를 보존해야 하는 예의를 중요시한다. 대화분석은 특히 경험적으로, 현실에서 수집한 자료들 즉 실제 대화들에 관하여 연구한다. 이러한 틀에서 논증적 상호 작용의 접근이 발전되며, 이는 크리스티앙 플랑탱의 연구 활동이 예증할 수 있을 것이다.

플랑탱은 대화에 관한 연구가 근본적으로 체면 관리의 관점에서 관계를 위협하는 불일치가 타협될 수 있는 방식을 대상으로 했음을 환기한다. 사실 대화 연구에 집중된 화용론에서 중시하는 대상인 예절은 모순과 불화의 잠재성을 완화시키기 위하여 개입한다. 이러한 관점에서 플랑탱은, 분석이 논증 안에서 자신의 갈등 차원을 외면함으로써 '조정 삽화'를 본 것을 유감스럽게 생각한다.

플랑탱에 따르면, 논증적 상호 작용이 존재하기 위해서는 주어진 논점에 대한 대면 상황이 있어야 한다. 프랑수아 미테랑의 주치의가 그의 임종 때에, 1981년에 선출된 대통령이 1982년부터 암으로 고통받았다고 폭로한 책에 대한 텔레비전 토론을 가정해 보자. 제안자가 행한 담화는 저자가 이러한 의학적 정보를 출판하는 것은 잘못이라고 주장할 것이고, 반대자가 행한 반대 담화는 그가 옳았다고 주장할 것이므로 제삼자들(대중) 앞에서 충돌이 벌어질 것이다. 참가자들 각자는 다양한 행위자들(개인들)이 구현할 수 있는 행동주나 기능(제안자 · 반대자 · 제삼자)을 이룬다. 제안자와 반대자 사이의 대립에서 드러나는 문제(의사가 잘못한 건가, 옳았던 건가?)는 제삼자들의 몫이다. 이러한 관점에서

상호 작용 개념은 논증을 관점의 불일치와 대립에 고정시킨다. 주어진 언어적 상황은, 설령 비언어적인 방식으로만 그렇다 해도 언어 행위가 청자에 의해 시인되지 않으면 논증적이 되기 시작한다. 논증성의 정도는 비선호 연쇄의 출현, 그 다음으로 불일치의 재가와 주제화 그리고 담화의 대립이 있을 때 강화된다. 의사 소통은 담화의 차이가 문제점으로 제기되고, 제안자 · 반대자 · 제삼자의 행위 역할이 분명하게 드러날 때 완전히 논증적이다.

(플랑탱, 미간행)

논증적 상황과 비논증적 상황을 구분하기보다 플랑탱은 '논증성의 정도'를 인정한다. 분쟁의 관리에서 상호 작용의 몇몇 형태들(협상, 중재 등)은 합의나 갈등의 해소에 대한 연구를 지향하고, 다른 것들(정치적 토론, 논쟁

적 토의 등)은 불일치의 노출과 확대를 지향한다. 어쨌든 관심은 상대방과의 협상에 참여하는 것이 중요하다는 사실에 있으며, 결론은 협상 끝에 바뀔 수 있다. 다시 말하면, "결론은 추론(논리학적 논증)의 정확성에 비추어서나 설득(수사학적 논증)의 효과 아래 인정되는 것이 아니라 공동 구축되는 것이다."(플랑탱, 1998: 153)

우리는 화용론에서 나온 논증에 관한 접근들이 얼마나 논증 개념, 목적, 그리고 방법에서 서로 대립하는지를 보았다. 이 접근들은 서로간의 차이에도 불구하고 논증의 본질적인 측면을 강조할 수 있게 해준다. 이는 서로 다르게 이해되고 연구되었지만 대화의 기본 특성과 모든 논증적 담화의 대화적 차원을 강조하는 상호 작용의 측면이다. 상호 작용 안에서 화용론자들이 정립한 접근 방식과 고찰의 다양성은 대화적 논증과 실제 상호 작용 모두를 이해할 수 있게 해주는 분석 도구들을 제공함으로써 대화적 논증(상호 작용이 잠재적으로 남아 있는)과 실제 상호 작용(대화가 실현되는)을 구별하게 해준다. 이러한 관점은 자료체를 확장시켜 주며, 친근한 대화와 명시적으로는 설득 작업으로 나타나지 않는 교류들의 논증 차원을 보게 해준다.

4. 담화의 논증분석: 그 절차와 대상

논증분석의 원리

이 짧은 개관은 논증분석의 기본 원리들을 강조하게 해줄 것이다. 다음의 것들을 택하기로 할 것이다.

1) **언어적 접근.** 논증적 담화는 일련의 논리적 작용과 사고 과정으로 환원되지 않는다. 논증적 담화는 논증의 방향성, 발화의 형식적 틀, 발화체 연쇄, 전제, 그리고 암시를 포함하는 어휘 선택의 층위에서 언어가 제공하

는 수단들의 사용으로부터 구축된다.

2) **의사 소통적** 접근. 논증적 담화는 청자를 지향하며, 논증적 담화의 전개는 상호 발화 관계 밖에서는 이해될 수 없다. 논증의 구축——논증의 논리적 연결——은 효과를 산출해야 하는 의사 소통 상황과 분리될 수 없다.

3) **대화적·상호 작용적** 접근. 논증적 담화는 청중에게 영향을 미치고자 하며 따라서 청중에 맞추어야 한다. 실제 대화가 존재하지 않는 잠재적인 상호 작용에 관계될 때에도 논증적 담화는 참여자들간의 교류의 특성을 띤다. 담화에 기재된 바 그대로의 청중의 이미지와 화자의 에토스 사이에 생성되는 역학의 문제, 그리고 전제와 공유된 일치점들의 문제가 주된 것이다.

4) **총칭적** 접근. 논증적 담화는 담화 유형과 장르를 파괴하거나 목록에 기입된 여러 장르들로 복잡하게 분류될지라도 언제나 담화 유형과 담화 장르에 속한다. 그것을 제도화하는 사회에서 취해진 담화 장르는 목적, 발화 작용 틀, 그리고 역할의 선행적 분배를 결정한다.

5) **문체적** 접근. 논증적 담화는 장차 설득 목표에서 검토되는 문채들에 대한 오래된 고찰의 근원으로 돌아가 문채 효과와 청자에 대해 영향력을 가지는 문채에 의지한다.

6) **텍스트적** 접근. 전체를 이루는 발화체들의 일관된 총체의 의미를 텍스트의 용어에 부여한다. 논증적 담화는 전개를 지배하는 연결 방식에 입각해서 텍스트 구성의 층위에서 연구되어야 한다. 이를 위하여 논리적 과정(삼단 논법과 유추, 분리와 연합 전략들)이 상황에 놓인 담화의 복잡한 틀 안에서 어떻게 활용되는지 보아야 한다.

논증분석을 위한 어떤 대상?

이렇게 정의된 논증분석은 정치 담화나 신문 담화를 거치면서, 일상적 대화에서 문학적 텍스트에 이르는 방대한 자료체에 결부된다. 논증에 제공하기에 적절한 확장이 어떤 것인지 자문해 볼 수 있다. 모든 담화가 논증적이라고 생각해야 하는가? 분석은 자신의 방식들을 모든 대화 발췌문이나 텍스트 단편에 적용할 수 있는가? 그렇지 않다면 논증분석에 속하는 것과 벗어나는 것을 어떻게 식별할 수 있는가?

논증 목표와 논증 차원

논증적인 것과 비논증적인 것의 애매한 대립 대신에, 앞에서 언급한 플랑탱이 전개한 논증성의 정도 개념을 사용할 것이다. 이 점에 대하여 담화의 논증 목표와 논증 차원 사이를 구분하는 것이 유용할 것이다.

앞서 살펴본 것처럼 고전 수사학은 공언된 논증 계획에 전념했다. 설득 목표로만 담화를 식별했던 것이다. 관점의 대립과 견해의 갈등을 특성으로 지니는 담화의 목적지향적이고 조직된 성격을 강조하는 모든 정의는 이러한 부류에 속한다. 수사학적 개념과는 달리 안스콩브르와 뒤크로의 통합 화용론은 의미하는 것이 방향짓는 것이므로 논증이 의미 작용 자체에 기재된다고 생각한다. 이 두 극단(담화의 어떤 유형만이 논증적이다/언어 전체가 논증적이다) 사이에 중간적 입장이 존재한다. 이는 논증이 담화 전체에 스며들어 있다고 생각하는 것이다. 필연적으로 대화적인 맥락에서 언어의 사용은 공언된 논증 계획이 없더라도 언제나 논증 차원을 지닌다. 플랑탱은 이러한 관점에 대해 다음과 같이 요약한다.

> 모든 말은 필연적으로 논증적이다. 이것은 상황에서 발화체의 구체적 결과이다. 모든 발화체는 수신자에게, 타자에게, 영향을 미치고자 하며, 그의 사고 체계를 변화시키고자 한다. 모든 발화체는 타자로 하여금 다르게 믿고, 보고, 행하도록 강요하거나 자극한다.
>
> (플랑탱, 1996: 18)

논증분석은 명시적으로 대중에게 영향을 주려는 담화들뿐만 아니라 설득 작업처럼 제시되지 않고도 영향력을 행사하는 담화들에도 결부된다. 그리즈가 주목한 것처럼.

일반적인 의미로 논증하는 것은 어떤 주장을 뒷받침하거나 반대하기 위하여 논거들을, 따라서 이유들을 제공하는 것이다. [⋯] 그러나 좀더 넓은 관점의 논증을 생각할 수도 있고, 어떤 사람의 견해·태도, 심지어 행동에 개입하려는 과정으로 이해할 수도 있을 것이다. 또한 이 수단들이 곧 담화의 수단들이라는 것을 강조해야 한다.

(그리즈, 1990: 41)

페렐만의 정의에 장 미셸 아당의 표명이 가하는 확장은 그런 점에서 본다면 의미가 있다.

우리는 언제나 주어진 주제에 관련된 의견이나 재현들을 대화 상대방과 공유하려고 하면서, 제시한 주장에 대하여 청자나 좀더 광범위한 청중의 동의를 불러일으키거나 높이려고 하면서 말한다.

(아당, 1992: 102)

혼동을 피하기 위하여, 이러한 관점에서 아주 많은 담화에 내재하는 논증 차원과 그것들 중 어떤 것만을 특징짓는 논증 목표를 구별해야 한다. 다시 말하면, 청자의 입장을 의도적으로 변화시키고자 하는 것이 아닌 사물에 대한 관점의 단순한 전달은, 의식적 의도에 의해 강조되고 이러한 목적으로 계획된 전략을 공급하는 설득 작업과 혼동되지 않는다. 변론은 분명한 논증 목표를 가진다. 즉 피의자의 무죄를 인정하게 하거나 그의 형량을 감해 줄 정상참작 상황을 제시하는 것을 주된 목표로 삼는다. 반대로 신문이나 소설의 기술은 논증 의도보다는 다른 차원을 가질 수 있다. 이런 기술은 흔히 현실의 한 단면을 보여 주려는 단순한 시도로 보인다. 이것은 증명코자 하지 않고, 심지어 때로는 증명하기를 거부한다. 하지만 시선을 유도하고, 주제로 삼는 풍경이나 인물에 색을 입히거나 특별한 의미를 부여하는 데 부족함이 없다. 장르의 용어로 표현하자면, 설득 목표를 가지는 담화들로는 교회에서의 설교나 선거 담화, 자동차 상표를 위한 선전, 정치적·문학적 선언 등을, 어떤 차원을 가지지만 설득 목표는 없는 담화들로는 과학 논문, 현지 탐방문, 텔레비전 정보, 증언이나 자서전의 몇몇 형태, 가상이야기, 우정 편지, 일상적 대화를 언급할 수 있다.

의문에 대한 해명

가장 넓은 의미에서 취해진 논증은 예외 없이 담화 전체를 포괄한다는 말인가? 과도하게 일반화함으로써 논증을 약화시키지 않기 위해서 논증의 출현 조건이 무엇인지 자문해서는 안 되는가? 대략적으로 의견의 표명, 관점, 세상을 인식하는 방식이 우위를 점하려고 또는 인정토록 하려고 하면서, 상반되는 시각이나 기본 입장 위에서 또는 아주 단순히 대립 위에서 표현될 때 논증이 있다고 말할 수 있다. 이처럼 적어도 두 개의 선택이 가능한 상황 밖에서 담화의 논증 차원은 존재할 수 없다. 아리스토텔레스부터 페렐만까지 수사학자들은 명백한 것에 대해서는 논증하지 않는다는 사실을 강조한다. 알다시피 플랑탱에 따르면, 모든 논증이 탄생하는 상황은 **상반되는 답변**을 허용하는 **수사학적 질문**에 의해 구조화된다. 그러나 토론 상황은 묵시적으로 남아 있을 수 있다. 수사학적 질문도 상반되는 답변(들)도 반드시 명백하게 표명될 필요는 없다.[4] 노숙자들의 구호 요청에 관심이 없는 반대 입장은 자선 요청에서 언급되지 않지만 그래도 존재한다. 예를 들어 무일푼자들에 대한 부자들의 무관심, 도와 줄 수 없다고 생각하는 도시

---

4) 미셸 메이예의 문제 제기가, 문제점이나 문제성을 제거하려고 하는 수사학과 "문제점이 분명하고 재현하는 대안이 토론하는 두 반대자들 속에서 구현되는" 논증 사이에 세운 차이점을 주목하자.(메이예 1999: 295-297) 이러한 입장은 메이예의 모든 저서(그리고 특히 1986년)에서 강하게 논증된다.

빈민을 외면하면서 자신의 가족을 위해서 저축하는 서민들의 자기 방어, 실업 상태에 빠진 무주택자들에게 자신들의 운명에 대한 책임을 전가하는 관점 등. 제기되는 질문——빈민을 돕기 위하여 무엇을 해야 하는가? 개별적으로 요구된 도움은 정당하고, 효과적인가?——은 여러 답변을 가능케 하고, 제안자는 그 답변들 중에서 가장 좋다고 생각되는 것을 우세하게 만들고자 한다.

사실 모든 말은 이미 존재하는 담화 세계 내부에서 나타나는 것이므로 필연적으로 동시대의 사고에서 벗어나지 않는 의문들에 대해 답하며, 정식으로 논쟁이 되는 많은 의문들뿐만 아니라 잠재적인 토론들을 대상으로 한다. 모든 발화체는 주어진 대화 상대방에 의해 구체적인 방식으로 표현되건 동시대의 상호 대화 안에서 산만한 방식으로 표현되건 앞선 입장에 대해 확증하고, 반박하며, 문제 제기하는 것이다.(II, 1) 이는 언어의 대화적 성격에 따른 불가피한 결과이다.

> 모든 발화 작용은 고정된 형태하에서도 어떤 것에 대한 대답이며, 그 자체로 구성된다. 발화 작용은 화행 연쇄의 한 고리에 불과하다. 모든 기재는 그보다 앞선 발화 작용을 연장하며, 발화 작용과 논쟁을 시작하고, 이해의 적극적 반작용을 기대하며, 그것에 대해 미리 말하는 것 등이다.
>
> (바흐친, 1977: 105)

거기에서부터 논증의 추가 확장은 설득 개념의 변화에 이른다. 사실 묵시적으로 제기된 의문들과 마찬가지로 명시적으로 표출된 논쟁도 언제나 뚜렷한 결론에 이르는 것은 아니다. 물론 자선 요청에서처럼 행동을 불러일으키고자 한다면 명백한 답변에 이르는 논증이 필요할 것이다. 하지만 우리는 또한 특별한 해결책을 요구하지 않으면서도 숙고를 불러일으킬 수 있으며, 문제의 다양한 측면을 전개할 수 있다. 친숙한 대화나 에세이 · 소설 등에 속하는 담화에서, 화자는 견해의 충돌을 해결해야 되는 것도 그럴듯한 견해를 변호해야 되는 것도 아니다. 논증적 담화는 그가 추출하고 표명하고자 애쓰지만 결정하는 것은 거부하는 문제들을 제기할 수 있다.

이 마지막 방식은 특히 허구적 텍스트의 방식이지만, 거기에만 한정되는 것은 아니다. 예를 들어 발자크의 소설 《샤베르 대령》의 첫 구절을 보자. 이는 모든 규칙에 따라 샤베르라는 중심 인물과 재판 과정을 도입하기 위한 것으로, 이 재판의 도움으로 전쟁터에 죽도록 내팽개쳐졌던 나폴레옹의 군인은 돌아와서 복귀를 시도해야 한다. 이 시작을 살펴보면, 단지 서론을 제시하기 위해서뿐만 아니라 묘사된 사건에 대하여 독자의 관점을 방향지으려는 방식으로 조직되었다는 것을 알 수 있다. 사무실 창문을 통하여 샤베르를 알아보았을 때, 공증인 수습서기의 건방진 외침 '이봐! 낡은 외투 양반!'은 처음부터 빈털터리가 된 고객에 대한 멸시를 드러낸다. 겉모습을 보고 사람을 판단해서는 안 된다지만, 낡은 프록코트('외투')는 고객을 변변찮게 만든다. 하급 직원을 향한 서기장의 덕망 있는 훈계 "얼마나 불쌍한 고객이냐, 그래도 사람인데, 못된 놈!"(1976: 311)은 이중으로 반박하는 것으로 보인다. 먼저 견습서기를 꾸짖기 위한 그 순간의 자신의 행동으로 상사는 공증인 사무실의 타산적 특성을 잘 드러내 주는 '비용 견적서의 덧셈'을 중단시킨다. 그 다음에 어린아이가 응수한다. "사람인데, 왜 낡은 외투라고 부르시는 거지요?" 자신의 선생님의 잘못을 지적하는 아이처럼 시모냉은 말한다.(앞글: 311-312) 이 짧은 교류는 혁명 후(이 에피소드는 왕정복고 시대에 일어난다) 프랑스에서 원리와 현실이 얼마나 다른지를 강조한다. 모두에게 공평하게 적용되는 것으로 간주되는 정의는 사실 스스로를 위하여 그 수단들을 마련하지 못하는 이들에게는 거부된다. 자신의 재산을 빼앗기고 보호 시설에 유배된 것으로 보이는 샤베르 대령의 이야기는 언뜻 보기에는 대수롭지 않은 이 서론의 인상 깊은 예시가 될 것이다.

《샤베르 대령》의 첫 구절은 혁명 후 프랑스에서의 새로운 재산권 관계에 대한 숙고가 사실주의의 서술 규칙들을 존중하는 텍스트에서 어떻게 드러나는지 보여 준다. 서론은 기술, 인물 묘사, 그리고 전달 담화(발자크식의

'장면')를 이용하여 '환경'(공증인 사무실, 공간, 구성원, 풍속)을 보여 줄 수 있는 순서에 따라 전개된다. 텍스트는 소설 첫 구절에 적합한 조직화를 통하여 상황을 설명하는 동시에 묵시적으로 드러낸다. 다소 명령적인 방식으로 숙고의 주제를 대중에게 맡기면서 그들의 시각을 방향짓는 능력은 발자크식 담화의 논증 차원을 구성한다. 선거나 광고 발언이 행동을 야기하면서(그 후보자에게 투표하게 하거나 상품을 구매토록 하는) 즉각적인 결정에 대하여 영향력을 행사하는 것을 기본 목적으로 한다면, 허구적 이야기는 반대로 일방적인 해결책을 제안하지 않으면서 문제를 전개시킬 수 있다. 의문·모순에 대한 비결정적인 조사, 긴장의 검토, 복잡성은 논증 차원에 통합될 수 있다.

이러한 관점에서 논증은 단지 잘 정의된 주장을 받아들이게 하려는 텍스트뿐만 아니라 현실에 대한 관점을 공유케 하고, 가치들을 강화하며, 숙고를 방향짓는 텍스트에도 속한다. 논증 차원이라는 개념은 일상 교류의 중심적 차원을 파악하게 해주므로——그리고 대화분석자들이 잘 보여 주었다——소설 담화의 중요한 측면을 이해할 수 있게 해준다. 그런 식으로 설득하는 것이 표명된 소명인 말을 도처에서 넘어서는 논증은 담화 안에 그대로 기재되어 있고 가장 일상적인 대화들과 가장 덜 '참여적인(engagés)' 문학 텍스트에도 관여한다. 예를 들어 논증분석은 유명한 사람들의 전기, 허구적 이야기, 선거 담화, 광고 메시지, 시민들의 논쟁 등과 같이 대중 매체에 의해 전파된 정보들에 결합된다.

따라서 우리는 페렐만의 신수사학이 제공한 정의를 확장하면서 재표명할 수 있다. 논증은 다음과 같은 것으로 구성된다.

주장에 동의케 하면서, 제공하는 재현들과 견해들을 변화시키거나 강화시키려 하면서, 또는 단순히 주어진 문제에 대한 숙고를 방향지으려고 하면서, 자신의 청자들에 대하여 영향을 끼치기 위하여 발화의 사례가 이용하는 언어적 수단들.

끝으로 여기서 수사학과 논증 사이에 어떤 구분도 세우지 않을 것임을 덧붙이자. 의사 소통 틀 안에서 논증의 논리학적·미학적 구성 요소들을 검토하는 관점에서, 어떤 이들은 계속해서 분리하려는 것을 결합해야 한다. 다시 말해, 우리는 문채의 수사학이나 말을 잘하는 기술을 논거와 오류들에 대한 연구와 대립시키지 않을 것이다. 또한 수사학에 속하는 언어적 조작과 논증이 될 합리적 토론을 구별하지도 않을 것이다.(브르통, 1996) 설득을 목표로 하거나 설득 차원을 갖는 담화에서 수사학과 논증은 하나를 이룰 뿐이다.

[더 읽어볼 책]

ARISTOTE, 1991, *Rhétorique*, Paris, Le Livre de poche.

MEYER(Michel), éd. 1999, *Histoire de la rhétorique des Grecs à nos jours*, Paris, Le Livre de poche.

PERELMAN(Chaim), 1977, *L'Empire rhétorique. Rhétorique et argumentation*, Paris, Vrin.

PLANTIN(Christian), 1996, *L'Argumentation*, Paris, Le Seuil, 〈Mémo〉.

REBOUL(Olivier), 1990, *La Rhétorique*, Paris, PUF, 〈Que sais-je?〉; 1ᵉʳ éd. 1984.

VAN EEMEREN(Frans H.), GROOTENDORST(Rob), SNOEK HOEKE-MANS(Francesca), 1996, *Fundamentals of Argumentation Theory*, NJ, Lawrence Erlbaum.

[종 합]

의사 소통 틀, 장르를 이용한 제도적 차원에 대한 고려, 진실임직한 것과 공론에 대한 강조, 로고스-에토스-파토스라는 삼등분으로 아리스토텔레스의 수사학은 모든 논증 이론의 기초를 이룬다. 점차 정점의 그 부분들 중 일부인 웅변술로 제한된 수사학은 문채의 개론으로 바뀌기 위하여 설득술이라는 자신의 근본 사명을 잃었다. 아리스토텔레스의 전통을 되살리는 페렐만(1958)의 '신수사학'은 청중과 토포스의 모든 중요성을 회복시키면서 동의를 이끌어 내게 하는 언어 방식들을 연구한다.

현대 논증 이론들에서 수학적 논리학에 대안을 찾으려는 바람은 앵글로색슨 전통에서의 비형식논리학과 불어권에서의 자연논리학의 출현을 가능케 했다. 규범적 유형의 비형식논리학은 논거들에 대한 연구와 오류들의 탐색에 헌신했다. 그리즈가 창설한 자연논리학은 그 자체로 집단적 재현들로 다루어지는 담화 교류('도식화')에서 구성된 재현들에 대한 이론을 제안한다.

언어과학에서 안스콩브르와 뒤크로의 화용-의미론과 상호 작용적 접근을 구별해야 한다. 발화체 연쇄로서의 논증에 대한 정의에서 출발하여, 화용-의미론은 언어에서의 논증에 위치한 이론들 속에서 발화체의 논증 방향성을 연구한다. 이는 화용론적 토포이와 연결사들에 집중된 미시분석을 가능케 한다. 대화분석에서 나온 화용론적 접근은 다양하긴 하지만 대면 상황에서의 실제 상호 작용을 연구한다는 공통점을 지닌다. 이렇게 함으로써 이 접근은 친근한 대화처럼 명시적으로 논증을 내세우지 않는 언어 교류에 논증을 확장하며, 때로는 협동과 협상의 방식들을 때로는 언어 갈등들을 기술한다.(플랑탱)

논증분석은 담화분석의 틀에 통합되는 이 다양한 경향들을 양식으로 삼는다. '차원'과 '목적'을 구분함으로써 논증분석은 보는 방식을 방향짓거나 상반되는 답변들을 허용하는 문제에 대한 숙고를 불러일으키는 모든 말들에 논증 영역을 확장시킨다. 구조화된 추론을 전개하는 것이 사명인 텍스트로 제한하지 않고, 담화에서의 논증분석은 화자가 현실을 이해하고 세상을 해석하는 방식을 변화시키는 다양한 양태들을 검토한다. 이는 이를테면 일상적인 것에서부터 정치적인 것과 문학적인 것에 이르는 방대한 담화의 폭을 포괄한다.

제 I 부
발화 작용 장치들

1

청중에 적용하기

카임 페렐만은 그의 논증 이론에서 연설자와 청중의 관계를 구성 요소로 제시한다. "논증은 연설자가 말을 건네는 사람들의 동의를 얻기 위해서, 그가 영향을 끼치고자 하는 청중에 전적으로 관계한다."(1970: 24) 따라서 신수사학은 논증적 교류에서 수신 순간의 결정적인 중요성을 밝힌다. 그것은 겨냥하는 대중의 유형이 담화를 형성하는 방식을 보여 준다. 우리는 항상 누군가를 위해서, 그리고 누군가에 따라 말을 한다. 무엇보다도 드러나지 않는 청중을 분석이 어떻게 고려할 수 있는지를 보는 것이 중요하다.

조작 개념을 제공하기 위해서는 신수사학의 청중에 대한 고찰을 다시 취하는 것이 유용한 것 같다. 또 그것을 담화의 용어로 재표현해야 할 것이다. 사실 언어학적 관점에서 페렐만의 범주를 재위치시켜야 하는 필요성은 주어진 자료체의 구체적인 분석에 착수하자마자 느껴진다. 따라서 청중의 어떤 유형을 고려해야 하는지뿐만 아니라 연설자가 만드는 이미지가 어떻게 언어 교류의 구체성에 기재되는가를 아는 문제가 제기된다. 논증분석은 어떤 방식으로 텍스트에서 청자의 사례를 끌어내어 연구할 수 있을까?

앞으로 우리는 유사한 의미에서 '청중' 이라는 수사학적 용어 또는 더 일반적인 '대중' 이라는 용어, 그리고 '대화자' 라는 언어학적 용어(또는 '수신자')를 사용할 것이다. 그리고 '독자' 는 이 중 또 하나의 형상이다. '대화 상대방(interlocuteur)' 은 실제 대화의 경우를 위해 남겨둘 것이다. 전반적으로 담화가 명시적으로든 묵시적으로든 말을 건네는 사례를 다룰 것이다.

상이한 개념들 사이에서 나타나는 구분은 경우에 따라서 이러한 일반적인 정의에 추가될 것이다.

1. 청중: 정의와 특성

대면 상황에서의 청중과 잠재적 청중

 페렐만에게 청중이란 광범위하게 "연설자가 자신의 논증으로 영향을 끼치고자 하는 사람들의 총체"(1970: 25)이다. 이 정의는 입말에서뿐만 아니라 글말에서도 유효하다. 이러한 관점에서 대중이 단 한 명이거나 수많은 군중이거나, 한정되거나 한정되지 않거나, 있거나 없거나 별로 중요하지 않다. 이는 어떤 회사에서 지분을 살 것을 제안하는 잠정적인 투자가, 의회에서 한 정당의 대표자 또는 어떤 작가나 철학자가 그의 작품을 바치는 불분명한 윤곽을 가진 청중에 관한 것 일수도 있다. 청중은 화자가 개인, 제한된 그룹 또는 방대한 대중을 그의 설득 작업의 목표로 삼으려고 선택할 때, 그가 결정하는 가변적인 총체를 구성한다. 사실 "각각의 연설자는 다소 의식적인 방식으로 그가 설득하려는 사람, 또는 담화가 전달되는 청중을 구성하는 사람을 생각한다."(페렐만, 1970: 25) 여기서 '다소 의식적' 이라는 표현을 강조해야 한다. 화자는 그의 말이나 텍스트가 전달되는 사람들을 고려하지만, 반드시 계산적으로 명확한 의식을 가지고 그렇게 하는 것은 아니다.
 논증 장치의 주요 부분을 구성하기 위해서 청중이 구체적으로 개입할 필요는 없다. 이러한 관점은 페렐만을 비롯하여 의사 소통의 틀 밖에서 논증을 인식하지 않는 모든 사람들이 공유한다. 일반적으로 다음을 제시한다.

 유일한 대화 상대방이나 독자에게 전달된 논증은 타자가 소극적인 태도를 취한다거나 아무런 대꾸를 하지 않더라도 대화의 일부라고 간주되어야 한다. [⋯] 완전히 무관심한 청중과 대면 상황이더라도 성공을 추구하는 논증자는 가능한 반대-논거를 예상하고, 미리 전제된 반박을 없애려고 할 것이다.

(반 에메렌 外, 1996: 100; 저자 역)

바흐친이 제안했듯이 오늘날 우리는 반드시 타자에게 행해지고, 또 그의 말을 고려하지만 실제 대화를 구성하지 않는 담화를 대화적인 것(dialogi-que)이라고 부른다(여기서 '대화적인 것' 은 '대화에 관한 것(dialogal)' 과 대립된다). 논증적 담화는 언제나 대화적인 것이지만 반드시 대화에 관한 것은 아니다.(케르브라트, 1990: 16)

우선 한편으로는 모든 논증적인 말의 대화적 성격을 제기할 수 있다. 다른 한편으로 두 참여자 사이에 실제 교류가 일어나는 경우와 청자가 언어 교류에서 적극적인 부분을 담당하지 않는 경우 사이에 행해지는 구분이 제기된다. 케르브라트-오레키오니는 그의 저서 《언어 활동에서 주관성의 발화 작용》에서 수신자를 네 부류로 구분한다.

- 있음 + '발언(loquent)'(일상적인 입말 교류)
- 있음 + 무언 (강의)
- 없음 + 발언 (전화 대화)
- 있음 + 무언 (거의 모든 글말 교류)

(1980: 24)

첫번째와 세번째 경우는 대화에 관한 것이고, 다른 두 경우는 대화적인 것이다. 네 가지 모두 논증 전개를 가능케 한다.

이런 점에서 아리스토텔레스가 제안했던 학문들의 구분과 서열이 언어 과학의 범주에서 세워진 구분과 일치하지 않고 매우 다른 층위에 위치하더라도, 그것을 상기하는 것은 흥미로운 일이다. 실제로 고대인들은 지식과 실천의 복잡한 분배에서 수사학을 논리학과 분리했다.[1] 여기서 우리는 이 점을 다루지는 않을 것이다. 두 참여자가 서로 대립하는 고대 논리학이 경쟁으로 인식될 수 있다는 것을 상기하는 것으로 족하다. "논리학은 [⋯] 추론 규칙을 존중하면서 주장을 반박하거나 증명하려는 일종의 놀이이다." (르불, 1991: 43) 이 과정에서 제안자와 반대자는——마치 체스놀이에서처럼——매순간 상대방의 움직임을 주시해야 하는 대면 상황에서 상반되는 관점을 대치시킬 것이다.

설전으로서 논리학의 형식적인 정의를 다시 들지 않고도, 모든 논증적 대화——대화·토론·토의——는 체스놀이나 더 단순하게는 탁구의 은유가 나타내는 역동성으로 지지된다고 간주할 수 있다. 사실 대면 상황에서 논증적 교류 규칙은 고유한 논리를 지닌다. 논증적 교류가 대화가 된 이상 "논리학자가 자신의 논리의 각 단계마다 대화 상대방의 동의에 전념"(페렐만, 1970: 47)하는 과정에서, 상대방의 반응이나 반대에 입각해서만 논증이 행해질 수 있다. 오늘날 대화분석가들을 흥미롭게 하는 것이 바로 이러한 역동성이다. 논리학의 장점과 인식론적 위상에 대한 철학적 고찰과는 달리, 대화분석가들은 모든 실제 언어 상호 작용에서 관점의 교류와 의미의 공동 구축을 본다.(서론 3.3) 논증분석의 틀 안에서 청중의 성격과 위상이 논증의 역동성을 근본적으로 변화시킨다는 것은 강조할 필요가 있다. 대답할 권리가 없는 청중에게 말을 건네는가, 아니면 반대로 교류에 적극적으로 참여하는 대화 상대방 한 명에게 말을 건네는가에 따라 논증분석의 양상이 달라진다.

---

1) 이 문제는 올리비에 르불(1991: 39-53)과 미셸 메이예(1999: 42-47)의 설명에 잘 요약되어 있다.

통념의 중요성과 연설가의 구축으로서의 청중

모든 경우에, 청중에 자신을 맞추는 것(페렐만의 표현)의 필요성, 또는 타자의 의견을 고려하는 것에 부여된 중요성은 논증적 효율성의 필요 불가결한 조건이다. 논증적 효율성에서 생기는 주요 결과 중 하나는 설득 목표를 가진 모든 담화에서 통념(doxa) 또는 여론의 중심이라는 점이다. 신수사학은 청중에게 맞추는 것에 역점을 두는데, 그것은 무엇보다도 일치점에 기대를 거는 것이다. 연설자는 자신의 담화가 대중에 의해서 이미 확인된 전제들에 근거할 때에만 동의를 얻을 수 있다. 그런데 이러한 전제를 합당하게 선택하기 위해서는 그가 말을 건네는 사람들의 견해·신념·가치에 대한 가설에 근거해야 한다. 따라서 대면 상황이 아니더라도 연설자가 대중을 고려해야 하는 것은, 반응이 선행하는 믿음 체계로부터 나오는 대화 상대방에게 영향을 끼치고자 하기 때문이다. 다시 말해서, 청중은 동의를 얻고자 하는 말이 근거할 수 있는 견해·신념·사고 구조의 총체를 결정하기 때문에 중요한 역할을 한다. 청중에게 맞추는 것, 그것은 무엇보다도 그의 통념을 고려하는 것이다. 공론의 중요성에 대한 아리스토텔레스의 관점을 연장하는 페렐만은 분석가들로 하여금 모든 논증적 담화의 통념적 기반을 끌어내도록 한다.

신수사학의 기여를 과대 평가할 수 없게 하는 두번째 점은, 청중은 언제나 '연설자의 구축'이라는 생각이다. '지배적 의견' '이론의 여지가 없는 확신,' 그의 문화 지식에 속한다고 인정되는 전제를 생각하기 위해서, 화자는 자신의 대중에 대한 이미지를 형성해야 한다. 대화 상대방의 교육 수준, 그들이 속해 있는 환경, 사회에서 담당하는 기능을 알아야 한다. 대중에 대한 생각을 형성하는 데 도달했을 때에만 연설자는 자신의 관점과 대중을 접근시킬 수 있다. 담화가 전달되는 사람들이 있다고 해서 화자가 청중을 구축하지 않아도 되는 것은 아니다. 사실 개인이나 군중의 실재성이 화자가 말을 건네는 사람(들)에 대해 갖는 생각과 대체될 수 없을 것이다. 내가 학생 단체나 오랜 기간 교제해 온 친구와 말을 할 때조차 나는 그의 경험적 현실과 혼동되지 않는 내 청중의 이미지를 구축한다. 따라서 상호 작용에서 중요한 것은 상대방이 실제로 있느냐가 아니라 화자가 만들어 내는 다소 도식적인 이미지이다. **부재하는** 담화로서 논증적 대면은 상상의 세계를 통과한다.

이런 관점에서 페렐만에 따른 청중은 언어적 허구라고 말할 수 있다. 연설자가 구축하고, 따라서 적어도 부분적으로는 그의 상상에 속할 뿐만 아니라 경험적 대중과 혼동되지 않기 때문에 청중은 허구를 구성한다. 화자가 청자에 대해 투영하는 이미지는 실제로 청자의 즉각적이고 구체적인 현실과는 구별되는 것이다. 하지만 지나친 공상은 동의를 얻고자 하는 데 있어 적절하지 않다. 연설자가 만든 청중의 이미지와 실제 대중 사이의 차이가 논증의 효율성을 결정한다. 차이가 너무 크다면, 즉 청중의 구축이 "경험상 부적절하다"(페렐만, 1970: 25)라고 판명되면 설득 작업은 실패할 수밖에 없다. "청중의 부적절한 이미지가 무지의 결과이든 예기치 못한 상황의 결과이든간에 가장 유감스러운 결과를 초래할 수 있다"라고 페렐만과 올브레히츠-티테카는 지적한다.(앞글)

2. 담화에서 청중의 기재

정신적 재현에서 담화적 이미지로

청중에 대한 카임 페렐만의 관점은 통념에 근거하는 교류의 의사 소통적 차원을 강조했지만 담화의 물질성 안에 관점의 기재, 즉 연설자가 청중에 대해 형성하는 이미지가 그의 말에서 구체적으로 표현되는 방식에 몰두한 것은 아니다. 대통령의 텔레비전 담화, 《피가로 잡지》의 사설, 소설과 같은 구체적인 경우들에서 어떻게 대중의 흔적을 찾아내고 그들의 위상을 분석할까? 이 질문에 대답하기 위해서, 우리는 담화에서 청중의 구축에 대해 다루는 수사학적 · 언어학적 접근을 검토할 것이다.

우선 우리는 '청중의 구축'이라는 생각 자체에 대해 의문을 제기할 것이다. 실제로 그것이 정신적 재현 또는 언어적 이미지에 관련되는지 자문해야 한다. 프랑스 대통령이 국민에게 연설할 때, 그가 머릿속에 가지고 있는 국민의 이미지에 의거하는가 아니면 자신의 연설에서 제시하는 그들의 이미지에 의거하는가? 텍스트를 분석할 때, 우리는 언어 이면에서 그 경계 밖에 놓인 상상의 세계를 고려할 수 있고, 고려해야만 하는가? 설사 이 질문에 긍정으로 답한다고 해도 담화가 선행하는 정신적 재현과 어떻게 연결되는지를 아는 문제가 남아 있다. 담화에서 사회적 재현과 기재가 병행하는 방식에 대한 의문을 제기한 장 블레즈 그리즈의 자연논리학이 바로 이 문제를 다룬다.(서문 2.2)

《피가로 잡지》의 한 구절(1998년 9월 19일자 사설)을 예로 들어 보자. 빌 클린턴 대통령 성추문 사건 때, 모니카 르윈스키와의 과거 불륜 관계와 관련된 고소에 이어 해임 위협을 받는 그들의 대통령을 옹호하는 미국인을 칭찬하는 기사이다.

절대 국민을, 특히 미국 국민을 실망시키지 말라. 분명(Certes) 그들이 우리의 더 큰 불행을 위해 패스트푸드, 맛 없는 치즈, 실버스타 스탤론의 영화 그리고 유치한 청교도주의를 만들어 낸 것은 사실이다. 하지만(Mais) 그들은 냉정을 잃지 않았으며, 막 그것을 다시 증명한 것이다.

페렐만처럼 그리즈도 주어진 주제에 대해 말하기 위해서는 말을 거는 사람에 대한 재현을 갖거나 형성해야만 하고, 다루어지는 주제를 인식하고 이해하는 방식을 상상해야 한다는 생각에서 출발한다. 그런데 화자 A는 "[청자] B에 대한 재현에 결코 직접적으로 접근하지 않는다. 따라서 실제로 중요한 것은 A가 B에 대해 형성하는 재현이다."(그리즈, 1990: 35) 다시 말해서 피가로 잡지 기자 프란즈-올리비에 지스베르는 독자에 대해서, 그리고 그들이 미국과 대통령 빌 클린턴을 생각하는 방식에 대해 선행하는 이미지를 형성해야 한다. 그리즈에게 '재현'은 A(이 경우에는 지스베르)가 대중에 대해 형성하는 이미지이다. 이렇게 하기 위하여 그는 1) 청자의 지식(《피가로 잡지》 독자들의 선행 지식은 무엇인가?), 2) 그들의 언어 수준, 3) 그들의 가치에 대해 생각해야 한다.(그리즈, 1996: 64) 이 기사의 경우는 그 당시 모든 잡지에 실리고, 미국뿐만 아니라 프랑스 대중 매체를 가득 채운 르윈스키 사건을 평범한 프랑스 독자가 잘 안다는 사실에 기대를 걸 수 있다. 널리 확산된 대중 문화가 가리키는 것이 무엇인지를 분별력 있게 알아차릴 수 있다는 사실에 기대할 수 있다. 즉 독자는 실버스타 스탤론의 영화가 무엇인지 알며, '패스트푸드(fast-food)'라는 영어 표현의 의미를 알고 있다. 따라서 당대 사건들과 대중 문화에 관한 모든 것을 알고 있는 대중이다. 그러나 이는 또한 급속한 미국 문화에 의해 야기된 타락을 '불행'으로 여기는 대중이다. 청중은 '정치적으로 올바른 것'의 팽배 속에서 나타나는 엄격한 성도덕만큼이나 세련됨이 결여된 문화를 비난하는 것이다. 가치의 관점에서 언어 수준이 훌륭할 뿐만 아니라 진실한 프랑스 문화의 옹호자로 나타나는 독자에게 기자는 말을 한다.

지스베르가 상상한 바와 같이 독자에 대한 모든 정보는 다소 기자의 사고와 의도에 의거한 가설에서가 아니라, 텍스트에서 발췌한 것이라는 점에 주목할 것이다. 또 사회학적 조사가 제공한 외부 여건도 동원할 수 있다는 것을 주목하자. 그리고 이는 대중을 대상으로 하는 신문사에서 일하는 기자인 만큼 필연적으로 그가 접근하려는 소비자에 대해 선행하는 생각을 가진다. 하지만 설득 작업을 형성하는 청자에 대한 이미지를 이해하기 위해, 통계 자료를 모으는 것으로는 충분치 않다. 이미지가 충분히 파악되는 것은 바로 텍스트 안에서이다. 즉 화자가 대중에 대해 형성하는 재현은 그것이 기재되는 담화 밖에서는 지각될 수 없다. 오직 이미지가 언어 교류에서 물질화되었을 때에만 그 이미지는 굳어지고, 여건이나 기존 외부 이미지에 부합될 수 있다.

그리즈는 이미지가 텍스트에서 구체화되는 이러한 담화 형성 과정을 '도식화(schématisation)'라고 부른다. 도식화라는 용어는 화자가 교류의 필요에 부응하는 일관된 이미지를 제작하기 위하여, 청자를 정의하는 것으로 여겨지는 속성들의 일부를 활성화하는 과정을 가리킨다.(서론 2.2) 이 도입 단락의 목적은 도덕 관념에 관련된 사건에 이어 해임 위협을 받는 클린턴 대통령에 대한 그들의 지지를 정당화하는 미국인들에 대한 찬사를 인정하게 하는 것이다. 기자는 그가 알기로 미국에 관련된 모든 것에 대해 침묵을 지키는 프랑스인에게 말하는 것이다. 그는 단지 그들의 가치와 일상적인 행동에 대해 거리를 유지하면서만 미국인을 칭찬한다. 이러한 목적으로 그는 연결사 '분명(certes)'과 '그러나(mais)'가 연결하는 논증을 순식간에 전개한다.(III, 5, 3) 양보는 미국인의 잘못을 나열하게 하고, 문장 첫 부분 '그러나'는 그것이 보류하는 표명을 능가하는 것임을 나타냄으로써 찬사를 도입하고 강조하게 해준다. 활성화되어야 하고, 강조되어야 하는 대중의 속성은 식도락과 영화에서 이상적으로 구현되는 프랑스적 특성이다. 기사는 타락된 가치의 나열을 통하여, 이러한 프랑스적 특성을 은연중에 가리킨다: "패스트푸드, 맛없는 치즈, 실버스타 스탤론의 영화, 그리고 유치한 청교도주의"는 그와 반대되는 것을 불러일으킨다. 따라서 청중이 내용 층위에서 다루어지지 않고, 소유형용사 '우리의'('우리의 더 큰 불행을 위해')로만 간략하게 불려진다 하더라도 분명히 존재하는 것이다. 미국화의 침략에 저항하는 세련된 음식, 맛있는 치즈(속일 수 없는 기호!), 좋은 영화와 성의 애호가, 그런 것이 텍스트에서 구축되는 프랑스인들의 자화상인 것이다.

우리는 기자가 대중에 대해 형성하는 재현이 어떻게 언어의 물질성 속에 기재되는지 알 수 있다. '청중의 구축'은 텍스트 그 자체에서 이행되는 것이다.

청중의 전형화

담화에서 청자의 이미지를 기재하게 해주는 담화 요소들을 상술하기 전에, 이러한 과정에서 집단적 재현들의 불가피한 중재가 갖는 중요성에 역점을 두어야 한다. 실제로 《피가로》지의 기자가 독자와 그가 은연중에 윤곽을 잡아 보는 이미지에 대해 형성하는 생각은, 프랑스인 스스로 형성하거나 그들에 대해 널리 퍼져 있는 생각들과 밀접한 관련이 있다. 이는 기성 이미지를 포함하는 그 시대의 상상적인 것에 관련되고, 공동체가 공유하거나 적어도 공동체가 알고 있는 재현에 관련된다. 그리즈가 사용한 재현이라는 개념은 사회심리학자들이 '사회적 재현' 또는 '전형'이라고 부르는 것과 비슷하다. 전형은 고정된 집단적 이미지로 정의될 수 있는데, 우리가 어떤 주제에 여러 술어들을 부여하면서 기술할 수 있는 것이다.(아모시, 1991) 프랑스인들은 섬세한 미식가이고, 세련된 문화를 대표하며, 사랑의 기술에 정통했다. 이러한 확산된 지식은 실제로 아는 것이라기보다는 공유된 의견에 속한다. 전형은 정의상 통념적이다.(Ⅱ, 3, 4) 전형화는 기존의 문화적 재현, 고정된 집단적 도식을 통해 현실을 생각하는 작업이다. 특정 개인이나 개인 집단은 기성 모델에 따라 인식되고 평가된다. 유명한 사람의 경우에는 대중 매체가 만들어 내고, 여론에서 회자되는 대중적 이미지에 따라 보여진 것이다. 리프만(1992)이 언급했던 전형들은 북아프리카 이주민이나 은행가, 또는 프랑수아 미테랑이나 장 마리 르 팬에 대해 우리가 만드는 이미지, 즉 우리 머릿속에 있는 이미지들이다.

그런데 내가 청자에 대해 형성한 재현은 그가 속해 있는 단체에 대해 가지고 있는 생각에 반드시 결부된다. 공산당 열성당원이나 16구 부르주아, 차도르를 쓴 회교도 여인들, 미국의 여성 운동가인 청중에게 영향을 미치기 위해서 같은 담화를 취하지 않을 것이다. 대화 상대방을 사회적·윤리적·정치적 또는 또 다른 범주에 결부시켰을 때에만 그들을 생각할 수 있다. 이렇게 해야만 그들의 반응을 예측해 볼 수 있다. 전형화는 대상-집단에 따라 연설자가 고려해야만 하는 생각, 믿음, 명백한 사실, 선입견들을 재발견토록 해준다. 우리가 영국 보수주의자에게 접근코자 할 때에는, 그가 단번에 동의할 수 있는 윤리적 · 정치적 전제에 의거할 것이다. 또 실업으로 근심하는 주민들에게는 더 많은 일자리를 공급하는 사회적 조치(주 35시간 노동)가 제공하는 가능성을 내세울 것이다. 다시 말해 전형은 한 집단에 적절한 추론 방식(예를 들면 보수적 사고)과 그 속에 자리잡은 통념의 분야에 대한 전반적 내용(공동체 구성원들이 내세울 수 있는 특수한 입장과 고정 관념)을 가리키게 해준다.

청중의 전형화는 적합하지 않은 듯한 텍스트에까지 존재한다. 그리고 참여자들이 각자의 고유한 개성으로 인식되고 평가되는 면대면 교류에서도 마찬가지이다. 이미 언급했듯이 대면 상황일지라도 청중은 연설자의 구축이다. 반드시 상상을 거치는 관계(화자가 타자에 대해 형성하는 재현)는 또한 전형화 과정을 거친다. 화자는 교류의 목적과 필요를 고려하면서, 그가 도식화하는 단순화된 이미지를 참여자에 대해 형성한다. 이러한 이미지는 대화 상대방이 속한 집단의 이미지에 결부될 수도 있고, 여론이나 상호 작용의 참여자가 속한 공동체에서 회자되는 선행 이미지에 결부될 수도 있다.

연설의 지표

청자의 이미지를 구체화하는 것은 그 이미지가 언어적 표지, '연설 지표'를 가지는 구체적인 사례가 된다는 것을 가정한다.(케르브라트, 1990: 87) 발화체의 문자 속에 항상 기재되지는 않는 이 지표들을 가능한 한 정확하게 찾아내기 위해서는 이것을 배열하도록 해야 한다. 신수사학이 이점에 대해 오랫동안 논의하지 않은 반면, 벤베니스트(1966, 1974)의 유산인 발화 작용의 언어학은 이 단계에서 담화에서의 논증분석에 귀중한 도구들을 제공한다. 청중을 지칭하는 연설 지표의 주된 요소들은 다음과 같다.

명시적 명사 지칭

전달된 담화에서, 연설자는 청자를 확실하게 재발견하도록 해주는 호칭이나 고유명사를 때때로 사용한다. 예를 들어 로맹 롤랑은 《제네바 신문》에 실린 1914년 전쟁에 반대하는 글인 《싸움을 넘어서》를 '세상의 용맹한 젊은이여!'라는 감탄문으로 시작한다. 1870년 희생자 추도제 때, 데룰레드는 애국연맹의 회원들 앞에서 '애국자'라는 용어로 청중을 직접적으로 부른다. 우리는 호칭이 중성적 지칭(신사숙녀 여러분, 그리고 나의 동지들이여)에서 말을 건네는 사람들을 이끄는 이미지('용맹한 젊은이')로 옮아가는 것에 주목할 것이다.

청중에 대한 기술

명사 지칭은 다소 큰 확장을 이끌 수 있다. 즉 진정한 기술로 발전될 수 있다. 이러한 기술은 일반적으로 2인칭 단수와 결합되지만 반드시 그런 것은 아니다. 알다시피 다음과 같은 발전이 있다. "나의 동지들이여, 인간의 권리를 수호하는 여러분, 공정한 사회를 위해 오랜 기간 투쟁한 여러분, 여러분은 정부의 극우당 통합을 찬성할 수 없습니다." 만일 명사 지칭이 어떤 발전의 대상이 된다면, 이러한 기술들은 청중을 분명하게 가리키는 자율적인 초상화가 될 것이다. 이처럼 단순한 호칭과 직접적이거나 간접적인 지칭은 기술이라는 형식으로 확장될 수 있다.

인칭대명사

일반적으로 우선 2인칭 단·복수가 관련된 문제이고, 여기에 대응하는 소유사를 덧붙여야 한다. 이들이 다른 지시 대상들을 가리킬 수 있다는 점에서 이 요소들은 자유로워진다. 예를 들어 로맹 롤랑의 《싸움을 넘어서》(별첨 1)에서도 'vous'[2]는 여러 지시 대상을 갖는다. 작가는 우선 젊은이들에게 말한다. "여러분은 여러분의 의무를 다해야 합니다." 그리고 지도자들에게는 "자! 당신들은 수중에 지금 그러한 부를 갖고 있는데, [⋯] 무엇을 위해 그 부를 사용할 것입니까?" 지도자들에 대한 'vous'는 이어질 '서양의 더 큰 세 민족'과 관련된다. "우리의 문명이 매우 견고해서 당신들은 그 기둥이 흔들릴까 두렵지 않단 말입니까?" 화자를 포함하는 이점을 가지는 'nous'[3]가 2인칭 단·복수에 합류한다. 롤랑은 'notre civilisation(우리의 문명)'이라고 말한다. 이 'nous'는 같은 텍스트에서 세상 사람 전부를 지칭하도록 해주는 확장을 갖는다. "인간은 세계의 무질서를 운명 탓으로 돌리기 위해 운명이라는 것을 만들어 냈습니다. [⋯] 이 순간 우리들 각자는 우리 죄를 고백해야 합니다!" 인칭대명사의 분석은 이처럼 청중을 개입시키게 해주며, 그 청중은 'nous'와 마찬가지로 'tu'[4]와 'vous'의 형태로 설득코자 하는 사람들 전체로 정의된다.

《싸움을 넘어서》의 다음의 예가 보여 주듯이, 겨냥된 청중은 또한 3인칭으로도 불려질 수 있다는 것에 주목해야 한다. 3인칭으로 롤랑은 지식층에게 주로 말을 건넨다. "정예 지식인층, 교회, 노동당은 전쟁을 원하지 않았습니다⋯⋯ 좋습니다! ⋯⋯그럼 그들은 전쟁을 피하기 위해 무엇을 했습니까? 전쟁을 약화시키기 위해 무엇을 하고 있습니까?" 하지만 'ils'[5]이 어떻게 의사 소통에서 배제된 비인칭(벤베니스트의 용어)이 아니라 'vous' 대신 쓰이는지를 알 수 있는 것은 문맥을 통해서만 가능하다. 모든 경우에 있어서 청중을 지칭하기 위해 3인칭을 사용하는 것은 간접 효과를 구성한다. 이 간접 효과는 카트린 케르브라트-오레키오니가 '의사 소통적 전의'라고 부른 것에 속할 수 있다. 즉 다른 사람에게 말하는 체하면서 누군가에게 말하는 것이다.(1986: 131) 이런 점에서 각각의 경우에서 결과를 검토하는 것이 중요한 전략과 관련된다.

---

2) 프랑스어에서 2인칭 복수대명사·2인칭 단수에 대한 경칭. 〔역주〕
3) 1인칭 복수대명사. 〔역주〕
4) 2인칭 단수대명사. 〔역주〕
5) 3인칭 복수대명사. 〔역주〕

공유된 명백한 사실

청중은 명백한 지칭의 대상이 되지 않을 때조차도 담화가 명시적이거나 묵시적으로 그에게 부여하는 믿음·견해·가치에 의해 은연중에 지칭된다. 이 믿음·견해·가치는 분명하게 표현될 수 있다. 예를 들어 전쟁중의 세 유럽 국민들에게 '문명의 수호자들'이라는 호칭을 부여한 로맹 롤랑의 경우가 이렇다. 또한 간접적인 방식으로 텍스트에 더 자주 기재된다. 예를 들어 "이 젊은이들의 연장자에게 진리를 감히 말합시다"는 청중이 그것을 지키기 위해 위험을 감수할 만한 진리를 최고의 가치로 믿는다는 사실을 가정한다. 전제에 기재되기도 하고(III, 5, 2), 발화체의 기초가 되는 토포이와 사회 통념에 기재되기도 하는(II, 3, 4) 이 함축의 층은 자율적인 분석, 즉 화용론과 담화분석이 그 방법을 제공하고, 우리가 이제 살펴볼 논증적 로고스의 분석을 필요로 한다. 그렇지만 엄격한 관점에서 그것은 특히 연설자가 청중에 대해 형성하는 이미지를 끌어내게 해준다.

명백한 담화 표지(지칭과 인칭대명사)가 없는 모든 경우에 있어서, 분석가가 청자를 재구축하는 유일한 방법은 그가 공감한다고 여겨지는 명백한 사실을 끌어내는 데 있다. 실제로 텍스트는 호칭을 절약하고, 수신자에 대한 모든 언급을 생략할 수 있지만, 의사 소통을 세우고자 하는 데에 기준이 되는 가치와 믿음을 반드시 기재해야만 한다. 앞에서 언급된《피가로》잡지의 발췌문에서처럼 '우리'의 사용으로('우리의 불행을 위해') 아주 조심스럽게 불려진 독자는 그에게 부여된 가치 속에서 분명하게 드러난다.

3. 동질적 청중과 혼합적 청중

페렐만과 올브레히츠-티테카는 다음과 같이 언급한다.

연설자는 성격·관계·직업으로 구별지어진 사람들이 모인 혼합적 청중을 설득해야 할 때가 종종 있다. 그가 청중의 다양한 요소들을 얻어내기 위해서는 여러 가지 논거를 사용해야만 할 것이다. 논증에서 이러한 혼합적 청중에 대해 고려하는 기술이 위대한 연설자를 특징짓는다.

(1970: 28)

이러한 전형적인 경우에 대해, 신수사학은 상이하고 종종 상반되는 당들이 의석을 차지하고 있는 국회에서 취해진 담화의 경우를 예로 제시한다. 적어도 겉으로는 동질적으로 나타나는 청중과 혼합되고 이질적으로 보이는 청중 사이에 대립이 나타난다. 페렐만이 (《수사학 제국》에서 사라진) 이러한 구분을 명백하게 제시한 것은 아니지만, 그것은 분명 중대한 것이다. 화자가 말을 건네는 대중의 동질성이나 혼합성은 논증적 담화의 틀을 마련하고, 논증적 담화의 복잡성을 야기한다.

동질적 청중

설득 작업에 가장 유리한 것은 아니지만, 적어도 가장 다루기 쉬운 상황은 연설가가 동일한 가치와 동일한 목표를 공유하는 대중에게 연설할 때이다. 우리가 혼합적이라기보다 오히려 동질적 청중이라고 말할 수 있는 것은, 단지 그들이 세계관과 주의(主義)·강령을 공유하기 때문이다. 각각의 개인은 타인과 다를 뿐만 아니라 한 사람이 자신의 내부에 종교적(기독교인)·가족적(아버지)·국가적(애국자)·성적 측면(남자) 등을 가진 혼합적 청중을 구성할 수 있다는 것을 페렐만과 올브레히츠-티테카는 스턴의 《트리스트람 샌디》(1970: 29)에서 차용한 예에 입각하여 잘 보여 준다. 그러므로 페렐만이 사용하지 않은 개념인 동질적 청중이라고 말하는 것은 논리에서 벗어나는 것 같다. 항상 상대적이고 잠정적인 대중의 동질성은 그럼에도 불구하고 존재한다. 그것은 연설자가 청중을 구축하기 위해서 공통점에 기대한다는 사실에서 유래한다. 예를 들어 텔레비전 연설에서 대통령은 수백만 시청자들에게 연설이 함축하는 국가적 정체성과 가치에 기대를 건다. 전당 대회에서 당원에게 연설하는 정치가, 투사들이 자리한 집회에서 연설하는 여성 운동가, 외모에 관심을 갖고 있는 여성 독자에게 호소하는 잡지 광고주는 청중의 동질성을 나타내는데(그리고 동시에 구성하는데) 근거가 되는 공통점에 기대를 걸 수 있다. 따라서 그들은 전형화라는 유익한 작업에 전념함으로써 대상-집단의 공유된 전제에 의거할 수 있다. 이처럼 동질적 청중은 여건(사회주의적, 여성주의적 이념에 동의로서 공통의 객관적 차원과 관련된다)인 동시에 허구(연설자가 일시적으로 그의 일관성과 통일성을 부여하는 집단에 관련된다)이다.

우리는 두 가지 상황을 크게 구분할 수 있다. 즉 연설자가 자신의 고유한 견해를 공유하는 동질적 청중과 대면한 상황, 그리고 자신과 입장이 다른 동질적 청중에게 말하는 상황이다. 이 두 가지 경우 연설자는 공유된 일련의 의견들에 근거하고, 나눌 수 없는 하나의 전체로 대중을 간주함으로써 설득 전략을 만들 수 있다.

당신처럼 생각하는 사람들을 설득하기

로제 마르탱 뒤 가르의 《티보 가의 사람들》(1955)에서, 1914년 8월 30일 사회당 집회 때 아주 절박한 동원령에 대한 자크 티보의 연설을 첫번째 예로 들어 보자. 연설자는 같은 정당에 소속된, 따라서 그들의 신념은 동일하고 잘 정의된 원칙을 지키고자 하며, 전쟁에 합의하는 사회주의적 담화에 익숙한 대중과 대면한다. 자신도 정당의 일원인 티보는 청중에게 맞추기 위해 그들을 개인적으로 알 필요는 없다. 즉 그들은 이념과 목표를 공유하는 일관된 집단을 나타낸다. 그는 처음부터 '동지여!' 라는 용어로 청중을 부른다(어휘 선택에 대해서는 III, 5, 1에서 더 상세히 설명됨). 그는 대명사 'nous' 로 자신이 속하는 소속 관계를 표시한다. 다음은 협박받는 존재의 관계이다: "전쟁! 우리 눈앞에 닥쳐왔습니다."[6](앞글: 493) 전선에 파견된

군인과의 관계이다: "그런데 자본주의가 이윤 추구와 살상을 위해 필요한 군인이 바로 우리들인 것입니다!"(p.494) 국민들과의 관계이다: "이제 평화는 민중들의 안에 있습니다! 우리 손안에, 우리에게 달려 있습니다!"(p.496) 마지막으로 프랑스인과의 관계이다: "파업을 결의함으로써 우리 프랑스인은 일석이조의 효과를 얻는 것입니다!"(p.497)

1인칭 복수는 텍스트를 특정짓는 'vous'와 번갈아 나타난다. 그것은 여러 가지 성격을 지닌다. 한편으로는 'nous'와 평행을 이룬다. 예를 들어 협박받는 'vous'가 존재한다: "한 달도 못 되어서 오늘 밤에 여기에 계신 여러분들이 학살을 당할지도 모르는 일입니다!……."(p.493) 거부 전선에 있는 프랑스인인 'vous'가 존재한다: "바로 여러분! 그것은 우리에게 달려 있습니다. 우리 프랑스인이 싸우기를 거부하면 됩니다!"(p.497) 그러나 연설자는 또한 그 자신은 속하지 않는 희생자와 죄인의 이중 이미지를 매우 직접적으로 청중에게 제시한다. 이 사람들은 바라지 않는 전쟁을 강요당했기 때문에 희생자가 될 것이다: "전쟁! 여러분은 전쟁을 원치 않으시겠지요? 그런데 그들은 전쟁을 바라고 있습니다! 그들이 여러분에게 그것을 강요할 것입니다. 여러분은 희생자가 될 것입니다!"(p.493) 하지만 희생된 국민들은 곧 책임이 지워진다: "그러나 여러분도 마찬가지로 범죄자가 될 것입니다! 왜냐하면 전쟁, 그것을 막는 일은 오로지 여러분에게 달려 있기 때문입니다……."(p.494) 담화는 죽음으로 보내지는 'vous'와 전쟁을 거부하는 'vous,' 희생자 'vous'와 죄인 'vous'를 교대로 사용한다. 'vous'에 직면하여 한편에는 '자본주의, […], 돈의 위력, 무기 상인들,'(p.494) 정부, '정치가들,' '고관,' '기득권자'(p.496)로 지칭되는 'ils'과 'on'[7]('on vous dit'), 타인이 존재한다. 다른 편에는 경청해 주고 자신을 따라 주기를 요구하는

---

6) 우리말 번역은 정지영 옮김, 《티보 가의 사람들》, 청계연구소 출판, 1989 참고. 〔역주〕

7) 프랑스어에서 부정인칭대명사로, 경우에 따라 '우리' '너희' '모든 사람들' 등으로 해석된다. 〔역주〕

'je'[8]가 존재한다: "여러분은 저를 보고 계신지요? 여러분은 모두가 '어떻게 하면 좋단 말인가?' 라고 스스로에게 묻고 있습니다. 그리고 오늘 밤 여기에 오신 것은 바로 그 때문입니다……그럼 제가 그 방법을 말씀드리겠습니다!"(p.494) 이러한 역할 분배에서 반대자의 불길한 형상인, 'ils'의 희생자와 적으로 나타난 청중은 보조자로 또는 오히려 조언자, 안내자로 제시된 'je'의 우선시된 청자이다. 'je'는 진실을 밝히고, 깊이 생각하라고 명령한다: '잘 알아야 합니다.' '숙고하십시오.' '생각해 보십시오.' 그는 행동을 격려한다: "'무엇을 할 것인가?' 라고 여러분은 물을 것입니다. 하라는 대로 해서는 안 됩니다!……"(p.496)

우리는 연설자가 동질적이고, 모든 각도에서 통합되며, 같은 이익에 이끌리고, 한 사람처럼 행동할 수 있는 청중의 형상을 어떻게 담화에서 그려내는지 보았다. 논증의 본질적인 요소들에 관해서는 선행 합의에 근거하면 할수록 연설자는 더 쉽게 청중의 형상을 그릴 수 있다. 이는 혼란의 위협이 모두를 억압하게 만드는 당연한 불안뿐 아니라, 전쟁에 대한 청중 태도의 기초를 이루는 사회주의 원리와도 관련된다. 자크 티보는 동원에 대항하여 계급 투쟁, 전쟁도발자 자본주의, 노동자연맹, 파업 수단에 대해서 언급한다. 그는 자신이 이해되고, 동화되고, 모든 주의(主義)에 융합되었다고 알고 있는 이 원리들에 의거할 수 있다. 바로 이러한 이유에서 그는 전제들을 확인해 보지 않고도 주제의 핵심으로 곧장 들어갈 수 있는 것이다.

우리는 청중을 연설자의 주장으로 쉽게 유도하는 공유된 이념으로 분류된 담화의 논증적 가치가 무엇인지 물론 자문할 수 있을 것이다. 그럼에도 불구하고 토의가 요구되고, 같은 주의 안에서 공감하는 사람들에게 있어서 여러 선택권이 가능하다고 확인되는 모든 경우에 논증은 분명 필요하다. 자크 티보가 논증하기에 이른 것은, 곧 있을 동원령에 직면하여 혼란스러울 당시 이 집회가 개최되었기 때문이다. 이는 가장 확신에 넘친 사회주의

---

8) 1인칭 단수대명사. 〔역주〕

자들에게 애국심이 다시 나타나고, 무장 투쟁 거부에 이기도록 위협하는 상황에 관한 것이다. 또 다른 연설자, 레비 마스는 "프랑스인이라면 아무도 외국의 새로운 침략에 대항해서 자기의 국토를 지키기를 거부하는 사람은 없을 것입니다"라고 단언했다.(pp.491-492) 장 조레스가 수 차례 거론한 강제 동원령시 총파업이라는 잘 알려진 사회주의자의 위협을 휘두르는 자크의 발언은, 조국의 방위에 동조하자는 점점 커져 가는 경향으로부터 이 주장을 지킨다. 공통된 가치에 근거하지만, 다양한 선택들이 연설대 위에서 표현된다. 따라서 자크는 평정을 잃고 주저하는 청중을 자신의 입장인 비타협적인 평화주의로 이끌기 위하여 잘 알려진 일치점들을 동원해야만 한다.

공유된 가치 안의 공동체

연설자가 자신의 가치를 공유할 뿐만 아니라 그의 주장의 정당성을 이미 인정하는 동질적인 대중에게 말을 할 때, 어떤 일이 일어나는가? 이 시도는 1908년 샹피니 전투의 위령비 앞에서 폴 데룰레드가 발언한 담화에서 잘 나타난다.(별첨 2) 사실 데룰레드는 물론 일반적 의미에서 취할 수 있지만 더 특별하게는 연설자 자신이 설립하고 지도한 애국연맹, 즉 1870년 패전과 그후 알자스와 로렌 지방 일부를 잃은 것에 대해 독일에 대한 복수를 열망하는 애국연맹의 회원들을 지칭하는 용어인 '애국자'에게 연설하는 것이다. 따라서 연설자와 청중은 출발부터 같은 가치를 공유한다. 즉 그들은 같은 목적을 쟁취하기 위해서 집결한 것이다. 1870년의 희생자 묘지에서 알맞은 담화는 공동의 목적을 재표명하기에 좋은 기회이다. 페렐만이 정확하게 지적하듯이 찬사·추도사·기념 담화가 속하는 과시적 담화는 단지 화려한 연설만은 아니다. 그것은 분명 정치나 법정에서 결정을 야기하는 정치적 담화와 재판적 담화와는 구별된다. 하지만 그것은 "우리가 앞세우고자 하고, 행동을 미래로 방향지어야 할 어떤 가치들 주위에 합의를 강화하는 것을 목표로 한다."(1970: 33; 서문, I, 3)

분석된 부분에서(II, 3 참조) 애국자에게 말하는 연설자는, 그 속에 자신도 포함해서 그들을 대명사 'nous'로 지칭한다. 그는 모두가 이루어지기를 기원하는 프랑스 재건을 현실로 그들에게 제시한다. 독일의 속박에 대항하고 명예를 지키도록 결의된 조국의 영웅적 이미지 안에 그들을 공감하게 만든다. 그로 하여금 이 열광적인 묘사를 하게끔 해주는 모든 요소들은 공유된 통념에서 차용한 것이다. 그는 패배하여 알자스 로렌을 빼앗긴 프랑스의 슬픈 운명에 대하여 청중도 자신과 함께 비탄에 잠겨 있다는 것을 알고 있다. 즉 '침략자의 무례한 지배' 앞에 굴욕·분노는 애국자들의 공통된 운명이다. 데룰레드는 또한 프랑스에게 '민족들 사이에서 지위'를 되찾게 해주는 해방을 얼마나 많은 연맹 회원들이 원하는지를 알고 있다. 보통은 연설자가 증명했어야 할 것을 간단히 확실한 것으로 제시하게 해주는 것은 바로 같은 가치와 같은 목표를 무조건 공유하는 것이다. 그는 전쟁의 필요성을 논증하는 대신, 프랑스가 지금 전쟁에 들어갈 준비가 됐다고 단언하는 것으로 만족할 수 있다. 이처럼 이미 그의 주장에 찬동하는 청중들과 연설자의 대면은 과장된 단언과 파토스에 호소하기(III, 7)와 같은, 다른 상호작용 상황에서는 적절치 않는 논증 전략을 허용한다.

　하지만 전형적인 경우에도 청중은 정확한 기준의 선택에 입각해서만 동질적으로 정의될 수 있다. 분명 애국연맹의 단원들이 아주 다양한 개인들을 포함한다는 것은 의심의 여지가 없는데, 그들의 성격·취미에서부터 복수에 직접적으로 속하지 않는 주제에 대한 의견에 이르기까지 매우 다를 수 있다. 그들이 구체적인 이념적 경향과 정당에 속해 있다는 것만이 동질적 청중에게처럼 그들에게 말할 수 있게 해준다. 이 공동체라는 개념은 필요한 경우에는, 화자가 구체적인 상황에서 공감하고자 하는 광범위한 대중들로 확장될 수 있다. 예를 들어 새해 첫날 다양한 의견과 견해를 가진 모든 프랑스인들에게 연설하는 대통령은, 국민을 결합시키는 가치들을 공감시킴으로써 다원성과 상반성을 통일된 하나의 총체가 되도록 해야 한다.

당신처럼 생각하지 않는 청중을 설득하기

논증적 상호 작용의 두번째 유형은 연설자가 설득코자 하는 사람의 가치도 입장도 공유하지 않을 뿐만 아니라, 거기에 강렬히 반대하는 동질적 청중에 대처하는 경우이다. 따라서 논증적 상호 작용이 가능하다고 확인되면, 그것은 두 상호 작용자의 드러난 불일치를 넘어서 그들에게 공통적인 전제에 의거해야 한다. '나, 지식인'이라는 제목의 드리외 라 로셸의 《비밀 이야기》의 마지막 부분은 극단적이기 때문에 흥미로운 예로 제시된다. 드리외가 자살하기 전에 쓴 이 텍스트는, 대독 협력으로 고소된 작가가 곧 재판받을 법정에 직면하여 작성한 모의 구두 변론이다. 화자는 자신을 심판할 승리한 레지스탕스에게 말을 건네기 위하여 1인칭으로 말한다. 피고인석에 자리한 'je(나)'는 적진의 성격을 지닐 뿐만 아니라, 나치 독일 점령시 〈신프랑스 평론〉을 지휘하고 나치 점령군과 일하는 것을 수락한 프랑스 작가의 가치와 신념을 어떤 경우에도 공유할 수 없는 'vous'에게 말한다. 행해진 선택들 사이에서뿐만 아니라 또한 그 입장의 기반이 되는 전제들 사이에는 완전한 모순이 있다. 이러한 조건에서 드리외는 이제부터 그의 재판관을 구성하는 레지스탕스 진영에게 어떻게 말을 건넬 수 있을까?

이 텍스트에서 '죽음을 요구하는' je'는, 연설자가 준거하는 'nous'를 모든 점에서 반대하는 적대적인 'vous'에 직면한다. "소위 여러분은 재판관이고 배심원이니 판결을 내리시오. 나는 당신의 뜻에 달렸소."(1951: 99) "우리는 졌고, 우리는 반역자로 선고받았소. 이것은 정당하오."(앞글: 98) 이 텍스트는 단지 법정에 세워진 새 승리자들에 대한 도전일 뿐이고, 그들에게 효과적인 말을 건넬 시도는 아니라는 말인가? 사실 전 대독 협력자가 작성하는 자기 고발 행위는 자기 정당화이기도 하다. 그는 청중들의 가치인 동시에 자신의 행동을 해명하기 위해 내세우는 가치들에 근거하여 청중에게 말한다. 예를 들어 "나는 지식인의 의무를 다한다는 생각에 따라" 행동했다고 말한다. 즉 "위험이 따르는 기회를 노렸습니다."(앞글) 비시 정부의 명령에 충실하면서 페탱 원수의 길을 따른 자들에 직면하여, 드리외에 따르면 어떤 것이든지 대안을 찾으려는 용기 있는 사람들이 존재했다: "따라서 대담한 사람들은 파리로 가고, 다른 이들은 런던으로 갔습니다."(앞글: 97) 동시에 여론의 안일함 속에 도피하지 않은 사려 깊은 소수파의 역할을 강조한다: "나는 소수파에 존재하는 역할을 위한 이러한 지식인들의 일원입니다."(앞글: 98) "우리는 대다수의 의견에 용감히 맞선 […] 우리에 대해 책임을 진 것입니다."(앞글: 97) 드리외는 지식인들의 참여에, 합의에 역행할 용기에, 민주주의를 구성하는 다양한 목소리에 대한 존중을 더한다: "국가가 언제나 단일한 목소리를 내는 것은 아닙니다. 이것은 합창입니다. 우리가 거기에 존재해야하는 그 소수였습니다."(앞글: 98) 여기서 드리외 라 로셸이 사용한 논증 전략의 세부 사항은 다루지 않겠지만(아모시 in 쿠퍼티, 2000), 파시스트에 편승했기 때문에 고소된 작가가 분명 그의 상상의 법정에 자리한 좌파 레지스탕스의 근본 가치에 의거한다는 것을 지적해야 한다. 가상 청중이 가장 널리 받아들이는 전제에 근거하여, 그는 반대자가 이해할 수 있는 담화를 구축하고자 한다.

혼합적 청중

분화되고 게다가 경쟁적 집단으로 구성되었거나 아니면 반대로 미분화되었기 때문에, 동질적이지 않은 청중 앞에 연설자가 있을 때 사정은 어떠한가? 우리가 혼합적인 청중의 경우를 해결코자 할 때, 다음에 따르는 것이 바람직하다.

 - 이미 언급된 세 가지 언어 기준(지칭, 인칭대명사, 공유된 명백한 사실)에 따라 담화가 전달되는 청자 집단을 배열하는 것.
 - 담화가 어떻게 집단을 위계화하는지를 검토하는 것: 그들이 텍스트 안에서 차지하는 위치에 따라, 또는 그들을 구분하는 가치들에 대한 강조에 따라 그들 각각에게 부여된 중요성은 무엇인가?

– 담화가 각 집단에 대해 사용하는 전제와 공유된 명백한 사실이 어떻게 그들 사이에서 타협되는지를 보는 것(대중의 이질성 정도와 그에 따른 전제의 불일치에 따라 다소 어려운 임무).

다양화된 청중에 직면한 연설자

1972년 5월, 파리 팔레 드 라 뮤튜알리테에서 개최된 '여성에 대한 범죄 고발의 날' 배포된 페미니스트 전단의 경우를 보자. 이 항의는 낙태, 따라서 정절에 이르는 문제를 대상으로 하고 있다.

임신하고, 출산하고, 낙태하는 것은 우리(nous)이고,
목숨을 거는 것도 우리이며,
먹이고, 씻기고, 밤새 돌보는 것도 우리이며,
시간을 할애하는 것도 우리입니다.
그럼에도 불구하고 결정하는 것은 우리가 아닙니다.
말하는 것도 우리가 아닙니다.

(피크, 1993: 135)

투쟁에 협력하기 위해 자리한 대중이 참석한 집회에서 배포된 이 전단은, 여성 해방의 가치를 공유하는 동질적인 대중을 겨냥하는 듯하다. 하지만 어머니로서의 지위와 생물학적 운명의 공동체에서 여성 전체를 지칭하는 'nous'가 문제를 제기하지 않는 것은 아니다. 저항의 텍스트는 누구에게 말하고 있는가? 동일한 운명을 공유하고, 그들이 수용할 준비가 된 발언에서 자신을 발견하는 여성들인 'nous'에 포함된 'vous'에게만 말하는 것인가? 그들에게 부여된 일('임신하고, 출산하고, 낙태하는 것은 우리이고')에 따라 나타나듯이, 만일 'nous'가 완전히 여성뿐이라면 그들의 대변인이 되고자 하는 경우에 자신을 발견할 준비가 되어 있지 않은 청중 안에 있는 여성의 경우에는 사정이 어떤지 자문해 볼 수 있다. (nous + vous를 포함하

는) 이 '포괄적인 nous'가 그것('vous')에서 (tu + non − je로서) 모든 자율성을 빼앗기까지는 'vous'를 흡수할 수 없다. 분명 임신도 안하고, 출산도 안하고, 낙태도 안하는 남성 회원들에게도 말을 건넨다. 이렇게 상이한 세 청중이 드러나고, 여성 운동 전단은 동시에 이들 모두에게 맞추어야 한다.

만일 여성 청자들이 여성 화자와 동일화된다면, 남성 청중은 공격받고 그들의 관점을 바꾸라'고 비난받을 것이다. 낙태에 관해 결정하는 것은 그들이 아니라는 것을 인정해야만 한다. 담화의 목적과 그것이 미치고자 하는 영향은 겨냥하는 청중에 따라 달라진다. 자신의 몸을 마음대로 할 권리를 잃은 여성들을 담화가 갑자기 'vous'로 부른다면, 거절과 반발을 야기하는 상황이 벌어진다. 논증의 움직임은 여성에게 과해진 수많은 의무와 어떤 권리도 갖지 못한 상황 사이에 대조가 야기할 분개에 근거한다. 마지막 단언, '말하는 것도 우리가 아닙니다'는 1인칭 발화 작용에 의해 이미 뒤집혀져 있다. 전단은 행위, 즉 발언 행위를 구축한다. 말과 권력을 빼앗은 남성 대중에게 말을 건넬 때, 전단은 간접적으로 요구를 나타낸다. 의무와 권리의 부당한 분배에 대한 생각은, 이러한 상황(책임을 지지 않고, 결정하고 말한다)으로 득을 보는 사람들이 나라에서 법을 만드는 평등 원칙의 이름으로 당연히 변화를 받아들일 준비가 되어 있어야 한다는 것을 함축한다. 이에 덧붙여 전단은 전반적인 여성 운동에, 특히 낙태에 덜 호의적인 전통적 가치에 충실한 여성 대중을 반드시 고려해야만 된다. 우리는 이 텍스트가 생명을 마음대로 다룰 수 있는 권리라는 용어로, 낙태의 합법성에 대해 논하기를 피한다는 것을 알아차리게 될 것이다. 텍스트는 육체적으로나 정신적으로 어머니로서 여성에게 부과된 모든 것에 대한 자각에 근거하여 동의를 구하려 한다. 이런 단언에 근거하여 그것은 확인된 사실인데, 폭넓은 합의가 이루어질 수 있고, 단언을 중심으로 가족의 가치를 믿는 대다수의 여성들이 다시 규합될 수 있다. 그로부터 전단은 모든 여성에게 자립적 존재로서의 권리——낙태에 대한 권리를 분명하게 언급하기를 피하면서 결정하고 말하는 권리——를 보여 주려 하는 것이다. 예를 들어 ('낙태를 원하건 원하지 않건 간에 결정하는 것은' 대신) '결정하는 것은 우리가 아닙니다' 라는 표현은 조심스럽게 생략된 채 남아 있다. 낙태라는 용어는 그 용어를 임신과 관련된 다음 문장에 삽입시킴으로써 중화시키고, 일반적 진리를 나타내는 현재형으로 쓰인 발화체 안에서만 나타난다: '임신하고, 출산하고, **낙태하는** 것은 우리이고(c' est nous qui portons, accouchons, avortons).'

이 짧은 예는 혼합적 청중에게 전달된 담화가, 어떻게 특별한 전략으로 지지되는 여러 가지 목표를 가질 수 있는가를 잘 보여 준다. 같은 담화에서 동시에 다양한 목적을 실현시키고, 다른 편의 가치와 충돌하지 않으면서 한 편의 가치와 의견에 기대를 거는 것은 물론 어려운 점이다.

분열된 청중에 직면한 연설자

몇몇 경우에 청중의 구성은 **선험적으로** 모두에게 타당한 발언을 제시하려는 모든 시도를 방해하는 것 같다. 반대 당파의 대표자들을 포함하는 정치의회에서 말하는 연설자는 이에 대한 명백한 예증을 제시한다. 1895년 3월 7일에 국회에서 장 조레스가 발언한 담화를 예로 들어 보자. 이 연설은 전쟁에 관한, 아니 오히려 전쟁을 막기 위한 방안에 관한 토론이다.(별첨 3) 연설자가 구축하는 청중은 누구인가? 조레스는 단번에 두 개의 범주로 청중을 나누며, 이들을 각각 'nous'와 'vous'로 지칭한다. '저는 우선 여기서, 우리에게 있어서 끊임없이 반복되는 전쟁에 대한 위협의 […] 근본적인 원인을 말하고자 합니다' 라고 선언하면서, 연설자는 'nous' 의 사용을 통해 위엄의 복수[9]를 동원하려는 것은 아니다. 그는 국회의 사회주의 의원들에게 강하게 표현된 의견의 책임을 지게 함으로써 그가 발언하는 모든 것을 그들의 책임으로 돌린다: "국가간의 갈등은 각국의 계급과 이해의 이 깊은

---

9) pluriel de majesté(위엄의 복수): 국왕 · 법왕 · 고관 따위가 위엄을 나타내기 위해 je 를 대신하여 사용하는 nous: Nous avons décrété que…… 짐은 ~라고 포고했다. 〔역주〕

분열에서 나오는 것입니다······." 'nous'에 직면하여 자본주의 체제의 대변인인 반대파 'vous'가 출현한다. 청중은 그때부터 다양한 정치 당파들 사이에서가 아니라 자본주의 체제에 반대하는 사람들과 그것을 지지하는 사람들 사이에서 분열된다. 조레스가 현재의 재난에 대해 책임을 지게 하고자 직접 이 집단을 부른다. "여러분의 폭력적이고 혼란한 사회는 […] 언제나 전쟁을 배태하고 있습니다." 청중은 이처럼 국민들의 대변인들과 평화의 주창자들 사이에서 나누어지는데, 이들은 한편으로는 연설자의 편이 되고 다른 한편으로는 전쟁을 선동하는 사람들로서 지칭된 '배부른 부르주아'의 대표자들이 된다.

'nous'와 'vous,' 사회주의자들과 비사회주의자들, 국민의 대변인과 부르주아 자본주의자의 지지자들이라는 이러한 이분법에 입각하여, 조레스는 텍스트에 자신의 혼합적 청중을 포함시키면서 미리 모든 설득 수단을 자제하는 것 같다. 실제로 'nous'를 더 우선시하는 것은 사전에 자신의 주장에 찬성하는 청중에 대해서는 명백한 전제에 근거하고, 다른 모든 사람들에 대해서는 받아들일 수 없는 전제들에 근거하여 발언하는 것이다. 조레스의 선언은 명백히 공산주의 성명에 해당한다. "여러분, 민중간의 전쟁을 소멸시키는 방법은 하나뿐입니다. 그것은 개인들간의 전쟁을 소멸시키는 것이고, 경제적 전쟁, 현 사회의 혼란을 소멸시키는 것이고, 영원한 ──전쟁에서의 보편적 투쟁에 이르고 말──보편적 투쟁을 사회적 조화와 통합의 체제로 대체시키는 것입니다." 카를 마르크스는 "한 나라 안에 계급간의 적대 관계가 무너지는 날, 국가들 사이의 반감 역시 무너진다"라고 말했다. 교조주의적 분류와 색깔 있는 어휘의 사용은, 명백하게 조레스의 관점들의 정당성에 이미 설득된 청자들을 대상으로 하고 있다. 연설자가 다른 모든 사람들에 대해서는 조금도 걱정하지 않는다는 말인가? 그의 연설은 단지 자신처럼 생각하는 사람들의 동의만을 얻기 위해 만들어졌는가?

어떤 것도 불가능하지 않다. 대중 일부는 많은 상황에서 반대자로부터 나오는 모든 논거에 적대적이고, 처음부터 반항적일 수밖에 없다. 그러므로 연설자는 동의를 기대하지 않은 채 논쟁할 수밖에 없다. 그럼에도 불구하고 의회 연설은 제삼자, 즉 그것을 나중에 받아들이는 수많은 대중들에게도 전달된다는 것을 잊어서는 안 된다. 의회에서 의석을 차지하고 있는 대표자들 뒤에는 모든 프랑스인이 나타나는데, 사회주의 지도자는 이들에게 자신의 요구를 관철시키고자 한다. 이것은 분명 잠재적인 청자들을 고려하면서, 참석한 사람들('여러분')에게 건네진 마지막 문단이 처음의 분명한 구분을 변경시킨다는 것은 의심할 여지가 없다. 그 마지막 문단은 그때까지 단지 사회적이고 국제적인 폭력의 책임자로서 제시되었던 2인칭 복수형을 변화시킨다.

자, 여러분들이 늘 그렇듯 쓸데없는 의도가 아니라 원칙의 효율성과 결과의 현실성을 논리적으로 깊이 생각해 본다면, 왜 사회주의 정당이 오늘날 세계에서 유일한 평화의 정당인지 알 수 있을 것입니다…….

이 경우 그러한 사정을 '논리적으로' 이해하기 위해서는, "늘 그렇듯 쓸데없는 의도가 아니라 원칙의 효율성과 결과의 현실성을 생각해 볼" 수 있는 사람들에 관한 것이다. 다시 말해 조레스가 향하는 청중('여러분')은 더이상 그들의 이념에 사로잡혀 있고, 이익에 눈먼 당파의 사람들로만 구성되어 있지 않다. 그들은 원칙의 타당성과 그것을 효과적으로 실행하여 얻은 결과를 논리적으로 분석할 수 있는 이성을 지닌 사람들이다. 그러므로 그들은 담화의 논증적 구축을 따랐고, 그 구성의 기초가 되는 삼단논법을 이해했다(무장한 분쟁들을 없애 버리기 위해서, 분쟁들의 원인들을 없애 버려야만 한다; 자본주의는 분쟁의 원인이다; 그러므로 자본주의를 없애 버려야만 한다[II, 4, 1]). 그들은 거기서부터, 연설자가 제시한 결론에 도달할 수 있게 된다. "자, 여러분들이 […] 왜 사회주의 정당이 오늘날 세계에서 유일한 평화의 정당인지 알 수 있을 겁니다." 단지 부분적이고 편파적인 대중이 되지 않고, 이성과 타당한 이유들에 접근할 수 있는 사람들의 집단이 될 수 있을 청중을 구축함으로써 조레스는 여기서 설득의 (허구적) 혜택들을 스스로에게 부여한다.

4. 보편적 청중에 대한 문제

보편적 청중과 특정 청중

조레스의 텍스트는 페렐만이 사용한 개념인 '특정 청중'에서부터 '보편적 청중'으로의 이행을 논증 전략으로 이용한다. 《논증 개론》은 실제로 한정된 국가적·사회적·정치적·전문적 집단으로 구성된 목표 대중에게 전달된 모든 담화에 내재하는 약점을 강조한다. 특정 청중들에 관점에 맞추었다는 바로 그 점에서, 연설자는 즉석에서 그가 말을 건네는 사람들 이외의 다른 사람들이 인정하는 것과 완전히 대립되거나 관계가 없는 주장에 기댈 위험이 있다.

그것이 "[반대자가] 논거들의 모순을 보여 주기 위해서 서로 대립시키거나, 또는 예정되지 않았던 사람들에게 그 논거를 제시함으로써, 그가 청중의 다양한 분파들에 대해 사용한 모든 논거들을 자신의 경솔한 선행자에 대항하여 뒤집을 수 있는 혼합적 청중"의 경우에 이런 위험은 분명하다.(페렐만, 1970: 40-41) 예를 들어 아주 절박한 동원령에 대한 자크 티보의 담화는, 그가 말을 건네는 사회당 당원들에 의해서만 합의될 수 있다고 간주될 수 있다. 그 담화가 사회주의자들의 전제를 공유하지 않는 프랑스 국민 전체에게 전해진다면 타당성을 상실할 것이다. 폴 데룰레드의 담화는 그날 샹피니 추모제에 모인 다른 청중들도 틀림없이 감동시킬 것이다. 그러나 이는 데룰레드에 의해 시작된 다음 전쟁에 대한 호소를 구축하는 민족주의적이고 보복코자 하는 관점과 동일시되는 애국자들과 관련된다. 즉 복수의 이유를 옹호하지 않는 사람들은 자신들이 인정하지 않는 증거들에 근거한 권고를 거부할 수 있을 뿐이다. 우리는 이러한 유형의 담화가 말을 건네지 않고, 승인된 청중의 범위에서 제외된 타자, 즉 고발자를 지탄하려는 것에 유의해야 한다. 그것은 자본주의 지도자들을 가리키는 자크 티보의 '그들(ils)'이다. 그것은 패배주의자들로 인식되는 데룰레드의 '평화주의자들'이다.

"옹호된 주장이 모두에게 인정되기 위해서, 역사적 또는 지역적 특수성을 초월하려는"(페렐만, 1970: 34) 욕망은 모든 이성적 존재의 동의를 얻을 수 있는 논증에 대한 생각에 이르게 한다. 예를 들어 조레스의 담화는 이성에 다가설 수 있는 사람들 전체(대표들 뒤에서 모습을 나타내는 수많은 대중)를 감동시키기 위하여, 자신의 동의를 제공하는 특정 청중(의회에서 사회주의자들)을 극복하려는 것이라고 고려할 수 있다. 주어진 정치적 담화의 경우에서 특이한 방식으로 나타나는 것은 상호 작용의 또 다른 일반적인 유형들을 구성한다. 예를 들어 철학적 담화에 있어서도 사정은 같다. 사실 페렐만과 올브레히츠 티테카가 지적하듯이 철학자들은 언제나 보편적 청중에게 말한다고 주장하는데, 이는 그들이 모든 사람들을 납득시키려고 생각하기 때문이 아니라 그들이 제시하는 것이 시공간을 초월하여 모든 인간 존재의 이성에 대해 타당하다고 생각하기 때문이다. 그들에 의하면 보편적 청중은 실제적 실체가 아니라 이론적 사실이다. 신수사학의 관점에서 이성으로 정의된 청중의 동의를 얻을 수 있는 논증은, 특정 청중에 대해서만 타당한 논증보다 우월하다. 이러한 위계는 페렐만으로 하여금 논거들 사이의 선호 등급을 세울 수 있게 해주는데, 논거의 타당성은 단지 즉각적인 효율성에 관련될 뿐 아니라 보편적 이성으로 정의된 대중의 신념을 이끌어내는 능력에도 관련된다.

보편적 청중에 대한 문제는 철학자나 작가의 직접적 청중을 훨씬 더 넘어서는 대중을 납득시키고, 시공간의 한계를 초월한 담화의 능력에 대한 문제와 일치한다. 따라서 이는 보편적 타당성을 열망하거나 여하튼 다음 세대에서도 남아 있고, 여러 나라에——원본이나 번역본으로——전파되기를 바라는 문학과 관련된다. 예를 들어 알베르 코엔의 《오 그대, 인간 형제들이여》의 발췌문을 들어 보자.

오 그대, 인간 형제들이여, 그렇게 짧은 시간 동안 움직이다, 곧 움직이지 못하고 영원히 어색하고 말 못하는 믿을 수 없는 죽음의 순간을 맞이하는 그대, 죽어가는 당신의 형제들에게 동정심을 가져라. 그리고 더 이상 이웃에 대한 가소로운 사랑을 주장하지 말고 [⋯] 죽어가는 당신의 형제들을 더 이상 증오하지 않는 것으로 만족하라.

(1972: 213)

지칭('오 그대, 인간 형제들이여')과 기술의 형태를 띤 확장('그렇게 짧은 시간 동안 움직이다, 곧 움직이지 못하고 영원히 어색하고 말 못하는 믿을 수 없는 죽음의 순간을 맞이하는 그대')을 동시에 포함하는 명시적인 호칭을 통해 분명 인류 전체가 불려진다. 이 땅에 잠시 지나가도록 운명지어진 존재들 사이에 조소적인 증오를 경계하면서('그렇게 짧은 시간 동안 움직이다'), 운명의 연대성('죽어가는 당신의 형제들')을 표명토록 모든 인간에게 호소하는 것은 문화와 시간을 초월한 인간 전체에게 타당하다. 메시지의 보편성은 텍스트의 중요한 요소이며, 일시적이거나 특정한 호소이기를 바라지 않는다.

청중이 직접적이고 명시적으로 지칭되지 않는 문서들에서도 사정은 마찬가지이다. 철학적·과학적 저서, 공상적 이야기든 아니든 대부분은 가능한 광범위한 일반성을 부여하기 위해 대중의 위치를 은연중에만 나타내고 언급하지 않는다. 시몬 드 보부아르의 《제2의 성》에서 대중은 미분화 상태로 남아 있으며, 제안된 논리를 따를 수 있는 남성 독자와 여성 독자 전체를 포함한다.

우리는(On) 여자로 태어난 것이 아니라 만들어진 것이다. 인간의 수컷이 사회 속에서 취하고 있는 형태는 어떠한 생리적 · 심리적 · 경제적 숙명에 의해서가 아니다. 문명 전체가 수컷과 거세체와의 중간 산물을 만들어 내어, 그것에다 여성이라는 이름을 붙였을 뿐이다.[10]

(Ⅱ, 1976: 13)

발화 작용의 어떤 흔적도 파악되지 않는 발화체의 단언 형태인 대명사 'on'의 사용은 텍스트를 작성하는 철학적 사례와, 그것을 읽고 거기에 동의할 수 있는 청중간의 의사 소통으로서 이 텍스트를 제시한다.

사회-역사적 구축으로서의 보편적 청중

우리는 보편적 청중에게 전달된 논증이 어느 정도까지 이성의 인간을 특정 사회-역사적 · 문화적 특성으로 나타내지 않는지를 자문해 볼 수 있다. 예를 들면 알베르 코엔은 우리 문명에게 고유한 이웃 사랑의 기독교 가치에 의거한다. 그가 이 가치들을 '가소롭다'고 취급한다면, 그것은 이 계율을 비하하고자 해서가 아니라 다른 어느 때보다도 20세기에 이 아름다운 이상을 실현하는 데 있어 인간이 드러냈던 무능력이 그 증거임을 암시하기 때문이다. 이처럼 그는 종교 윤리의 '요구'와 더 겸허한 이상을 주창하도록 이끈 실패의 현실성을 대립시킬 수 있다: "죽어가는 당신의 형제들을 더 이상 증오하지 않는 것으로 만족하라." 게다가 이 작품이 유태인으로 제시되고——프랑스에서 글을 쓰면서——이 나라에서 누구도 의미, 존재, 과거의 참화를 무시할 수 없는 반유태주의에 대해 논하는 화자에 의해 씌어졌다는 점이 중요하다.

그런데 종종 모순되는 것으로 인식되는데도 불구하고 매우 풍부해 보이는 입장을 페렐만의 견해에서 지적하는 것은 흥미롭다. 이러한 접근은 각

---

10) 조홍식 옮김, 《제2의 성》, 을유문화사, 1993 참고. 〔역주〕

문화, 각 시대가 이성적 존재를 형성한다는 생각이 변할 수 있다는 것을 지적하면서 모든 이성적 존재를 겨냥하는 담화의 중요성을 강조하려는 것이다. 이는 보편적 청중이 사실상 존재하지 않고, 그 또한 연설자가 상황에 맞게 완전히 창조하는 언어적 허구라는 것이다.

> 인간이 역사를 통하여 전념한 견해인 '객관적 사실'이나 '명백한 진리'는 끊임없이 변해서, 사람들은 이에 대해 의심스러운 태도를 보인다. '진리'에만 동의할 수 있는 숭고한 사람들과 유사한 보편적 청중의 존재를 믿는 대신 우리는 좀더 합당하게, 그들 자신의 관점을 얻고자 연설자가 보편적 청중에 대해 스스로 형성하는 이미지로 연설자 각각을 특징지을 수 있을 것이다.
>
> (페렐만, 1970: 43)

보편적 청중의 이러한 사회-역사적 상대화는 중요하다. 보편적 청중은 상이하고 정의상으로 상위의 사례를 나타낸다기보다는 오히려 연설자가 합리적인 인간에 대해, 그들의 생각하는 방식과 전제들에 대해 갖는 이미지인 것이다. 추론의 몇몇 유형들이 세기를 통해 다시 발견되거나, 혹은 예를 들어 유추에 의한 증거가 설득의 보편적 구성 요소인 것 같을지라도(II, 2) 중세와 21세기, 일본·인도 또는 서양 문명은 이성의 인간, 그들의 전제와 추론 방식에 대하여 같은 시각을 공유하지 않을 것이다. 그들이 구축하는 이미지는 반드시 그들의 고유한 문화에 달려 있다. 페렐만은 다음과 같이 언급한다.

> 각 문화, 각 개인은 보편적 청중에 대해 고유한 견해를 가지며, 이러한 변화에 대한 연구는 매우 교훈적일 것이다. 왜냐하면 인간이 역사를 통하여 실제·진리 그리고 객관적으로 타당한 것으로 간주해온 것이 무엇인지를 우리로 하여금 알게 해주기 때문이다.
>
> (1970: 43)

5. 논증적 전략으로서의 청중의 구축

우리는 연설자의 구축으로서의 청중에 대해 언급했다. 그러나 담화에 의해 투영되는 청자의 이미지가 그 자체로 하나의 전략을 이루고 있다는 것을 충분히 강조하지 않았다. 아마도 연설자가 자신의 대중에 대해 갖는 재현은 논증적 양태들을 결정함으로써 텍스트에 기재된다. 그럼에도 불구하고 담화에서 살펴보아야 할 것은 화자가 자신의 상대자(들)를 인지하는 방식뿐만 아니라, 자신의 설득 작업에 유리하게 작용할 수 있는 청중들의 이미지를 그들 자신에게 보여 주는 방식이다. 극단적인 경우에 연설자는 청중 스스로가 인정하기 원하는 이미지를 통해 그들의 이미지를 다듬는 작업을 한다. 그는 청중에게 자신을 응시하는 기쁨을 얻는 거울을 건넴으로써 그들의 의견과 행동을 변화시키기를 시도한다.

예를 들어 독일에 대한 복수를 선동하기 위한 데룰레드의 담화는 샹피니의 추모일을 기회로 청중에 대한 자부심 강하고 투쟁적인 이미지를 투영한다.

> 사실, 그렇습니다! 프랑스의 모습은 쇄신되었습니다. 그것과 함께 지금까지 위협과 아첨, 그리고 침략자의 무례한 지배를 참아낸 슬픔과 포기, 패배당하고 불안한 얼굴, 그 얼굴은 사라졌습니다. 우리는 옛 프랑스의 분개와 자부심, 고결하고 너그러운 모습이 눈부시게 되살아나는 것을 보았습니다.
>
> (별첨 2 참조)

여기서 프랑스인의 이미지는 조국의 이미지를 통해서 능숙하게 그려진다. 이때 조국의 이미지는 모든 프랑스인을 대표하고, 대중을 미화하는 이미지를 3인칭에 투사하게 해준다. 그것은 무엇보다도 연설자가 군중에게 기대하는 것에 일치하는 재현이다. 즉 침략자의 모욕을 잠자코 감수한 불

안하고 체념한 프랑스인 대신, 국민 각자가 모든 모욕에 대한 분개심으로
가득찬 용감한 프랑스인의 이상적인 모델을 구현할 준비가 되어 있기를 기
대하는 것이다. 스스로를 발견하게 해주는 두 가지 선택적 이미지를 제시
함으로써 애국연맹 지도자는 청중들에게 둘 중 더 만족감을 주는 이미지를
선택하지 않을 수 없게 한다.

　　전혀 다른 방법으로, 엘렌 식수의 텍스트는 《글쓰기로의 탄생》에서 목
표-청중의 이미지를 역시 동원한다.

　　만일 네가 사랑한다면, 너는 너 자신도 사랑한다. 여기 사랑에 빠진 여성
　이 있다: 자신의 모든 여성성을 사랑하는 여성(프로이트가 말하는 '아름다운'
　여인, 거울 속에서 아름다운 여성, 자신을 너무나 사랑해서 아무도 그녀를 충분
　히 사랑할 수 없는 여인, 미의 여왕이 아니라). 그녀는 자신을 쳐다보지 않고,
　스스로를 재지 않고, 스스로를 관찰하지 않는다. 이미지도, 표본도 아니다.
　떨리는 살, 마술에 걸린 배, 사랑을 잉태한 여성.

(식수, 1986: 18)

　　1976년에 씌어진 이 텍스트는 정신분석에 대해 알고 있는 교양 있는 여
성 독자에게 분명하게 말을 건넨다(경우에 따라서는, 꼭 여성 운동가들이 반
박하는 프로이트의 여성에 대한 이론들이나 그에 뒤따르는 논쟁을 알아야 하
는 것은 아니다). 이 텍스트는 프랑스어를 완벽히 구사하고, 더욱이 아방가
르드 글쓰기의 문체적 위반에 익숙한 대중을 가정하고 있다. 그것은 또한
여성성 문제를 연구하거나, 오히려 그것을 재검토할 준비가 되어 있는 청
중에게 말을 건넨다. 그들은 바로 기존의 틀 밖에서 스스로를 재정의하도
록 초대된 여성 대중들인 것이다. 'je'는 여성에게 말을 하고, 또 여성에 대
해 말을 한다. 그 여성은 알려지지 않았지만 'tu'로 제시된 아주 가까운 대
화 상대방이며, 여성 화자는 바로 그 여성에게 그녀를 옭아매는 기존의 재
현 대신 진정한 이미지를 제시하는 것이다. 텍스트는 이 'tu'에게 그렇지

않고, 그래서는 안 되는 것을 말함으로써 대안적인 이미지를 제시하고, 그 이미지의 장점들을 돋보이게 하고자 한다. 즉 여성성은 사랑의 동의어가 되고, 그것은 나르시시즘에서 벗어난 여성에 대한 사랑이다. 여성 독자는 자기 고유의 존재를 회복한다고 여겨지는 이 이미지 안에 생겨나야 한다. 이런 방식으로 청자의 능력과 가치에 맞출 수 있게 하는 청중의 구축은 청중이 자신을 인정해야 하고, 자신을 동일시하게 되어 있는 이미지의 구축과 병행한다.

이상 우리는 담화에서 청중의 구축이 논증 기술로 주어질 수 있다는 것을 보았다. 그것은 청자를 주장에 동의하게 하거나, 그가 스스로를 인정하기에 기분 좋은 이미지에 투영함으로써 어떤 행동을 취하게 하는 것과 관련된다. 이 전략이 종종 유혹이나 민중 선동에 노출된다고 하더라도, 그것은 그 자체로 부정적인 것이 아니다. 그것은 상대방에게 자신의 모습으로 제안된 이미지를 받아들이도록 제안함으로써 영향을 미치고자 한다.

[더 읽어볼 책]

AMOSSY(Ruth), 1991, *Les Idées reçues. Sémiologie du stéréotype*. Paris, Nathan.

BENVENISTE(Émile), 1996, 〈La nature des pronoms〉, *Problèmes de linguistique générale*, 1 Paris, Gallimard, pp.251-257.

GRIZE(Jean-Blaize), 1990, *Logique et langage*, Paris, Ophrys.

PERELMAN(Chaim) et OLBRECHTS-TYTECA(Olga), 1970; 1ʳᵉ éd. 1958, *Traité de l'argumentation. La nouvelle rhétorique*, Édition de l'Université de Bruxelles, pp.19-59.

[종 합]

설득 차원에 모든 담화는 연설자가 자신의 대중에 대해 형성하는 이미지에 따라 구축되기 때문에 청중은 논증의 주요한 한 부분이다. 청중이 담화에서 지시되지 않을 때, 은연중에라도 청자는 항상 존재한다. 즉 청중은 발화 작용 장치의 (필요 불가결한) 일부를 이룬다. 이러한 관점에서 대화에 관한 것(실제 대화 상황)과 대화적인 것(청자가 소극적이거나 잠재적으로 남아 있는 상황)을 구별해야 한다. 신수사학은 세 가지 기본 원칙을 제시한다: 청중은 연설자의 구축이다. 연설자는 청중에게 자신을 맞추어야 한다. 연설자는 가정된 일치점과 확인된 전제들에 근거함으로써 청중을 형성한다. 청중 구축은 도식화(그리즈)와 전형화(아모시)의 과정을 통해 이루어지고, 이 과정에 따라 다소 간략화된 집단적 이미지는 담화에 기재된다. 청중은 연설의 명시적 지표(명사 지칭, 기술, 인칭대명사의 역할을 통한 말)에서나 청중이 근거하는 신념과 가치 안에서 드러난다. 동질적이거나 혼합적 청중, 보편적이거나 특정 청중이라는 페렐만의 개념들은 논증적 담화와 그 전략을 좌우한다. 청자 연출은 그 자체로 하나의 논증 전략을 구축한다. 즉 화자는 청중에게 자신을 맞추는 것 이상으로, 그들이 따르고 싶어하는 이미지를 청중에게 제안한다.

2

연설의 에토스 혹은 연설가의 연출

영향을 미치기 위해서, 말을 하거나 글을 쓰는 이는 가능한 성실하게 청자들의 사물에 대한 시각을 상상하면서 그들에게 자신을 맞추어야 한다. 그러므로 그는 상대방들이 그를 지각하는 방식에 대해서 정확히 인식해야 한다. 청자들의 눈에 그가 어떤 권위를 지니는가? 논증 안에서 연설가의 인격에 부여된 중요성은 고대 수사학의 주요점인데, 고대 수사학에서는 자신의 말의 효율성에 기여하기 위해 연설가가 담화 안에서 구축하는 자신에 대한 이미지를 '에토스'라고 부른다.(서론, 1. 1) 어떤 방법으로 화자의 자기 제시가 그의 말의 효력에 기여하는지 이해하기 위해서, 우선 아리스토텔레스로부터 현대 화용론에 이르기까지 연대기적으로 간단히 살펴 보면서 에토스의 개념을 다시 다루어 볼 것이다.

1. 고전 수사학:
에토스, 담화 이미지인가, 텍스트 외적 조건인가?

아리스토텔레스의 전통: 담화 이미지로서의 에토스

아리스토텔레스는 이를 분명하게 주장한다. 즉 에토스는 담화를 설득적으로 만드는 기술적 증거 수단(pisteis)에 속한다(아리스토텔레스는 증언, 고문 아래서의 고백 등과 같이 미리 주어진 기술 외적 증명들과 연설자에 의해 제공된 기술적 증거들[로고스, 에토스, 파토스]을 구별한다).

연설자가 믿음을 불러일으키도록 담화가 만들어질 때, 설득을 가져오는 것은 [연설자의] 도덕적 성품이다. 우리는 복잡하게 얽혀 있고 모호함을 초래하는 상황 속에서 일반적으로, 그러나 절대적으로 모든 질문에 대해서 덕 있는 사람에게 더 자발적이고 신속하게 의지하게 된다. 하지만 이 결과는 담화의 효력에 의해 얻어져야 하며, 연설자에게 유리한 선입견으로만 얻어지지 않는다. 연설자의 성실성이 설득을 이끌어 내는 데 조금도 기여하지 않는다고 말하는 것은 […] 정확하지 않다. 반대로 담화가 그의 가장 큰 설득력을 끌어오는 것은 도덕적 성품에서이다.

(1991: 83)

《수사학》에서 아리스토텔레스는, 자신의 말에 의해 영향을 미치기를 원하는 연설자가 투영하는 자기 자신의 이미지를 인물이라는 뜻의 그리스어 *ηθοσ*라는 단어로부터 **에토스**라고 명명한다. 그는 이 이미지가 담화에 의해 생산된다는 사실을 강조한다. 그는 이렇게 몇 세기에 걸쳐 계속될 것이며, 오늘날까지 그 영향들을 우리가 발견할 수 있는 논쟁을 시작한다. 그것은 자신의 말 속에 연설자가 투영하는 자신의 이미지를 중요시해야 하는가, 아니면 그의 인격에 대한 예비 지식에서 파생되는 이미지를 중요시해야 하는가 하는 문제와 관련된다.

아리스토텔레스에게 있어서, 연설자가 자기 자신의 이미지를 구축하는 것이 중요한 것은 담화 안에서이다. 롤랑 바르트는 다음과 같이 기술한다. "에토스는 연설자가 좋은 인상을 만들기 위해 청중에게 보여 주어야 하는 성품의 특질들 속에 있다(성실성은 중요하지 않다). 즉 그것은 그의 **외관**이다[…]." 또 바르트는 덧붙인다. "연설자는 하나의 정보를 발화하면서 동시에 다음을 말한다. 나는 이런 사람이고, 저런 사람은 아니다."(바르트,

1994: 315) 이는 도미니크 맹그노가 에토스 개념을 재사용하면서 연구하고 있는 것과 같은 원칙이다.

> [화자의] 에토스는 […] 말의 구현, 자신의 담화에 상응하는 역할에 결부되어 있으며, 연설의 연기력과 무관하게 '실제의' 개인에 결부된 것이 아니다. 그러므로 여기서 문제되는 것은, 그가 발화를 하고 있는 중인 이상 발화 작용의 주체이다.

> (맹그노, 1993: 138)

아리스토텔레스의 수사학에 따르면, 에토스인 이 증거 수단은 무엇에 기초하는가? 자신에 대한 제시가 연설자에게 부여하는 권위는 세 가지 근본적인 측면을 파생한다.

> 연설자 안에는 믿음을 주는 세 가지가 있다. 왜냐하면 생산된 증명과 무관하게 우리에게 믿음을 불러일으키는 세 가지가 있기 때문이다. 그것은 양식 (phronésis), 미덕(areté), 그리고 호의(eúnoia)이다.

> (아리스토텔레스, 1991: 182)

아리스토텔레스의 이 관점이 도덕적인 것만은 아니라는 것을 강조할 필요가 있다. 야콥 비세는 아리스토텔레스의 개념에 대한 해설에서, 일반적 사용을 따르는 《수사학》에서는 "ηθος, '인물'이 도덕적·지적 자질을 포함한다"라고 기술한다.(비세 1989: 30) 에크하르트 에그스는 자신의 해설에서, 순간의 요구에 따라 담화 안에서 어떤 자질들을 활성화할 수 있는 역량뿐 아니라 **실천적 지혜**(프로네시스)도 연설자에게 요구된다는 것을 주장한다. 그는 이렇게 아리스토텔레스의 텍스트를 다시 번역한다: "연설자들은 (a) 만일 자신의 논거들과 조언들이 **능력이 있고 합당하고 단호**하다면, (b) 그것들이 **성실하고 정직하고 공정**하다면, (c) 그것들이 청중을 향해 **연대**

와 지조와 친절을 보여 준다면, (1b) 믿음을 불러일으킬 수 있다."(에그스 in 아모시 1999: 41) 그 결과로 에토스의 도덕적 차원과 전략적 차원은 분리할 수 없는 것이 된다. 도덕성은 "내적 태도나 추상적 가치 체계에서 나오는 것이 아니다. 정반대로 그것은 능력 있고 단호하고 적절한 선택들을 거쳐 생산된다. 그러므로 이 도덕성, 요컨대 수사학적 증거로서의 에토스는 과정적이다."(앞글: 41)

이소크라테스부터 키케로까지: 에토스 혹은 연설자의 인격

고대 그리스의 전통에서 에토스에 대한 다른 개념은 아리스토텔레스의 후계자이자 동시대인인 이소크라테스(기원전 436-338)에 의해서 발전되고 지지되었다. 《안티도시스》에서 그는 다음과 같이 선언한다.

> [...] 청중을 설득코자 하는 이는 덕을 소홀히 하지 않는다. 그의 주된 관심은 시민들에게 가능한 한 가장 좋은 의견을 제공하는 것이다. 사실 존경받는 사람의 말이 악평을 받는 사람의 말보다 더 믿음을 불러일으킨다는 것을, 그리고 연설자의 모든 행실에서 나오는 성실성의 증거가 담화가 제공하는 증거들보다 더 권위 있다는 것을 누가 모르겠는가?
>
> (이소크라테스 in 보맹, 1967: 121)

아리스토텔레스의 《수사학》에서는 근본적으로 연설자가 자신의 말 안에서 스스로를 제시하는 방식이 문제인 반면에 이소크라테스에게 중요한 것은 선재(先在)하는 명성, 즉 연설자의 '이름'이다. 그것은 그가 담화 속에서 스스로를 보여 주는 방식이 아니라 사람들이 이미 그에 대해서 알고 있는 것에 관련된다. 더욱이 이소크라테스는 연설자가 어떠한가에 대해 강조한다. 그 누가 덕 있는 사람보다 미덕을 더 잘 불러일으킬 수 있겠는가? 이 도덕성에 대한 관심을 키케로도 역시 주장하는데, 그는 좋은 연설자를 도덕적 성격과 말을 다루는 유능함을 겸비한 사람(vir boni dicendi peritus)으로 정의한다. 같은 생각에서 퀸틸리아누스는 "덕 있는 사람이 말을 잘할 수 있는 유일한 사람이다"라고 표명하면서, 한 사람의 인생에 의해 제시된 논거가 그의 말이 제공할 수 있는 논거보다 더 권위를 갖는다고 간주할 것이다. 담화에 선행하는 조건으로서의 에토스 개념이 연설자가 "개인적 지식과 자신의 조상들과, 가족들과, 나라에 대한 봉사와 로마적 미덕 등을 내세우는" 로마인들에게는 더 우세하다는 것을 기억해 두자.(케네디, 1963: 100)

덧붙여서, 키케로에게는 연설자가 불러일으키는 믿음에 대한 강조 대신 공감에 대한 강조가 대치된다. 즉 아리스토텔레스에게서 보다 더 즉각적으로 에토스를 청중을 감화시키는 기술에 연결시키는, conciliare(호감을 사다)는 그의 이론에서 중요한 역할을 한다. 이 접근은 이어 에토스를 파토스에 지나치게 동화시키는데(Ⅲ, 6), 그것은 고전주의 시대의 수사학에서부터 현대의 의견들에서도 많이 나타난다.

고전 수사학과 연설자의 품행

고전주의 시대의 수사학 입문서들이 '연설자의 품행'이라는 표현을 쓸 때에도 역시 이러한 관점에서이다. 아롱 키베디-바르가(1970)나 미셸 르게른(1981)의 연구가 보여 주듯이, 연설자의 인격에 결부된 도덕적 권위의 문제는 우선 그가 자신의 실제 생활에서 행동하는 방식에 연결되어 있다. 이렇게 부르달루는 "1) 만일 연설자가 **말을 잘하기 위해서 생각을 잘하는 것**으로부터 시작했다면, 그는 논거에 의해서 설득할 것이다. 2) 만일 **생각을 잘하기 위해서 잘 사는 것**으로 시작했다면, 그는 **품행**에 의해서 설득할 것이다."(《부르달루의 수사학》, 파리, 베를린, 1864, pp.45-46; 키베디-바르가 인용 1770: 21) 마음을 사로잡고자 하는 이가 소유해야 되는 이 자질들을 환기하면서, 베르나르 라미는 자신의 담화 속에서 그가 보이는 것이 아닌 인간으로서의 그에 대해서 말한다. 이 관점 안에서 지베르는 다음과 같이 쓴다.

우리는 실제의 품행들로부터 연설자의 품행들을 구별한다. 그것은 쉽다. 왜냐하면 그가 사실상 정직한 사람이거나, 그가 동정심이나 종교나 겸손이나 정의나 다른 사람들과 함께 살아가는 너그러움을 가졌거나, 혹은 반대로 그가 악독하거나 간에 우리가 실제의 품행이라고 부르는 것들이 거기 있기 때문이다. 그러나 한 사람이 담화**에 의해** 이렇게 혹은 저렇게 **나타난다면**, 그것은 그가 나타나는 대로 실제로도 그렇든지 그렇지 않든지 간에 **연설자의 품행**이라고 불린다. 왜냐하면 사람들은 그렇지 않으면서도 스스로를 그렇게 보일 수 있기 때문이다. 그리고 그들이 어떻든간에 전혀 그렇게 보이지 않을 수도 있다. 그것은 **말하는 방식**에 달려 있기 때문이다.

(지베르, p.208; 르 게른이 인용, 1977: 284)

지베르는 "말하는 방식 안에 표시되어 있고, 넓게 퍼져 있는" 품행을, "담화가 연설자를 재현하는 거울이 되게 한다[…]"(p.210; 르 게른 인용, 1977: 285)고 덧붙인다. 존재는 이렇게 화자의 인격과, 그의 장점들과, 삶의 방식, 그리고 그의 말이 투영하는 이미지가 조화롭게 결합되게 하는 담화 안에서 드러난다. 그러므로 화자는 이 미덕들이 사실상 그에 의해서 실천되었을 때에만 겸손하고 정직한 인상을 줄 수 있다. 즉 한 사람의 내적인 자질들과 삶의 습관들은 어떻게 보면 자신의 말 안에서 저절로 나타날 것이다.

고전 수사학에서 연설자의 언어 외적 차원들은 다음과 같이 요약된다: 1) 그의 명성과 평판, 즉 그의 공동체가 그에 대해서 미리 가지고 있는 이미지. 2) 그의 위상, 그의 직분과 가문에서 기인하는 위신. 3) 그의 고유한 자질들, 그의 인격. 4) 그의 사는 방식, 자신의 행동을 통해 제공하는 본보기. 근본적으로 다른 측면들이 있는데, 그 중 처음의 두 측면은 사회적·제도적인 위상의 문제를 다루고, 마지막 두 측면은 도덕의 문제를 다룬다. 한편 권위는 연설자가 살고 있고, 그 안에서 영향을 미치는 사회 속에서 그가 표상하는 것에 달려 있다고 간주된다. 다른 한편으로는 수사학적인 효율성이 설득코자 하는 이의 도덕성과 삶의 실천에 의존하게 하면서, 도덕적인 의미에서의 윤리학이 강조된다. 그러므로 에토스는 세상 속의 존재인 화자의 품행과 도덕성의 문제와 뒤섞인다.

2. 언어과학과 현대 사회과학

벤베니스트에서 뒤크로까지의 발화 장치

현대 언어과학은 담화의 경계 안에 위치하고, 언어적인 연설자의 품행만을 가리키는 에토스 개념의 명예를 다시 회복시켰다. 즉 그것은 아리스토텔레스를 내세운다. 이 틀 안에서 에토스는 에밀 벤베니스트가 화자가 언어를 동원하는 행위로 정의하고, 또 그가 사용 행위에 의해서 기능케 하는 발화 작용이라는 개념에 연결된다. 주체성이 언어 안에서 구축되는 양태들에 대한 새로운 관심이 생겨나고, 더 일반적으로 자신의 발화 안에 화자의 기재에 대한 새로운 관점이 생겨난다. 그러므로 분석의 중심에 있는 것은 대화의 문제이다. 벤베니스트는 발화 작용이 "담화의 형태로서 […] 동등하게 필수적인 두 인물, 즉 발화 작용의 원천과 목적을 설정한다"(벤베니스트, 1974: 82)는 의미에서 '인물의 틀(cadre figuratif)'이라는 말을 사용했다. 발화 작용은 본래 연설이다. 그것은 명시적이거나 묵시적인 방식으로 수신자를 전제하고, 상호 의존의 관계 속에서 화자와 수신자의 모습을 위치시키는 '상대방에 대한 담화 관계'(벤베니스트, 1974: 85)를 세운다. 이러한 발화 작용 선상에서 우리는 **화자가 자신을 발화체에 표시하고, 메시지 속에 자신을 기재시키고,** (묵시적으로 혹은 명시적으로) 그와 관련해서 위치하는(발화 거리의 문제) 방법들인 **'언어학적 방법들(연동소, 양태사, 평**

가적 용어 등)' (케르브라트-오레키오니, 1980: 32)을 연구한다. 이렇게 자기 자신의 이미지는 그것을 구축하고 대화의 상대방에게 제시하는 언어적 표지들을 통해 이해된다. 발화 작용 언어학은 처음으로 아리스토텔레스의 에토스 분석에 언어학을 정착시켰다.

카트린 케르브라트-오레키오니의 언어 안에서의 주체성에 대한 연구가 이 연구 활동에 제공하는 연장은 거울놀이를 확실히 드러내는데, 그에 따라 모든 대화가 실현된다. 대화 참여자들의 이미지를 거울로 구축하는 것은 이미 미셸 페쇠(1969)에게서 나타나는데, 그것에 대한 고찰이 수사학자들에게와 같이 화용론자들에게도 자양분이 되었다. 페쇠에게는 의사 소통 연쇄의 양끝에 있는 A와 B는 상호 이미지를 형성한다: 발신자 A는 자기 자신의 이미지와 대화 상대방 B에 대한 이미지를 형성한다. 반대로 수신자 B는 발신자 A에 대한 이미지와 자기 자신에 대한 이미지를 형성한다. 이 원리에 따라 케르브라트-오레키오니는 "의사 소통의 두 참여자들의 문화적 능력 안에서 [⋯] 그들이 자신들에 대해서 형성하고, 상대방에 대해서 형성하며, 또 상대방이 자신들에 대해서 형성한다고 짐작하는 이미지"를 합병하기를 제안한다.(1980: 20)

에밀 벤베니스트나 그의 직접적인 계승자들은 이 에토스 개념을 사용하지 않는데, 그것을 다시 사용하는 것은 오스왈드 뒤크로이다. 아리스토텔레스에 명시적으로 근거하면서 뒤크로는 그가 자신의 발화 작용의 다성이론, 즉 그가 화용의미론이라 명명한 이론 속에 에토스 개념을 통합한다. 그에게는 언어 활동의 밖에 위치하는 경험적 존재, 즉 실제로 말하는 주체와 담화 내적 현실태를 혼동하지 않는 것이 중요하다. 이렇게 하면서 담화 내부에서 화자(L)와 발화자(E)를 구별해야 하는데, 발화자는 담화에서 표현된 입장의 근원에 있고 그것을 책임진다. 뒤크로는 이렇게 화자(L)와 발화자(E)라는 경험적 존재로 구별된 말하는 주체, 화자·발화자의 단일성을 다시 문제삼는다. 게다가 그는 화자에 대해서는 'L' 즉 담화적 허구와 'λ' 즉 세상의 존재, 사람들이 그에 대해서 말하는 존재를 구별한다(발화 작용의 주체로서의 '나(je)'와 발화체의 주어로서의 '나(je)'). 그런데 담화 안에서 L을 분석하는 것은 자신의 말의 양태들이 그에게 부여하는 외관을 연구하는 것도 아니고, 그가 자기 자신에 대해서 말한 것을 살펴보는 것도 아니다. 바로 이 지점에서 뒤크로가 에토스의 개념을 다시 불러온다.

> 에토스는 그 자체로서의 화자에 결부되어 있다. 화자가 발화 작용의 원천에 있다는 점에서 그는 몇 가지 특성들이 자신에게 부여된 것을 보게 되는데, 그 여파로 이 특성들은 발화 작용을 받아들일 수 있는 것으로 만들거나 혐오스럽게 만든다.
>
> (뒤크로, 1984: 201)

만일 벤베니스트에서부터 뒤크로까지 말은 상대방에게 영향을 미치고자 하는 것으로 이해되지만, 발화 작용 언어학이나 다성 이론 안에서 에토스는 주로 증거 수단으로 연구된 것은 아니다.

도미니크 맹그노의 담화분석에서의 에토스

도미니크 맹그노에 의해 발전된 담화분석은 벤베니스트의 인물의 틀 개념과 뒤크로의 에토스 개념을 그들이 어떻게 언어에 내재하는 효율성을 설명하는가를 살펴보면서 다시 사용한다. 다시 한 번, 이는 자신의 담화 안에서 화자가 고심하여 만드는 자기 이미지에 대한 것이다.

> 연설자는 자신이 **어떠하다고** 주장하는 것을 보고 들을 기회를 준다: 그는 자신이 소박하고 정직하다고 말하지 않고, 자신을 표현하는 방식을 통해 그것을 **보여 준다.** 이렇게 에토스는 연설자의 자기 제시와 무관하게 이해되는 '실재하는' 개인에 결부된 것이 아니라, 자신의 담화에 상응하는 역할로서의 언어 실행에 결부되어 있다.   (맹그노, 1993: 138)

자신의 말을 정당화할 수 있는 어떤 **위상**을 갖기 위해서 발화자는 발화 작용 장면에 나타나야 한다. 이는 각각의 담화 종류가 역할들을 미리 분배할수록 더 쉬울 것이다.(Ⅳ, 8, 1) 이 장면 내부에서 화자는 다소 자유롭게 자신의 무대 장식, 즉 자신에게 적절하고, 단번에 그에게 어떤 태도를 규정하는 설정된 시나리오를 선택할 수 있다. 이렇게 화자 자신의 이미지는 담화가 조화롭게 동화시켜야 하는 여러 틀들의 요구에 따라 구축된다. 예를 들어 프랑수아 미테랑이 1988년 선거 운동 당시 작성한 《모든 프랑스인에게 보내는 편지》에는, (선거가 가정하는 청자들과의 관계에서) 전체를 포괄하는 정치담화 장면(후보가 자신의 선거 기획을 소개하는 글), 자막 장면(두 사람이 개인적 관계를 유지하는 사적 편지 교환의 장면)이 뒤얽혀 있는 것을 볼 수 있다. 이 무대 장식은 또 다른 대화 장면, 즉 미테랑이 개인적 필요를 위해 동원하는 집단적 기억 속에 새겨져 있는 전형적인 가족 식사 장면의 지원을 불러온다.(맹그노 in 시스, 1998: 74-75)

그러므로 담화 안의 주체의 기재는 연동소들과 언어 활용 안의 주체성의 흔적(양태사, 가치판단적 동사와 형용사 등)을 통해서만 실행되는 것이 아니다.(Ⅲ, 5, 1) 그것은 화자가 미리 정해진 자리를 차지하는 담화의 유형과 종류의 활성화, 그리고 청자에 대한 관계의 본보기가 되는 친숙한 시나리오의 선택에 의해서 이루어진다. 이 틀 안에서 맹그노에게 있어 에토스 개념은 말뿐 아니라 글에도 관련되기 때문에 목소리라는 용어보다 선호되는 용어인 어조에 연관된다. 어조는 "발화자의 이중 형상, **성격과 유형**(有形)의 형상"을 근거로 한다.(1984: 100) 이 두 요소는 이 용어의 심리학적 의미로 몇 가지 성격 유형의 사회적 재현들에서 파생되고, 태도나 옷 입는 방법 등과 연관된 몸에 대한 "암묵적 단속, 사회적 공간을 사는 방법"에서 파생된다.(1993: 139) 맹그노는 예로 "가차없이 진실 되게 말하는 이를 상징하는 인물"인 다뉴브 농부의 이미지에서 가져온 성격과 외형에서 떼어놓을 수 없는 '직선적으로 말하는 사람,' 아그리파 도비녜의 《비극》을 특징 짓는 '솔직하게 말하는 사람'의 에토스를 인용한다.(1993: 129)

고프먼에서부터 대화분석까지

언어과학에 의해서 자기 이미지 생산에 기울여진 관심은 고전 수사학에서만큼 미국인 어빙 고프먼의 사회적 상호 작용에 대한 연구들에서도 유래한다. 고프먼의 자기 제시와 상호 작용의 관례에 대한 연구로부터 주된 영감을 얻은 것은 바로 대화분석이다. 고프먼은 "대화 참여자들이 서로 물리적으로 현존하고 있을 때, 그들이 서로의 행동에 미치는 영향"으로 정의된 모든 사회적 상호 작용이, 자발적이거나 비자발적인 행동에 의해서 행위자들이 원하는 방향으로 상대편에게 영향을 미치는 데 기여하는 자신에 대한 인상을 주기를 요구한다는 것을 보인다.(1973: 23) 연극적 은유를 택하면서 고프먼은 **재현**이라는 용어를 쓴다. 그에게는 이것이 "어떤 식으로 참여자 중 한 명에게 영향을 끼치기 위해서, 주어진 인물이 주어진 상황에서 하는 활동의 전체"이다. 그는 또한 "사람들이 재현하는 중에 발전시키고 다른 경우에서도 제시하고 사용할 수 있는 미리 설정된 행위 모델"이라고 정의된 것을 **역할** 혹은 **관례**라고 한다.(앞글) 이 관례들은 고용주가 고용인들과의 회의에서, 재판관이 재판중에, 간호사가 환자와의 관계에서, 혹은 아버지가 가족끼리 하는 식사 도중에 사용하는 미리 설정된 행동 모델을 구성한다. 대화자들이 서로 행사하고자 하는 상호 영향과 불가분의 관계인 자기 제시는 사회적 역할과 상황 조건에 종속된다. 이것이 모든 사회적 교환에 고유하고 사회문화적 조정을 따른다는 점에서 말하고 행하는 주체의 의도를 크게 넘어선다.

이 개념들은 《상호 작용의 관례들》(1974)에서 "타인들이 개별적 접촉 과정에서 채택했다고 가정하는 일련의 행동을 통하여 한 사람이 실제로 주장하는 긍정적 사회 가치"로 정의되는 체면이라는 개념에 의해서 보완된다. 체면은 "인정되지만, 예를 들어 자신에 대한 좋은 이미지를 주면서 자신의 직업이나 고백에 대해서도 좋은 인상을 줄 수 있으므로 공유할 수 있는 어떤 속성들에 따라 윤곽이 그려지는" 자기 이미지이다.(고프먼, 1974: 9) 케르브라트-오레키오니는 고프먼의 체면 개념을 간단히 "상호 작용 속에서 자기 자신에 대해 구축하고 다른 사람에게 부과하고자 하는 유리한 이미지 전체"라고 재정의한다.(1989: 156) 여기서 중요한 것은 체면 작업 혹은 형상화, 즉 "한 사람이 자신의 행동이 자기 자신을 포함한 다른 누구의 체면도 잃지 않게 하기 위해 시도하는 모든 것"이다.(고프먼, 1974: 15) 이런 관점에서 고프먼은 예를 들어 회피와 교정 전략을 통해 대화적 상호 작용 안에서 균형을 회복시키고자 하는 작업으로 집중되어 있는 사회심리학을 구상한다.

　일상 생활 속에서의 행동에 대한 연구 활동은 언어 교환의 기술을 풍부하게 하였고, 거기서 "상호 작용이 문제시하는 것은 무엇보다 사회적으로 관례화된 개인 상호간의 관계이다."(케르브라트-오레키오니, 1989: 171) 케르브라트-오레키오니는 외국어 단어를 발음해야 하는 순간에 연설자가 너무 잘 발음해서 잘난 척하는 것처럼 여겨지는 것과 발음이 나빠서 무능하게 보이는 것 사이에서 갈등하는 경우에서처럼, 화자가 공존할 수 없는 요구와 마주치는 경우들을 살펴본다. 그녀는 다른 사람을 기쁘게 하려고 노력하면서 화자가 자신에 대한 긍정적 이미지를 부여하는 칭찬의 경우를 연구한다. 전체적으로 케르브라트-오레키오니는 체면 관리 원칙이 언어에서 구조적 사실들과 관례적 형태들을 어떻게 지배하는지 보여 주기 위해 그것을 다시 사용한다. 이렇게 대화분석은 엄밀한 의미에서 언어 현상 연구(전문 형태소, 양태사들의 유형, 인칭의 전용: '나(je)'와 '너(tu)' 대신 '우리(on)'나 '우리(nous)'를 사용하는 것 등)를 화자가 자기 자신과 상대방에 의해 구축하는 이미지가 중요한 상호 작용 현상들에 대한 연구에 연관시킨다. 그는 연설자의 에토스분석을 한편으로는 공손 현상과의 관계, 다른 한편으로는 면대면 대화의 역동성과의 관계로 끌어온다. 담화적 자기 이미지는 연설자가 대답할 권리가 없는 청중을 고려하며 자신을 제시하는 담화 속에서와, 상대방들의 응수가 그들 각각으로 하여금 자기 제시를 바로잡도록 강요하는 교류 안에서 서로 다르게 구축된다.

에토스와 부르디외의 아비투스

고프먼에서 영감을 얻은 인류학적 방법론이 교류 안에서 구축된 이미지를 중시하면서 아리스토텔레스의 수사학의 가르침을 다시 취하고 연장시키고 변화시키는 반면, 사회학자 피에르 부르디외는 담화의 경계 밖에서 효율성의 원천을 찾는다. 연설자가 미리 가지고 있는 권위에 가장 기본적인 중요성을 부여하는 《말하는 것이 의미하는 것》의 저자는 고대 수사학과는 그다지 관계가 없는 매개 변수들을 제안하면서 자신의 방식으로 이소크라테스와 라틴 학자들의 관점을 다시 사용한다. 부르디외에 따르면, 사실 언어 효율성의 원리는 그것의 '본래 언어적인 실체' 안에 있는 것이 아니라, 구체적인 상황에서 끌어온 예시들의 인위적인 특성만이 "상징적 교류가 순수한 의사 소통 관계로 환원된다"(1982: 105)고 믿게 만들 수 있다. 그에 따르면 말의 힘은 '그들의 생산과 수용의 제도적 조건들' 속에, 즉 정식으로 세워진 관례 안에서 화자의 사회적 기능과 담화 사이의 합치 안에 있다. 한 담화는 그것을 말할 수 있는 합법적인 사람이 합법적인 상황에서, 합법적인 수신자들 앞에서, 합법적인 형태로 발화되었을 때에만 권위를 볼 수 있다. 《말하는 것이 의미하는 것》의 분석에서, 이 사회학자는 교류 안에서 연설자의 제도적 상황과 위상을 절대적으로 우위에 둔다. 이 틀 안에서 부르디외는 일상적인 수사학에서의 어의와는 다른 의미를 에토스에 부여하면서 에토스의 개념을 개입시킨다: 그는 아비투스(habitus) 개념의 틀, 즉 사회화 과정 중에 개인이 습득하는 지속되는 경향들의 총체 안에서 그것을 재해석할 것을 제안한다. 아비투스의 구성 성분으로서의 에토스는 부르디외에게 있어 우리도 모르는 사이에 우리의 행동을 이끄는 내면화된 원리들을 지칭한다. 육체적 헥시스(hexis[1])는 또한 자세, 몸에 대한 관계뿐 아니라 내재화된 관계에 관련된다. 이 둘 모두는 사회적 존재가 어떤 상징 교환 안에서든 참여했을 때 채택하는 입장들을 이해하게 해준다. 말하고 자신을 제시하는 습득된 방식은 사회화된 언어 교류가 재현하는 관례들 안에 반드시 개입한다.

3. 논증분석에서의 에토스

담화적 에토스와 선결 에토스

아리스토텔레스의 수사학과 담화분석을 동시에 내세우는 논증분석 관점 안에서의 에토스의 문제를 이렇게 간단히 살펴본 후에 어떻게 다룰 수 있겠는가? 설득력이 연설자의 외부적 지위에서 오는가, 아니면 담화 안에서 그 자신이 만들어 내는 이미지에서 오는가를 질문하는 것보다, 담화가 어떻게 담화 이전에 주어진 여러 조건들에 기초하면서 에토스를 구축하는지를 보는 것이 더 성과가 많은 것 같다.

비언표력의 성분을 구성하는 것은, 고의든 아니든 화자가 **자신의 담화 속에서** 구축하는 이미지이다. 그것은 담화적 에토스의 차원이다. 그것을 이해하기 위해서 언어과학은 귀중한 도구들을 제공한다. 반면 화자가 다듬은 이미지는 대중이 화자가 이야기를 시작하기 전에 이미 가지고 있는 생각, 그의 위상이나 지위가 그에게 부여하는 권위 같은 선결 요소에 의존한다. 이는 선결 에토스 혹은 담화선행적 에토스의 차원이다.(아모시, 아다드, 맹그노가 《담화 안에서의 자기 이미지》에서 발전시킨 개념, 아모시, 1999)

그러므로 단순한 에토스(즉 연설자의 에토스, 이것은 전적으로 담화적이다)와 대조하여, 청중이 화자가 연설을 시작하기 전부터 화자에 대해서 생

---

1) hexis: 몸가짐(hexis corporel), 《소크라테스》, 플라톤, 김태경 역, 한길사, 재인용. 〔역주〕

각할 수 있는 이미지를 선결 에토스 혹은 선결 이미지라고 부를 것이다. 당연히 간략한 이 제시는 담화에 의해서 가지각색으로 조정된다. 선결 에토스는 연설자가 사회적 공간에서 맡은 역할(그의 제도적 기능들, 그의 위상과 권력)에 기초해서뿐만 아니라 그의 인격에 대해서 통용되는 집단적 재현 혹은 전형을 기초로 다듬어진다. 그것은 연설자의 말보다 선행하고 부분적으로 그것에 영향을 미친다. 동시에 그것은 때로는 언어 표지들 안에, 때로는 교류의 토대가 되는 발화 작용 상황 안에서 알아볼 수 있는 확실한 흔적들을 담화 안에 남긴다. 이런 관점에서 우리는 담화분석 안에 화자의 제도적 위상에 대한 사회학의 고찰들(부르디외)과 연설자의 명성에 대한 수사학의 고찰들(이소크라테스부터 라틴 학자나 고전주의 수사학까지)을 통합하게 되었다. 사실 화자가 자신의 인격에 투영하는 이미지는 사회적·개인적 선결 조건들을 사용하는데, 이 조건들은 당연히 상호 작용 안에서 한 역할을 수행하고, 말의 힘에 기여한다. 이러한 관점에 따라 그들의 밀접한 상관성 안에서 담화적 권위의 여러 구성 성분들을 동시에 구별하고 살펴보아야 한다.

그러므로 우리는 페쇠로부터 영감을 얻은 그리즈에 따라, 화자 A는 효과적인 교류를 이끌기 위해 B가 그에 대해서 미리 갖는 생각을 상상해야 한다고 설정한다(즉 B에 대한 재현을 형성한다). 이렇게 경험적 존재는 대화 상대방과 그가 세상을 바라보는 방식을 상상하면서, 그가 자기 자신을 지각하는 방식을 생각해 본다. 예를 들어 정치적 담화에서 자크 시라크나 리오넬 조스팽은 말을 할 때, 대중이 그들의 인격에 대해서 가지고 있는 이미지를 고려한다. 때로는 그 이미지를 유지하기 위해, 때로는 그것을 변형시키기 위해 그들은 이 선결 재현(혹은 적어도 그들이 자신에 대해서 만들어 내는 이미지에 의거한다)에 근거를 둔다. 이렇게 정치인은 자신의 말을 대통령의 권위 위에 세울 수도 있고, 청렴한 정치인의 이미지 위에 세울 수도 있다. 그러나 그는 또한 수신자들이 그의 인격에 대해서 알고 있는 것, 혹은 공식적으로 그에게 부여된 권위와 일치하지 않는 이미지를 구축하려고 시도할 수도 있다. 예를 들어 장 미셸 아당은 드골이 1940년 6월 18일의 호소 당시, 국가 원수에 대립하는 발언을 하기에는 라디오-런던을 듣는 대중에게 그리 잘 알려져 있지 않았음에도 어떻게 믿을 만한 에토스를 생산했는지 보여 준다.(아당 in 아모시, 1999; 아당, 2000) 우리는 또한 어떻게 화자가 자기에게 호의적이지 않은 집단적 재현을 바꾸고 불만족스러운 위상을 변화시키려 노력하는지 볼 수 있다. 예를 들어 르 펜은 걸프전 당시 그가 어떠한 공식적인 정치 활동도 하지 않고 있고, 대부분의 프랑스인들의 눈에 낙인된 이미지가 극도로 부정적이었음에도 불구하고, 자신을 대통령 후보가 될 수 있는 사람으로 설정하는 데 기여하는 것이 분명한 기자 회견을 한다. 또한 그는 자신의 담화에서 자기에게 불리하게 작용하는 특징들을 지우고, 자신을 책임감 있는 지도자로, 평화주의자로 소개하는 작업을 한다.(아모시, 1999)

결과적으로 연설자 자신의 이미지에 관하여 다음을 살펴보는 것이 중요하다.

- 담화선행적 층위에서:
  - 화자의 제도적 위상, 역할들 혹은 자신의 말에 정당성을 부여하는 범위 안에서의 지위.
  - 청중이 그의 인격에 대해서 그의 발언 이전에 이미 구성하는 이미지(그에게 결부된 집단적 재현 혹은 전형).
- 담화 층위에서:
  - 총칭적 장면에, 그리고 하나의 무대 장치 선택에 고유한 역할 분배에서 파생되는 이미지(담화 속에 기재된 유형들).
  - 화자가 자기 자신에 대해서 발화체 안에서보다 발화 행위 안에서 담화 안에 투영하는 대로의 이미지, 그리고 그가 담화 선행적 조건들을 다시 손질하는 방법.

장 미셸 아당은 (그가 담화 외적 층위라고 명명한) 담화선행적 층위에서 다시 사용된 요소들이 어떻게 발화체의 문자성 안에서 표현될 수 있는지를 잘 보여 준다. 사실 정치적 연설자는 어떤 자격으로 말하는지 환기시킬 수 있고, 그의 직분이 그에게 부여하는 권위에 근거할 수 있다. 드골이 알제리 담화에서 "그것이 내가 여기 있는 이유이다"라고 말하면서 자신의 청중들로 하여금 그들이 제도의 혁신을 바랐다는 것을 환기시킨다. "그는 1958년 막 취임한 의회 의장으로서, 1958년에 알제리의 위기를 해결하기 위해서 국가의 대표로 선출되고 소집된 신임 의회 의장으로서 말을 하고, 전적으로 선결 에토스에 근거한다."

대략 담화선행적 조건들, 즉 제도적 위상과 화자의 인격에 대한 사전적 재현은 우연이 아니면 숨김없이 언급되지 않으므로 잘 이해하기 위해서는 교류의 상황을 알 필요가 있다. 그 조건들은 담화분석과 같이 대화분석에 의해 이해되는 상황적 조건들에 속한다. 우리가 말의 효율성에 대한 질문을 하자마자 이에 대한 고려는 화자가 참여하는 범위——정치적·지적·문학적 등——에 대한 지식을 필요로 한다.(IV, 8, 1) 이 지식은 만일 그가 접근하는 주제들과 그가 택하는 양식을 자기 것으로 삼도록 허용되었다면, 어떤 범위 안에서 그의 말이 권위를 지니는지 결정하게 해준다.

에토스와 사회적 환상

주어진 영역에서의 화자의 지위와, 표현되기 위해 그 지위가 (그의 전문 영역이나 다른 영역에서) 그에게 부여하는 정당성은, 우리가 이미 보았듯이, 유일한 담화선행적 조건들이 아니다. 청중과 같이 에토스는 사회적 환상에 종속되고, 자기 시대의 전형을 갖고 있다: 화자의 이미지는 당연히 문화적 유형들과 연관이 있다. 그러므로 구체적 순간에 화자의 인격이나 그가 참여하는 범주에 결부된 이미지를 고려해야 한다. 주어진 사회의 이미지 보유고에 접근할 수 있거나, 정치적 인물이나 방송인의 공적 이미지를 알아야 한다. 다음을 고려해야 한다.

  - 사람들이 화자의 사회적·직업적·국가적 범주 등에 대해서 갖고 있는 이미지.
  - 논증 교류의 순간에 개인에 대해서 통용되는 특별한 이미지.
  - 겨냥된 청중에 따라 같은 화자가 갖는 다르거나 반대되는 이미지들의 가능성.

충분하거나 적절한 제도적 권위에 기대지 못하는 화자, 자신의 의도를 방해하는 전형화된 이미지에 의해 곡해된 상황에 있는 화자는 자신의 담화 안에서 그것을 변화시키는 작업을 할 수 있다. 자신에 대한 언어적 연출은 그것에 의해서 연설자가 자신에게 부여된 것으로 추정하는 자질들을 강조하거나 바로잡거나 지우려고 노력하는 양태들을 보여 준다. 여기서부터 우리는 화자에 대한 선결 이미지가 때로는 그 이미지를 강조하고, 때로는 변형하려고 노력하는 한 담화에 의해서 어떻게 다시 만들어지는지 볼 수 있다. 만일 선재하는 재현이 주변 여건에 유리하고 적절하다는 것이 확인된다면, 연설자는 그 이미지에 의지할 수 있다. 반대로 만일 그 이미지가 자기에게 불리하게 작용하거나 그가 정한 설득 목표에 적절치 않다면, 그는 그것을 조정하거나 방향을 바꾸어야 한다.
  어떻게 화자의 선결 이미지를 재발견하고, 어떻게 그가 사람들이 자신에 대해 갖고 있는 이미지를 구상하는지에 접근할 수 있는가? 청중에게처럼 에토스의 구축에 출발점을 제공하는 전형의 흔적을 되찾는 것은 주로 담화 안에서이다. 물론 집단적 상상에 대해 사람들이 갖고 있는 지식을 동원하는 것이 필요하다. 1990년에 프랑스인들은 르 펜을 어떻게 보고, 텔레비전 시청자들은 베르나르 피보를 어떻게 지각하는가, 자신의 선생님에 대해서 고등학생이 갖는 재현은 무엇인가 등. 반면 분석자가 도움을 요하는 전형은 그것이 논증 전략에 따라 해체되거나 재구축될지라도 언제나 텍스트 안에 직접 기재되어 있고, 거기에 표시될 수 있다. 이렇게 발화 작용 상황에 대한 지식과 연설자의 선결 재현으로 배가된, 담화 안의 자기 이미지에 대한 분석은 논증의 설득적 성격에 기여해야 하는 에토스가 어떻게 자리 매겨지는지 볼 수 있게 해준다.

예를 들어 대하소설《장 크리스토프》의 출판과 로맹 롤랑에게 창출한 친독 경향의 이미지와 프랑스·독일의 문화적 매개자라는 입장은, 그가 제네바 협정 당시 전쟁의 폭력에 반대할 때 그에게 불리하게 작용한다.(별첨 1) 갈리트 아다드가《싸움을 넘어서》에 대해서 조사한 연구 안에서 잘 보여주듯이, 이 유명한 작가는 그의 담화에서 주변 상황들이 깊이 뒤흔든 지식인의 권위를 확고히 하면서 자신을 이해시키고자 한다.(아다드, 1999) 마찬가지로 볼테르는 칼라스 사건 당시《관용론》을 출판하기로 결심했을 때, 그는 "관용에 대한 담화에 편견을 가져올 수 있는 위험을 지닌 측면들을 지우면서 자기 자신의 이미지에 대한 손질[…]을 시행한다. 이 경우에는 그가 구약을 '구역질나고 혐오스러운 이야기'로 평가하고, 기독교를 '자연 종교의 타락'이라고 정의하고 난 후 종종 자신을 더럽히는 비관용을 지우는 것이 중요하다."(보코브자-칸, 출판 예정) 이 특수한 경우들은 조건들, 특히 교류 상대방들이 품는 사회적 상상계 재구성의 중요성을 보게 해준다. 요컨대 만일 동시대 화자의 에토스에 대한 연구의 자양분이 상황적 조건들이라면, 과거의 텍스트에 대한 분석은 당연히 고문서에 의거한다.

효과적인 자기 이미지가 발화 작용과 상호 작용, 그리고 장르에 영향력 있는 모든 언어 수단으로부터 담화의 물질성 안에서 선결 에토스의 기초 위에 어떻게 구축되는지 살펴볼 일이 남아 있다.

4. 사례 연구

의회에서의 장 조레스

먼저 현존하지만 즉각적인 답변의 권리가 없는 청중에게 향하고, 그 안에서 연설자의 이미지가 강한 제도적 구속에 명백하게 복종하는 담화들을 살펴보자. 이전 장에서 연구한 의회에서의 조레스의 담화(별첨 3)는 그것이 구체적인 제도적 상황과 약호화된 담화의 유형의 성질을 띤다는 점에서 중요한 예시를 제공한다. 이것은 국가들간의 평화라는 공적 이익에 대한 문제를 제기하는 정치담화에 관련된다. 의회에서의 담화 장면이라는 총칭적 장면은 우리가 이미 밝힌 대로 역할들의 분배를 결정한다: 야당의 대표는 자기편과 상대편 둘로 나뉘어진 청중과 그들 뒤에 다수의 대중을 향하고 있다.

그가 국가들간의 전쟁 원인들에 대한 이 담화를 말하는 순간에 연설자에게 주어진 권위는 무엇이고, 1895년 청중이 조레스에 대해 갖는 이미지는 무엇인가? 이 질문들에 대답하기 위해서는 우선 그가 발언하는 순간에 조레스의 경력에 대한 전기적이고 역사적인 조건들을 동원해야 된다. 우리는 꽤 오래전부터 정치 활동을 시작한 장 조레스가 광부들의 파업의 여세를 몰아 1893년 1월 22일에 카르모의 의원으로 선출되었으며, 사회주의자들이 대대적으로 의회에 들어온 것을 표시하는 1893년 8월 20일 총선거에서 재선된 것을 알고 있다. 제도적 관점에서 보면, 그는 당의 대표자로서 당의 이름으로 정당하게 발언할 수 있을 뿐 아니라 진정한 사회주의 웅변가, 즉 경청을 보장할 수 있는 권위를 지닌 사람이기도 하다. 이런 상황들 속에서 1895년의 담화는 자신의 권위를 연설자의 제도적 지위와 자신의 공적 이미지에 동시에 놓을 수 있다. 논증은 공적인 인물로 이미 세워진 조레스의 재현과 그의 말 속에서 구축되는 이미지 사이에 가능한 한 전적인 합치를 보증하는 것에 주의하면서 화자의 선결 에토스에 의거할 수 있다.

그러므로 선재하는 재현의 심도 있는 어떤 손질, 요구되지 않는 비교적 단순한 전형적인 경우에 해당한다. 화자는 자신의 지위에 합당한 이미지를 투영해야 한다: 그는 그가 합법적으로 구현하는 위엄 있는 사회당 대변인으로 자신을 소개해야 한다. 또한 그는 정치 담화를 다루는 데 유능한 연설자의 이미지도 투영해야 한다: 그는 자신의 명성을 뒷받침하고 대중의 기대에 부응해야 한다. 그러나 그가 혼합된 청중 앞에서 자기 이미지를 구축한다는 것을 잊어서는 안 된다.(I, 1, 3) 자기편——사회주의 대표자와 동지들——과 지지자들——당 안에서든 밖에서든 평화의 목표에 대해 스스로 가깝다고 느끼는 모든 이들——, 반대편——상대당들의 모든 대표자들——그리고 웅변가의 담화를 나중에 전달받는 다수의 대중들을 동시에 감화시켜야 하는 그는, 대중의 모든 분파들의 믿음과 호의를 이끌어 낼 수 있는 자기 제시를 실행해야 한다. 그러므로 그는 청중의 다양한 성원들이 사회주의 웅변가와 당총수의 자격으로 자신을 지각하는 방식에 대해 인식해야 된다. 에토스의 구축은 이렇게 화자의 제도적 지위에 의해 결정되는 동시에, 의회 담화라는 이런 특수한 정치적 담화에서 자신을 표현할 때 그의 청중인 혼합적 청중에 대한 선결 재현과 그에게서 기대되는 반응이 결정된다.

도시 문제에 대한 토론에 개입하는 정치적 담화의 경우에 자기 제시는 일반적으로 인격에 대한 언급을 생략할수록 더 효과적이다. 그는 자신에 대해서 말하면서(조레스가 어떤 순간에도 하지 않는 것)가 아니라, 자신의 발화 작용 양태들에 의해서 자신의 에토스를 구축한다. 그는 그것에서 에토스와 연설자의 품행을 조정하는 일반적 규범을 따른다. 수사학자들에 뒤이어 뒤크로는 다음을 강조한다.

그가 자신의 담화 내용 안에서 자신의 인격에 대해서 할 수 있는 기분 좋게 하는 단언들, 반대로 청자들과 충돌할 위험이 따르는 단언들에 관련되지 않고 열렬하거나 엄격한 말투와 어조, 단어의 선택, 논거들이 그에게 부여하는 외관에 관련된다(어떤 논거를 선택하거나 소홀히 한다는 것은 어떤 도덕적 장점이나 단점의 징후처럼 보인다).

(뒤크로, 1984: 201)

조레스는 말의 양태들 안에서 어떻게 자신을 제시하는가? 앞장에서 보았듯이 그는 (자신이 비난하는 도당적인 사람과 반대로) 본래 합리적인 사람의 모습으로 자신을 보이면서, 그가 주장하는 기틀이 단단히 잡힌 논증적 구축물을 세운다. 자신이 언어 사용을 지배한다는 것을 보여 주는 고상한 문체는 숙고와 선택을 허용하는 논리적 사고를 발전시키고 전개시키는 방식을 소유하고 있다는 것을 가리킨다. 연설자는 사고의 대가, 정신적 지도자의 이미지인 자기 이미지를 투영한다. 그럼에도 불구하고 이렇게 하면서 그는 분명히 한 당의 대변인으로 자신을 제시한다. 그의 말은 사회당의 잘 알려진 문구들로 가득 차 있고, 식별할 수 있는 주의(主義)를 확고하게 보여 준다. 조레스라는 개인의 목소리를 통해 이해되는 것은 마르크스주의적인 상호 담화이다. 그것이 일인칭 복수인 '우리'가 '나'보다 더 자발적으로 사용되는 이유이다. 이런 이중적 측면——사회주의자와 이성적 인간——아래서 자신을 소개하면서 웅변가는 사회주의 지도자의 모습과 이성적이고 사고하는 개인의 모습을 통합한다. 이렇게 그는 그것들을 분리할 수 없게 만드는 밀접한 연합에 따라 후자의 모든 이득을 전자에게 부여할 수 있다.

동시에 조레스는 억압받는 민중의 수호자로서뿐 아니라 폭력과 전쟁의 희생자인 모든 인간 존재들에게 공통되는 이익의 수호자로 자신을 제시한다. 그는 사회주의적 가치의 대변인일 뿐 아니라, 특히 광범위하게 인간적인 가치들을 지지하면서 다른 민족들에게와 마찬가지로 프랑스 국민의 이익을 수호하는 사람으로도 나타난다. 화자는 이렇게 그가 담화가 당연히 편중되고 편파적인 국지적 정치지도자의 재현을 넘어서는 합리성의 모델

안에 자신을 투영한다. 그는 모든 사람들에게 말할 수 있고, 전체 이익의 이름으로 말할 수 있는 사상가의 이미지를 구축한다. 그의 이미지의 이런 면은 표시된 정치적 재현의 효과를 가능한 한 중화시키기 위해 사색적이고 이성적인 존재의 측면, 당의 주의를 대변하는 사회당 지도자의 이미지에 결합한다.

그러므로 우리는 의회에서 발언할 권리가 있는 합법적인 대표에게 부과된 제도적 권위가, 어떤 주의의 대변인으로서뿐 아니라 필요한 유능함을 지니고 폭넓게 인간적 가치와 이익을 수호하는 데 바쳐진 이성적 존재로서, 연설자를 신뢰받을 자격이 있게 만드는 것을 목적으로 하는 전략을 겸한다는 것을 볼 수 있다. 에토스는 서로 다른 청중의 눈에 연설가를 믿을 만하게 만들어야 하는 긴밀히 구성된 여러 차원에서 구축되는데, 이것은 모든 대화 참여자들, 심지어 사회주의지도자의 지위가 무관심이나 침묵밖에 불러일으키지 못하는 사람들에게까지도, 그에게서 자신들을 세계 평화로 이끄는 데 노련한 인물의 모습을 찾을 수 있게 하기 위해서이다.

뒤르켐: 지식인과 공개 서한

같은 주제에 대하여 몇 년 후인 1916년 5월에 출간된 어니스트 라비스와의 공저에서 뒤르켐이 쓴 《모든 프랑스인에게 보내는 편지》의 첫 문단을 보자.

첫번째 편지
인내, 노력, 신뢰

현재의 전쟁이 과거에 일어났던 어떤 전쟁들과도 닮지 않았다는 것은 뻔한 사실이다. 그러나 이런 말이 모든 사람의 입에 오르내려도 우리는 여전히 그 중요성을 알 수 없다. 전쟁의 새로운 조건들은 전략과 전술 안에서 심오한 변화만을 필요로 하는 것이 아니다; 그 조건들은 우리 모두에게, 그리고 특히 전투에 참여하지 않는 이들에게 우리가 자각해야 하는 중요한 새로운 과업을 부과한다.

(1992: 21)

이것은 공개 서한이라는 알려진 장르에 속하는 텍스트와 관련되는데, 여기서 화자는 제삼자를 겨냥하면서 특정한 청자에게 말을 하거나, 혹은 이 경우에서처럼 국가 전체의 광범위한 복합적 청중에게 말을 하기 위해서 이 편지 형식을 차용한다. 담화는 다른 전쟁들과 같지 않은 전쟁에 떠밀려진 운명 공동체로 통합된 실체, 그리고 같은 목표(길게 봐서 이 전쟁에서 이겨야 하는 필요성)로 통합된 차이와 분화를 넘어 일체를 이루는 국가적 실체로 청자를 구축한다. 이 큰 덩어리 뒤에 더 특정한 청중의 윤곽이 드러나는데, 그것은 전쟁 행위에는 참여하지 않으나 이행할 의무를 가지고 있는 이들이다. 어떻게 집필자에 의해 투영된 에토스는 독자들을 그들에게 제안된 방침 안에서 권위를 부여할 수 있는가? 그에게 필요한 권위를 부여함으로써 독자로 하여금 유일하게 합당한 태도인 전쟁의 노력에 대한 참여를 보도록 이끌 수 있는가?

만일 우리가 한번 더 담화 외부의 권위와 저자의 선결 명성에서 출발한다면, 우리는 에밀 뒤르켐(1858-1917)이 그 시대의 지배적인 공적 인물이라는 것을 강조해야 한다. 소위 과학적 사회학의 창시자(그는 1895년에 《사회학적 방법의 규준》을 펴냈다), 비종교성의 이론가(그는 비종교적 학위를 위해 활동했다), 무소속의 투사(그는 이전에 드레퓌스주의자였다)인 그는 또한 평화주의 활동에 적극 참여한다. 그는 1913년 3월 13일에 《위마니테》지 1면에 발표된 3년의 군복무 입법에 반대하는 청원의 서명자 중 한 사람이다. 이 과학자이면서 평화주의자, 좌파 인물의 이미지는 지식인, 국가 사안에 개입하는 식자의 모습에 부합된다. 그러나 아르망 콜랭 출판사에서 어니스트 라비스가 의장이고 뒤르켐이 서기인 한 위원회가 지휘한 '전쟁에 대한 연구와 서들' 총서가 민족주의적 선전 작업을 할 때, 그의 이미지는 호전적인 애국심을 위해 쓰인다. 라비스와 공동으로 집필한《누가 전쟁을 원했는가》(1914)를 펴낸 후에 뒤르켐은《모든 것 위의 독일: 독일 정신과 전쟁》(1916)를 펴내고, 그후 또다시 라비스와 함께 (1916년 2월 21일부터 12월 18일까지 30만 명의 사망자를 낸) 베르됭전투가 한참이었던 1916년 5월에 나온《모든 프랑스인에게 보내는 편지》를 펴낸다.

과학자라는 선결 이미지에 기대는 화자는 보편적 추론의 어조를 사용하면서 다수의 대중의 기대에 적절한 에토스를 투영한다. 이 전쟁의 예외적 성격에 대해서, 모두가 알고 있는 진리로 지칭된 폭넓게 받아들여진 전제에서 출발하면서, 거기로부터 일반 대중은 보지 못하는 결과들을 끌어낼 수 있다고 자부한다: "이런 말이 모든 사람들의 입에 오르내려도, 우리는 여전히 그 결과들을 알아채지 못한다." 프랑스인들을 뻔한 말을 되풀이하는 이들과, 부과되는 추론 작업을 시행하게 되는 이들로 나누는 것은 사고하고 추론하는 사람들 편에 있는 화자를 제시한다. 보편적 발언의 유사성 속에 흩어져 있는 지각해야 할 것을 지각하지 못하는 'on'에, 보고 이해하고 그것을 보여 줄 능력을 가진 이름 없고 겸손한 '나(je)'가 은근히 대조된다. 즉 진리의 매개라는 겉으로는 중립적인 화제 뒤에 자신의 주체성이 지워지는 사상의 대가이다. 화자가 이용하는 권위는 발화자라는 인물이 일반 유형의 단언들 뒤에서 지워지는 교육적 담화의 미명 아래 나타날수록 더욱 받아들여질 만한 것으로 보인다.

반면에 이 중립성은 '우리'라는 표현 아래 주체성의 침범에 의해 즉시 완화된다. 청중에게 교훈을 말할 수 있고 진정으로 사실인 것과 실제적으로 중요한 것을 말할 수 있는 이는 자신의 동포들처럼 자신도 전쟁에 참여하고 있는 국민이다. 그는 공동체의 일부를 이루며, 그렇다고 주장한다. 그는 1914년부터 1918년까지의 특수한 조건들이 "**우리 모두**에게 **우리가** 자각해야 하는 것이 중요한 새로운 의무들을 부과한다[…]"라고 쓴다. 게다가 그는 그가 말하고자 하는 새로운 의무에 구체적으로 귀속되어 있는 특정한 집단에 자신을 포함시킨다. 그것은 그 부정형으로 정의되는 '전투에 참여하지 않는 사람' 즉 군인에 대비된 민간인이나 후방에 있는 사람이 아니라 싸우는 이들 앞에서 싸우지 않고, 그러므로 다른 식의 참여로 조국에 봉사해야 되는 사람들과 관련된다. 국민에게 말하는 식자 뒤에, 공동의 사명을 지니고 있는 다른 프랑스인들에게 말하는 한 프랑스인이다.

우리는 학문적 권위에서 애국적 발언의 정당화로의 이행이 이 공개 서한에서 어떻게 이루어지는지 볼 수 있다. 위엄 있는 서명이 편지 아래 나타나는 화자는 집단적 현상을 잘 이해하는 데 필요한 분석과 판단 능력을 갖추고 있는 사회학자이다. 그는 그의 지식과 경험, 오래전부터 자신의 영역에서 획득한 인정이 그에게 부여하는 권위를 가지고 학문의 이름을 걸고 말할 수 있다. 동시에 집단적 모험에 참가한 시민의 주체성이 1인칭 복수의 사용 속에서 드러난다. 여기서 이 프랑스인이 말을 한다——게다가 뒤르켐을 아는 사람들은 그가 좌파적 인물이며 평화주의자라는 것을 알고 있다. 그는 국민에게 고통스러운 상황 속에서 그들을 이끌 수 있는 스승으로서뿐 아니라, 또한 자신의 나라를 사랑하고 자신의 청중의 평안을 걱정하며 말하는 사람으로서 말을 한다. 연설자는 여기서 아리스토텔레스가 요구한 기본적 자질 중 두 가지, 즉 지식과 호의를 보인다. 이렇게 그는 학자의 모습과 현실에 참여하는 지식인의 모습, 그리고 책임 있는 시민의 모습을 연합시킨다. 그러면서 총서의 성격과 자신의 상관들이 선포한 목표를 알리는 선동자의 모습을 흐리게 만든다. 훌륭한 프랑스인에 의해 사용된 말처럼 제시하면서 신뢰할 만한 화자의 이미지를 만들어 낸다. 우리는 텍스트가 부차적 텍스트에 의해 기획한 효과를 배가시킨다는 것에 주목할 것이다: 부차적 텍스트는 선전 담화에 있는 그대로의 자신을 부인하면서 자신을 표명할 수 있게 해주고, 마찬가지로 전쟁 선동가의 위상이 의심을 자아낼 뿐인 표지에 있는 유명 작가의 이름이 출판물을 보증한다.

바르뷔스: 전쟁 이야기에서의 증인

어떤 점에서 서술자의 권위가 자기 제시나 저자의 선결 이미지의 결과인지 보기 위해서 언어 차원의 에토스에 대한 고찰을 문학적 이야기로 확장시키는 것은 흥미로운 일이다. 우리는 1916년에 출판된 앙리 바르뷔스의 《포화: 분대 일지》(제13장, 별첨 4)를 예로 들 것인데, 그것은 전쟁 이야기로서 '나'를 작가이고 증인인 이중 이미지로 가리키는 흥미로운 점을 보여준다. 카포랄 베르트랑이라고 명명된 서술자–주인공은 그가 표지 위의 저자의 이름을 가리키지 않으므로 허구적 인물로 제시됨에도 불구하고, 그는 1914년 전쟁 이야기의 격식에서 빠져나오지 않는다. 즉 허구적이든 아니든, 서술자는 항상 사람들이 그가 기술하고 있는 군 생활에 그가 실제로 참여하고 있는지를 질문하는 저자에 동화되어 있다.

바르뷔스의 첫번째 작품이 아닌 이 이야기는, 1895년에 출판된 시문집의 다음으로 신문에서 그리고 소설로 출간된 여러 단편소설 중에 속한다. 작가는 이 출판사에서 일을 하고 특히 매우 인기 있는 대중 잡지인 《주세투》지의 편집장이 된다. 그는 또한 유력한 연극 연대기 작가로도 간주된다. 그렇기 때문에 그가 1914년 군에 자원했을 때 프랑스의 여러 신문들이 그에게 전장의 인상에 대해서 물어보았다. 그러나 심각한 병을 앓은 이후 사령부의 서기 자리를 맡게 된 1916년이 되어서야 그는 자신의 전쟁 경험을 이야기하기로 결심한다. 《포화: 분대 일지》는 우선 《뢰브르》지에 연재되는데, 거기서 열광적인 반응을 얻는다: 바르뷔스는 민간인뿐 아니라 전선의 병사들로부터 오는 편지들에 시달렸다. 저자가 입원중일 때 완성된 이 소설은 플라마리옹 출판사에서 1916년 12월에 출판되었고, 즉시 공쿠르 상을 받는다.(1916년 12월 15일) 그것은 순식간에 베스트셀러가 된다.

이 텍스트에서 바르뷔스의 전쟁 전의 직업 활동은 주변으로 밀려난다. 분명 화자는 글을 쓰고 있는 자신을 소개한다. "바르크가 내가 쓰는 것을 본다 […] 어, 너 글 쓰는구나."(p.221) 그러나 이 겸손한 집필자는 어떤 순간에도 저자 바르뷔스가 그 시절에 사용할 수 있었을 작가의 권위를 주장하지 않는다. 그는 뒤에 다음과 같이 선포할 것이다: "작은 이야기들이 가질 수 있는 감동적인 모든 것, 그것은 내가 저자의 허영을 버리는 것과 시인이나 작가가 아니라 증인의 한 사람으로 그 상황 안에 있었음을 겸허하게 받아들이는 것 덕택이다."(장 르랭제, 1994, 《앙리 바르뷔스 투쟁하는 작가》인용, p.74) 또한 화자가 신뢰를 불러일으키기 원하는 것은 자신의 인물의 연출을 통해서이다; 오직 인물에게서만 권위를 끌어오고자 한다. 상세히 기술된 사건들을 보고 경험한 작가의 삶을 통해 보증된 서술자-증인의 입장이 텍스트에서 어떻게 구축되는지 살펴보자.

서술자-주인공의 자기 제시는 '욕설들'이라는 장에서 제1차 세계대전 참전 군인인 바르크와의 대화 안에서 시행된다. '나'는 그의 전우가 부각된 언어 교류 안에서 자신에게 부여된 역할의 겸손함에 의해서 두드러진다: 그는 사병이 그에게 하는 질문들에 대한 짧은 대답 이외에는 말을 하지 않는데, 주제를 정하고 논거를 발전시키는 대화를 시작하는 것은 그 사병의 소관이다. 바르크는 그의 담화 안에서 정확치 않은 프랑스어로 표현하고 군인들의 은어를 사용하는 거친 존재로, 또한 그의 군대 경험에서 나오는 전쟁 소설의 쟁점들을 이해하는 총명한 사람으로 나타난다. 그는 만일 제도적인 금기에도 불구하고 사건들의 현실을 존중하고자 한다면 간접 담화에서 참호에서 쓰이는 속어가 중요하다는 것을 명확히 인식한다.

네가 두 명의 털북숭이[2]들이 말하는 것을 들을 때마다 그들은 인쇄업자들이 그리 인쇄하고 싶어하지 않는 것들을 1분도 쉬지 않고 말하고 반복하는 것을 듣게 될 거야. 그래서 뭐? 만일 네가 그것을 말하지 않는다면 너만 이상할 거야. […] 하지만 그런 일은 없어.   (1965: 222)

---

2) 제1차 세계대전 참전 군인을 지칭하는 은어. [역주]

그러므로 집필자가 선택한 '자연주의적' 미학의 타당성을 강조하는 소설의 이론가로 제시되는 것은 서술자-주인공이 아닌 이 털북숭이들인데 집필자는 이 사병에게 자연주의 미학의 정직성과 필요성을 말하는 수고를 능숙하게 맡긴다.

게다가 그의 간결한 발언은 그것이 단호하게 털북숭이들의 삶에 대해 말하고 현실에 대해 정직하기 위해서 그들의 언어를 사용하고, 제도적 금기의 위협을 받지 않는 데 동참케 하는 일련의 약속들을 구성한다는 점에서 신뢰받을 만한 증인의 에토스의 구축에 기여한다. 글쓰기의 현재에서 과거에 주인공이 표명한 약속을 지키는 서술자는 자신의 약속과 승인된 대변인의 역할을 존중하는 증인으로 나타난다. 상위 언어적 장은 이렇게 소설의 미학과 털북숭이들이 말하는 언어의 재생산을 정당화하는 것뿐 아니라, 화자가 전적으로 집필자-증인으로 자신을 제시하도록 허용하는 기능을 한다.

앞으로 주목할 《포화: 분대 일지》의 서술자에 부여되는 정당성은 윤리적인 동시에 미학적이다. 한편 그는 그를 전투와 고통의 동지들과 이어 주는 지조의 약속을 지킨다: 그는 그들의 용어로 그들이 체험한 것을 빠짐없이 복원한다고 말한다. 다른 한편 그는 하나의 글쓰기 방식을 정당화하는데, 거기에서 은어의 사용이 서술자를 성실한 서기로서뿐만 아니라 능란한 소설가로 설정한다. 그의 목소리만이 들리는 기술들에서 문학적 언어에 정통하듯이 간접 담화 속에서 털북숭이들의 언어를 다루는 능력은 분명히 드러난다: "그는 […] 자신의 잠이 깬 모습, 파이야스[3]의 불그스름한 머리카락으로 점 찍힌 얼굴과, 쌍시옷(ㅆ)이 그 위에서 펴졌다 접혀졌다 하는 생기 있는 작은 눈을 나에게 보였다."(1965: 221) 게다가 서술자가 털북숭이들에 대해서 조심스럽게 자신의 우월성을 표시하는 아버지처럼 간섭하는 표현을 쓰고 있다는 것에 주목하자: "그래, 아들아, 나는 너와 너의 친구들에 대해서 말할 것이다……." 혹은 "아버지, 나는 그들 대신에 말할 것인데,

---

3) 이탈리아 연극의 인물, 기회주의자, 변절자의 전형. 〔역주〕

그것이 사실이기 때문입니다." 그는 이렇게 자신의 대중에게 그가 말하고 있는 털북숭이 중 한 명으로("나는 내 친구들에게 **우리의** 존재에 대해서 말할 것이다"), 털북숭이들의 품행에 대한 믿을 만한 관찰자로, 동료들을 전적으로 존중하면서 그들에 비해 경미한 우월성을 자신에게 부여하는, 독자와 그가 공유하는 질 좋은 교육을 받은 사람으로 자기를 제시한다. 이런 배경 위에서 '나'가 좋은 증인이자 좋은 소설가로서 자신을 제시한다. 동시에 자기 에토스의 도덕적이고 미적인 차원을 구축하는 그는 윤리적이고 예술적인 이중의 정당성을 스스로에게 부여한다.

5. 선결 에토스의 수정

부정적 재현을 이용하기: 'garce'에서의 베트 데이비스

《고독한 생애》(1960)라는 제목의 베트 데이비스 자서전은, 이 할리우드 스타가 명배우, '나쁜 여자'라는 자신의 선결 이미지와 결혼에 대해 극심히 반대하는 현대 여성에 대한 변호를 통합시키면서 그 선결 이미지를 다시 만드는 장에서 끝을 맺는다. 여기서 자기 제시는 스타의 자서전이라는 장르의 규칙을 따르는데, 그것은 이 여배우에게 **글래머**의 완전한 전형이 부여하는 매력들을 계속 유지하면서 모든 작품에서 만들어진 제작된 이미지(Bette) 뒤에 있는 실제 배우(러스 엘리자베스)를 말하라고 요구한다.(아모시, 1989, 1991) 여기서 선결 에토스는 스타의 영화와 광고에서 수많은 시청자의 눈에 구현된 상업적 이미지이다. 바로 이 경우에는 호의적이지 않은 집단적 재현, 그 안에서 여성적 매력이 책략과 악독함만을 숨기고 있는 사나운 여자의 재현과 관련된다. 베트 데이비스의 큰 성공과 함께 구현된 이 역할과 할리우드의 구조 논리 속에서 훌륭한 여배우로서의 영광이 이 내기의 어려움을 최소화한다: 베트 데이비스가 자신의 명성을 세우고 수많은 팬을 매혹시킨 것은 이미 만들어진 매력적인 나쁜 여자의 이미지에 기초한 것이 아닌가? 그러므로 그녀는 별다른 염려 없이 이 못된 베트(사촌인 베트 드 발자크에게서 빌려온 이름)의 역할을 완벽하게 해낼 수 있다. 그러나 그 자전적 이야기 안에서는 상황이 조금 다른데, 거기서 '나'는 독자와 사적인 교류 안에 놓인다. 그녀는 해롭고 배반하는 여성성의 이미지가 중요한 장애물이 될 수도 있는 관계 안으로 독자를 끌어들여야 한다. 또한 글로 이루어진 상호 작용 안에서 참여자들 사이에 방해물이 될 위험이 있는 것을 기회로 변형시켜야 할 필요가 있다.

대중의 믿음과 호의를 얻어내기 위해서, 자서전 작가는 그의 팬들이 그에게 바치는 찬사에 직접적으로 기초하지 않고, 그녀를 모델로 승격시킨 할리우드 스타의 제도를 요구하지도 않는다. 그녀의 권위는 그녀가 현대적이고 독립적인 여성의 유형을 이상적으로 구현하였고, 그 여성들에 대해서 단호하게 대변인 역할을 한다는 사실에서 나와야 한다: "나는 이런 종류의 여성이며, 그런 여성들이 다수이다."(1962: 251; 모든 인용은 필자 번역) 베트 데이비스의 전략은 (셰익스피어의 말괄량이를 반드시 참고하면서) 어떤 남자들도 길들일 수 없는 강한 여성의 참을 수 없는 이미지를 다시 사용하지만, 더불어 자유롭고 재정적으로 독립적인 현대 여성의 시각에서 가져온 새로운 내용을 이 이미지에 부여한다. 이렇게 그녀는 독자-관객들에 의해 기대된 전형을, 그것을 여성주의자의 방식으로 재해석하고 다시 씀으로써 재생산한다. 자서전 작가는 영화 속 그녀의 역할들이 예증하는 강한 모습에 부합되지만, 이 여성들은 나쁜 일을 하는 마녀들이 아니라 아직 잘 보장되지 않은 자유의 대가를 비싸게 치르는 불행한 피조물이다. 돈에 대해 말하면서, 그녀는 선언한다: "나는 한번도 어떤 남자에게 무언가를 요구할 수 없었다. 남자는 사람들이 그를 필요로 하기를 갈망한다. 그러나 나는 어떤 방식으로도 결코 의존적이 될 수 없었다."(1962: 249) 처음의 은유들과 유사한 선언들, 여기서 그녀는 심각함과 유머를 함께 쓰면서 아버지의 모습처럼 자기를 제시한다: 자기 자신에 대해 말하면서 그녀는 "아빠는 지금

일곱 자녀와 말 한 마리를 가지고 있다"(앞글: 248)라고 말한다. **여장부,** 남성적인 여성은 그녀가 가족을 부양하고 돈줄을 쥐고 있다는 점에서 남자의 책임을 담당하는 여성이다. 그러므로 그녀는 자신의 동반자들처럼 아량과 이해심이 많은 여자가 필요한, 일하고 직업을 가진 여성이다. 과거의 여성들에 비해서 독립적인 일하는 여성은 그다지 인내심이 없다: "자신의 남편에게 경제적으로 의존하지 않는다면, 여성은 더 빨리 인내심을 잃고 권태는 더욱 광범위하게 나타난다. 어머니나 할머니와는 반대로, 그녀는 좋은 쪽으로 생각하려 노력하면서 무관심을 표현하지 않는다."(앞글: 249) 따라서 전통적으로 이해되는 결혼 제도가 심각하게 위협받는다.

직업을 갖고 완전한 경제적 독립성을 누리는 여성들(시몬 드 보부아르의 입장도 비슷하다)에게 유리한 이 변호 안에서, 베트 데이비스는 자신의 인격에 관련된 일반적 생각들과 의견들을 변화시킨다. 이상적 전형과 자기 스스로 임명한 개인적이고 친근한 에토스는 여성 전체 혹은 독립적 여성 범주에 대한 것과 일반적인 것 사이의 끝없는 교차 속에서 구축된다. 일반화 담화와 속내 이야기 담화는 서로 강화시키고, 자유로운 여성에 대한 긍정적인 여성주의적 재현 속에서 '나쁜 여자'라는 기분 좋지 않은 이미지를 희석시키도록 허용한다. 예를 들어 베트 데이비스가 자신이 남자에게 경제적으로 의존할 수 없다는 이야기를 하는 단락에 뒤이어서, 이미 언급된 어머니와 할머니의 의존성을 거부하는 현대 여성들의 조건에 대한 구절이 뒤따르는데, 에토스를 구축하는 교체를 발화 작용 양태 변화가 충격적으로 다시 모이는 단락에 도달하게 된다. 우선 어떤 주체의 표시도 없는 현재형으로 된 일반적 진리: "권력은 여성에게 새로운 것이다"에 화자가 자신을 집단의 성원으로 자처하는 1인칭 복수가 뒤따른다: "우리는 아마도 그것을 남용하고 있다." 그리고 끝으로 '나'가 나타나는데, 그것은 특권적 위상을 드러내면서, 진실과 그녀가 내세우는 집단의 특별한 입장을 보증하는 중립적인 입장에서 기인하는 권위를 자신에게 유리하게 재사용한다: "나는 항상 최고였다."(앞글) 그 재사용은 베트 데이비스에 의해서 구현된 전형과 명백히 관련되면서도 집단적인 양태로 이루어진다. 일반적인 것과 개별적인 것, 스타 데이비스의 믿을 만한 이미지와 독립적인 여성의 여성주의적 재현 사이의 이 끊임없는 왕복 속에서, 자전적 텍스트는 팬들이 가지고 있는 전형과 독자와 '나'의 관계를 좋게 만드는 긍정적인 이미지를 동시에 사용하게 된다.

자신의 에토스를 재구상하기: 정체성의 문제들

서구의 성찰이 문제 제기한 대로 현대의 성찰은 다양한 축에서부터 정체성이라는 개념을 문제화하였다. 프로이트에서부터 데리다에게까지 문제시되고 해체된 것은 로고스의 주인인 의지적 주체로서의 데카르트적 주체뿐만이 아니다. 그것은 또한 사실상 어떤 특정한 규범에 대응되는 인간의 개념에 부여된 보편성의 특성이다: 서구 문화에서 기인한 백인 남성의 보편성의 특성. 지배하는 담화가 사실 (영어에서는 젠더(gender)라고 번역되는) 성, 인종, 문화(어떤 계층에게는)라는 매개 변수에 상응하는 기만적인 보편적 시각에 따라 조작된 '나'를 강요한다는 것을 보여 주면서, 비판적 담화는 '다른 사람들'로 정의되는 이들의 말을 문제화했다. 시민 활동과 권력에 영향력을 갖고 있는 수사학으로 되돌아가자면 여성(과 노예)을 로고스에 접근하지 못하게 하는 고대의 입장들뿐 아니라, 지배받는 사람들에게 그들의 다를 권리를 박탈하면서만 언어에 대한 접근을 허용하는 현대의 관점들을 초월해야 한다. 어떻게 나를 위해 구상되지도, 나를 위해 형성되지도 않은 담화를 받아들일 수 있겠는가? 어떻게 나에게 부합하지 않고, 보편성이라는 포장 아래 나──여성·아랍·흑인 식민지 주민 등──를 왜곡하고 부정하는 에토스, 한 '인물'에 대한 책임을 다시 질 수 있겠는가? 이 질문에서부터 합의된 모델을 자양분으로 삼는 이미지로서의 담화가 아니라 반대로 하나의 정체성을 구상해 내기 위해서 굳어진 재현과 소외시키는 규범이라는 편에 맞게 거부되는 이미지의 발견으로서의 담화 속에 에토스 구축의 문제가 제기된다.

그러므로 이 넓은 영역에서 쟁점은 청자가 자신의 독창성 속에서 인식할 수 있고, 자신의 다름 속에서 인정할 수 있는 대로의 이미지를 다듬으면서, 이제는 지배자의 것이 아닌 언어를 상정하는 데 있다. 이 작업은 그것이 세워진 규범과 통용되는 가치를 버린다는 점에서 원래 파괴적이다. 처음에는 자신을 위해 예상된 것이 아닌 언어 안에서 '다른' 주체가 자신에 대해서 생각하는 어려움을 보이는 것이 문제이다. 예를 들어 크리스티앙 로슈포르는 자기가 될 수 없는 '위대한 남성'의 이미지 속에 편입되어야만 그 법칙을 받아들일 수 있다는 것을 표명하면서, 유명한 작가와의 인터뷰라는 장르 규칙들을 좌절시킨다. 다음은 스톡 출판사에서 출간된 총서 《위대한 저자들》(1978)의 한 책에서 발췌한 것이다.

당신 생각에는, 무엇이 당신을 작가(écrivain)[4]가 되게 했습니까?
그런 것 없습니다:
여자로서. 내가 여성형이 없는 어떤 것이 될 수 있으리라고 어떻게 상상이나 할 수 있었겠습니까?
아주 나중에, 우리는 그 여성형을 하나 만들어 냈지요: écrevisse(가재).

(1978: 63)

이 소설가는 그를 인터뷰하는 사람이 영광스러운 재현을 독자에게 전해야 하는 위대한 저자의 지위를 채택할 수도 없고, 그것을 바라지도 않는다. 재치는 역할놀이에 기초한 인터뷰의 관례가 그 안에서 그녀를 가두려 하는 굳어진 이미지를 피할 수 있게 해주는 동시에, 존재하는 언어 범주 안에서 자신을 지칭할 수 없는 '나'라고 말하는 것을 피하게 해준다. 동시에 이 발화체는 그녀가 조소하는 언어와 문화적 도식의 포장을 고발하고, 사람들이

---

4) 작가를 뜻하는 프랑스어 명사 écrvain에는 여성형이 없다. 〔역주〕

작가와 그의 사명에 대해서 생각하는 소위 일반적인 시각의 특징(남성형)을 보여 준다. 언어 유희는 얼버무림으로써 주변 문화 안에서 남성형에 부과되는 이미지를 여성에 대해 굳어진 이미지로 대체하기를 거부하면서, 작가에 대한 대안적인 에토스를 내비친다. 단어들을 조작하고 언어를 전복시키면서 개인적이 아닌 집단적인 창조의 노력 속에서 언어를 자기 것으로 만드는 것은 바로 이 '나'이다(라셸과 나는 […] 그 중 하나를 발명했다). 또한 직업적인 자신을 유일한 동음어인 '[écrivain-écrevisse](작가-가재)'가 허락하는 부조리한 지시체로 지칭하면서 예술가의 신성화를 받아들이기를 거부하는 것도 '나'이다. 이렇게 반박하는 몸짓이 이미 만들어져 있는 이미지를 비웃음거리로 만들 때 소설가는 전위적 모습으로 설정되는데, 여성적 에토스는 이 반박의 표현 안에서 제도적 규범을 허물면서 지칭된다. 예술가는 관습에 도전하고, 그것을 통해 사회가 체면을 세우는 인습들을 조소하고 언어 안에 유희적으로 잠기는 사람이다. 그녀가 사용하고 그녀가 피할 수 없는 모델들 중에서 화자는 전통파괴자 모델을 택하고, 거기서 하나의 이상향을 알아 보는 수준 높은 독자와 화해하는 동시에 통념에 반한다 해도 자신을 웃게 하는 이의 편에 서는 다수의 대중과 화해한다.

우리는 이 예로부터 화사가 전체와 가치를 받아들이지 않는 사회 제도의 재현에 기반을 둔 현재의 에토스를 받아들이기를 거부할 때, 어떤 점에서 자기 제시 속에서 승인된 이미지들을 다시 다듬는 것이 우세한지 볼 수 있다. 그러므로 에토스의 문제는 동시에 자신과 타인의 새로운 관계를 창조하는 것을 허용하는 정체성 구축의 문제에 연결되어 있다.

[더 읽어볼 책]

AMOSSY(Ruth), éd. 1999, *Images de soi dans le discours. La construction de l'ethos*, Genève, Delachaux et Niestlé.

BOURDIEU(Pierre), 1982, *Ce que parler veut dire. L'économie des éch-*

anges linguistiques, Paris, Fayard.

DUCROT(Oswald), 1984, 〈Esquisse d'une théorie polyphonique de l'énoncia-tion〉, *Le Dire et le Dit*, Paris, Minuit.

GOFFMAN(Erving), 1973, *La Mise en scène de la vie quotidienne*, 1. *La Présentation de soi*, Paris, Minuit.

MAINGUENEAU(Dominique), 2000, *Analyser les textes de communication*, Paris, Nathan Université(Dunod, 1998).

[종 합]

담화적 에토스(고전 수사학에서 소위 '웅변가의 에토스')는 연설자가 담화 속에서 구축하는 자기 이미지이다. 자기 이미지는 청중의 눈앞에서 신뢰와 권위를 연설자에게 부여한다. 이런 의미에서 그것은 논증적 담화의 효과를 좌우한다. 아리스토텔레스가 구상한 에토스 개념은 오늘날 사회과학(고프먼의 '자기 제시')과 언어과학(뒤크로와 맹그노의 에토스)에서 직·간접적으로 재사용된다. 선결 제도적 권위(부르디외)를 담화가 구축하는 권위에 대립시키기보다, 화자의 담화적 이미지가 어떻게 자기 분야 안에서의 지위와 그것이 자양분으로 삼는 집단적 상상계에 당연하게 영향을 미치는가를 살펴보는 것이 낫다. 사실 모든 발언은 '선결 에토스'를 재사용하고 조정한다. 화자는 자신의 제도적 지위와 청자가 지각하는 대로 자기 인격의 재현에 기초하는데, 그것은 자신의 논증 목표에 적절한 인상을 만들어 내고, 그 재현을 수정하기 위해서이다. 이렇게 선재하는 이미지는 진정한 재구축 작업의 대상이 되기도 한다.

제 II 부
논증의 근거

3

그럴듯함과 자명함: 통념, 상호 담화, 일반 공리

설득술로서의 수사학은 언어 의사 소통에서 통념이나 여론의 본질적인 기능을 강조한다. 페렐만은 논증 담화가 청중에 의해 확인된 전제인 합의점 위에 구성된다는 점을 강력히 상기시킨다. 연설자는 일반 공리(일반 공론의 전체)에 근거하면서 대화 참여자들의 동의를 얻기 위해 제시하는 주장에 이들이 동조하도록 한다. 다시 말해서, 연설자는 항상 집단적 견해나 믿음의 공간 안에서 갈등을 해소하거나 관점을 공고히 하고자 시도한다. 따라서 공유된 지식과 사회 재현은 모든 논증의 토대를 이룬다. 이것들은 개개인이 의사 결정을 해야 하고 그들의 불화를 중재해야 하는 민주적인 도시인 **폴리스**에서 개인들을 집결하는 것에 근거를 둠으로써 토론을 출현시키고 전개하도록 했다.

수사학적 관점에서 논증적 의사 소통의 토대로서의 통념은 다양한 언어 형태로 만들어진다. 고대 수사학이 토포이나 말터라 불렀던 것은 오늘날 토포이의 변하기 쉬운 의미 안에서 전형에 통합된 화용론의 토포이, 즉 공통된 지식의 언어적 표현을 검토하는 여러 학문에서 연구되고 있다. 게다가 담화의 분석과 문학적 연구는 '사회적 담화' '상호 담화' '상호 텍스트'라는 명칭하에, 지배적인 의견과 집단적 재현이 유기적으로 구성되는 총체적인 담화의 영역을 중시했다. 따라서 우리는 '통념'이나 여론의 개념을, 한편으로는 이 개념을 포함하는 담화 전체——사회 담화나 상호 담화——에 관련시키고, 다른 한편으로는 개념이 구체적인 방식으로 나타나는 특별한(논리적) 담화의 형식——모든 유형의 토포이, 사회 통념, 전형——에 관련시킬 것이다.

1. 통념 또는 여론의 힘

통념에 관한 관점

담화에서 통념이 빌려 쓰는 형식을 검토하기 전에 통념의 개념에 관한 몇 가지 예비적인 고찰이 필요하다. 오늘날 여론이 과학 지식과 구분되는 것처럼 고대에 통념은 진정한 인식인 학문적 지식의 **총체**(epistémè)와 상반되었다. 진리가 아닌 개연성의 가치를 지니고 있다는 점에서 통념은 설득을 목표로 하는 담화가 근거하는 진실임직한 것의 토대에 위치한다. 통념은 양식인으로 구성된 모임에서 주어진 주제에 대해 수립될 수 있는 합의점을 제시한다. 수사학은 만약 어떤 것이 확실한 진리로서 증명되거나 제시될 수 없다 하더라도 그것이 이성적인 존재의 집단에 의해 인정되어질 수 있다고 가정한다. 따라서 통념은 상식으로 파악되는 것과 같은 그럴듯함의 공간이다. 아리스토텔레스는 이러한 관점에서 모든 사람들, 또는 적어도 그들 대부분이나 현인들이 의견을 일치할 수 있는 것으로서 통념화(endoxon)의 개념을 제시한다. 그러므로 **"통념화된 것**(endoxa)은 충분히 받아들일 수 있는 의견들이다(불명예스럽거나 불확실한 의견들인 **결여된 통념**(adoxa)이나 **역설**(paradoxa)의 긍정적 대립). 그리고 그것은 일반적이거나 적어도 전형적인 합의에 근거한다"라고 피터 본 무스는 요약한다.(1993: 7) 아리스토텔레스에게서 받아들일 만한 것처럼 보이는 것이 때로는 모두 혹은 대다수의 의견을 근거로 하거나, 때로는 모든 사람을 대신해서 말할 수 있는 유능하고 권위 있는 존재의 의견을 근거로 한다는 점을 확인하는 것은 흥미롭다. 통념화를 만들고 정당화하는 것은 권위이다. 물론 여기에는 관습에 의해 확증된 것인 전통에 대한 중요성이 첨가된다.

고대는 이렇게 "'집단적 담론'인 합의를 신뢰하는 시민적이고 수사학적인 문화"를 구축했다.(본 무스, 1993: 4) 그 점에서 고대는 통념 안에서 군중의 표시와 여론에 의해 행해진 억압을 발견하게 되는 우리 현대와는 상반된다. 우리는 귀스타브 플로베르와 그의 뒤를 따르는 롤랑 바르트가 가장 유명한 대표자이고, 다른 책에서(에르슈베르 피에로, 1988; 아모시, 1991) 연구되었던 관점의 근본적인 변화에 대해서는 여기서 상술하지 않을 것이다. 그럼에도 불구하고 19세기나 20세기에 만들어진 '사회 통념' '상투적인 표현' '전형'과 같은 용어를 사용할 때나 시대를 거치는 동안 말 그대로 그 개념의 가치를 바꾸어 놓는 의미의 방향 전환을 겪어온 '공론'이라는 개념을 다시 생각해 볼 때, 이러한 전환점은 알고 있어야 한다.(아모시와 에르슈베르 피에로, 1997) 통념과 그에 속하는 모든 것에 대한 비방은 개별적인 것을 위해 공동체를, 개인의 이름으로 집단을 규탄한다. 이것은 타락한 지식의 형식 위에 형성된 여론을 조롱하면서, 그것의 강제력을 고발한다. 통념에 대한 유명한 바르트식 정의가 여기에 드러난다: "**통념**(doxa) […], 그것은 여론, 대다수의 정신, 소시민 계급의 합의, 본성의 목소리, 편견의 폭력이다."(바르트, 1975: 51) 지배적인 의견에 대한 이 부정적인 시각은 의식의 기만과 권력의 도구라는 이중적 측면에서 관념론의 개념과 통념을 밀접하게 연결한다. 분명히 통념은 합의를 만들어 내지만, 이것은 부르주아들이 지배력을 더 공고히 확립하기 위해 한계 안에 논쟁을 제한하면서 자신들의 사고 체계를 부여하는 것이다.

관념적이고 수사학적인 분석

20세기에 통념에 대한 이 반수사학적인 견해는 탈신화의 시대를 일반적으로 보여 주는 관념론적인 비판에 근거한다. 이것은 상호 주관적인 의사소통이 통념에 어떻게 근거하는지, 또는 어떤 점에서 통념이 토의와 사회적 작용에 적합한 영역을 제공할 수 있는지를 알고자 하지 않는다. 반대로 이 반수사학적인 견해는 여론이 진정한 사고를 방해하면서 개인적인 의식을 어떻게 소외시키고, 상식과 자연스러움의 미명 아래에 가려진 관념론 속에 발화 주체를 어떻게 제한하는지를 보여 주는 데 작용한다. 예를 들어 《신화론》에서 롤랑 바르트는 여성 작가들에게 할애된 여성 주간지 《엘르》의 기사를 연구했다: 그 기사에서는 "자클린 르누아(아들 둘, 소설 한 편), 마리나 그레이(아들 하나, 소설 한 편), 니콜 디트레이(아들 둘, 소설 네 편) 등"이라고 쓴다.(1957: 56) 단순히 겉으로 보기에 자연적인 출산과 문학적인 창작을 병치한 것이, 분석가의 눈에는 아이들을 통해 작품을 '보상'해야 하고, 예술가 신분과 결부되는 자유분방한 생활을 모성애의 의무로서 대가를 치러야 하는 여성의 역할에 관한 전통적인 시각을 나타낸다. 이처럼 여성에게 부여된 지위 향상은 자유주의를 가장하여 《엘르》가 여성 독자에게 심어 주는 여론을 통해 전달되는 전통적 모델의 틀 속에 자리잡고 있다.

청중을 속이는 통념에 따르는 담화는 조작으로 간주될 수 있다. 그러나 이것은 또한 발화 주체가 스스로 착각하게 되는 속임수의 표시로서 나타나기도 한다. 롤랑 바르트는 발자크의 《사라진》에서, 실제로 거세된 남자인 아름다운 여류 성악가와의 애정 관계에서 주인공의 운명적인 오해를 야기하는 사회 통념의 모든 표지들을 찾아낸다. "잠비넬라는 아마도 좀 지나치게 먹었다. 그러나 식탐은 여성들에게 있어서 매력이라고 사람들은 말한다. 애인의 정숙함을 감탄하면서 사라진은 미래에 대해 심각하게 생각했다. 그녀는 분명 결혼하기를 원한다라고 그는 혼자 중얼거린다." 바르트는 사라진이 '여성 약호'의 용어로 식탐을 해석하면서 망상하는 것을 보여 주는데, 이 약호는 두려움을 정숙함으로 그리고 잠비넬라가 거절하는 행동을 결혼하려는 욕망으로 여기게 한다('부르주아의 결혼을 지배하는 약호(le Code qui règle les mariages bourgeois)' [1970: 158]). 이 관점에서 통념은 마치 조종자처럼 사용된다. 이것은 교활한 방식으로 대중에게 영향을 주려고 하기 때문이 아니라 단지 화자 자신의 명백한 사실들, 즉 지배적인 관념론의 가식이 되는 합의된 견해에 기초하기 때문이다.

텍스트의 통념적인 토대는 그것이 분석자의 입장에 상응하지 않을수록 강한 인상을 주기 쉽다. 즉 여성성에 대한 낡고 관습적인 시각을 폭로하는 것은 쉬운 일이다. 그러나 우리가 지배적인 관념론에 불리하게 작용하는 전복 목적을 지닌 텍스트를 연구할 때는 어떻게 될까? 이러한 관점에서 엘렌 식수가 자기 어머니에 대해 말하는《글쓰기로의 탄생》이라는 전위 여성주의적 작품에서 발췌된 구절을 살펴보자.

> [...] 그녀는 내게 오히려 젊은이처럼 보였다. 혹은 소녀처럼 보였다. 게다가 그녀는 이방인이었다. 그건 내 딸이었다. 여성이여, 그녀는 남성 세계의 술책, 심술궂음, 돈 버는 재치, 타산적인 잔인성이 부족해서 여성이었다. 무력한 만큼 여성인 것이다.
>
> (1986: 38)

첫번째 발화체는 동일한 주제 내에서 성과 나이에 따른 엄격한 구분을 남성과 여성 간의, 부모 세대와 자식 세대 간의 유동적인 변화로 대체한다. 이것은 불변의 본질과 불가피한 역할들을 개인에게 부여하는 기존 범주 안에 유폐하는 것에 대한 반대된 시각을 표방한다. 우리들 각자에게는 남성과 여성, 엄마와 딸이 존재한다. 그 흐름은 변화할 수 없으나 역할들은 반전될 수 있다. (생물학적 체계와 혼동되지 않게끔 정확히 말하면 'gender' 라고 하는) 성에 대한 이러한 시각은 기성 질서를 비판하는 집단 구성원들에게 공통된 생각이다. 이것은 지배적인 의견을 맹렬히 공격하는 소수파의 경향으로 분류된다 할지라도 통념적이다. 인용문의 두번째 부분에 관해서도 마찬가지인데, 이것은 남성 사회에 대해서 비판하는 것, 즉 경쟁과 투쟁의 호전적 태도를 더 관습적으로 공격한다. 텍스트는 여성 운동가 사회가 이미 '남성 우월주의' 라고 부르는 것에 대해 여성 운동가 사회에서 이미 뿌리박힌 시각을 동원한다. 텍스트는 필요하다면 집단적인 믿음의 공간에서 모든 담화의 불가피한 분류를 확고히 한다. 우리가 식수의 발화체에 기초가 되는 통념에 동의하건 안하건, 중요한 것은 《엘르》나 《사라진》처럼 정체성을 찾으려는 신여성들이 공감할 수 있는 공론을 규정하기 위해서 텍스트가 공유된 의견의 총체 위에 만들어진 것임을 인정하는 것이다.

결국 텍스트가 본질을 각인된 것으로 간주하는 것에 대한 만들어지고 인위적인 특성을 드러내기 위해서 관념론적인 분석은 통념에 결부된다. 비판적인 견해는 《엘르》나 《사라진》의 인용들이 여성에 대한 양식 있는 입장을 전달하지 못하는 것을 보여 준다. 즉 그것들은 낡은 관념론 속에 뿌리 내려진 문화적인 재현들을 조롱한다. 분석자는 겉치레의 이면을 폭로하거나, 자명한 것처럼 보이는 것의 순수한 외관 뒤에서 관념론적인 함정을 보여 주는 것이 그의 임무라 자처한다. 분석자는 통념을 몰아세우고, 속임수와 조작을 찾아낸다. 다시 말하면, 그는 신화의 성격을 제거한다. 그러므로 그는 특히 그가 동의하지 않는 타자의 담화를 공격한다. 이는 바르트가 권장한 자기 폭로를 실행하는 것이 어렵고 일반적으로 불편하기 때문이다.

오늘날의 관점으로 보아 관념론적인 분석은 담화에서의 논증분석과 매우 비슷하면서 동시에 매우 다르다. 관념론적인 분석은 외부에서 나온 통찰력에 의해 소외된 세계관을 본질적으로 고발하길 바라는 점에서 담화의 논증분석과 분리된다. 논증분석이 비판적이라 해도 관념론적인 분석의 탈신화화와 동일시되는 것은 아니다. 논증분석은 공유된 지식의 요소들이 어떻게 설득을 기획하는지 이해하려 한다. 그것은 여성에 대해 가장 전통적인 텍스트와 마찬가지로 여성주의적 담화가 믿음과 견해 전체와 밀접한 관련이 있다는 것을 보여 준다. 그것들이 단순히 같은 것은 아니다. 바르트가 연구한 텍스트에서 문제가 되는 것은, 무엇보다도 결혼과 모성애에 바쳐진 여성의 전형을 조롱하는 여성성에 대한 일반화된 형태이다. 식수의 텍스트에서 나타난 것은 남성 세계에 대한 부정적인 시각과 전통적인 역할 구분의 문제에 대한 발화이다. 관념론적인 비판은 편견을 밝히고, 그것의 해로운 결과를 강조한다. 논증분석은 발화체가 구성되는 통념적 계층의 가치나 그 유해성 정도에 대해서는 입장을 취하지 않고 통념적 계층을 이끌어 낸다. 그것은 논증분석이 외적인 진리(여성 운동가, 마르크스주의자 등)를 고려하여 발언하지 않는다는 것이다. 그것의 공공연한 목적은 가능한 한 정확하게 담화의 기능을 기술하는 것이며, 양상을 연구하는 것이다. 이 양상에 따라 담화는 합의를 구축하고, 대립자와 대항하여 논쟁을 하고, 주어진 의사 소통 상황에서 영향을 확인하려 한다. 만약 논증분석이 비판적이라 일컬어질 수 있다면, 그것은 논증이 종종 당연한 것처럼 드러내는 통념적 요소를 공명정대하게 설명하는 의미 안에서이다. 그러나 어떤 진리이든 진리라는 명목으로 비난할 만하다고 판단되는 관념론과 통념적 요소들을 연관시키는 것이 논증분석의 목적은 아니다.

끝으로 지적할 점이 있다. 통념을 주어진 시대에 공동체 구성원들이 공유하는 지식으로서 정의하는 것은 상호 행위자들을 그들 담화의 기초가 되는 자명함과 집단적 재현의 종속자로서 이해하는 것이다. 이것은 그들 주위에서 생각되어지고 말해지는 것에 의해, 설명할 필요없이 자명하게 받아들여지기 때문에 그들도 모르는 사이에 종종 흡수하는 것에 의해 그들의 말이 만들어진다고 보는 것이다. 이렇게 해서 도미니크 맹그노가 《담화분석》에서 말했던 담화분석과 수사학 사이의 장벽이 무너진다.

설사 담화분석이 전통적인 수사학이 차지하는 분야에서 대부분 만들어진다 하여도 담화분석이 논증의 '수사학' 개념으로 이탈되어져선 안 된다. 이 수사학과 그것의 현대적 발전(효과적인 의사 소통의 다양한 기술, 설득의 다양한 기술……), 그리고 담화분석 사이에서 타협할 수 없는 단절이 남아 있다. 수사학은 명시적인 합목적성을 위해서 '방법'을 '사용할 수 있는' 최고의 주체를 가정하는 반면, 담화분석은 주체성의 형태가 담화 형성을 가능하게 하는 조건 그 자체 안에 함축되어진다.

(1991: 234)

담화에서의 논증분석은 모르는 사이에 발화 주체에 스며드는 통념 속에 정착된 것처럼 해석된다. 발화 주체는 통념 속에 더 깊이 잠겨 있을수록 통념을 무시한다. 만약 논증이 지향성과 계획을 함축한다면, 이것은 화자를 조종하고, 종종 분명한 의식을 갖지 않는 통념 전체에 종속되는 것으로 확인된다. 따라서 논증분석이 하나의 분야로 구성되는 담화의 분석에 대해 맹그노가 말한 것을 논증분석에 적용시킬 수 있다: "논증분석을 하기 위해서 주체는 의미를 자유롭게 사용할 뿐 아니라, 기록이 그의 발화 작용에 부과하는 조건을 통해서 만들어진다."(1991: 107)

2. 통념, 통념적 요소, 상호 담화

통념의 분야와 한계

하나의 통념이라고 말할 수 있을까? 여론이 다양하고 종종 모순되는 경향을 갖는 반면에, 통념은 한 시대가 공유한 모든 자명함이 지니는 동질 집합을 가정할 것이다. 게다가 통념은 계층이 소문이나 매체에 의해 확산된 의견의 막연한 집합, 분명한 주의(主義), 전통에 속하는 것에 따라 상이한 위상을 내세우는 계층으로 이루어진다. 이 문제는 분석 작업에 직접적인 영향을 준다. 만일 통념적 요소가 그것이 반복하거나 조정하는 기존의 말과 밀접히 관련되어 있다면, 이미 말하고 생각됐던 통념적 요소들의 특징을 인지하면서 그때의 일시적인 요소들을 지적하는 것으로 분석 작업은 충분한가? 혹은 반대로 통념적 요소가 그밖에는 의미를 가질 수 없고, 분석자가 미리 재구성해야 하는 일관성 있는 집합에 통념적 요소들을 연결하는 것이 그것을 이해하는 데 필요한가? 통념이 체계화할 수 없는 여론의 집합체로서, 또는 숨겨진 논리에 의해 규제되는 일관성 있는 전체로서 간주되는가에 따라 논증분석의 작업은 다양하다. 우리는 여기서 상호 텍스트 개념에 근거하여 만들어진 상호 담화의 개념을 도입함으로써 통념이 가능한 여러 상태들을 구분할 것이다.

우선 이러한 목적에서 두 가지 문학의 예를 대조시켜 보자. 이미 살펴보았던 로제 마르탱 뒤 가르의 텍스트에서, 자크 티보는 그가 동조하는 교리집에 익숙해진 청중에게 말한다.(I, 1) 연설자의 대중이 되는 사회당원들 뒤에는, 설사 전쟁에 반대하는 주모자들의 담화가 근거하는 사회주의자의 관념을 공유하진 않더라도 이를 아는 독자가 있다. 따라서 이것은 연설자의 중심 개념이 프랑스 사회당 당수 장 조레스에 의해 오랫동안 다듬어진 카를 마르크스의 대원칙의 메아리처럼 보이는 비교적 간단한 경우와 관련된다. 세력을 만드는 군중의 논증, 전쟁 선언의 경우 파업 선동, 모든 나라의 노동자 조합의 원칙은 텍스트의 일관된 전체에 의해 권위가 세워졌기 때문에 잘 알려져 있고 재조직을 용이하게 한다. 분석은 《1914년 여름》에 의해 동원된 교리를 이미 대중이 이해하는 만큼 문제시되는 것을 총괄적으로 가리키기만 하면 될 것이다. 텍스트 밖에서는 교리집의 형태로 존재하는 담화로, 또는 기존 교리와 관련된 확산된 의견의 집합으로 분류되는 모든 정치 혹은 일간지 텍스트의 경우도 마찬가지이다. 이러한 교리 분류에 따라 수잔 슐라이만이 경향 소설을 알아냈다는 점을 주의하자.(1983)

그럼에도 불구하고 담화가, 형성되고 대중화된 교리가 아니라 가변적이고 모호한 여론에 속하는 믿음에 관계된 세계관을 가리킬 때 상황은 변한다. 현대 이야기인 클로드 시몽의 《아카시아》에서 발췌한 예를 들어 보자. 이것은 제2차 세계대전 동안 독일 강제노동수용소에서 살아난 주인공이 가정으로 되돌아가는 내용을 이야기한다.

현재 그는 그녀(그의 아내)와 두 명의 나이 든 여자들과 함께 소시지·초콜릿·편도과자 몇 꾸러미를 나누어 먹었다. 이것들은 그 여자들이 여름 동안 그에게 보내 준 것이었다. 또한 폭탄으로 마을을 파괴시키고 수천 명을 학살했던 군대의 책임 하사들이 '수취인 불명'이라는 문구 때문에 동요되지 않

고, 단지 약간 울퉁불퉁해졌을 뿐 손대지 않은 상태로 태연하게 발신자에게
되돌려 주었던 것이다.

(1989: 378)

이 부분은 1980년대 모든 독자들에게 친숙한 지식, 이 경우에는 빈약하
게 음식이 공급되는 수감자들에게 양식 꾸러미를 발송하는 것에 관한 해박
한 지식을 활성화한다. 그것은 또한 전쟁 동안에도 예상외로 지나치게 까
다로운 정직함과 함께, 특히 끔찍한 살인 행동에 의해 표현되는 가장 엄격
한 규율의 규범에 따르는 독일군에 대해 크게 확산된 이미지를 재건한다.
공유된 재현을 참조하고 인간 존재에 대한 전적인 경멸과 개인 재산에 대
한 엄격한 존중이 공존함으로써 만들어지는 역설을 두드러지게 함으로써
서술자는 묵시적인 평가를 전달한다. 그는 어떠한 설명도 제시하지 않고
오직 알려진 이미지들, 확증된 가치와 서열에 의거하는 만큼 더욱더 분명
하게 청중을 도덕적 비난에 관여하게 만든다. 텍스트는 이런 식으로 나치
의 잔인함에 대해 널리 공유된 의견을 강화한다. 이러한 나치의 정직함은
범죄와 마찬가지로 그들의 고유한 행동 규칙의 불합리성에 대해서 무감각
한 꼭두각시의 행동처럼 나타난다. 여기서 통념적 요소들을 되찾기 위해
공유된 세계관의 전체 체계를 재건할 필요는 없다. 클로드 시몽의 이 구절
은 제2차 세계대전 동안 독일군의 역설적인 행동에 대해 오랜 시간 전개되
어온 생각을 가리키는 만큼 대중이 더 쉽게 이해할 수 있는 이 통념적 요소
들 위에 만들어진다. 따라서 우리는 전체적인 관념론이나 사회적 담화의
전체 일관성을 재구성할 필요없이 통념적 요소에 대해 논할 수 있다.

통념과 기록

(독자에 뒤이어) 분석자가 자기 스스로 동조하지 않는 공유된 지식으로부
터 가져온 통념적 요소들을 알아내고 이해하게 해주는 해박한 지식을 항상

소유하는 것은 아니다. 이러한 경우를 제외하면 지식의 활성화는 다른 시대나 문화에 속하는 텍스트에 대해서도 마찬가지이다. 이러한 관점에서 다음의 텍스트를 살펴보자.

우리가 페탱을 가질 수 있었던 반면, 우리는 다행스럽게 드골을 가질만도 했다: 포기의 정신, 저항의 정신, 이 두 가지는 프랑스인들 사이에서 구현되었고 목숨을 건 투쟁에서 힘을 겨루었다. 그러나 이 두 사람 각자는 자신의 본모습보다 더욱 위풍당당한 모습을 했었다. 그리고 우리 중에서 가장 겸손한 사람이 프랑스의 첫번째 레지스탕스 운동가의 영광을 나눈다고 해서, 우리들 중 일부가 어떤 순간에 이 벼락맞은 노인의 공모자가 될 수도 있었다는 생각 앞에 주저하지 말자.

(당 베이용, 1984: 407-408)

이 구절이 '프랑스 해방'과 관련된 재판이 있던 때인 1945년 7월에 쓰여졌다는 것을 알지 못한 채 제대로 이해할 수 있을까? 필리프 페탱의 재판은 1945년 7월 23일에 고등법원에서 열렸고, 총사령관의 유죄 문제에 대한 국민 토론은 격렬했다. 흥분된 언쟁들이 문제에 가담하고 이것의 실질적인 해결이 절박했다. 제2차 세계대전중 독일의 프랑스 점령 기간 동안 프랑스를 통솔했던 이에게 형을 부과해야 되는지 아닌지 알아보는 문제는《대독 협력》에 대한 베이용의 문집이 보여 주는 것처럼 여론 조사의 대상이 되었다. 따라서 대중이 일의 자초지종을 모를 수 없었다는 것은 분명하다. 게다가 이 글의 저자가 제2차 세계대전중에 독일 점령군에 대항한 레지스탕스 운동에 적극적으로 참가했었던 가톨릭교 작가 프랑수아 모리악이라는 것을 아는 것은 중요한 일이다(그라셋, 1967, pp.188-191. 텍스트는《정치회고록》에서 출판되었다). 그가 현대 프랑스의 문학적 배경에서 국가 사안을 해결하는 데 적임자로 인정되고, 자신이 레지스탕스 활동에 참여했었던 만큼 그가 더욱 적합한 저명 작가 · 지식인이라는 점을 고려해야만 한다.

여기서 논증을 결정하는 상황과 발화 장치를 이해하기 위해서 주어진 다양한 층위를 고려해야 한다. 즉 기록을 조사해야 한다. 우선 일반적으로 대독협력 소송과 특히 이 선언문이 게재된 총사령관의 소송에 관한 국민 토론의 성격이 있고, 우리가 자료(출판물, 자서전 풍의 글, 서신 등)에서 발견할 수 있는 것처럼 시대에 유통되는 견해들이 있다. 이것이 상호 담화이다. 모리악이 말을 건네는 전쟁 후의 청중 구성이 있다. 그것은 페탱파의 사람들에게 열정적으로 동의하는 사람들, 드골에게 합류한 사람들과 단지 점령군에 소극적인 태도로 머무는 사람들 사이에 구분된 프랑스 대중이다. 끝으로 지식인의 위상과 레지스탕스 활동가의 이미지가 만드는 것과 같은 화자의 권위, 선결 에토스가 있다.(I, 2)

지나간 어떤 시대에 생각되고 말해진 것을 인식하는 것이 논증 담화를 잘 이해하는 데 필요하다면, 이것은 다른 문화에 속하는 동시대의 텍스트와 관련된 경우에도 똑같이 필요하다. 이스라엘 작가이자 신문연재 소설가인 조나단 제펜이 《매우 사랑스러운 여성》(1999)이라는 제목 아래 그의 어머니 아비바 다이안에게 할애한 이야기에서 발췌한 발화문을 예로 들어 보자. 이것은 1930년대에 러시아에서 온 시온주의자들의 커다란 이민 물결 속에서 이스라엘에 도착했을 당시, 1인칭 서술자의 할머니이자 유명한 모슈 다이안의 어머니인 드보라 다이안과 연관된다. "오, 꿈으로 가득 찬 지적인 소녀가 골다 메이어를 만나기 위해 안나 카레니나를 떠나는 것이 얼마나 슬펐을까……."(헤브라이어에서 필자 번역) 여기에 해박한 기본 지식이 요구된다. 물론 안나 카레니나가 톨스토이의 유명한 소설의 여자 주인공이라는 점과, 골다 메이어가 새로운 유태 국가의 정치적 삶에 투신하고 이스라엘의 수상이 되었던 러시아에서 온 선구자라는 점을 알아야만 한다. 즉 드보라 다이안처럼 두 러시아 여자의 여성상 속에는 열정 세계와 정치 세계 사이에서, 자살자의 인물상과 투사의 인물상 사이에서, 사랑스러운 미인의 여성스러운 섬세한 영상과 골다의 남자 같은 추함 사이에서 대조가 나타난다. 문학적이고 정치적인 암시를 잘 활성화하는데 요구되는 지식 이상으로, 독자는 소설 같은 허구의 이상적인 세계와 실제 세계 사이에서의 대조를 알아내도록 되어 있다. 여기서 제기되는 본질적인 문제는 텍스트가 어느 정도로 청중에게 가여운 드보라의 운명을 측은히 여기도록 요구하는지, 아니면 이와 반대로 고질적인 낭만주의를 조롱하도록 요구하는지를 아는 것이다. 우리는 보바리 부인 기질을 비판하고, 자살로 이끄는 공상에 정치적 활동 가치로 대항하고, 사랑에 빠진 여자 주인공을 활동하는 여성으로 바꾸는 것에 찬성하는 프랑스 독자에게 친숙한 가치 체계를 상상할 수 있다. 그러나 또한 시온주의처럼 다른 삶의 방식을 위해서 만들어진 교양 있는 젊은 여성들을 국가의 현실 구축 속에 던졌던 관념론의 고발을 생각할 수 있다. 제펜의 이야기는 두 세대에 걸쳐 일어난 희생된 여성의 비극 이야기이다. 제대로 이해되고 분석되어지기 위해 이야기가 출현했었던 사회 안에서 갈등하는 통념의 흐름과 함께 친숙함을 요구하는 세기말의 반대 담화처럼 제시되는 역사에 대한 공식적인 해석을 텍스트가 어떻게 반대하는지 이해하기 위해서 유태 국가의 건설, 귀농, 직업, 조국에의 희생에 대한 이상과 함께 시온주의자적 관념론을 염두에 두어야 한다.

사회적 담화와 상호 담화

인정된 관념론의 형태나 분쟁이 잦은 통념적 경향의 형태를 취하는 통념을 아는 것이 담화에서 논증의 적절한 분석을 실행하기 위해서 필요할 때가 있다. 기록이나 외국 문화에 속하는 가치 체계와 관련되는 모든 경우에 정확한 재건 작업이 필요한데, 이것은 상호 담화의 개념을 이용한다. 이 작업은 통념적 요소의 기능을 찾아내고 평가하기 위해서, 작업 제작의 출발이 되는 다른 담화들의 기본에 대한 발화체를 인지하는 것의 필요성을 나타낸다. 따라서 우리는 공론, 즉 집단에서 공유하고 있는 믿음과 견해의 희미한 총체에 의거한 통념의 개념으로 사회적 담화나 상호 담화의 개념을 사용할 수 있다.

클로드 뒤셰가 구상했던 것처럼 사회 비판에 의해 1970년대에 시작된 사회적 담화의 개념은 소문, 이미 말한 것, 기존 사회에서 유통하는 담화에 속하는 모든 것을 총괄적으로 가리킨다. 이 개념은 마르크 앙주노가 1889년의 사회적 담화에 대한 엄청난 작업에서 다시 취하여 체계화하였다. 이 작업은 그 시대에 말한 것과 쓰여진 것의 전체를 재구성하면서 그 당시 담화적으로 받아들일 수 있었던 것을 구체적으로 명시하는 데 목표를 두었다. 앙주노에게 사회적 담화는 "헤게모니의 경향과 무언의 법칙이 작용하는 일련의 상호 활동의 부분 집합인 이동 요소로 형성된 **복합체**"이다.(1988: 86) 이것은 통념적 요소가 어떤 전체 논리 속에서, 그리고 어떤 제약의 범위 안에서 나타날 수 있으며 특별 담화에서의 기능을 충족시킬 수 있는지 알게 해준다. 그러나 이 프로그램은 이용된 작업의 상당한 양을 넘어서 수많은 어려움을 나타낸다. 그것은 체계화가 가능하고 바람직하다는 것과 이 끌어 낸 논리는 분석자가 구성한 것이 아니라 대상의 특성이라는 점을 가정한다. 담화분석은 상호 텍스트 모형에 따라 구성되는 상호 담화의 개념(우리는 이 개념이 먼저 사용되었던 문학적인 연구를 위해 보류되기를 제안한다)으로 이 문제점들을 피할 수 있다.

만약 우리가 특별 담화에 대해 검토한다면 우리는 […] 그것이 관계맺는 담화 단위의 전체를 **상호 담화**라고 부를 수 있다. 우리가 중시하는 **상호 담화** 관계의 유형에 따라 인용된 담화, 동일 장르의 선(先)담화, 다른 장르의 현대 담화 등과 관련될 수 있을 것이다.

(맹그노, 1996: 50-51)

우리는 모든 유형의 담화에서 통념적 요소들의 전파와 유포를 가리키기 위해 상호 담화라는 용어를 사용할 것이다. 그것이 공유된 자명함이나 시대에 뒤떨어진 집단의 그럴듯함에 대한 구술 담화나 기술된 담화에서 그 당시 일시적인 글을 알아내는 것과 관련되는 한, 우리는 통념보다는 통념적 요소들이라고 말할 것이다. 통념적 요소와 상호 담화라는 개념들은 이렇게 선재하는 물질들에 지나치게 큰 체계성을 부여하지 않고, 논증의 교류가 공유된 지식과 담화의 공간에 얼마나 종속되는지를 나타낸다.

3. 수사학에서의 일반 공리: 아리스토텔레스에서 페렐만까지

빈 형태에서 사회 통념으로

통념적 요소는 공론과 자주 혼동된다. 그렇게 함으로써 통념적 요소에 대해 우리가 가졌던 생각이 아리스토텔레스에게서 나타났던 대로 *topos koinos*의 개념과는 다르다는 것을 잊게 된다. 게다가 오늘날 일반적 논거라 부르는 것은 고대인들에게는 특수한 논거였다. 일반적 논거는 최대한의 일반성을 갖춘 확증된 의견을 따르고, 특수한 논거는 재판적 장르, 정치적 장르, 과시적 장르라는 수사학의 세 가지 분야 중의 하나와 관련되는 확증된 의견에 의거한다. 오늘날 우리는 논리나 통념에 속하는 공론의 유형을 다양하게 구분할 수 있다.

형식적인 구조인 논리 담화의 모형으로서 토포스는 일반적 논거에 대한 아리스토텔레스적인 개념에 유사할 뿐이다. 즉 이것은 논증을 형성하는 정해진 내용이 없는 도식이다. 연설자의 많은 추론들이 서로 일치되는 장소로 정의되는 토포이나 말터는 "논리적이지만 담화 구성에 있어서 불가분한 논증 방법이다."(몰리니에, 1992: 191) 다시 말하면, 많은 발화체가 담길 수 있는 틀에 관한 것이다. 다음의 형식에서 최대와 최소의 공론을 예로 들어 보자: "최소를 위한 것이 최대를 위한 것이다(일 수 있다, 이어야만 한다)." 다음 두 가지 구체적인 예가 있다. 이 중 두번째의 것은 이미 분석된 텍스트에서 차용된 것이다.

야만인의 무리인 무장한 모든 유럽 국가가 프랑스의 땅을 훼손하러 왔을 때, 조국에 반역한 프랑스인이 30년의 부재 후에 우리를 괴롭히러 왔을 때, 그들은 물욕을 만족하기 위해 별도의 세금을 부과했다. 적들에게서 3억이, 이주자에게서 10억이 발견되어졌으나 프랑스는 그들의 충직한 후손들, 구원자들을 위해서는 아무것도 하지 않을 것이다!

(오귀스트 콜랭, 활판인쇄공, 1831 in Faure & Rancière, 1976: 53)

우리는 옛 프랑스의 분개와 자부심, 고결하고 너그러운 모습이 눈부시게 되살아나는 것을 보았습니다. 그토록 이웃 국가의 해방을 위하야 피를 아끼지 않았던 프랑스가 마침내 자신의 자유와 명예, 이익, 그리고 민족들 사이에서 자신의 지위를 되찾기 위하여 목숨을 바칠 준비가 된 것처럼 보입니다.

(폴 데룰레드, cf. 별첨 2)

덜 중요한 것에 지불해야 하는 것은 말할 것도 없이 더 중요한 것에도 지불해야 하는 것이다. 이러한 것은 두 가지 예의 기초가 되는 도식을 구성하는 논리적 관계이다. 만약 조국에 해를 미치는 모든 사람들(프랑스 대혁명 동안 이민 간 귀족 정치 옹호자와 외국의 적들)을 대상으로 마련된 재정적 수단을 찾을 수 있었다면, 우리는 말할 것도 없이 프랑스를 충실히 섬기었던 이들을 위한 자원을 찾을 수 있고 그래야만 한다. 만약 프랑스인들이 다른 국가들을 해방시키기 위해서 피를 흘릴 수 있었다면, 그들은 말할 것도 없이 그들의 자유를 위해서도 피를 흘릴 수 있을 것이다. 마찬가지로 일상 대화에서도 논거를 들을 수 있다. 만약 네가 이웃을 돕는 데 많은 시간을 낼 수 있었다면, 너는 분명히 네 가족을 보살피기 위해서도 시간을 낼 수 있다. 그것은 추상적인 관계, 형식적인 도식으로서 아주 다양한 예들을 구체화시킬 수 있다. "가장 작은 것에 가치 있는 것은 가장 큰 것에도 가치 있는 것이다"라는 것은 가족이라는 가치에 근거하는 개인적 담화, 1830년 이후의 폭동을 일으킨 노동자 담화, 또는 잃어버린 지방을 무력으로 회수하기를 프랑스 국민에게 요구하던 데룰레드의 민족주의 담화를 기초로 한다.

(마르크 앙주노의 용어에서) 우리는 "구체적인 추론을 바꾸는 데 사용할 수 있는 첫번째 도식" 혹은 "명제가 많은 가능한 실현들 중에서 단지 하나뿐인 관계 구조"와 관련된다는 것을 안다.(앙주노, 1982: 162) 실제로 아리스토텔레스를 표방하고 서로 각기 다른 공론에 대한 수많은 분류가 있다. 그것은 분명히 고대 수사학의 범주화 원리를 우리가 종종 이해하지 못하기 때문이다. 조르주 몰리니에의 《수사학 사전》은 아리스토텔레스가 제시한 체계적인 기술에서 "가능함과 불가능함, 큰 것과 작은 것, 최대와 최소, 보편적인 것과 개인적인 것"에 역점을 둔다.(1992: 191) 카임 페렐만은 보다 바람직한 각도에서 어떤 선택을 유리하게 논증하도록 하는 말터를 다룬다. 이것은 말터들을 다음과 같이 구분한다.

양의 말터. 어떤 것이 양적인 이유로 다른 것보다 더 낫다. 더 많은 수에 의해 인정된 것이 소수에 의해 인정된 것보다 더 낫다.

질의 말터. 질에서 우선이 되는 것, 탁월한 것을 중시.

순서의 말터. 먼저 것이 후의 것보다 우선이다, 결과의 원리.

실재의 말터. 존재하는 것이 단지 가능한 것보다 낫다.

본질의 말터. 본질을 가장 잘 구현한 것이 낫다.

(페렐만, 1970: 112-128)

우리는 말터가 어떤 주장과 반대 주장을 변호해 준다는 점을 주목할 것이다. 왜냐하면 양의 말터나 질의 말터에 구별 없이 호소할 수 있고, 만약 만들고자 하는 이상이 악화된 현실보다 더 나은 것처럼 보인다면, 존재하지 않는 것보다 존재하는 것에 대한 우선권이 뒤바뀔 수 있기 때문이다.

논리담화적 도식이 공유된 지식이라기보다 오히려 형식적인 관계에 관련되지만, 페렐만은 우위가 어느 것에 일치되는지로부터 시간의 표지를 알아냈다. 다시 말해서, 그는 다른 유형보다 오히려 한 유형의 토포스를 사용하는 것이 그것에 우위를 부여하는 시대를 보는 가치와 방식을 나타내는 것이라고 생각했다. 이렇게 양의 말터에 대해서 부여된 우월성은 고전주의적 정신을 특징짓고, 질의 말터에 부여된 것은 낭만주의적 정신을 구별짓는다. "특별한 것, 독창적인 것, 역사에서 눈에 띄는 것, 불확실한 것, 그리고 돌이킬 수 없는 것은 낭만주의적 말터이다."(1970: 131) 페렐만은 이처럼 주어진 주제에 관련된 내용 단계에서가 아니라 사용된 사고 도식의 기반이 되는 가치 단계인 수사학적 토포이 안에서 통념적 요소의 차원을 알아냈다.

그렇다고 해서 오늘날 우리가 공론이라 부르는 것과 토포스나 수사학적 말터를 혼동해서는 안 된다. 담화의 기초가 되는 논리적인 도식, 다양한 내용을 담는 관계의 모형, 아리스토텔레스 전통에서 야기된 말터들이 일반 공리와 조금씩 혼동됐던 사회 통념의 저장고를 구성하지 않는다. 역사적으로 그것의 본질에 대해 점점 두드러지는 오해에 따라 공론은 진부한 주제가 되었다.

> 일반 공리는 모든 주제를 다룰 때에 거의 반드시 사용하는 전형, 해당 주제나 가득 찬 '조각들'의 저장소가 되었다. 이로부터 **일반적 논거**(topoï koinoi, loci communi)라는 표현의 역사적 중의성이 나온다: 1) 이것은 모든 논거에 공유되는 빈 형태들이다(그것이 비어 있을수록 더 공유된다[…]); 2) 이것은 전형이고 되풀이되는 명제들이다. […] 이러한 일반 공리의 사물화 작용은 아리스토텔레스를 넘어서 라틴 작가들을 거쳐 꾸준히 계속되어졌다. 이것은 새수사학(néo-rhétorique)에 이르러 번창하게 되었고, 중세 시대에 전적으로 일반화되었다.
>
> (바르트, 1994: 308)

토포이나 말터의 연대기적 설명은 이미 이루어졌고, 여기서 그것을 다시 다루지는 않겠다. 방법론적인 관점에서 다음의 것들을 구별하는 것이 알맞을 것 같다.

- 수사학적 토포스와 구분하기 위해 명명하게 될 토포스나 말터: 이것은 발화체에 내재한 공통된 도식으로서 (페렐만이 다시 취한) 아리스토텔레스적인 토포스의 의미이다(빈 형태를 취하기 때문에 그 자체로서는 통념적이지 않은 논리담화적인 토포스).

- 공론: 이 용어는 아리스토텔레스의 **특수**한 논거지만 현대적인 의미에서 **일반**적 논거로 변화하여 용어의 경멸적인 뜻으로 바뀐 것이다. 공론이 topos koinois의 글자 그대로의 번역이라 하여도 우리는 가득한 형태의 더 나중의 의미에서 그것을 취함으로써 현대 용법에 동조할 수 있다: 해당 주제, 목록 안에서 틀에 박힌 관용적 생각.

- 사회 통념: 이것은 기존의 특성을 강조하고 공유된 의견을 강요함으로써 공론과 일치한다. 플로베르는 권위의 관계와 그것의 명령 가치를 강조한다——이것은 무엇을 해야 하고 생각해야 하는가를 지적한다.(에르슈베르 피에로, 1998; 아모시와 에르슈베르 피에로, 1977)

공론, 공유된 의견과 사회 통념: 우리는 이념, 입장을 취하는 집단적인 성격에 대해서, 공동체 안에서 이들의 공유화·순환에 대해서 강조하는 공유된 의견과 평가절하된 주제로 공론을 간주함으로써 사회 통념의 개념에 대해 강제적이고 명령적인 가치를 유지할 수 있다.

일반 공리를 밝혀내는 것이 가능한 형태의 목록을 추구하기 전에, 말터의 이 다양한 의미(빈 형태로서의 토포스, 공론과 그것의 준동의어, 사회통념)가 논증 담화의 기초가 되는 통념에 분석적인 접근을 어떻게 허용하는지 살펴보자.

수사학적인 토포스와 공론: 분석

1831년에 국민을 위한 활판인쇄공의 요구 사항을 다시 살펴보면, 우리는 최대와 최소의 토포스가 일련의 공유된 의견에 근거하는 논증 구조에 지나지 않는다는 것을 분명히 알게 된다. "만약 최소가 …라면, 최대는 말할 것도 없다"라는 토포스는 조국에 대한 충성의 표현으로 해석되는 공로의 개념과 결합된다. 텍스트는 공로가 보상되어져야 한다는 이념인 일반적 유형의 도덕적 원리와 정의의 법칙에 근거한다. 공로가 더 큰 사람보다 공로가 적은 사람들에게 더 많이 줄 수는 없다. 공로는 고국에 머물면서 조국에 봉사해야 한다(여기서는 자유를 방어하는 것)라는 공유된 의견을 바탕으로 하는 충성에 근거하여 이루어진다. 이렇게 탈주('30년의 부재')를 통해 두드러지는 망명자들은 단지 그들이 떠났기 때문뿐만 아니라 적의 편에서 프랑스인과 싸웠기 때문에 '조국에 대한 배신자'이다. "만약에 공로가 적은 사람들을 위한 재정적 수단을 찾았다면, 우리는 말할 것도 없이 공로가 더 큰 사람들을 위한 것도 찾아야만 한다"라는 논거는 "프랑스는 적과 반역자에게 배상하고, 충실한 공헌자들은 희생시킨다"(민중은 '조국의 후예'로서 지시됨)가 된다. 현행 제도가 양식과 정의에 반대되는 이들에게 재화 분배를 만들어 주고 이를 정당화하는 것을 보여 주면서, 콜랭은 파렴치한 행위를 드러내고《민중의 외침》을 표현하려 한다(우리가 알고 있듯이 이것은 그가 텍스트를 발간한 신문의 이름이다).

이처럼 국민을 위한 요구 사항은 최대와 최소의 토포스를 기초로 하는 담화에 따라 논증된다. 이 토포스는 윤리적이고 애국적인 명령 가치에 근거하는 공유된 의견의 의미에서 공론 전체의 양상을 띠게 된다. 최대와 최소의 일반적인 원리는 추상적인 추론 모형인 빈 형태가 남아 있는 범위 내에서 합의를 만들 수 있다. 그러나 이 모형은 구체적인 담화에서 실현될 수 있으므로 사회 정치적인 입장을 표명하는 공유된 의견에 의거한다. 이것은 특별한 가치에 근거하는 전제이고, 이 전제에 대해 프랑스 청중 전체가 동의할 수 없다는 것은 당연하다. 분명히 담화가 망명자들이나 권력 측근의 귀족 정치 옹호자들, 공격의 목표가 되는 모든 이들에게 건네지는 것은 아니다. 그러나 만약 텍스트가 전달되는 '그들(ils)'이 대화에서 배제된다면,

그것이 대변해 주는 피해받고 무력한 국민들을 넘어 어떤 청중들이 존재할까? 모든 수사학적인 기획의 중심에 위치하는 청중의 문제는 여기서 특별히 중요한 정치적 효과를 갖는다. 따라서 일반 공리의 구조에서 텍스트의 논증 목적과 논증 효력은 (노동자 목소리의 등장을 허용하고) 텍스트의 구조인 특별한 발화 상황 밖에서 분석되어질 수 없다. 누가 누구를 위해, 어떤 발화 장치에서, 어떤 보급 통로를 통해서 이 공론을 발화하는지 자문해 보아야 한다.

아리스토텔레스적인 토포이의 불분명한 특성이 정확한 측정, 텍스트가 취하는 논리 담화적 모델의 엄격한 범위 설정을 항상 허용하는 것은 아니다. 그럼으로써 아리스토텔레스의 범주를 엄격히 따르는 것이 요구되지 않는다(그리고 고대부터 오늘날까지의 매우 다양한 재표명을 여기서 찾기는 더 힘들다). 1981년 7월《누벨 옵세르바퇴르》에서 장 프랑수아 리오타르가 집권한 사회당의 문화 정책에 직면해서 그가 어떤 태도를 취하려 했는지를 알아보는 질문에 대해 답변한 발췌문에서 토포이 측정의 문제를 검토해 보자. 〈문화적인 비정책을 위해〉라고 분명하게 제목이 붙은 텍스트에서, 리오타르는 다음과 같이 주장한다.

> 모든 문화 정책은 그것이 반대한다고 여겨지는 사고의 퇴폐를 인정한다. 그것은 국민적 · 역사적 · 대중적 · 계급적 · 혈연적 동시에 이 모든 것의 성격을 약간 띠는 정체성을 만드는 데 그의 모든 활동을 종속시킨다. 그런데 사고는 이런 종류의 형상에 대한 제한이 필요없다. 이러한 형상이 인성일 것이다.
>
> (1984: 37)

여기에서 숨겨진 토포스는 무엇인가? 우리는 여러 모형에 따라 토포스를 이끌어 낼 수 있다. 1) 문화 정책은 사고의 승리라는 목적을 뒷받침하는 수단이다. 그런데 "만약 어떤 것이 목적이라면 목적이 될 수 없는 다른 것에 비해서 [이점이 있다.]"(아리스토텔레스, 1991: 117) 또는 2) 문화 정책과 반대로 사고는 원리이고 "어떤 것이 원리이고 다른 것이 원리가 아닐 때" 이점이 있다.(앞글) 우리는 대체로 논증은 (모든 문화 활동의) 근원인 동시에 궁극 목적인 상위 원리의 위치, 사고에 근거한다고 말할 수 있다(이것을 활성화하도록 지키고 보호해야 된다). 3) 원리는 그것에서 파생되는 것을 능가하고 그것을 뒷받침해야 한다. 그런데 "어떤 결과 뒤에 다른 결과가 올 때 이점이 있는 반면 반대편은 이 결과를 갖지 못할 것이다."(아리스토텔레스, 1991: 116) 사고의 자유로운 발휘를 보장해야 하는 것으로 정의되는 문화 정책은 잘못된 방법이다. 왜냐하면 그것은 정책으로서 당연히 국가가 관리하고 사고가 아닌 목적에 종속되기 때문이다. 국가적이거나 사회적인 목표들은 자기 것이 아닌 합목적성에 사고를 연관시키고, 따라서 그것을 구속한다. 국가적 차원에서 문화프로그램이 해로우면 그것을 그만두어야 한다. 이 구절은 해로운 프로그램이 없는 것이 필연적으로 건설적이 될 것이라는 점을 함축한다는 것을 주목하자.

앞에서 나타나듯이 정확한 말터에 연관될 필요는 없다. 게다가 우리는 숨겨진 구조, 빈 형태로서 토포이가 모든 수단의 정치적인 궁극 목적보다 순수하게 정신적인 것의 우월성을 단언하는 공론에 도움을 받아 구체화된다는 점에 주목할 것이다. 사고는 어떠한 이익에도 종속될 수 없다. 그것은 자유롭게 행사되어야 하고, 국가·국민 혹은 민족의 이익이라고 하더라도 어떠한 실리적인 목적에 굴복되어선 안 된다. 그 점에서 지적이고 문화적인 노력이 더 나은 사회 건설에 사용되어야 한다는 또 다른 일반적인 입장을 반박하는 어떤 입장을 취하는 것이다. 프랑스와 유럽에서의 상호 담화는 정체성을 위해 사용된 문화에 대해 가진 견해를 통용시켜서 문화간의 차이와 정체성의 문제가 혼동될 정도가 되었다. 따라서 리오타르가 (특수한 성격의) 정체성에 대한 것보다 (일반적인 성격의) 정신적인 것이 절대적으로 우월한 것을 단언하면서 논쟁 담화를 취했다. 이렇게 함으로써 그는 반대자의 사회 통념, 즉 집단적인 이익과 정체성 구축에 부여해야 하는 것이 가장 중요하다는 것을 고발한다.

통합 화용론: 화용론적인 토포스[1]

안스콩브르와 뒤크로가 발전시켰던 것과 같은 통합 화용론은 일련의 발화체 배열을 고려할 수 있는 접근 방식으로 토포스 개념을 통합함으로써 아리스토텔레스의 개념을 재사용한다는 점에서 담화의 물질성에 이르게 한다.(서론, 3. 2) 공론은 담화 연쇄를 보장하는 인정된 원리처럼 나타난다. 예를 들어 "[문화 정책은] 그것이 반대한다고 여겨지는 사고의 퇴폐를 인정한다. 그것은 국민적·역사적·대중적·계급적·혈연적 동시에 이 모든 것의 성격을 약간 띠는 정체성을 만드는 데 그의 모든 활동을 종속시킨다"에서, "사고의 퇴폐를 인정한다"와 "정체성을 만드는 데 그의 모든 활동을 종속시킨다" 사이의 이동은 인정된 원리를 통해서 이루어진다: "사고의 활동을 하나의 이익에 종속시키는 것은 사고를 해친다.""사고의 종속은 사고에 해롭다." 따라서 두 발화체의 연쇄를 보장하는 것은 공론이다. 화용론자들은 빈 형태가 아닌 여론의 의미에서 두 발화체를 연결하는 공론, 즉 담화에서 어떤 기능을 충족시키는 공론으로 토포스의 개념을 사용한다. 화용론적인 토포스를 만드는 것은 토포스가 지니는 논증 고리의 역할이다.

통합 화용론이 논증을 발화체의 연쇄로 정의한다는 점에서 토포스는 중요한 기능을 이행한다. 왜냐하면 일반적으로 인정된 생각에서 출발하여 두 발화체나 발화체 전체를 연관짓게 해주기 때문이다. "Il fait beau, allons nous promener(날씨가 따뜻하다, 산책하러 가자)"(뒤크로의 고전이 된 예)는 더운 날씨에는 산책하기 좋다는 생각에서부터 산책은 적절하다는 결론에

---

1) 아리스토텔레스적인 토포스와의 관계에서 화용론적인 토포스로의 더욱 발전된 견해에 대해 다음 책의 참조가 도움이 될 것이다: Ekkehard Eggs, 1994, *Grammaire du discours argumentatif*, Paris, Kimé.

연결시켜 준다. "그의 논문은 훌륭하다. 그는 그 직위를 맡을 가능성이 매우 높다"에서, 우리는 논문의 질이 직위 획득을 보장하는데 충분하다는 원리를 통해 결론에 도달하게 된다. ("그의 논문 지도교수는 매우 영향력 있는 사람이다. 그는 그 직위를 맡을 가능성이 매우 높다"의 예와 대조적이다.)

안스콩브르가 (수사학적 토포이를 일컫는 아리스토텔레스의 개념과 구분짓기 위해서 '화용론적'이라 지칭하는) 토포이에 부여하는 정의는 다음과 같다.

토포이는 추론을 뒷받침하지만 추론이 아닌 일반적 원리들이다. 이것은 화자가 (실제 그렇다고 하더라도) 그것을 만들어 낸 사람으로 자신을 드러내지 않는다는 의미에서 절대로 단언되지 않고 사용된 것이다. 이 일반 원리들은 거의 언제나 (한 사람, 예를 들어 화자에 한정된 공동체를 포함해서) 다소 커다란 공동체 내에서 합의를 얻은 것처럼 제시된다. 따라서 구속력을 지니는 것처럼, 자명한 것처럼 제시됨으로써 완전한 것으로 만들어질 수 있다.

(안스콩브르, 1995: 39)

이러한 설명은 논증분석의 관점에서 충분하며 같은 책에서 뒤크로도 같은 생각을 했음을 발견할 수 있다: 발화체에 연쇄를 보장하는 "어떤 집단에 공통적인 것으로 제시된 믿음."(안스콩브르, 1995: 86) 우리는 화용론에 많은 논평을 불러일으켰으나 그 자체로 해결하기 어려운 특성 외에도 담화의 논증분석에 도움이 될 것 같지 않은 토포이의 등급성 문제는 지금 다루지 않을 것이다.(뒤크로, 1980; 안스콩브르와 뒤크로, 1988) 여기서 중요한 것은 주어진 문화의 저장고에서 상호적으로 모순될 수도 있고, 필요에 따라 화자가 동원하는 토포이의 변화되는 특성이다. "토포이가 존재하는 것은 언어학적 사실이고[…], 주어진 시대에 주어진 장소에서 어떤 토포스가 존재한다는 것은 사회학적 사실이다. 우리의 문명이 관념론보다 더 일률적인 것은 아니다. 토포스와 그것의 반대(유유상종, 그리고 반대되는 것들은 서로 끌어당긴다)가 공존하는 것을 흔히 볼 수 있다"라고 안스콩브르는 말한다.(1995: 39) 거기에서 수사학적 토포이의 특징이 발견된다.

게다가 화용론자들은 내재적 토포이와 외재적 토포이를 구분한다. 내재적 토포이는 어휘 단위의 의미를 형성한다. 예를 들어 '부자' : +소유, +돈의 능력. 그러므로 '부자'의 내재적 토포스는 이 어휘를 포함하는 발화체에 방향성을 부여하고, 어떤 연속을 허용하며 이와 다른 것은 제외한다. 우리는 "피에르는 부자이다. 그는 재규어를 살 수 있다"라고 말할 수 있지만 "피에르는 부자이다. 그는 재규어를 살 수 없다"라고 말할 수 없다. 이렇게 용어의 의미 자체에 속하는 토포이는 용어에 방향성을 부여하는 데 기여한다. **"발화체의 의미는 구성 요소로서, 논증력이라 불리는 이런 형태의 영향을 지닌다. 발화체에 있어 의미하는 것은 방향을 결정하는 것이다."**(안스콩브르와 뒤크로, 1988: 서문) **"대화 연속의 방향을 결정한다고 주장하는 것은 발화체의 의미를 이루고 있는 것이다"**(앞글: 30)──"기술하거나 알려 주는 것이 아니라 어떤 방향으로 담화를 유도하는 것이다."(안스콩브르, 1995: 30) 이런 맥락에서 소위 통합 화용론은 수사학과 의미론의 분리를 거부한다. 의미와 논증 방향이 분리될 수 없다는 관점에서(이것은 안스콩브르와 뒤크로에게 있어서 논증은 언어 체계에서 이루어지는 것이지 담화에서 이루어지는 것이 아니라는 점을 설명한다) 토포이는 중요하게 개입한다. 왜냐하면 "단어의 의미를 아는 것은 어떤 토포이가 단어에 근본적으로 관련되는지를 아는 것"이기 때문이다.(안스콩브르, 1995: 45) "단어를 사용하는 것은 토포이를 소집하는 것이다. 이로부터 단어의 의미가 근본적으로 지시체를 주는 것이 아니라 토포이의 집합을 자유롭게 사용하는 것이라는 가설이 나온다."(앞글: 51)

외재적 토포스는 내재적 토포스와 같은 기능을 하지만 그것이 처음에는 어휘의 의미에 기재되지 않았다는 점에서 다른 특성이 있다. 예를 들어 "피에르는 부자이다. 그는 친구가 많다" 또는 "피에르는 부자이다. 따라서 그는 인색하다"라고 말할 수 있다. (+소유, +인기) 혹은 (+소유, −베풂)의 일반 공리 형태는 '부자'의 의미 속에 없다. "이것은 주어진 시대에 모든 언어가 지니는 관념론의 저장고에서 나오는 덧붙여진 토포이이다. '부자들은 사리사욕을 챙기는 사람들로 항상 둘러싸여 있다'나 '돈은 마음을 메마르게 한다'처럼 속담, 슬로건, 사회 통념…… 등과 관련된다."(안스콩브르, 1995: 57) . "게다가 일반적으로, 그러한 토포이 용법의 궁극 목적은 관념론적 재현을 구성하는 것이다"라고 안스콩브르는 덧붙인다.(1995: 57) 안스콩브르가 속담처럼 민중의 지혜를 표시하는 관용 형태를 외재적 토포스의 개념에 결부시킨다는 점에 주목하는 것은 흥미롭다. 외재적 토포스가 집단에 알맞은 통념을 전달한다는 점에서, 그것은 속담과의 관계에서 가장 함축적인 통념이다. 그러나 내재적 토포스는 문화적 성격을 지닌다. 이 경우에 통념을 지니는 것은 (의미 단계에 취해진) 언어 체계 자체이다.[2]

4. 통념적 요소의 형태: 토포이, 사회 통념, 전형

수사학과 화용론 차원에서 일반 공리는 공유된 의견, 친숙한 주제, 혹은 사회 통념으로서 공론에 대한 현대적 견해로 대체됐다. 공론은 다양한 언어 형태를 통해 표현된다. 그것은 **선험적으로** 언어적 틀을 가진 것이 아니라 진부한 이야기나 평범한 상용 문구에서처럼 기술하는 데 언급될 수 있다. 이미 알고 있는 것, 이미 말한 것, 익숙한 것이나 공유된 것으로서 받아들여진 모든 것이 공론에 속하는 이 불분명한 전체 속에서 두 가지의 커다란 범주를 특기해야 한다. 이것은 숨김 없이 표현된 일반화를 통합하는 통념적인 발화체의 범주와 다소 함축적인 형식에 따른 담화에서 나타나는 사회적인 재현에 따르는 범주이다. 첫번째 범주는 아리스토텔레스의 텍스트를 엄격히 따르는 격언으로 분류될 것이고, 두번째 범주는 청중과 에토

---

2) 이 관점에서 의미 화용론에서 착상을 얻은 사르파티의 작업이 언어의 재현(《말하기, 행하기, 정의하기》, 1995, 파리, 아르마탕)이던 사전에서 재현의 형성이나 유태인의 정체성 재현을 연구하는 것은 흥미롭다.(사르파티, 1999)

스의 관계에서 이미 거론되었던 20세기에 만들어진 개념인 전형을 통해 파악될 것이다.

격언: 총칭의 매력과 위험

아리스토텔레스는 《수사학》 2권에서 다음과 같이 썼다. "격언은 특별한 사실이 아닌 […] 일반성을 담은 단언문이다."(1991: 254) 그것이 보여 주는 몇 가지 예를 살펴보자. "완전히 행복한 사람은 없다." "언제나 사랑하지 않는 사람은 사랑에 빠지지 않는다." "사람들 중 자유로운 사람은 아무도 없다." 아리스토텔레스는 여기서 언급된 것처럼 그 자체로 충분한 격언들과 입증하기 위해서 증명을 수반해야 하는 격언들을 구분한다. 그 자체로 충분한 격언들은 여론에 속하거나 그 자체로 인정되는 것 같다: "적어도 우리 생각에 사람에게 있어서 가장 큰 복은 건강이 좋은 것이다." 증명을 수반해야 하는 격언들은 그것이 진술하는 일반적인 진리의 원인을 제시한다. 예를 들어 "너는 죽을 사람이니 불멸의 분노를 품지 말아라"는 앙심을 비난하는 격언과 '그것에 대한 설명'인 '부가적인 명제'('너는 죽을 사람이니')를 포함한다.(앞글: 256) 고대 수사학의 범위에서 인정된 격언의 용법은 동의를 불러일으키는 확률을 증가시킬 수 있다. "만장일치에 의한 일반적이고 정당화된 특성은 그것의 적합함을 드러내도록 하기 때문이다." (앞글: 258) 그러나 아리스토텔레스가 이 범위 안에서 제시하는 예로부터 시대에 뒤떨어진 특성이 합의를 얼마나 만들어 내는지 살펴보는 것은 흥미롭다. 예를 들어 그들이 적보다 더 약함에도 불구하고 사람들에게 싸우기를 격려하는 사실 "군신 마르스는 우리 모두의 편이다" 혹은 만약 그들이 그 말에 따르지 않았다면 "매우 좋은 유일한 전조는 자기 나라를 위해 싸우는 것이다"(앞글: 258)는 오늘날 더 이상의 의미가 없다. 격언이 유효하기 위해서는 담화가 전달되는 청중에 의해 인정된 견해를 발화해야 된다.

아리스토텔레스의 격언은 현대 언어학의 총칭문에 일치한다. "현대 언어학의 특징은 어떤 의미로는 특별한 상황과 무관하게 된 관계, 사물의 상태, 혹은 실제적이지 않고 잠재적인 상황을 보여 주는 것이다."(클레베르, 1989: 245) 이것은 보편적 지혜로부터 시작해 특별한 경우를 합법화한다. 그리고 이것이 보편적 지혜에서 끌어낸 일반적인 진리로서 제시될 때 속담의 양상을 띤다: "천성이란 어쩔 수 없다" "반짝이는 모든 게 금은 아니다" "티끌 모아 태산이다" 등. 그러므로 이것은 "속담, 즉 '상식에 부여하는 발화체'에 관련되며, 이것의 언어 형태는 속담·속담 어법·금언 등으로 다양할 수 있다."(도맹게즈, 2000: 19) 격언과 반대로 속담은 대중의 지혜에 따른 분류와 관용 형태로 정의된다. 속담은 반드시 인용문처럼 나타나고, 그것을 필요로 하는 화자에게 문화 목록에 축적된 보편적 지식으로서 보장될 수 있게 해준다. 자기가 만들어 낸 격언을 말하는 사람들은 외부 권위에 근거할 수 없는 약점을 지닌다. 그것으로부터 아리스토텔레스가 지적하였듯이 일반 진리를 불러일으켜야 하는 필요성이 생기고, 알맞은 방법, 즉 화자가 성급하게 일반화한 것처럼 보이지 않는 상황에서만 격언을 사용해야 하는 필요성이 생긴다. 아리스토텔레스에 의하면 존경할 만한 나이가 되지 않았다거나 문제시되는 주제에 어떠한 경험도 없다면 격언을 인용해 말하는 것은 '부적절' 하다. 달리 말하면, 격언은 연설자의 에토스와의 관계 속에서만 효과적이다.

숨김없이 표현된 일반화 속에서 전체 불신이 상식으로부터 생겨난 모든 것을 짓누르는 현대에, 격언은 더 복잡한 취급을 필요로 한다. 격언을 사용하고 남용하는 사람은 많은 위험, 무엇보다도 통념에 준거하는 의도를 저하시키는 통념을 펼친다는 비난에 직면하게 된다. 발자크의 작품과 이것을 대상으로 하는 해설은 그러한 관점에서 시사하는 바가 있다. 실제로《인간희극》의 작가는 속담집, 즉 그의 말을 지지하고 그것의 증명을 뒷받침하는 격언과 속담을 특히 좋아했다. 바르트의 관점에서 발자크의 말을 강화시킬 수 있었던 것은 바로 그의 말을 약화시키는 것이었다.《S/Z》는 '인간의 지혜' 의 근원인 것 같은 지혜의 형태로 텍스트가 제시하는 발화체를 '격언적인 약호'나 '문화적인 약호'에 연관시킨다.(바르트, 1970: 25) 그러나 바르트에게 따르면, 인간에게 지혜가 있다는 것만으로 "문화적 속담은 독자를 불쾌하게 만들고 독서의 비관용을 야기한다." 그래서 그것은 '속담집으로 매우 더럽혀진' 발자크의 텍스트 효과를 감퇴시킨다.(앞글: 104) 그러므로 격언에 영향을 미치는 것은 더 이상 화자의 권위가 아니고, 오히려 반대로 화자를 부당하게 만드는 것과 같은 격언의 사용 자체이다. 수많은 현대인들처럼 바르트가 이것을 바꾸고 무너뜨리게 하는 모든 것, 즉 반대 통념(para-doxa)에 전념하는 사실은 놀랄 일이 아니다.

전형 또는 집단적 재현의 지배

전형의 개념은 청중과 에토스의 구성 관계에서 이미 제시되었다. 상기해 보면, 좁은 의미에서의 전형은 우리가 문화로부터 물려받고 우리의 태도와 행동을 결정하는 존재와 사물에 대해 단순화되고 굳어진 집단적 이미지나 재현으로 정의될 수 있다. 때로는 믿음으로, 그리고 때로는 견해로 간주되는 전형은 항상 이미 구축된 것에 속하고 종종 선입견과 비슷하다. 그리고 사회학 질문서를 실행하는 데 속성을 부여하는 방식을 이용하여 표시되고 기술된다. 우리는 그것을 특징짓는 일련의 형용사들을 한 그룹에 연결시킨다.(아모시, 1991; 아모시와 에르슈베르 피에로, 1997) 전형의 개념은 주어진 공동체 안에서 유통되는 상대방과 자신에 대한 이미지를 결정하기 위하여 특히 사회과학에서 사용된다. 이것은 이러한 의미에서 공론을 구체화하는데, 전형은 상호 행동주들이 어떤 집단의 이상한 구성원들 또는 그들 자신의 정체성을 인지하게 해주는 프리즘인 사회적 재현을 가리킨다는 점에서 공론의 특별한 양상을 구성한다.

공론 또는 사회 통념과 마찬가지로 전형이라는 용어는 비방을 많이 받는다. 그것은 동시대의 관점에서 볼 때, 통념을 낮게 평가하는 집단적 사고를 나타낸다. 그럼에도 불구하고 여기서는 전형이 그것 없이는 범주화나 일반화의 어떠한 조작도 가능하지 않을 뿐만 아니라 어떤 정체성의 구성과 다른 이와의 어떤 관계도 구상될 수 없는 필연적인 통념적 요소로 이해되어야 한다. 모든 통념적 요소와 마찬가지로 전형은 논증에서 중요한 역할을 한다.

측정 단계에서 전형은 그것의 속성들이 '필수적'이라 일컬어지더라도 모든 속성들과 함께 발화되지 않는다는 점을 잊어서는 안 된다. 물론 우리는 집단 구조가 특히 눈에 띄게 그것의 구성 요소들을 늘어놓는 담화를 찾을 수 있을 것이다. 예를 들어 위에서 언급된 《사라진》에서 여자들은 명백하게 대식가이며, 정숙하고, 결혼하기를 바라는 것처럼 제시된다. 작가가 《사회 통념》(1991)에서 보여 주듯이 전형도 역시 독서를 통해 형성된다. 주부, 유태인 어머니, 마그립, 사회주의자에 대한 전형은 청자가 해독 활동으로부터 위치시킬 때에만 나타난다. 해독 활동은 다양한 표현에 입각하여 비난받는 집단에 대한 속성들을 찾아내고 그것들을 선재하는 문화 형태에 연관시키려는 데 있다. 담화의 자료들은 종종 **간접적**이거나 **함축적**이며, **산만하고 공백**이 있다. 전형이 문자의 반복에 근거하는 것이 아니라는 점에서, 그것은 전형적인 특징으로 환원되어야 하는 다양화된 요소들에서부터 종종 재구성되어야 한다. 전형은 집약적으로라기보다는 산만하게 나타날 수 있다. 그렇기 때문에 더욱 커다란 기억과 더욱 정교한 연결 작업을 요구한다. 게다가 친숙한 구조의 몇몇 특성들은 전형의 활성화를 방해하지 않고 무조건 생략될 수 있다. 전형이 단편적일 때, 텍스트는 자동적으로 언급하지 않은 특징들을 보충하고 공백을 채우기 위하여 독자의 지식에 기대를 걸 수 있다.(아모시, 1997)

수신자에 의해 활성화되고 알려진 문화 형태에 결부되어야 하는 구조로서 전형은 어떻게 논증의 올바른 기능 작용에 기여할 수 있을까? 통념의 주변 성질을 띠는 굳어진 집단적 재현으로서 전형은 모든 공론처럼 상호 행동주들이 연대감을 갖게 될 공간을 제공한다. 논증의 영역에서 전형은 기능적이고 구성적이다. 하지만 그것이 논증을 유리하게 작용할 수 있듯이 설득 기획을 방해할 수 있다는 것을 잘 알아두어야 한다. 만약 청자가 반대 집단에 속하거나 이러저러한 이유로 그에게 납득될 수 없는 듯 보이는 사회적 재현들을 담화에서 쉽게 발견한다면, 전형이 있다는 것만으로 논증자의 입장을 실추시키기에 충분할 것이다. 반대로 청자가 눈앞에 놓인 판에 박힌 이미지들에 동의한다면, 그는 제공된 논증에 의해서 그의 고유한 세계관으로부터 나오는 재현들에 이끌리도록 스스로를 내맡길 것이다.

그러나 전형의 수사학적 사용이 단순히 거절이나 동의의 즉각적인 반응을 산출하는 것을 목표로 하는 것은 아니라는 점을 잘 알아야 한다. 집단적 재현은 그것의 영향력을 결정하는 복잡한 양태들에 따라 동원될 수 있다. 그것의 효과는 상이한 가치 체계를 지니는 특별한 논거 집합 속에 전형을 삽입하는 것에 따라 달라진다. 예를 들어 유태인이나 아랍인의 동일한 재현은 극우파 프랑스 신문, 반제국주의자적인 마오쩌둥주의의 담화, 이 집단의 구성원들이 말한 재미있는 이야기에서 상반되는 효력을 가질 수 있다. 게다가 각각의 담화는 그것이 (파토스, 빈정거림, 비판적 판단에 의해) 다르게 변조하거나, 그것의 병치 또는 개입으로 특별한 효과를 산출할 수 있는 전형의 총체를 유리하게 동원할 수 있다. 이러한 관점에서 로베르 메를르의 1인칭 시점의 이야기가 아우슈비츠 수용소의 최고사령관인 루돌프랑, 일명 루돌프 오스를 1952년 편찬된 《죽음은 나의 일》에서 제시하는 방식을 간단히 검토해 볼 것이다.

그의 존재를 상세히 이야기하면서 주인공은 나치 집단 강제수용소에서 범해지는 잔인성을 알고 있는 대중의 눈앞에 그의 선택과 활동을 정당화해야만 한다. 그가 이행을 수락한 강제수용소의 첫번째 임무를 이야기할 때 ——1940년 이전, 주로 공산주의자와 독일 동성애자 전용 다슈수용소 ——, '나(je)'는 적대적인 생각을 가진 독자와의 합의점을 자기에게 유리하게 만들어야 할 의무가 있다. 이러한 자서전의 미묘한 단계에서 그는 공통의 가치들을 기대해야 한다. 그리고 그는 일상에 따르는 평온하고 잘 짜여진 생활에 대한 만족을 환기시키면서 잘 알려지고 널리 공유된 규범들에 호소한다.

다슈에서의 시간은 빠르고 평온하게 흘렀다. 수용소는 모범적으로 조직되었고, 수감된 사람들을 엄격한 규율에 따랐고, 나는 깊은 만족감과 편안함과 함께 수용소 생활의 엄격한 일상을 되찾았다.

(메를르, 1952: 232)

자신의 인생의 이러한 일화를 이야기하면서, 화자는 긍정적으로 인정되는 태도인 진보를 받아들이고자 애쓰는 직업인으로서 나타난다. 그는 육군 소위로 처음 진급했을 때의 기쁨을 떠올린다: "KL에 온 지 겨우 2년 만에 나는 Unterstürmführer로 임명되는 기쁨을 맛보았다."(앞글: 233) 또한 그는 직업 의식을 **가장**으로서의 의무에 결부시켰다. 그에겐 여러 명의 아이들이 있고, 그는 그 아이들에게 당연히 좋은 조건들을 보장해 주기를 바란다. 독자 역시 빈곤한 환경 출신으로 젊었을 때부터 궁색한 삶을 살아야 했던 사람이 자신의 일과 장점들로 인해서 좀더 풍족한 물질 생활에 이른다는 사실을 높이 평가하게 되어 있다.

내가 장교로 임명되었을 때, 우리는 매우 비좁게 살던 반쪽의 빌라 대신에 훨씬 안락하고 더 좋은 위치에 있는 빌라 하나 전체를 소유했다. 장교의 월급은 내게 좀더 넉넉한 생활을 가능케 해주었고, 그것은 궁핍했던 오랜 세월 끝에 더 이상 1페닝에 집착하지 않아도 된다는 커다란 위안이었다.

(메를르, 1952: 233)

이 모든 점에서 텍스트는 국가적 구분을 초월하는 널리 공유되는 가치들에 기대한다. 화자는 훌륭한 공무원의 이력을 가지고 있으며, 그것의 가치들과 규범들을 활성화시킨다. 그는 특별히 명예롭지는 않다고 해도 긍정적이며, 어쨌든 도덕적으로 타당한 평범한 사람의 전형에 결부된다. 좀더 특별하게 1인칭 서술자는 명령과 규율의 가치들에 결속된 군인으로서 나타난다. 군인의 삶이 '모범적인 조직'과 '엄격한 규율'을 수반한다는 점에서 그는 만족한다. 훌륭한 군인으로서, 그는 군인의 상황에 적합한 엄격한 제약들에 복종하는 존재를 높이 평가한다: "나는 깊은 만족감과 편안함과 함께 수용소 생활의 엄격한 일상을 되찾았다."(앞글) 이런 자기 소개는 2부에서 전쟁 초기부터 전선에 나가기를 원하는 조국애와 '나'의 용맹함을 강조함으로써 보완되었다. 그럼에도 불구하고 그는 힘믈러의 명령에 의해서 저지되었는데, 힘믈러는 SS 자원자들에게 강제수용소를 혼란시키는 것이 위험할 것이라 환기시키고 그들에게 지원 서약을 반복하지 말 것을 명령한다. 훌륭한 군인으로서, 랑은 단지 복종할 수밖에 없지만 라이히 군인들 중에서 가장 명예롭지 못한 그룹, 즉 행정 업무에 배치되는 군인에 속하게 된 것이 괴롭게 여겨진다고 고백하고 있다: "그렇지만 내가 내 동료들 중 전선에서 싸우고 있던 이들에 대해서 생각했을 때, 당시 나의 일이었던 이러한 공무원의 삶을 받아들이기 어려웠다."(앞글: 234-235) 여기서 두 가지 유형의 군인들 사이의 대조가 확립된다. 후방에서 경리 업무를 담당하는 군인들과 전선에서 두각을 나타낼 수 있는 용감한 사람, 전투원이다. 랑이 전쟁터에서 생명의 위협을 무릅쓰는 대신에 경리 업무를 계속해나갔다고 말한 것은 그의 의지와는 무관하다. 그는 영웅으로 자처하는 것을 포기하고, 명령에 복종하기 위해서 사신의 욕심과 욕망들을 희생할 준비가 되어 있는 훈련된 군사의 이미지를 보여 준다.

그러나 로베르 메를르의 텍스트는 '나'라고 말하는 화자의 소관이 아닌 전략에 따라 전형들을 다루고 있다. 랑-오스가 호소하는 평범하고 안정적인 군인으로서의 소시민에 대한 재현, 그리고 그가 언급하지는 않았지만 그가 전념한 것을 독자가 알고 있는 강제수용소에서의 활동들 사이의 대조는 '나'에 의해 기대되어지는 것과는 완전히 반대되는 효과를 만들어 낸다. 나치의 탄압 아래에 있는 수용소를 관리하면서, 그가 직업인으로서 그리고 가정의 좋은 아빠로서 자신을 인식할 수 있다는 사실이 독자의 눈에는 그의 가치를 떨어뜨리기에 충분하다. 게다가 랑은 소심한 공무원, 명령과 규율을 사랑하는 준엄한 군인, 명령에 무조건적으로 복종하는 군인으로, 그리고 이웃 나라(폴란드)의 침략에 기여하는 것을 열렬히 바라는 애국자로 나타남으로써 자신의 의지와는 상관없이 프랑스 독자들에게 제2차 세계대전에 의해서 강화된 독일인에 대한 전형을 활성화시킨다(그리고 우리는 앞에서 클로드 시몽의 텍스트 안에서 이에 대한 경우를 보았다). '나'의 담화가 구축하는 **가장**으로서의 공무원 이미지와는 반대로 이러한 이미지는 중심 인물을 멀리 위치시키고, 그에게 부르주아적 미덕들의 묘사가 불러일으키고자 하는 동정심을 잃게 한다. 이처럼 1인칭 서술자가 제기하는 범문화적인 가치들에 근거한 긍정적인 재현과 자신의 의지와는 무관하게 그가 구축하는 것, 보다 정확히 나-주인공 뒤에 숨어 있는 보이지 않는 익명의 서술자가 그를 통해 프랑스 대중을 위해서 구축하는 부정적인 공시를 지니는 국가주의적 이미지 사이에서 긴장이 생겨난다.

[더 읽어볼 책]

AMOSSY(Ruth) & HERSCHBERG PIERROT (Anne), 1997. *Stéréotypes et Clichés. Langue, discours, société*, Paris, Nathan, 〈128〉.

ANSCOMBRE(Jean-Claude) éd., 1995. *Théorie des topoï*, Paris, Kimé.

MOLINIÉ(Georges), 1992. 〈Lieux〉 *Dictionnaire de rhétorique*, Paris, Le Livre de poche, pp.191-207.

PLANTIN(Christian) éd., 1993. *Lieux communs. Topoï, stéréotypes, clichés*, Paris, Kimé.

[종 합]

논증적인 상호 작용은 공유된 지식을 근거로 하고, 이 공유된 지식이란 발화 작용에 그럴듯함을 부여하는 것이다. 전제들, 논증적인 상호 작용이 의지하는 합의점은 청중이 신용하는 통념에서 빌려진 것이다. 구조화된 전체 이상으로, 이 통념은 주어진 문화–사회적 공간 안에서 인정되는 의견들의 희미하고 유동적인 전체이다. 그 공간 안에 반대의 이론과 시각도 존재한다. 따라서 '통념'이라고 말하기보다는 '통념적 요소'라고 말하는 것이 더 가치 있다. 이 통념적 요소들은 하나의 일반 공리를 구성하는데, 이것은 다양한 담화 형태로 만들어진다: 수사학적 토포스, 현대 의미의 공론, 사회 통념, 화용적인 토포스, 격언, 전형. 이 개념들은 합의점을 이해하게 해주고, 합의점을 통해 화자는 청중과 의사 소통할 수 있고, 그의 지위를 협상할 수 있다. 논증분석은 통념적 형태('지배적 관념론')로 구성된 특징을 밝히는 것보다 일반 공리를 찾아내는 것을 목표로 한다. 일반 공리를 제외하면 어떠한 논증도 전개될 수 없기 때문이다.

4

생략 삼단 논법과 유추

아리스토텔레스로부터 비롯된 수사학은 로고스(logos)의 중심에 연역법과 귀납법이라는 두 가지 논리적인 방식을 두는데, 한편으로는 삼단 논법에서 파생된 생략 삼단 논법, 또 다른 한편으로는 예 또는 유추라는 두 개의 논리–추론적 체계들이 이에 상응한다: "《수사학》 1권에서 볼 수 있듯이 모든 사람들은 예나 생략 삼단 논법을 제시하면서 어떤 주장을 증명하고, 이것 외에는 아무것도 없다."(아리스토텔레스, 1991: 85) 아리스토텔레스에게 있어서, 로고스 차원에서의 논증은 주로 설득을 목적으로 하는 담화의 기초를 이루고 그러한 논증에 타당성을 부여하는 논리적인 추론들에 근거한다.

그러나 이러한 논리적인 구조들은 상황에 처한 담화의 복잡성을 제거하는 명제로의 환원에 의해서만 이해된다. 그것들의 구성 요소들은 자연 언어로 된 발화체들이 아니라 다양한 발화체들이 전달할 수 있는 논리적인 '명제'들이기 때문이다. 예를 들어 '장은 마리를 존경한다'와 '마리는 장에게 존경받는다' 또는 '장의 존경을 받다'는 하나의 같은 명제를 지닌다. 마찬가지로 '비가 온다'와 'it is raining'은 같은 명제를 단언하는 여러 언어로 된 발화체들이다. 표현들의 다양성은 그것들이 전달하는 공통된 것으로 간주되는 내용으로 귀결된다. 언어 교류들을 논리적으로 연속된 명제들로 만드는 것은, 수학적인 논리와는 대조적인 자연 언어로 된 추론이 속하는 주체들의 논리를 지우고(그리즈, 1992: 21), 그 추론이 의미를 지니는 교류의 담화를 이끌어내는 것이다. 게다가 발화체를 명제로 만드는 것은 언어에 속하는 모든 것들을 불가피하게 제거하게 만든다. 논리적인 관점을 채택함으로써, 그러므로

우리는 일상적인 논증들을 우리가 대체로 '생략 삼단 논법'이라고 부르는 약간 수정된 삼단 논법으로 만들게 되지 않을까? 논증분석이 일상 언어의 중의성들을 제거하는 결정적인 순간이 선행되는 단단한 '논리'적 핵심 주위에 세워져야만 할까?

(플랑탱, 1990: 171)

예를 들어 우리가 바르뷔스의 원문(별첨 4)에서 뽑은 삼단 논법 "진실성을 중시해야만 한다; 군사 참호에서 쓰이는 은어는 진실하다; 그러므로 군사 참호에서 쓰이는 은어를 중시해야만 한다"를 인용해 보면, 이 삼단 논법은 분명 '상스러운 말들'이라는 장(章)의 추론을 개괄한다. 그러나 그것은 소설 텍스트에 의해서 구성된 복잡한 상호 작용에 지나치게 축소되어 왜곡될 수밖에 없는 이미지를 제공한다. 그때부터 제기되는 문제는 논증적 담화의 논리적인 토대들에 맞추어야 하는 위상의 문제이다. 좀더 명확하게 화용론과 담화의 분석은 자연 언어의 복잡성을 축소시키고, 언어 교류의 담화 자료들을 다루지 않고 넘어가는 방식들을 문제삼는다.(플랑탱, 1995a: 253)

그러므로 그 논증적 분석이 삼단 논법, 생략 삼단 논법 그리고 예시를 고려할 수 있는 방법을 더욱 자세히 검토할 필요가 있다.

1. 삼단 논법과 생략 삼단 논법

정의와 개념들에 대한 토의

아리스토텔레스는 자신의 저서 《오르가논》에서 삼단 논법(이 그리스 용어는 연역법과 추론을 동시에 지칭한다)을 다음과 같이 정의한다.

> **삼단 논법**은 어떤 것들이 제기되고, 그 제기된 것들로부터 반드시 그와 다른 것이 결과로 생기는 담화이다. [···] **변증법**은 있을 법한 전제들로부터 결론을 이끌어내는 삼단 논법이다. [···] 모든 사람이나, 혹은 그들 중 대부분, 혹은 현자들이 받아들인 의견들은 있을 법하다······.
>
> (아리스토텔레스, 1990: 2)

이러한 정의가 극히 광범위하고 이론상 모든 연역적 추론에 다 적용된다고 할지라도, 고전 삼단 논법의 형식은 두 전제들, 대전제와 소전제, 그리고 결론으로 구성된 것으로 그 유형이 다음과 같다.

모든 사람은 죽는다. (**대전제**)
소크라테스는 사람이다. (**소전제**)
그러므로 소크라테스는 죽는다. (**결론**)

혹은,

열은 병의 증상이다.
자크는 열이 있다.
그러므로 그는 병에 걸렸다.

아리스토텔레스에게 있어서 변증법과 수사학은 **증명**이 참이며 근본적인, 즉 그 자체로부터 확실성을 끌어내는 전제들을 사용한다는 점에서 증명과 다르다. 따라서 그의 견해로는 한편으로는 변증법과 수사학, 그리고 다른 한편으로는 증명이라는 삼단 논법의 두 가지 유형들 사이의 주요한 차이점이 연역법 조작의 엄격함에 있는 것이 아니라 어떤 사람들에게는 있을 법하고, 다른 사람들에게는 당연한 전제들의 본질에 존재하는 것이다. 우리는 오늘날 더 이상 이러한 구별이 과거에 그러했었던 것만큼 분명하지 않다는 것을 안다.[1] 어쨌든 중요한 것은 삼단 논법과 수사학 분야에서의 그 부산물인 생략 삼단 논법이 공론에 근거함을 아는 것이다: "나는 연설적이고 변증법적인 삼단 논법을 우리가 근거로 하여 공론을 만드는 삼단 논법이라고 부른다"고 아리스토텔레스는 선언했다.(1991: 91)

그렇다면 생략 삼단 논법이란 무엇이며, 삼단 논법과 어떤 관계를 유지하고 있는가? 일반적으로 가장 조작적인 구별은 퀸틸리아누스에 의해서 다시 시작되고 공표된 것으로, 생략 삼단 논법을 결함이 있는 삼단 논법, 즉 구성 요소들 모두가 존재하지는 않는 삼단 논법으로 제시하는 구별이라고 말할 수 있다. 아리스토텔레스는 이렇게 말한다. 생략 삼단 논법은

별로 많지 않고, 흔히 삼단 논법을 구성하는 항(項)들보다 적은 수의 항들로 구성되어 있다. 사실 이 항들 중에서 어떤 것이 알려진 것이라면, 그것을 말해서는 안 된다. 청자들 자신이 그것을 보충한다. 예를 들어 도리우스가 '월계관이 걸린' 경기에서 승리를 거두었다라고 알아듣게 하고 싶다면, 그

---

1) "고대인들은 공리, 즉 모든 합리적인 사람들에게 인정되는 사실이 필연적으로 참임을 믿었었다. 다음과 같은 아주 명백한 예가 있다: '전체가 부분보다 더 크다.' 그들은 이에 대해서 진지하게 의심하는 것이 불가능하다고 생각했었다. 우리는 그렇지 않다는 것을 오늘날 알고 있다[…]. 이렇게 우리에게 있어서 우리의 '자명한 이치들'은 인정된 것이 아니라 가정된 것이다. 따라서 논리는 우리가 진실에서 출발한다면 참이기 위해서 어떻게 실행하는 것이 좋은지를 밝히는 것으로 만족해야 한다. 그러므로 그것들은 본질적으로 가설-연역적이다."(그리즈, 1990: 20)

가 올림픽 경기에서 상을 탔다고 말하는 것으로 충분하다. 그리고 올림픽 경기가 월계관이 걸린 경기라는 것을 덧붙일 필요는 없다. 왜냐하면 모든 사람이 그것을 알고 있기 때문이다.

(1991: 87-88)

바로 이 토대에 근거해서 우리는 생략 삼단 논법을 대전제도 결론도 생략할 수 있는 부분적으로 삭제된 삼단 논법으로 간주할 수 있었다. 나라의 운명이 수상의 결정에 달려 있는 순간에 수상이 결코 과오를 범하지 않을 것이라는 절대적인 확신을 가지고 있다고 나의 대화 상대방이 단언하고, 내가 그에게 다음과 같이 간략하게 대답한다고 가정해 보자: "수상은 사람이다." 나는 단지 우리가 다음과 같이 재구성할 수 있는 삼단 논법의 소전제를 제시한다: "모든 사람들은 과오를 범하기 쉽다(**표현되지 않은 말터에 근거한 대전제**). 수상은 사람이다(**표현된 소전제**). 그러므로 수상은 과오를 범하기 쉽다(**표현되지 않은 결론**)." 만약 환자의 입에서 체온계를 꺼내는 간호사가 환자를 바라보고 그에게 "당신은 병에 걸리셨습니다"라고 말한다면, 그녀는 "열은 병의 증상이다. 당신은 열이 있다. 그러므로 당신은 병에 걸렸다"라는 앞에서 언급한 삼단 논법의 결론을 제시하는 것이며, 이 삼단 논법의 두 전제들, (공론에 근거하는) 대전제와 소전제는 감춰져 있다.

논증에 대한 '논리적인' 접근은 생략 삼단 논법을 다음과 같이 정의하기 위한 이런 유형의 고찰들에 근거한다.

하나 또는 여러 개의 발화체들(전제 또는 결론)을 첨가함으로써 범주 삼단 논법이 될 수 있는 논거. 선택적 접근은 이 논거를 구성하고 있는 그 세 가지 구성 발화체들 중 하나가 생략되었거나, 혹은 말로 표현되지 않은 범주 삼단 논법으로 간주한다.

(레세르, 1964: 161; 필자 번역)

생략 삼단 논법은 분명 담화에서 삼단 논법보다 더욱 잘 쓰이는 형태이다. 게다가 수사학적인 (그리고 순수하게 논리적이지 않은) 표현으로 말하자면, 그것은 흔히 함축의 사용에 근거한 더욱 큰 효율성을 갖는다.(III, 5, 2) 정말이지 "화자는 세부적으로 파고들지 않음으로써, 그리고 사실상 전제나 결론을 명시적으로 언급하지 않고 자명한 것으로 제시함으로써 청자에게 자신의 논증 효과를 강화시킬 수 있다."(반 에메렌과 그루텐도르스트 1984: 124)

논증적 의사 소통에서의 생략 삼단 논법의 재구성

청중에 대한 생략 삼단 논법의 효과를 고려하는 것은 그 효과를 의사 소통 범위 안에 위치시킨다. 이미 이런 의미에서 레셰르는 다음과 같이 쓰고 있다: "생략 삼단 논법적 논거들의 재구성을 지배하는 규칙은 자비의 원칙이다. 우리는 가능한 한 논거를 유효하게, 전제들을 참이 되게 하고자 애써야 한다."(레셰르, 1964: 162; 필자 번역) 이러한 관점에서 보면, 생략 삼단 논법으로부터 삼단 논법을 재구성하는 문제는 날카롭게 제기된다. 절차가 얼마나 용이하며 경제적인가? 뫼슐레가 제시한 대화의 한 부분을 예로 들어보자.(서론, 3, 3, 1)

A1: 너 오늘 저녁에 영화 보러 갈래?

B1: 아니, 나 일이 있어

A1: 그래도 가자. 영화 보면 긴장이 풀릴 텐데.

우리는 여기서 상반되는 삼단 논법의 작용을 볼 수 있다. 제안자 쪽의 것은 다음과 같이 요약된다: "일하는 사람들은 긴장을 풀 필요가 있다(**표현되지 않은 대전제1**). 영화 보러 가는 것은 긴장을 풀어 준다(**표현되지 않은 대전제2**). 일하는 B1은 긴장을 풀 필요가 있다(**부분적으로 함축적인 소전제: B**

가 긴장을 풀 '필요가 있다'라고 말해지지는 않는다)." 그러므로 B1은 영화 보러 가야만 한다('**가자**'**라는 명령의 형태로 함축적으로 나타남**). 반대자는 다른 삼단 논법에 근거하여 제안을 거부한다: "영화 같은 오락은 일의 성공을 망친다. B1은 일이 있다. 그러므로 B1은 영화를 보러 감으로써 기분 전환을 해서는 안 된다." 여기서는 소전제만이 표현되었다. 우리는 두 가지 삼단 논법이 현대 사회에서 모두 통용되는 반대 공론──사회 통념으로부터의 관점들을 대립시킨다는 것을 알게 될 것이다. 삼단 논법의 **빠져** 있는 요소들의 재구성은 서로 다른 입장이 근거하는 암묵적인 전제들을 명확히 밝힘으로써 그러한 입장을 지배하는 논리를 파악할 수 있게 한다. 일반화 기능을 지닌 대전제의 차이는 유사한 연역 작용에 의해서 두 대화 참여자들이 도달하게 되는 상반된 결론을 설명해 준다.

대화 상황에 처한 상대방들이 무의식적으로 받아들이는 삼단 논법들은 분석을 통해 큰 어려움 없이 재구성할 수 있다. 그러나 이 간단한 대화가 근거하는 삼단 논법 도식들을 재구성하기 위해서는 대화자의 응답을 명제로 다시 옮기고 많은 **빠져** 있는 요소들을 보충해야만 한다. 재구성의 대가가 훨씬 더 큰 경우도 있다. 이해하는 데 전혀 어려움이 없는 일상 대화에서 발췌한 예를 한번 더 들어 보자.

A가 퇴임하는 국장 B에게: 당신은 무조건 근무를 계속해야만 합니다. 이 직위를 맡아 줄 만한 유능한 사람이 아무도 없습니다.
B: 묘지는 대체될 수 없는 사람들로 가득 차 있습니다.

이러한 교류를 구성하는 생략 삼단 논법은 어떠한 것들일까? A의 추론을 삼단 논법의 형태로 재구성하는 것은 좀처럼 쉽지 않다. 우리는 분명 (표현되지 않은 대전제와 함께) "국장은 그가 대체될 수 있을 때에만 떠나야 한다. 당신은 대체될 수 없다. 그러므로 당신은 떠나서는 안 된다"라고 감히 말할 수 있다. B의 응답은 "어떤 직위든지간에 이를 맡고 있는 모든 사람은 대체될 수 있다. 이것이 자연의 법칙이다"라는 반대 공론으로서 소전제 "당신은 대체될 수 없다"를 반박한다. 또 "국장은 그가 대체될 수 있을 때에만 떠나야 한다. 모든 사람은 대체될 수 있다. 그러므로 B는 떠날 수 있다"라고 말할 수도 있다. 여기에 또 그때까지 빠져 있던 묘지에 관한 요소를 첨가해야만 한다: "모든 사람들은 죽기 마련이다. 그러므로 대체될 수 있다. B는 사람이다. 그러므로 그는 모든 사람들처럼 대체될 수 있다." 우리는 삼단 논법의 재구성이 어색하게 될 수밖에 없다는 것을 알게 될 것이다. 그 재구성은 인위적인 제약들처럼 느껴지는 것들에 반대하는 언어 교류를 미리 짜여진 틀 안에 붓게 한다. 고심한 듯한 재구성은 언어적 상호 작용의 근본적인 구성 요소들, 특히 반어법과 관용적 표현의 사용이 민중 지혜의 가치를 벗어나게 하는 것 같다. 다시 말해서, 그 자체로써 지루한 조작은 매우 만족스러운 결과를 가져오지 못한다.

이러한 관점에서 장 블레즈 그리즈의 견해를 다시 채택한 《논증의 기초》라는 제목이 붙은 저서는 다음과 같이 지적한다.

> 논증에 대한 형식 논리적 평가는 종종 표현되어 있는 바대로의 논거와는 거리가 먼 재구성을 필요로 한다. 논거의 (형식) 논리적인 재구성은 원문 그 대로의 요소들의 재조직, 함축된 요소들의 첨가, 그리고 다른 변형들을 여러 번 필요로 하면서 논거를 표준형의 논리적인 형태로 만드는 것을 포함한다. 그리즈(1982)에 따르면, 논증을 순수한 (연역적인) 추론으로 만드는 것에 어떠한 선험적인 (또 귀납적인) 정당화도 없다.
>
> (반 에메렌 外, 1996: 323; 필자 번역)

생략 삼단 논법의 재구성은 상당한 변형, 그 발화체들의 재조직, 그리고 함축된 명제들의 첨가를 흔히 필요로 하는 미리 만들어진 틀 속에 담화가 흘러 들어가게 하는 것만은 아니다. 발화체를 그 내용을 요약하는 일련의 논리적인 명제들로 변형시킴으로써 생략 삼단 논법의 재구성은 상호 작용 차원의 모든 것들을 없애 버린다. 이러한 고찰들의 결과로 첫째 생략 삼단 논법으로부터 삼단 논법을 재구성하는 것은 흔히 널리 적용되기에는 너무 대가가 크고, 반드시 분석되어야 하는 단계를 구성하지 않으며, 둘째 이러한 재구성은 성공적이라 해도 종종 논증적 교류의 본질을 비켜 나가게 되는데, 이 본질은 감춰진 논리적 작용에 있지 않고 화자와 그의 청자들 사이의 관계가 말에 효력을 부여하는 본래 대화적인 담화 안에 존재한다.

상황에 처한 담화에서의 논리 구조의 복잡성: 《독서가》

의사 소통 상황에서 생략 삼단 논법의 재삽입을 예증하기 위해서, 그리고 상황 담화가 그 재삽입에 부여하는 복잡성들을 보여 주기 위해서 구체적인 예를 들어 보자. 베른하르트 슈링크의 이야기 《독서가》(1996)(원전 《Der Vorleser》, 1995)는 조국의 나치주의의 과거에 대한 세미나와 그 뒤에 행해졌던 재판들에 참석한 '제2세대'(제2차 세계대전 이후 세대)에 속하는 독일 젊은이의 담화를 제시한다. 서술자는 전투적 태도를 지녔던 자신의 학생 시절을 재검토하면서 다음과 같이 적는다: "우리 모두는 우리의 부모들에게 수치심을 가질 것을 선고한다. 설령 우리의 부모들이 1945년 이후 그들 곁에, 그들 가운데 있는 죄인들을 묵인했었다고 비난하는 것에 지나지 않는다 할지라도 말이다."(1996: 90)[2]

우리는 분명 다음과 같은 삼단 논법을 제시할 수 있다: "범인들을 마음 속으로 묵인하는 것은 수치이다(**생략된 대전제**). 독일 학생들의 부모들은 그들 가운데 있던 나치주의 죄인들을 묵인했었다(**소전제**). 그러므로 그들은 수치스러운 행동을 취했었다(**결론**)." 연역적인 방식이 정확하다고 할지

---

2) 원전에서는 "Wir alle verurteilten unsere Eltern zur Scham, und wenn wir sie nur anklagen konnten, die Täter nach 1945 bei sich, unter sich geduldet zu haben." Schlink, 1995, Der Vorleser.(Zurich, Diogenes, p.88)

라도, 이 경우에 있어서는 그것이 어떻게 축소되었는지를 금방 볼 수 있다. 무엇보다도 그 방식이 텍스트에서 전달 화법에 속하는 추론을 도식화하기 때문이다. '나' 는 사실 과거 '우리' 의 판결을 보고한다. 그런데 생략 삼단 논법의 기술은 재표현의 언어 표지들도, 1인칭 서술자가 언어 활동에 자신의 주관성을 나타내면서 제시하는 이전 발화체에 대한 평가도 고려하지 않는다. 텍스트가 '나' 에 의해 채택된 입장의 중의성으로 명확하게 특징지어지는 만큼 더욱더 생략이 난처한 것으로 드러난다. 그는 젊은이들이 과거에 자신의 부모들에게 엄정했던 것을 얼마나 타당하게 하는가? 그가 독일학생들과 그들 조상들과의 관계에 대해서 독자들에게 암시하는 것은 무엇인가?

우리가 어떻게 서술자가 그의 친구들의 행동과 자기 자신의 행동을 높이 평가하게 되었는지를 자문해 보면, "우리 모두는 우리의 부모들에게 수치심을 가질 것을 선고한다"라는 표현이 이미 그 자체로 도덕적 관점을 내포하고 있다는 것을 알게 된다. 아이들이 그들 부모들의 재판관을 자처하는 것은 그 부모들에게 가져야만 하는 존경과 함께 명백한 모순으로 나타난다. 아이들이 부모들에게 수치심을 느끼게 하는 권한을 스스로에게 부여한 것은 더더욱 비난받을 만하다. (삼단 논법의 결론임에도) 발표 서두에 있는 '우리 모두는…… 선고한다' 라는 발화체의 위치는 그 권한을 더욱 분명하게 드러낸다.

논거의 영향력이 담화 단계에서 행사된다는 것은 '설령 …에 지나지 않는다 할지라도(독일어로는 'und wenn wir sie nur……' 이다)' 더욱 정확하게 '그들이 …했었다고 비난할 수밖에 없지만' 이라는 표현이 확고히 하는 것이다. 이러한 제한 표현은 선고라는 충격적인 사건을 강화하는 것 같다. 증거가 오로지 이러한 기소 이유가 될 수 있었다는 것을 알게 하면서, 그 제한은 마찬가지로 기소 이유가 자식으로서의 존경에 대한 완전한 무시를 정당화하기에 충분하지 않다는 것을 암시한다. 학생들의 완고함에 대한 이러한 부정적인 평가는 앞의 몇 줄에 나온 나치 체제에 의해 자신의 교수 직위를 빼앗긴, 그럼에도 불구하고 아들에 의해서 일반 평결에 포함된 서술자의 아버지에 대한 언급으로 강화된다. 젊은 사람들의 태도에 근거한 일반화와 무차별은 그들의 급진주의를 알리는 데 기여한다. 그러므로 텍스트에 감춰진 삼단 논법은 서술자의 담화가 일련의 가치론적 표지들을 통하여 재검토하는 구형(보다 정확히 말해 평결)의 토대처럼 주어진다는 것이 명백할 수 있다.

그렇지만 묵계와 침묵이라는 죄를 범한 그들의 조상들에 대한 젊은이들의 엄격함을 이렇게 가치 폄하하는 것은 현대 독자에게서 상반되는 통념과 부딪친다. 사실 나치의 중죄가 효심이라는 금기를 깨는 것을 정당화시키기에 충분한 반인류적 범죄들의 이례적인 경우를 구성한다고 보는 것이 일반적인 의견이다. 전쟁 이후 독일에서 과거의 죄를 빨리 잊어버렸던 모든 사람들에 대한 분노가 이러한 관점에서는 용기 있고 정직한 행위로 나타난다. 게다가 소설이 망각 속에 감춰지기를 거부하는 과거와 싸우고 있는 법과 대학생을 등장시킬 때, 소설 자체는 이러한 관점을 취한다. '수치심을 가질 것을 선고한다' 라는 표현의 신랄함이 부모들과 관련되었을 때 충격을 준다고 해도, 이 경우에는 서술자가 여러 번 되풀이하여 명백하게 자기 자신을 가담시킨 견식 있는 대중의 통념에 의해서 정당화된다.

그러므로 생략 삼단 논법이 생겨난 삼단 논법이 논리적으로 타당한가 아닌가를 아는 것이 중요한 게 아니라 문제시되는 경우에 이 삼단 논법을 구별없이 적용하는 것이 도덕적으로 얼마나 정당한가를 아는 것이 중요하다. 부모들 세대의 재판관으로 자처하는 이 젊은 변호사가 수용소 간수들에 대한 소송에서 청년 시절 자신의 애인이었던 연상의 여인을 끔찍하게도 피고인석에서 발견하게 되는데, 이것이 바로 그 여자와 서술자의 관계에 중심이 맞춰진 이야기 전체에 걸쳐 떠나지 않는 문제이다. 인정사정 없는 완고함에 대한 비난과 제3라이히 제국 세대들을 (적어도 도덕적으로) 재판할 필요성을 제시하는 여전히 뿌리 깊은 통념 사이의 충돌이 서술자가 대중에게서 독일이 자신의 과거와 유지해야만 되는 관계에 대한 규범을 검토하게 함으로써 확실성의 안일함을 얼마나 빼앗아 갈 수 있게 하는지 알 수 있다.

감춰진 삼단 논법 구조는 전달 화법, 평가의 언어표지들, 상호 담화, 그리고 공유된 통념의 문제가 중요한 역할을 하는 독자와의 잠재적인 교류에서만 의미를 지닌다. 이러한 텍스트의 자료들에 대한 조사는 단지 그들의 복잡성, 또 그들의 중의성에서 생략 삼단 논법의 논증적 쟁점을 되찾게 해준다.

상호 작용 상황에서의 생략 삼단 논법: 프리모 레비와의 인터뷰

마주 보고 있는 두 상대사이의 실제 상호 작용 상황에서는 어떠한가? 《기억의 의무》(1995)에 나온 프리모 레비와 그를 인터뷰하는 사람들 사이의 다음 대화를 예로 들어 보자.

자살이 많았습니까?

아닙니다. 이건 중요한 문제입니다. 라제르에선 자살이 거의 일어나지 않았습니다. 더구나 전시중에는 자살이 거의 없었습니다. 지금보다 적었습니다. 그런데 저는 이 현상에 대해서 전혀 설득력이 없는 여러 다른 해석들을 읽었습니다. 저는 자살을 인간의 행위라고 생각합니다: 동물들은 자살하지 않습니다. 그런데 수용소에서 인간들은 동물을 닮아가는 경향이 있었습니다. 네, 제가 이미 말했듯이 하루를 보내는 것, 우리가 먹었던 것, 날씨가 추운지 아닌지, 어떤 임무, 일을 우리가 하게 될지, 결국 저녁 때가 되는 것 등이 중요한 것이었습니다. 우리는 생각할…… 자살에 대해 생각할 시간이 없었습니다.

그것이 고통을 해결하는 방법이 될 수 있었을 텐데요.

이따금씩 저는 그것을 생각했었지만 결코 심각하게는 아니었습니다.

(1995: 66-67)

프리모 레비의 추론에서 생략 삼단 논법이 명확하게 드러나며, 이때 완전한 삼단 논법에 최대한으로 접근한다: "자살은 인간의 행위입니다. 동물들은 자살하지 않습니다(대전제). 그리고 수용소에서 인간은 동물에 가까워지는 경향이 있었습니다(소전제). 그러므로(**생략되었지만 처음 대답 속에 주어져 있는 결론**: '라제르에선 자살이 거의 일어나지 않았습니다')." 그러나 우리는 삼단 논법을 알아보는 것이 단지 분석의 피상적인 단계를 구성한다는 것을 잘 안다.

인터뷰에서, 이탈리아 제2세대의 후손이자 전문 역사가인 안나 브라보와 페데리코 체레자는 레비가 많은 대중을 위해 입을 열도록 했는데, 그는 이미 이전 글들에서 자신의 끔찍한 경험을 전달하고자 시도했었다. 질문하는 브라보·체레자, 그리고 대답하는 레비 사이에서 행해지는 대화는 분화되지 않은 제삼자와 함께 생겨나는 상호 작용이기도 하다. 제삼자가 수용소에 대한 브라보와 체레자의 관심을 반드시 증명하는 것은 아니며, 이들은 그 주제에 대해 쌓아온 지식들을 소유하지 않을 것이다. 인터뷰 받는 사람은 단지 있었던 일을 말하는 것뿐만 아니라 생존자로서 그의 머리를 떠나지 않는 숙고와 문제를 알리면서 한번 더 증언할 것을 요구받는다. 우리는 인터뷰 받는 사람의 선결 에토스의 문제와 인정받은 증인 자격이 여기서 쇼아(Shoah)-대학살[3]에 대한 증언의 공간인 설정 공간에 나타나는 상호 작용의 전개에서 중요한 역할을 한다는 것에 주의하게 될 것이다.

이러한 역할의 범위 안에서 프리모 레비는 질문의 중요성을 강조하고 대답의 역설을 제거하기 위해 그에게 제시된 순수한 사실적 질문을 이해한다: "아닙니다. […] 라제르에선 자살이 거의 일어나지 않았습니다." 그러나 사실상 이러한 상황은 설명을 요구하는 '현상'으로 규정된다. 사람들이 자

---

3) 영화감독 스티븐 스필버그가 지난 1994년 당시, 제2차 세계대전에서 희생된 유태인들을 추모하고 생존자들의 증언과 경험담을 기념하기 위해 특수재단 '쇼아(SHOAH)'(히브리어로 '대학살(Holocaust)'을 의미함)를 설립, 그동안 전 세계 57개국에 퍼져 있는 5만 1천여 명의 증인들의 32개 언어로 된 생생한 증언들을 모아 왔다. [역주]

살하지 않는다는 점에 대하여 놀란다는 것은 그 반대가 진실일지도 모른다는 것을, 그리고 여기에 사회 통념에서 벗어나는 것이 있다는 사실을 함축한다. 고통스러운 밤에 살기를 바라는 것은 이상한 것 같다. 모든 삼단 논법이 명시되기를 거부하는 것의 자명함 속에 잠겨 있는 듯하다: "끔찍한 고통을 당하는 사람들은 삶을 끝내고 싶어한다. 라제르의 포로들은 끔찍한 고통을 겪고 있었다. 그러므로 그들은 삶을 끝마치기를 원했었을 것이다." 레비의 긴 독백 뒤에 오는 인터뷰하는 사람의 응답에서 이러한 추론은 생략 삼단 논법의 형태로 제시된다: **"그것이 고통을 해결하는 방법이 될 수 있었을 텐데요."** 그러나 이 추론은 이제 거의 대답을 인정하지 않는다. 왜냐하면 레비가 미리 그것에 대해 대답을 했기 때문이다. 이처럼 사회 통념에 근거하는 생략된 삼단 논법은 거의 완전히 전개된 삼단 논법에 의해서 반박된다.

전형적인 예가 흥미롭다: 인터뷰 받는 사람이 생존자들의 진실을 위하여 잘못된 생각을 지우는 방법들을 보여 준다. 구류된 사람들에게 있어서 자살이라는 선택이 논리적이었을지도 모른다는 첫번째 삼단 논법이 완전히 사라지는 것은, 프리모 레비가 그것을 청중이 공유하는 자명한 이치로 간주하기 때문이다. 그는 인정된 전제에서 나오는 잘못된 견해에 다른 개념을 대립시키고, 이 개념에 대해 그것이 자신의 고유한 것임을 명확히 밝히며, 끝까지 이 견해의 추론을 계속 따라가게 하고자 한다. 덜 광범위하게 퍼져 있고 증명함으로써('동물들은 자살하지 않습니다') 강조해야만 하는 또 다른 대전제('자살은 인간의 행위입니다')로부터 독자는 연역법의 조작을 한단계 한단계 따라갈 수 있어야 한다. 이러한 연역법의 조작은 이 체계의 주요한 부분인 소전제에 근거한다: "그런데 수용소에서 인간들은 동물을 닮아 가는 경향이 있었습니다." 여기에서 생존자가 폭로하고 싶어하는 쇼아에 대한 교훈이 말해진다. 그러므로 소전제 역시 완전히 전개되어야 한다. 이 단계에서 통계상으로만 주어졌던 것(라제르에서는 자살이 거의 일어나지 않았습니다)이 삼단 논법 추리의 결론이 된다. 이것은 더 이상 불분명한 있는 그대로의 정보가 아니라 누구나 전제로부터 이끌어 낼 수 있는 결과이다. 인터뷰 받는 사람의 설명해야 할 임무는 이처럼 과학적이지도 학술적이지도 않지만 자신의 경험에서 나온 개인적인 고찰의 결실인 상술을 확고히 한다: "저는 이 현상에 대해서 전혀 설득력이 없는 여러 다른 해석들을 읽었습니다. 저는 …라고 생각합니다."

동시에 레비가 질문을 소전제가 요약하는 중심 주제로 돌리고, 자신이 그 주제에 이어서 대화를 이끌어 나가는 것을 알 수 있다. 즉 인간을 배고픔, 추위에 대한 감각, 완수해야만 하는 고된 노고 등과 같은 가장 기본적인 욕구들에만 관심을 보이는 동물 수준으로 환원시키는 것이다. 짐승들과 마찬가지로 인간은 완전히 감각과 현재에만 관심을 두고, 더 이상 생각하지 않는다: "우리는 생각할 시간이 없었습니다." 그리고 그는 역설적으로 덧붙인다: '자살에 대해서 생각할……' 자살은 목숨을 앗아갈 수 있는 수용소에 구류된 사람들에겐 부정되었던 반성적인 활동의 결과이다. 레비는 자기 이야기의 핵심인 이 점을 다음과 같이 강조한다: "네, **제가 이미 말했듯이** 중요했던 건 하루를 보내는 것, 우리가 먹었던 것, 날씨가 추운지 아닌지……" 많은 포로들이 삶을 포기했었는지 아닌지를 아는 것이 중요한 게 아니라, 수용소의 극단적인 상황 속에서 인간에게 일어날 수 있는 것을 알고자 하는 질문에 대해 다음과 같은 강한 주장을 통해서 대답하는 것이다: 인간이 더 이상 일상적인 삶에서 정상적인 것으로 간주되어지는 반응들을 가질 수 없을 정도로까지 완전히 자신의 인간성을 잃는다.

따라서 인터뷰에서 생략 삼단 논법과 삼단 논법의 사용이 명제적인 내용과 논리학자가 찾아낸 연역법 조작들로 요약되지 않는다. 널리 인정되는 가정에 근거하여 세워진 거의 결여된 생략 삼단 논법과 덜 일반적인 대전제에 근거하여 세워진 완전히 전개된 생략 삼단 논법의 대칭적 배열은, 독자들이 그들의 이전 사고 방식을 없애 버리는 추론의 모든 단계들을 좇게 함으로써 프리모 레비의 주장에 동의할 수 있게 한다. 그후에 다시 채택되고 부연 설명되는 소전제의 도입은 동시에 레비가 수용소의 진실, 즉 인간성 상실에 대해서 물려주고자 하는 견해를 강조하게 한다. 자살이라는 명확한 주제에 대한 질문–답놀이는 그때부터 《만약 이것이 인간이라면: 아우슈비츠에서의 생존》 이후로 작가의 모든 텍스트들에서 다루어진 쇼아의 비밀을 전달하기 위해 인터뷰 받는 사람이 만드는 구실이 된다.

2. 논증적 의사 소통에서의 오류

정의와 분류

고대부터 우리는 타당한 삼단 논법과 오류, 즉 타당한 것처럼 보이나 사실은 그렇지 않은 삼단 논법을 구별한다. 아리스토텔레스는 이미 그의 저서 《소피스트적 논박》에서 이러한 문제를 다루었다. 그리고 우리는 그의 고찰들이 오늘날 (앵글로 색슨적인 전통에서 fallacy(오류)라고 말해지는) 기만적인, 그리고 일반적으로 프랑스어에서는 paralogisme이라고 명명되는 논거로 분류하는 것의 기초를 이룬다고 생각할 수 있다. 프랑스어에서의 기만적인 논거와 영어에서의 fallacy가 기만 · 속임수 등을 뜻하는 라틴어 fallacia에서 왔다는 것을 상기하자. 크리스티앙 플랑탱은 연설자의 의도로부터 궤변과 **오류**를 구분한다: 궤변론자는 알고서 일부러 자기에게 유익하다고 간주되는 잘못을 범한다. 그러나 오류는 실수에 속한다.(플랑탱, 1995a: 251) 그러나 조작에 의한 것이든 무지에서 나온 것이든 간에 모든 경우에 잘못된 추론이 존재한다. 비형식논리학은 오류가 타당하다고 자처하는, 논리적으로 결함 있는, 즉 의사 소통시 타당해 보여서 설득의 힘을 지니는 논리적으로 결함 있는 논거라는 사실을 강조한다. 논거의 수사학적 힘과 논리적 결함 사이의 차이가 **오류**를 규정한다.

논리 연구에서 '오류(fallacy)'라는 용어는 흔히 **심리적으로는** 설득력이 있으나 **논리적으로는** 부정확한 논거들에 사용한다. 그런데 이 논거들은 실제로 설득을 하지만 몇몇 논증적 기준에 근거해 설득하지 않는다.

(코피와 벌게스 잭슨, 1996: 97; 필자 번역)

이러한 논거들 중 몇몇은 형식적 구성 단계에서 오류를 범하며, 그것들의 본래 구조에 대한 검토에 의해서 발견될 수 있다. 그러나 대부분의 오류는 표층 구조가 그것들의 결함을 드러내지 않는다는 점에서 비형식적이기 때문에 논리적인 잘못을 밝히기 위해서 맥락과 논거의 내용을 조사해야만 한다. 이 대부분의 오류는 그것들이 사용하는 논리를 위반한 형태로부터 재편성하게 된다. 그렇지만 오류의 범주에 대한 완전한 목록은 존재하지 않는다. 그 점에 대해서 코피는 논리학자 아우구스투스 드 모르간(1806-1871)을 인용하는데, 그에 따르면 실수가 생겨나는 행동 양식은 너무나 다양하기 때문에 분류할 수 없다. 아리스토텔레스는 그의 저서 《소피스트적 논박》에서 후대 사람들에게 큰 영향력을 가졌던, 그리고 때로는 중의성같이 언어학적이고, 때로는 인과 관계같이 논리적인 조작에 관한 기준들에 근거하는 구성의 시도로 13가지 범주를 제시했었다. 오늘날 논리학자들은 다른 분류들을 제공하며, 특히 비형식논리학은 끝없는 분류를 제시한다.

참고로 강조하자면 비형식논리학은 논거를 타당하지 않게 할 수 있는 다른 요인들을 연구하는 것이 아니라 논리적인 조작에서 틀어져서 벗어난 것을 연구하는 것이다. 사실 논거는 결론이 하나 혹은 여러 개의 전제들에서 나올 수 있다는 것을 가정한다. 출발 전제들이 틀리거나 전제들을 결론으로 이끄는 조작에 오류가 있다면 결론이 잘못될 수 있다. 전제들의 타당성을 검증하는 것은 논리학자의 몫이 아니다: 그의 임무는 전제를 결론에 연결할 수 있게 해주는 과정의 정확성을 시험하는 것이다.

여기 가장 자주 언급되는 몇몇 오류들이 있는데, 이는 코피와 벌게스-잭슨(1996: 99-162)의 개론서에 나와 있는 것이다.

1) 애매함은 언어에서 비롯되는 오류이다. 왜냐하면 중의성에 근거하기

때문이다. 예를 들어 삼단 논법, "Le pouvoir tend à corrompre(권력은 부패하는 경향이 있다)(대전제), Le savoir est un pouvoir(아는 것은 힘이다)(소전제), donc le savoir tend à corrompre(그러므로 지식은 부패하는 경향이 있다)(결론)"에서 논리적 실패는 'pouvoir'[4]가 첫번째 전제에서는 '다른 사람들을 조정하고 지휘하는 능력'을 의미하고, 다른 전제에서는 '사물들을 조정하는 능력'을 의미한다는 사실에서 생긴다. 같은 생각에서, 우리는 모호성 혹은 문법적인 애매함을 생각해 낸다.

2) 순환 논법(begging the question)은 사실 결론인 것을 전제로 제시하는 것이다. 예를 들어 어떤 무신론자에게 제시된 논거: 신은 존재한다. 왜냐하면 성경이 그렇게 말하기 때문이다. 그리고 성경을 믿어야만 한다. 왜냐하면 그것은 신의 말씀이기 때문이다.

3) 이미 대답을 제공하는 전제를 포함하는 복합적인 질문. (당신은 언제 당신의 부인을 죽이기로 결심했나요?)

4) 잘못된 이분법(또는 … 또는): 세금을 올리거나 내려야만 한다. (세금을 그대로 두는 것이 옳은 일인데도 불구하고.)

5) 부적절성(혹은 붉은 청어의 오류), 이것은 청자의 관점을 논의되는 관점에서 다른 곳으로 돌린다.

6) 허수아비 공격의 오류, 이것은 자신을 반박하는 상대방에 의해 사실은 잘못 이해되었거나 잘못 재구성된 논거를 공격하는 것이다.

7) 옮겨질 수 없는 전체의 특성을 이 전체의 어떤 요소로 옮기는 분류(내 자동차는 무겁다. 그러므로 내 자동차를 구성하는 부분들 각각은 무겁다); 마찬가지로 반대로 하는 구성(팀의 구성원 각각은 훌륭한 선수이다. 그러므로 팀은 훌륭하다: 그러나 개개인의 우수성이 팀 자체의 우수성을 보장해 주지 않는다).

---

4) 프랑스어 남성 명사로 ① 힘·사람의 힘·능력 ② 정권·권력·세력 ③ 권한·권능 ④ 성능·특성 등의 뜻을 지니고 있다. [역주]

8) 지나친 일반화.

9) 잘못된 인과 관계(이것 이후에, 따라서 이것 때문에 post hoc ergo propter hoc: 인과 설정의 오류).

10) 소위 미끄럼길 논거(만약 A라면 우리는 이로부터 B, 그리고 C 등을 추론할 수 있다: 만약 우리가 젊은이에게 담배 피는 것을 허락한다면, 우리는 그에게 밤 늦게 나가는 것, 술 마시는 것, 자신의 일에 신경 쓰지 않는 것도 허락하게 될 것이다).

11) ad가 붙은 모든 오류는 우선 로크가 자신의 저서《인간 오성론》(1690)에서 소개했으며, (사물을 향한 논증이 문제시되는 것에 대한 공격인 반면 사람에 대해 공격하는) **사람을 향한 논거**, 우리가 논거에 책임지도록 하기 위해서 권위적 논거 또는 훌륭한 사람에게 갖는 존경에 호소하는 **권위에의 호소**, 우리가 어떤 것이 거짓이라고 드러나지 않았기 때문에 사실이라고 우기는 **무지로부터의 논증**을 포함한다. 이에 우리가 많은 다른 ad 형태들을 추가할 수 있다: **군중에의 호소**(완전히 지지되지 않았던 논거를 인정하기 위해 군중에 호소하는 것), **연민에의 호소**(동정심에 호소함), **힘에의 호소**(협박에 의한 논거)……

비형식논리학과는 반대로, 담화에서의 논증분석은 그것이 추론의 결함들을 알고자 하지 않고 논증적 작용들을 기술코자 한다는 점에서 스스로 규범적이려들지 않는다. 그렇게 함으로써 이 분석에는 담화가 여러 다른 상황에서 논리학자들이 검토 후에 오류라고 규정할지도 모르는 논거들을 어떻게 자신에게 유리하도록 동원하는지를 검토하는 것이 요구된다. 그러나 이 분석은 단지 부차적으로 논리적 오류를 발견하는 것을 가르치는 것에 몰두할 뿐이다. 그것의 주요한 목적은 이러한 추론들이 청자에게 영향을 끼치기 위해 담화에 놓이는 방법들을 분석하는 것이다. 사실 추론들은 그들의 설득력을 획득하기 위해 담화적이고 상호 작용적인 많은 요인들과 결합되는 언어적 의사 소통 안에서 작용한다. 이런 의미에서 우리는 코피가 만드는 것처럼 오류들에서 왜 오류 논거가 그것의 잘못된 특성에도 불구하고 효력을 지니는지를 설명해 줄 수 있을 심리적인 요인들에 대항하여 논리적인 요인을 구별하는 것만으로 그칠 수가 없다. 텍스트의 기초가 되는 논거의 논리적 구조가 실효성을 습득하는 것은 상황 속에서, 즉 특별한 발화 장치에서 채택된 교류에서이다. 이것이 우리가 두 가지 예들, 애매함에 근거한 것과 사람을 향한 논거에 속하는 것으로부터 간략하게 예증하려고 하는 원칙이다.

카뮈의 소설 《이방인》에서 검사의 기만적 논증

뫼르소가 피고석에서 어떤 아랍인을 죽인 명목으로 그에게 제기된 재판을 받는 것을 이야기할 때, 그는 검사의 논고를 직접 화법으로 제시한다.

"여러분 ! 이상과 같습니다, 하고 검사는 말했다. 나는 여러분께, 이 사람이 고의적으로 살인을 하게 된 사건의 경위를 말씀드렸습니다. 나는 이 점을 강조합니다. 왜냐하면 이것은 보통의 살인, 정상 참작의 여지가 있는 충동적인 행위가 아니기 때문입니다. 여러분, 이 사람은 지식도 있습니다. 피고의 진술을 여러분도 들으시지 않으셨습니까? 그는 대답할 줄도 알고 말뜻도 잘 알고 있습니다. 그러므로 자기가 무슨 짓을 하는지도 모르고 행동했다고 할 수 없습니다."

귀를 기울이고 있던 나는, 나를 지식 있는 사람이라고 하는 말을 들었다. 그러나 평범한 사람이 지니고 있는 장점이 어떻게 한 사람의 죄인에게 부인할 수 없을 만큼 불리한 조건이 되는 것인지, 나는 잘 이해할 수가 없었다. 적어도 나를 놀라게 한 것은 그러한 점이어서, 나는 그 뒤로는 검사의 말에는 더 이상 귀를 기울이지 않고 있었다.[5]

(1962: 1194)

---

5) 《이방인》 알베르 카뮈; 김화영 옮김, 책세상, 1987. [역주]

여기서 연역법은 용의자가 지식인이라는 확인된 사실로부터 이끌어 낼 결론에 근거한다. 검사의 추론은 뫼르소를 놀라게 하는데, 그는 어떻게 평상시에는 개인을 칭찬케 하는 인정된 장점으로부터 피고인에 대한 유죄의 증거를 뽑아낼 수 있는지 이해하지 못한다. 그는 연역의 이러한 과정에 너무나 충격을 받아서 이에 대한 담화의 뒷부분에 귀기울이는 것을 잊어버린다. 그는 또한 전제들로부터 생겨나야만 된다고 믿었던 결론과는 상반된 결론에 도달하게 만드는 논거의 구조를 검토하는 것을 잊어버린다. 그렇지만 직접 화법으로 검사의 발언을 연출한 것은 독자들로 하여금 여기서 애매함을 이용하여 펼쳐진 기만적인 추론을 이해토록 해준다. 사실 '지식 있는'이라는 형용사는 언어를 구사할 수 있는(말뜻을 잘 알고 이를 사용할 수 있는)의 뜻으로 일단 정의된다. 그리고 다시 기만적인 점진적 변화에 따라 자신의 행위와 태도를 지배하는, 즉 자신의 행위와 태도에 대한 의식과 명확한 이해를 함축하는 것으로 정의된다(지식 있는 사람은 자신이 하는 일을 깨닫는 사람이다). 대답할 줄 안다는 사실과 자신이 하는 일을 안다는 사실을 어떻게 동일시할 수 있을까? 자신이 한 일을 이해한다는 것과 '무의식적인 행위'들을 저지르지 않기 위해서 자신을 완전히 통제할 수 있다는 것을 어떻게 동일시할 수 있을까? 애매함이 뫼르소가 '고의적으로 살인을 했다'라고 결론짓게 하며, 그가 계획적으로 그렇게 했다는 것을 의미하게 만든다.

논고가 미묘한 비약을 허용하는 것은, 그것이 전문적인 재판관들이 아닌 배심원들, 즉 일반 시민들로 구성된 청중에게 건네지는 것이기 때문이다. 청중을 두 번 되풀이하여 부름으로써('여러분'), 그리고 그들을 자기 편에 들게 하면서 그들에게 직접적으로 호소한다. 그의 전략은 그들에게 관찰 능력과 분석 능력을 갖춘 모든 사람은 단지 하나의 유일하고 동일한 결론에 도달할 수 있다는 인상을 심어 준다. 뫼르소의 말을 들었다는 것("피고의 진술을 여러분도 들으시지 않으셨습니까?")은 불가피하게 "그는 대답할 줄도 안다" 그리고 "말뜻도 잘 알고 있다"는 것에 주목하는 것이다. 이러한 사실을 다시 문제삼는 배심원은 자신의 통찰력을 의심하게 할 수 있을 뿐이다. 그러므로 담화가 구축하는 청중의 이미지는 그 구성원들이 그들의 능력을 보장하는 입장에 동의하게 한다.(I, 1, 5) 이러한 방법으로 검사는 일반 소송에서 자신의 대화 참여자를 포함하는 'on'의 도움으로 허용된 결론에 이를 수 있다: "자기가 무슨 짓을 하는지도 모르고 행동했다고 할 수 없습니다(On ne peut pas dire qu'il a agi sans se rendre compte de ce qu'il faisait)."

까뮈의 소설은 이와 같이 검사의 담화와 그것이 유지되는 제도적인 상황의 부조리함을 명백하게 보여 줄 수 있는 오류의 극적인 과장을 이용한다. 동시에 그는 논고의 기만적인 과정이 아니라 전제(뫼르소가 지식인라는 것)와 결론(뫼르소의 유죄)을 연결하는 관계에서 '이방인'의 놀람을 이끌어내게 하면서 강조점을 이동시킨다. 서술자의 생략(지식 있다, 그러므로 유죄이다)은 그가 자초지종을 알지 못하는 제도적 담화 요소들의 부조리함을 더욱더 강조한다.

사람을 향한 논거

상연과 소설 텍스트를 특징짓는 드러내기를 고려하지 않고 사용된 범위 내에서 다른 유형의 오류, ad 형태로 부르는 것들 중에 하나를 들어 보자. 전통적으로 오류로 간주된 **사람을 향한** 논거는 논쟁 담화의 특정 방법 중 하나이다. "근대적 전통에서 볼 때 어떤 일이 그것의 고유한 이점들을 근거로 하지 않고 동기, 또는 그것을 옹호하거나 공격하는 사람들의 상황에 대한 (일반적으로 불리한) 분석으로부터 논의될 때 사람을 향한 논거가 있다."(함블린, 1970: 41) 논증에 대한 많은 이론들이 문제로 삼는 것은 주로 그것의 **논리적 타당성**이다. 논쟁자가 논쟁의 주제 자체보다 상대방의 인격을 공격하는 한 그는 적절성이 없다고 비난받는다. 그러나 사람을 향한 논거가 오류를 범한다는 것 역시 토론에 대한 윤리학적 관점에 속한다. 따라서 화용 변증법에 따르면 비판적 토론의 기본 규칙은 타자가 자신의 논거를 제기할 수 있도록 하는 것으로 이는 상대방의 공정성, 능력, 공명정대함, 또는 신뢰성을 의심함으로써 인간적으로 그의 가치를 떨어뜨리는 것을 금지하는 것이다.(반 에메렌 外, 1992: 110) 올리비에 르불이 사람을 향한 논증에 대해 지적했듯이 "매우 야비한 논거는 모든 추론을 금하면서 결국은 어떤 폭력을 사용한다."(1991: 183) 이와 같은 생각에서 르불은 apodi-oxie, 모든 논거를 거부하는 논거, 즉 "연설자의 우월성을 내세우거나: **나는 충고가 필요없다……**, 또는 청중의 열등함을 내세워: **당신은 내게 충고할 만한 사람이 아니다……**" 논증하는 것을 논거로 삼은 그리고 '또한 일종의 언어 폭력'인 거부를 언급한다.(르불, 1991: 141)

그래도 사람을 향한 논거의 논리적 결함과 그것의 도덕적 자질이 의심스러운 특징은 이 논거의 수사학적 효력을 방해하지 못한다. "토론의 이러한 전술은 대개 논리적으로는 잘못됐다는 것을 트루디 고비어는 인정한다. 그러나 그것들은 흔히 화용적으로 그리고 수사학적으로 매우 효과적이다. 여러 명제가 맹렬히 공격을 받았다. 왜냐하면 그것을 주장했던 사람이 '요구되는' 연령·성·인종 또는 계급에 속하지 않았기 때문이었다."(고비어, 1988: 108; 필자 번역) 우리는 올리비에 르불과 함께 사람을 향한 논증이 사실 "전복된 권위의 논거에 해당된다는 것을 인정했을 때, 이것의 역할의 중요성을 좀더 쉽게 이해한다. 가증스러운 사람에게 어떤 명제를 결부시키면서" "또는 그것을 발화하는 사람의 무능력을 드러나게 하면서" 그 명제를 반박하는 것이다.(르불, 1991: 182-183) 이러한 관점에서 보면, 사람을 향한 논거는 반대자의 이야기 내용보다는 그의 에토스에 근거하는 논거이다. 그런데 우리가 살펴보았듯이 에토스는 증거의 요소이다. 이런 의미에서 화자가 "우리가 취급하는 문제에 대해 요구되는 도덕적 권위를 가지지 않는다. 장래의 동기들을 고려하여 신중하게 사물들을 숙고하거나 검토하는 경향이 없다. 가치나 믿음 또는 맥락에 전제되어 있는 원칙을 진정으로 공유하지 않는다. 어쨌든 **에토스**에 결함이 있다"는 것을 증명하는 사실들이 사람을 향한 논증을 지지하는 한 이것이 완전히 타당한 논거로서 연구될 수 있다.(브린턴, 1985: 56) 논리적인 적절성과 반대로 **에토스적인**(éthotique, 브린턴의 용어) 적절성은 특별한 경우와의 관계에서만 설정될 수 있다.

질 고티에는 논리적·상황적, 그리고 개인적인 논거로 세 가지 종류의 사람을 향한 논거를 구분한다. 대화 상대방의 말 속에 있는 두 가지 입장 사이의 형식적 모순에 대하여 그를 공격할 때는 논리적이다. "어떤 사람이 표방하는 입장과 그의 성격 또는 행동을 나타내는 몇몇 특징들 사이에 가정된 취약함"을 이유로 그를 공격할 때에는 상황적이다.(1995: 22) 마지막으로 상대방을 정면 공격할 때에는 개인적이다. 개인적인 공격은 특히 그것이 모욕과 다름없을 때에는 종종 **인신 공격의 오류**라고 불린다. 이러한 논거들은 그들의 내용이 참이어야만 한다고 규정하는 **진실성의 기준**에 따라야만 한다("거짓된 또는 잘못된, 즉 틀렸거나 부정확한 발화체로 구성된 사람을 향한 논거는 윤리적으로 부당하다"[1995: 24]). 그것들은 특히 **적절성의 기준**에 부합해야만 한다: 근거없이 상대방의 인격을 문제삼아서는 안 된다. 고티에에 의하면, 이 마지막 기준이 전략에서 받아들일 만한 것과 용인할 수 없는 것을 구별하게 해준다.

프랑스에서 로맹 롤랑의 폭로 이후 그의 저서 《싸움을 넘어서》(별첨 1)의 텍스트에 대해 거세게 일었던 논쟁은 사람을 향한 논거의 이용에 대한 흥미로운 예를 제시한다. "이 신문에서 세 번씩이나 내가 비난했던 것은 **로맹 롤랑**의 글과 **행동**이지 그의 **인격**이 아니라고 분명하고 단호하게 반복한다······."(르네투르 外, 1916: 90) 자신을 정당화하는 것에 마음 쓰는 어떤 사회주의자에 의하여 행해진 이러한 성명은 로맹 롤랑에 대항하여 사람을 향한 논거의 완전한 무기를 이용하는 여러 작품들에서 나타난다.

루아종의 텍스트(1916)가 나타내듯이, 작가의 여러 발화체들 사이의 모순들을 보여 주는 논리적인 논거는 특히 롤랑을 비방하는 사람들에게 인기 있다.

반세기 전에 짓밟혔었던 알자스-로렌 지방의 법률은 전쟁 전에 롤랑 씨가 그 지방 사람들의 처지를 완화시키기 위해 독일인들과 공식적인 관계를 맺는 것을 금했다. 그러나 전쟁 이후로, 벨기에에 대한 상당히 무력적인 침범 이후, 이 힘없는 국민들에게 행해진 무수한 비열한 짓들 이후에 [···] 그런데 전쟁 때부터 독일인들의 범죄가 크게 증가되었으며 [···] 루뱅에 이어 스트라스부르그도, [···] 롤랑 씨는 독일과의 혈맹을 끊지 않는다고 자부하는가? 누가 할 수 있다고 생각하는가! 그 자는 헛수고하게 될 것이다. 우리가 로맹 롤랑에게서 밝혀냈던 모순의 광기에 대한 모든 예들 중에서, 사실 이것이 가장 터무니없는 것이다.

(앞글: 67)

이전에 거부했었던 것을 옹호하거나 자신의 성명 중 다른 어떤 것과 양립하지 않는 주장을 제시함으로써 자신의 논거를 일관되게 지지하지 않는 사람이 정당할 수 없을 것이라고 전제하는 논거를 사회주의자들은 많이 사용한다.(반 에메렌, 1992: 112) 이것은 말하자면 프랑스-독일 간의 화해에 대한 논거의 적절성을 토론하지 않아도 되게 한다.

상황적 논거는 반대자의 말과 행동이 상반됨을 강조한다. 우리는 롤랑이 사회주의자들은 행동이 부족하다고 비난하면서, 자신은 필요할 때에 그들의 편에 가담하기를 거부했었던 것을 비난한다. 그러나 무엇보다도 논쟁은 흔히 인신 공격의 오류라고 명명되며, 연설자의 이야기의 신용을 떨어뜨리고자 그의 인격을 의심하는 개인적인 **사람을 향한 논거**에 호소한다. 루아종의 항변에도 불구하고 우리는 《싸움을 넘어서》 저자의 도덕적 정직성과 능력을 비난한다: 그는 변절자, 현실에 맞서지 못하는 이상주의자, 논리적이지 못하고 정신이 혼란한 사람, 거만한 사람 게다가 과대망상증 환자이다.

예를 들어 스테판 세르방은 "징집 대상이 아닌 프랑스 남자가 마음대로 스위스에 여행하러 갈 수 있는 것만은 아니다"(앞글: 38)라고 스위스의 체류를 비난한다. 게다가 롤랑을 그가 벗어나 있는 것에 대한 헛된 우월감에 사로잡혀 있는 사람이라고 비난한다: "그가 그들을 스위스의 산맥에서 바라보았었기 때문에 자신이 대국적 시각으로 바라본다고 생각했던 작가." (카뮈, 앞글: 44) 그때부터, 우리는 쉽게 개인적 특성으로 옮겨간다. 그가 '문학에 대한 흥미와 우정'을 자신이 옹호하는 입장 때문에 희생했었다고 말할 때, 우리는 그의 '작가로서의 유치한 허영심'을 비난한다.(샤를르 알베르) 루아종에 의하면, 그가 과대망상증으로는 빅토르 위고마저도 능가할 것이다.(루아종, 앞글: 46) 열띤 논쟁에서 어떤 사람들은 롤랑을 함부로 적군으로 몰기를 마다하지 않는다. "그의 모든 글은 독일에 대한 억제된 찬양의 글이다."(세르방, 앞글: 45) 이러한 적과의 감정 이입은 프랑스인의 미덕에 완전히 상반되는 독일의 정신과 롤랑의 천재성의 깊은 유사성으로 설명될 수 있을 것이다. 세르방은 작품 속에서 프랑스어의 명확성과는 대조적으로 북유럽어의 속성이라고 보는 애매함과 논리 부재의 표지를 보기에 이른다. 그 결과, 말하자면 타고난 논리적 정확성이 없다는 구실로 로맹 롤랑의 발언을 불법화하는 것이다. 사회주의자들은 이 점에 대해 엄격하다. 세르방은 "그의 논리의 배는 침수된다"라고 쓴다; 그는 "일관성 없고 애매한 보잘것없는 태도"를 지니고 있다.(앞글: 46) 더욱 신랄하게, 루아종은 '쇠약한 건망증'과 '지력의 저하'라는 표현을 사용한다.(앞글: 44)

이렇게 시끌벅적한 토론에서 사람을 향한 논거의 기능들은 무엇인가? 논쟁에서 로맹 롤랑의 인격을 그토록 격렬하게 공격하는 것은 무엇보다도 그 당시 그의 호소가 비판적인 토론에 맡길 문제가 아닌 전제들을 터무니없이 다시 문제삼는 것처럼 보이기 때문이다. 제국주의적이고 군국주의적인 독일이 바로 그들 스스로 오래전부터 준비했을 전쟁에 책임이 있다는 사실은 모든 사람들에게 확실하다. 이러한 범위에서 사람을 향한 논거는 토론을 진압하기 위해 상대방의 입을 틀어막고자 한다. 동시에 그것은 로맹 롤랑이라는 인물을 통해 소요 가운데에서도 현실을 초월하는 중요한 원칙에 의거해서 상황을 분석코자 하는 비판적인 지식인의 이미지를 공격한다. 동맹에 가담한 사회주의자들을 향하여, 로맹 롤랑은 모든 명령과 국가

주의적 열정에서 떨어져서 본질적인 고찰을 해나가기를 당부한다. 특히 그는 지식인들에게 명령을 따르기 전에 지성을 위해 애쓸 것을 당부한다. 그러한 점에서 그는 모든 사람에게 반대하는 사람의 모습을 구현하는 선구자들 중 한 사람이었다. 그를 비방하는 모든 사람들이 불법화함으로써 거부하고자 하는 것은 바로 이러한 이미지이다. 문제되고 있는 것은 그들이 반대했던 견해, 즉 모든 상황 속에서, **싸움을 넘어서** 있을 수 있는 지식인에 대한 견해이다.

3. 예시, 또는 유추에 의한 증거

'부분과 부분의, 그리고 유사한 것끼리의 관계'를 만드는 예시 또는 유추는 아리스토텔레스의 수사학이 구축하는 로고스의 토대가 되는 두번째 지주이다. 그것의 설득력은 "공동 발화자의 표현을 통해 이미 통합된 사물과 불확실한 사물을 관련시키는 것에 달려 있다"라고 간략히 말할 수 있다.(맹그노, 1991: 246) 새로운 것은 친숙한 것과 오래된 것을 통해 예측되고 명확해신다. 아리스토텔레스에 의하면 실제 예시, 과기에서 가저온 예시, 그리고 교훈적인 우화나 이야기같이 자기 입장의 변호를 위해 연설자가 만들어 낸 가상의 예시를 구별해야만 한다: "두 가지 종류의 예시가 있다: 하나는 이전에 행해진 사실들을 언급하는 것이다; 다른 하나는 예시 자체를 만드는 것이다."(1991: 251) "미래의 사실들이 대개 과거에서 그것들의 유추를 갖기 때문에" 가상의 것은 역사적인 것보다 열등한 증거 수단이 될 것이다.(앞글: 253) 오늘날 이러한 지적은 그것이 신용할 수 없을 것 같아 보임에도 불구하고 예시를 구축하는 토대가 되는 원칙을 명백하게 설명한다. "특정한 경우로부터 그것이 보여 주는 법칙 또는 구조를 탐구하는 것이 중요하다"라고 페렐만(1977: 119)은 지적한다. 그리고 "예를 들어 논증하는 것은 예시가 구체화시킬 수 있을 몇몇 규칙성들의 존재를 전제하는

것"이라고 분명하게 말한다.(앞글)

이전 것으로부터 결론을 이끌어 내기

코피는 좋은 신발들을 여러 번 구입했던 상점을 추천하는 추론을 언급한다. 우리는 만약 이전에 산 물건들이 만족스러웠다면, 같은 상점에서 새로 구입한 물건 역시 좋을 것이라는 생각을 기점으로 한다. 언급된 전례들이 선택이 성공적일 것이라는 절대적인 확신을 주지는 않는다는 것에 주의하자. 그것들은 기껏해야 타당한 정도의 가능성을 가지고 그것을 추측하게 할 뿐이다. 일반적으로 한 번의 경우로는 어떤 규칙을 만들 수 없기 때문에 논증자는 언급된 경우가 그 자체로서 충분히 설득력이 있는지, 또는 그것이 어떤 규칙성을 가지고, 아니면 적어도 여러 번 반복하여 되풀이되었는지를 확인해야만 한다. 아리스토텔레스의 예를 다시 들어 보면, 다리우스나 크세르크세스가 이집트의 주인이 되고 난 후에 그리스를 침범했었다는 것을 인용함으로써 그리스인들이 왕이 이집트를 점령하도록 내버려둘 때 초래하는 위험을 보여 줄 수 있다. 따라서 우리는 새로운 상황들에서도 마찬가지일 것이라고 생각할 수 있다.

전례의 권위와 '미래의 사실들이 과거에서 그것들의 유추를 갖는다' 라는 생각은 귀납적 추론에 근거하는 다소 명시적인 논증의 전개를 가능케 한다. 예를 들어 1880년 12월 23일 의회에서 있었던 담화에서 쥘 페리는 종교적 중립성의 원칙이 이미 프랑스에 가져다 준 혜택들로부터 학교를 반드시 종교와 분리시켜야 한다는 주장을 제시한다.

종교적 중립성의 원칙은 이미 정치와 사회 분야에서 공권력뿐만 아니라 사회 전체의 뜻, 시간, 오랜 시간에 의한 완전한 인정을 받았습니다. 왜냐하면 그것의 도래를 환영했던 이 세기가 다 끝나가기 때문입니다. 학교의 종교적 중립성, 학교의 세속화는 정치적 언어에 친숙한 단어를 취한다면, 나와 정부의 견해로는 시민권과 모든 사회 제도들, 예를 들어 1789년 이래로 우리가 유지하며 살아왔던 체제를 구성하는 가족 제도가 종교와 분리된 결과입니다. 그렇습니다. 1789년에 모든 제도들과 특히 가족 제도를 세속화시켰는데, 이는 결혼을 단지 민법에만 속하고 종교법과는 무관한 민법상의 계약으로 만들었기 때문입니다(좌파에 동의함).

(페리 in 리알, 1987: 79)

여기서 주장을 뒷받침하기 위해 제시된 유일한 논거는 제도들의 세속화 과정이 오래전에 시작되었고, 다른 분야에서 유익했다는 것이다. 분명 우리는 그저 여기에 모두를 똑같이 대할 것을 요구하는 형평성의 원칙을 적용할 수 있을 것이다: 어떤 체제, 예를 들어 가족 제도가 세속화되었다면 다른 제도, 예를 들어 학교 역시 그렇게 되어야만 한다. 그런데 논거의 진술은 새로운 척도의 혜택을 보장하는 실제적인 전례들과 관련 있다는 것을 강조한다. '종교적 세속화'의 적용은 '그것의 도래를 환영해야' 만 하는 사건이다; 그것이 '사회 전체의 뜻'에 의해 용인되었다는 것은 모든 프랑스인들에게 완전한 만족감을 주었다는 것을 내포한다; 제도들의 세속화가 시간의 시험을 견뎌냈다는 것은 그것이 훌륭한 척도임을 보여 준다. 귀납적 추론을 통해, 과거 여러 제도들에 유익했다는 것은 미래에 학교 제도에서도 그러할 것이라는 결론을 내릴 수 있다. 예시는 이러한 경우에 체제들을 분리할 수 있는 모든 것을 무시하면서, 체제들로서의 가족 제도와 학교 제도의 유사함에 근거한다. 가족 제도의 예가 앞으로의 시도의 성공 여부를 보장해 주기에 불충분해 보일 수 있었기 때문에, 쥘 페리는 세속화가 이미 무사히 용인된 다른 분야들을 나열하는 것에 그치지 않고 "같은 원칙에서 법체계 전체가 만들어졌다"는 것을 상기시킨다.(앞글) 이로부터 구절의 맨 앞에 놓인 무언의 명령이 나온다: 이것은 "적기에 왔고, 그 적용을 더 오래 연기할 수 없는 필수적인 원칙이다."(앞글) 이 모든 논증적 구절에서 쥘 페리가 어떤 점에서 세속화가 학교에 좋은지를 증명코자 하지 않는다는 것을 알아차리는 것은 흥미롭다. 그것은 과거의 예시와 그가 국가 교육에서 유추하는 전례들의 권위에 근거한다.

애매함과 역사적 예시의 복잡성

우리는 쥘 페리의 담화가 프랑스 공화국에 본보기가 될 만한 유명한 전례, 즉 1789년에 있었던 일과 관계된다는 것에 주의할 것이다. 그것은 사실 민법상의 결혼을 언급하는 것으로 그치지 않고 현대 프랑스를 만들어낸 대혁명의 발기와 관련된다는 사실을 강조한다. 이렇게 그는 정치적 논증에서 많이 찾아볼 수 있는 역사적 예시에 호소한다. 그것은 설득을 목적으로 하는 모든 담화에 적절하긴 하지만, 토의적 담화에 특히 더 적합하다.

그러나 이집트를 침범한 다리우스왕과 크세르크세스왕의 경우가 대표적인 역사적인 예시의 권위와 관련된 아리스토텔레스의 낙관주의는 사실들의 명백함에 대한 신뢰에 근거하는데, 이는 현대인들이 더 이상 공유하지 않는다. 우리는 같은 역사적 사건이 다양하게 취급될 수도, 그에 대한 여러 가지 해석이 갈등을 일으킬 수도 있다는 것을 안다. 그러므로 역사적인 예시는 상반되는 결론으로 이끌 수 있다. 따라서 그 논증적 비중은 그 자체로 평가될 수 없다. 특정 상황에서, 그리고 일정한 의사 소통 상황 안에서 행해진 그것의 사용에 달려 있다.

1990-1991년의 걸프만 위기 사태의 경우를 들어 보자. 사담 후세인이 통치하는 이라크가 쿠웨이트를 침범했을 때 극우적 성향을 띤 프랑스의 언론은 중동 지역에 프랑스 군대를 개입시키는 것을 전부 반대했었다. 극우적 성향의 주간지 《나시오날 엡도》에서 프랑수아 브리뇨가 쓴 〈아람코[사우디아라비아 국영 석유 회사]와 텔아비브를 위해 죽기〉라는 표제를 볼 수 있다.(《나시오날 엡도》, 330, 1990년 11월 15-21) 외교적인 이유로 승낙된 희생의 부조리함을 강조하는 논거(이 발화체는 '조국을 위해 죽기'라는 명령어와 대조를 이룬다)는 과거에서 차용된 예시를 불러오는 역사적인 암시를

겸한다. 그것은 사실 정확하게 폴란드를 위해서 스스로를 위태롭게 하는 것이 쓸모없는 짓이라는 구실을 들어 나치주의 독일에 대한 싸움을 거부했던 모든 사람들이 논거로 사용했던 것으로, 정확히 기억되는 '단치히를 위해 죽기'를 따라한 것이다(독일은 폴란드로부터 독일의 도시라고 법령으로 포고된 단치히를 탈환했었다). 여기서 암시의 형태로 제시된 역사적 예시가 여러 단계들에 따라 행해진 유추를 드러나게 함으로써 불간섭의 논거를 강화시킨다. 단치히의 경우처럼 쿠웨이트는 침략자가 잃어버린 지방으로 간주하는 영토이다. 히틀러의 경우와 마찬가지로 사담 후세인에 대항하는 연합군 편에 프랑스가 개입하는 것이 세계 전쟁을 일으킬 수도 있다(그 당시 전 세계 언론에서 심각하게 고려했던 가정).

《나시오날 엡도》가 동원하는 예시는 그 시대에 지배적이던 유추, 즉 사담 후세인을 히틀러와 동일시하고 쿠웨이트 침략에 대한 승인을 제2의 뮌헨회담과 비교하는 유추에 반대하는 반대 담화로서 제시된다. 군사 개입을 정당화하기 위해 제2차 세계대전의 예시가 동원될 때 《나시오날 엡도》는 논거 자체를 불리하게 하기 위해 같은 과거 사실을 인용한다. 다시 말해서, 《나시오날 엡도》는 "뮌헨에서 히틀러와 체결한 조약을 통해, 나치주의 독일이 체코슬로바키아를 점령하는 것을 승인한 것이 독재자로 하여금 폴란드를 침범케 했을 뿐이고, 결국 불가피한 전쟁을 초래했다. 사담 후세인의 경우에도 마찬가지일 것이다"라는 것에 반대하며 다음과 같은 추론을 제시한다: "폴란드를 위한 프랑스의 개입은 프랑스를 끔찍한 전쟁에 끌어들였다. 쿠웨이트에 개입한다면 마찬가지가 될 것이다." 유추의 뒤집기는 여기서 반박의 기술에 속한다.

그러나 이러한 역사적 예시는 대독 협력에 충실하고 더구나 유태인을 배척하는 사람으로 제한된 극우적 성향을 띤 구독자에게만 영향을 끼칠 수 있음에 주의하자. 세번째 유추는 사실 다음과 같이 요약될 수 있다: "1940년에 유태인들을 보호하기 위해 죽는 것이 쓸모없었던 것처럼 1990년에 유태인 정부를 도우러 날아갈 필요도 없다." 동시에 이 텍스트는 새로운 세계 전쟁을 두려워하는 모든 사람들과 난국 속에서 여러 나라들간의 이해 타산의 결과, 즉 당시에 합의했었던 점을 아는 사람들('아람코를 위해 죽기')을 이에 첨가시키면서 자신의 대중을 확대해 나가는 것을 간과하지 않는다.

따라서 우리는 일반적인 규칙을 이끌어 낼 수 있어야만 하는 특별한 예시의 제시에 내재되어 있는 복잡성을 이해한다. 상호 담화에서 반드시 사용되는 역사적 예시는 그 효력이 이용된 역사적인 사실들을 해석할 수 있는 여러 대중들의 방식에 달려 있는 상호 작용 안에서만 기능할 수 있다.

유추와 예증

역사적인 예시의 불확실성뿐만 아니라 그에 대해 대중의 여러 다른 분파들이 채택하는 다양한 해석들이 초래하는 애매함과 역사적인 예시 외에, 더 일반적으로 비교에 근거하는 증거 수단이 있다. 그것의 전체적인 도식은 이러하다: C가 D에 대한 것은 A가 B에 대한 것과 같다. 예시의 경우와 마찬가지로 논증 이론들은 그것이 이론의 여지가 있기 때문에 취약한 논거라고 생각한다. 비형식논리학은 관계 맺어진 두 가지 요소가 얼마나 유사한가 그렇지 않은가, 또 그 관계가 적절한가로 유추의 타당성을 평가한다.(코피, 1996: 172-175) 예를 들어 르 펜은 프랑스에 이민 온 노동자들에 대해서 (거의) 자신의 대중에게 유추를 이용하여 말한다: "여러분들은 욕조를 수선하러 온 배관공을 식사에 초대하지도 자고 가라고 청하지도 않습니다." 우리는 유추를 기반으로 하는 논거를 발견한다: C(이민 온 노동자들)가 D(프랑스인들)에 대한 것은 B(배관공, 즉 숙련공)가 A(가정)에 대한 것과 같다. 다시 말해서, 이민 온 노동자들의 프랑스에서의 체류는 출자를 받은 일을 완수하고 다시 떠나는 일종의 직업적인 방문이어야만 한다. 사적인 공간에서 육체 노동자가 출현하게 되는 동기들과 국가 차원에서 외국인들이 출현하는 동기들 사이의 유사점이 이처럼 제시된다. 필연적으로 조국으로서의 프랑스와 가정 사이에 유사성이 암묵적으로 확립된다. 르 펜의 이러한 지적은 외국인들이 당연히 육체 노동자들이라고 전제한다. 게다가 그들을 가정의 테두리 안에 속하지 않는 사람들과 동일시한다. 그의 지적은 이처럼 외국인들에게 열등한 사회적 지위와 선천적인 이방인의 입장을 동시에 제공한다. 유추는 기존의 유사성에 근거하는 만큼 비교를 만들어 낸다.

우리는 고려되지 않은 상이함들을 강조하고 지나친 동일시의 근본을 이루는 가치들을 고발함으로써 이러한 전제들을 규탄할 수 있다. 예를 들어 가정이라는 공간과 이민자들에게 부여된 이방인으로서의 사회적 지위의 토대인 프랑스라는 공간을 동일시해야 할지 자문할 수 있다. 실제로 서로 다른 두 가지 구성 요소 사이에 긴밀한 관계를 만드는 유추는 그 방식을 규탄하는 비판적 관점에서 혼합물로 정의된다. 마르크 앙주노가 《풍자적인 말》에서 언급한 이 개념은 "유일한 범주에서 흔히 서로 관계없는 것으로 간주되는" 현상들을 통합하는 행위를 광범위하게 지칭한다.(1980: 126) 코렌은 유추 형식으로 이를 재표현한다: "혼합은 '주제(thème)' AB와 '비교 대상(phore)'의 CD 사이의 관계의 유사성을 동일성으로 바꾼다. 이 동일성은 사실상 놀라운 같은 결과를 만들어 내려는 이론의 여지가 없는 명백함으로 제시된다."(1996: 183) 분석 도구인 혼합물이라는 개념은 또한 하나의 논증 무기가 될 수 있다. 사실 거기서 혼합을 드러내면서 유추하여 논거를 알리고 반박하는 것은 논증의 양태를 구성할 수 있다. 이미 말했듯이 사담 후세인과 히틀러 사이의 유추는 지나치게 유사하게, 그리고 동일시되었던 것을 해체시켰던 많은 비판의 대상이 되었다. 예를 들어 쥘리앵 드레이는 어떤 미국 잡지가 사담 후세인을 더욱 히틀러처럼 보이게 하려고 그의 콧수염을 교묘하게 짧게 했다고 지적했다: "히틀러/후세인 같은 콧수염, 그러므로 같은 전투."

카임 페렐만은 유추하여 논증하는 것에 대한 자신의 설명에서, 이미 받아들여진 규칙을 예증하게 되는 특별한 경우에 대한 어떤 예측이나 규칙을 세우는 데 사용되는 예시와 상상력을 자극함으로써 그러한 경우에 영향을 미치게 하는 데 쓰이는 예시를 구분한다.(1977: 121) 그리즈 역시 이러한 구분을 했는데, 그는 이를 '유추-증거'에서 주제(우리가 다루는 대상)가 충실해지고 비교 대상(주제와 비교되는 대상)으로부터 자신의 논리적 일관성의 양상을 끌어낸다는 점에서 '유추-예증'은 '유추-증거'와 다르다고 표현한다.(그리즈, 1990: 102-103) 첫번째 경우는 뒤마르새의 《편견에 대한 에세이》에서 발췌한 다음의 예에서 분명하게 나타난다.

> 아버지가 아이에게 불 때문에 고통을 겪을 수도 있다고 말하면서 불을 조심해야 한다고 말할 때, 그는 아이에게 자신의 경험을 통해 알게 된 사실을 말한다: 경험이 없기 때문에 조심성이 없는 이 아이는 자신의 안전이 달린 사실을 알게 되는 것에 흥미를 느끼지 못할까? 철학자가 국민들에게 철학이라는 것은 결국 사람들을 불태우고 그들 스스로의 파멸로 이끌게 만드는 탐욕스러운 불이라고 가르칠 때, 그는 그들에게 수 세기 동안의 경험을 통해 확실해진 진실을 조금도 드러내지 못하는가?
>
> (뒤마르새 in 아모시와 들롱, 1999: 175)

철학자가 국민들에 대한 것은 아버지가 자식들에 대한 것과 같다. 경험 있는 연장자는 그들이 모르고 있는 것을 안전을 위해 가르쳐 준다. 미신이 사람들에 대한 것은 불이 아이들에 대한 것과 같다. 불타 버리고 싶지 않다면 그들이 불로부터 스스로를 보호할 줄 알아야만 한다. 그 결과 아이들이 아버지의 교훈을 경청하고 따라야 하는 것처럼 미신을 규탄하는 철학자의 교훈을 듣고 따라야만 한다. 유추하여 추론하는 것은 여기서 자신들의 믿음과 입장에 집착하는 대중의 저항에 부딪히는 탈신화화를 정당화하는 데 사용된다. 또한 미신이 끔찍한 결과를 가져올 수 있는 위험이라고 제시하는 데 쓰인다. 유추에 의해 행해진 비교를 통해 작가의 주장이 나타나고 전개된다.

완전히 다른 문조로 《쓰며 읽으며》에서 쥘리앵 그라크가 지적한 것을 언

급해 보자: "독자에게 문학이 요부와 타락한 피조물의 총람이 아니라면, 그것은 신경 쓸 만한 가치가 없다."(1981: 33) 유추는 문학에 대한 개념을 유혹 대상 거의 관능적인 쾌락의 원천으로 제시한다는 점에서 기초가 되며, 그것은 비판적인 사고를 미리 전개시킬 필요없이 제시하는 것이다. 예를 들어《유사 지대의 고장》의 저자는 같은 시대에 퍼져 있던 비판적 입장에 반대하는 문학에 대한 시각을 옹호한다.

그렇지만 종종 기본이 되는 유추와 단순한 예증을 구분하는 것이 어렵다는 것과 유추의 본질 자체가 잘 구별되지 않으므로 각각의 경우가 맥락에서만 평가될 수 있다는 것에 주의할 것이다. 볼테르의《관용론》에서 나타나는 〈신에게 기도하기〉의 발췌문을 예로 들어 보자.

> 모든 사람들이 그들이 형제라는 것을 기억할 수 있기를! 그들이 일과 평온한 산업의 결실을 무력으로 빼앗는 약탈 행위를 혐오하는 것처럼 그들의 영혼에 가해지는 압제를 혐오하기를!
>
> (1989: 142)

처음에는 유추가 단순한 예증인 것 같아 보인다. 사실 압제로 인해 불러일으켜진 혐오감은 약탈 행위가 야기시키는 혐오감에서 단지 물질적인 대응물을 발견한다. 도덕적 폭력은 물질적이기 때문에 더 구체적인 폭력의 제시를 통해 효과적으로 보일 수 있다. 그러나 더욱 주의 깊은 검토를 통해 예증의 독특한 특성이 드러난다. 관계절로 확장되는 것이 꽤 부당하게 그것을 연장하기 때문에, 독자는 번영에 야기된 피해에 대한 뜻밖의 언급에서 무언가가 말해진다는 것을 이해한다. 사실 관용은 그것이 자유를 장려하기 때문에 볼테르에게 있어서는 경제적인 안락의 원천이다. 그것은 후일 필요불가결하고 그 관용에 대한 어떤 철학이 전조처럼 나타나는 자유주의 형태의 기초를 이룬다. 유추의 토대가 되는 지위를 회복시켜 주는 이러한 해석은 발췌문의 문맥(텍스트의 주변 요소)을 통해 지지된다.

이야기 형태로 제공된 유추의 전개를 통해 주장을 증명해 보고자 하고, 복음적인 비유나 우화같이 목록화된 형태를 만들어 냈던 모든 담화에 대해 말해야 할 것이다. 이러한 이야기는 아리스토텔레스가 언급했던 허구적 예시에 상응한다. 전체적으로 서술은 이중적인 효과 위에서 전개된다: 그것은 문자 그대로의 차원과 화자가 다소 수고스럽게 명시하지만 이야기를 요구하는 비유적인 차원을 포함한다. 사실 **"우화적인 이야기는 해석을 야기시키기 위해서만 존재한다."**(슐레이만, 1983: 42) 예를 들어 수잔 슐레이만은 예수가 자신의 제자들을 위해서 직접 해석한 씨 뿌리는 사람의 비유를 분석한다. 그는 이것에서 '교훈적인 이야기'라고 부르는, 즉 라 퐁텐의 우화《바사인과 상인》에 대해서 그녀가 시험하는 것의 모델을 이끌어 낸다. 그는 곧이어 (이야기에 미리 정해진 결말에 의해 결정된) 목적을 지닌 이야기로서 경향 소설을 다루는데, 이것은 독자의 실제 삶에 (적어도 잠재적으로) 적용할 수 있는 행동 규칙을 함축하는 독특한 해석을 요구한다.(1983: 70) 그후로 다양한 작업이 교훈적인 이야기의 논증 효과에 바쳐졌었다.(아모시 in 리우, 2000)

[더 읽어볼 책]

COPI(Iriving M.) et BURGESS-JACKSON(Keith), 1992, *Informal Logic*, NJ, Prentice Hall.

DECLERQ(Gilles), 1992, *L'Art d'argumenter. Structures rhétoriques et littéraires*, Paris, Éd. universitaires.

PERELMAN(Chaim), 1977, *L'Empire rhéthorique. Rhétorique et argumentation*, Paris, Vrin.

PLATIN(Christian), 1995a, 〈L'argument du paralogisme〉, *Hermes 15, Argumentation et Rhétorique* I, pp.245-269.

[종 합]

아리스토텔레스는 수사학이 생략 삼단 논법 즉 부분적으로 삭제된 삼단 논법, 그리고 예시와 유추에서 구체화된 귀납법을 통해 구체화된 연역법에 근거하게 한다. 그러나 담화로부터 논리적인 구조를 재구성하는 것은 비형식논리학이 하는 것과 마찬가지로 조작이 담화의 논리적 명제들로의 환원과 언어의 논증성의 중립을 함축하기 때문에 불확실하다. 따라서 생략 삼단 논법이 일상적인 대화에서 문학텍스트에 이르기까지 논증적 의사 소통 상황의 영역에서 어떻게 이용되는지를 보는 것이 더욱 유익할 것이다. 오류의 경우도 마찬가지이다. 담화에서의 논증분석은 오류의 논리적 타당성의 정도를 정하려 하기보다는 상황 속에서 기능을 이해하고자 한다. 따라서 그 분석은 애매함 또는 사람을 향한 논거와 같은 비형식논리학의 범주들의 문제점을 수정하면서 그것들을 다시 이용한다. 같은 방식으로 유추에 의한 논증 방식들이 분석된다. 그것은 맥락에서 조작이 복잡한 것으로 확인되는 역사적 예시와 예증에서 발견에 도움이 되는 가치를 지닌 관계맺기로 나아가는 엄밀한 의미에서의 유추인 것이다. 이런 관점에서 우화적인 담화는 서술 장르들을 우화나 경향 소설로 만드는 유추의 확장으로 나타난다.

제 Ⅲ 부
로고스와 파토스의 방식

제 III 부

독도주권의 방법서설

5

논증분석을 위한 화용론적 요소들

    논증적 상호 작용이 어떻게 관통하여 기초가 되는 통념에 의거하는지 보는 것, 생략 삼단 논법 또는 유추법의 틀 안에 자신의 논거들을 흘려넣는 방식을 검토하는 것은 논증적 상호 작용의 기능 작용을 완전히 파악하기에는 불충분하다. 논증적 상호 작용의 기능 작용은 담화를 구축하고 방향짓는 언어 요소의 층위에서만 이해된다. 그 때문에 수사학은 오늘날 점점 더 언어과학의 다양한 분야들 안에서 시도된 작업들에서 화제가 되고 있다. 그것은 특히 논증 방향과 발화체의 연결에 몰두하는 화용론에서 이득을 얻는다. 여기서 미시분석이 의지해야 하는 모든 종류의 언어학적·화용론적 도구들을 풍부하고 다양하게 개진할 수는 없을 것이다. 부정과 의문, 통사적 표현, 전달 화법과 인용, 양화사들은 모두 논증적 가치를 포함한다. 우리는 말해진 것과 말해지지 않는 것에 관해 편성된 두 측면으로 한정할 것이다. 첫번째 부분은 어휘 요소들의 논증적 효력에 결부될 것이다. 우리는 단어의 선택과 대화 공간에서 다루어지는 표현들, 언어 활동에서의 주관성의 기입과 그것의 가치론적 차원(가치에 대한 판단)을 연구할 것이다. 또한 말투의 변화와 통사적 변질, 동위성의 배열, 대립 작용, 분리 방식 등과 같은 담화의 전개 속에서 어휘 요소들을 다루는 방식들에 대해서도 언급할 것이다. 뒤의 일부는 연결사와 화용론적 토포이 안에 기재되는 논증적 방향성에 바칠 것이다. 두번째 부분에서는, 설득 기획의 중심에 위치하는 무언적 요소들에 관한 분석과 탐지가 어떻게 이행될 수 있는지 보이기 위하여 다양한 형태로 존재하는 함축과 결부될 것이다.

1. 말해진 것: 제시와 연결의 전략

어휘 선택과 그것의 논증적 무게[1]

논증분석은 어휘를 그 자체로 그 자체를 위하여 검토하지는 않는다. 그것은 용어들의 선택이 논증을 방향짓는, 그리고 형성하는 방식에 전념한다. 따라서 논증분석은 주어진 상호 작용에서 발화자에 의한 어휘소(즉 어휘의 기초 단위)의 사용을 연구한다. 어휘소의 논증적 활용을 검토하기에 앞서, 어휘소가 그 자체로 자신의 고유한 의미를 퍼뜨리는 완전하고 닫힌 총체로 다루어져야 하는 것은 아니라는 점을 환기해야 된다. 어휘소는 다양한 의미 작용의 임무를 담당하는 상호 담화의 일부를 이루며, 그 안에서 종종 단번에 논쟁적 색조를 획득한다. 맹그노는 "사회주의, 자유, 민주주의를 위하여" "언어 사전에 의지하는 것은 큰 이득이 없으며, 우리는 거의 정치적 상호 담화에 대한 고찰에 의해서만 그들의 가치를 한정할 수 있다" 라고 논한다.(1991: 33) 역사의 움직임 속에서 취해진 이러한 정치적 용어들에 대하여 사실인 것은 모든 다른 어휘 범주들에 대해서도 역시 사실이다. 이는 미하일 바흐친이 언어 활동에 내재하는 대화적 성격을 강조하면서 잘 보여 준 것이다. "어떤 맥락에서 다른 맥락으로의 단어의 가치에 대한 강조의 이동"은 "모든 실제적 담화가 어떠한 형태로든 다소간 분명한 방식으로 어떤 것에 대한 동의나 거부에 대한 표시를 언제나 포함한다"(바흐친, 1977: 116)고 생각하는 접근에서 중요한 것이다. 이처럼 단어는 상호

---

1) 논증적 관점에서 '어휘론적 표시'에 대해서는 Anna Jaubent(1990)의 《화용론적 해석》(Danis, Hachette) 제7장을 유익하게 참조할 것이다.

작용의 틀 안에서──다른 것을 향하여 방향지어진──그리고 발화가 서로 교차되고 서로 답하는 공간에서 담화의 다른 단어들과 공존하는 합의적이거나 논쟁적인 관계의 틀 안에서 다루어져야 한다.

따라서 어떤 단어의 선택이 선행하는 계산의 대상이 아니고 일견 이 단어가 평범해 보이고 간과된다 할지라도, 결코 논증적 무게가 없을 수 없다는 가설을 상정할 수 있다. 페렐만은 이 점에 대하여, 미리 숙고된 선택의 결과로서가 아니라 어떤 사태에 대응하는 '객관적' 사용으로서 부과되는 듯한 것의 논증 가치를 강조한다.(1970: 201-202) 용어의 순수함은 주어진 분야 안에서 획득한 친밀성의 정도에 의존한다. 로젤린 코렌은 이 점에 관해 다음과 같이 논한다.

인정된 명칭이 함축적으로 남아 있을수록 더욱 강력한 추론의 가시적 일부를 이루는 경우는 빈번하다. 명칭의 반복은 그들에게 진리의 외관을 제공하게 된다. 숨겨진 논증은 거의 논쟁의 여지가 없는 견해에 깊이 도달하면 중심 개념이 된다.

(코렌, 1996: 227-228)

예를 들어 콜레트 기요맹은 처음에 '위법 입국 금지!'라고 반복하는 벽보에 펼쳐졌던 '위법 입국'이라는 표현이 어떻게 상용어에 포함되고, 집단적 발화체가 됨으로써 사회적 여건들을 변화시켰는지 보인다. 실제로 이 표현은 소위 '이민 문제'라는 화제를 '통제되지 않는 이민'이라는 개념으로 대체했는데, 이 개념에 '야만적인'이라는 형용사가 부정적 측면에서 '미개인의 풍습'(야만인들의 이민)이라는 생각과 긍정적 측면에서 반체제주의적 근대성에 관한 생각을 간접적으로 덧붙인다.(기요맹, 1984: 47) 그때부터 분석적이거나 기술적인 목표를 가진, 즉 '객관적인' 외관의, 수많은 발화체에서 사용되는 이 표현은 특별한 논증 방향으로 발화체를 인도한다. 이 표현은 특히 이주민에 관련된 담화에 이용된다──《투사》(68, 1974)라는 극우파 잡지에서 피에르 부스케가 붙인 표제 즉 '위법 이민, 사회적 후퇴 요인' 처럼, 거기에서 이민에 대한 논거는 어떻게 보면 '야만적인' 과 '후퇴' 간에 자동적으로 설립된 관계에 의해 '순화' 된다.

목적을 순화시키고 은폐된 논증적 활용을 허용하는 일상적인 용어나 표현과는 반대로, 우리는 단번에 논쟁적 가치를 갖는 눈에 띄는 어휘 선택을 발견할 수 있다. 논쟁적 가치는 이러한 선택이 의도적으로 나타나건 아니건 간에 여러 가지 가능성 중에서 노골적으로 이행된 선택에서 나온다. 우리는 리오넬 조스팽이 레바논의 헤즈볼라에게 적용한 '테러리스트의 행위' 라는 표현의 사용이 일으켰던 분노를 안다: "프랑스는 헤즈볼라의 공격과, 그것의 결과가 어떠하건 간에, 군인과 민간인들에 대해 가해진 모든 일방적인 테러 행위를 규탄한다."(2000년 2월 28일《르몽드》) 이러한 지칭의 선택은 판단과 방침을 나타내는 데 충분했다. '테러리스트' 라는 규정은 이스라엘에 대항하는 시아파 조직의 전투와 북쪽 경계 마을에 대한 계속적인 포격을 비난할 만한 일종의 폭력으로 환원하면서, 따라서 침략자들에 대항하는 전투원이라는 자격을 그 구성원들에게 박탈하면서 불법화하는 것이다. 프랑스 언론에서 '테러리스트' 나 '전투원' 이라는 용어가 부여하는 무게는 코렌의 〈테러리즘에 관한 언론의 문제 또는 표현의 윤리적 쟁점〉에서 잘 연구되었다. 조스팽의 발화체에서는 화자의 위상——수상, 그리고 이러한 자격으로 중동에서의 프랑스 대표, 대변인——과 잠재적 대화 상대방의 특성에 따라——한편으로는 담화가 직접적으로 건네졌던 이스라엘인들, 다른 한편으로는 간접적이지만 필수적 수신자였던 팔레스타인인들, 레바논인들 그리고 아랍 국가들을 포함하는 극도로 분열된 청중——검토되어야 하는 지칭이 중요하다. 두번째의 간접이지만 적지 않은 대화 상대방은 프랑스 대중이었다. 사실 조스팽의 발언은 레바논인들과 팔레스타인인들의 견해에만 대립되는 것이 아니라 대통령과 프랑스의 공식 외교 담화의 견해와도 명백히 모순되는 것이었다. 이러한 맥락에서 이 발언은 프랑스의 정치 영역 안에서 보충적 논증 가치를 획득하게 되었다. 확고한 입장을 취하는가, '실수'라는 입장을 취하는가, 이는 대통령과 수상 사이에 공존과 권력 분리에 관한 미묘한 문제를 일으켰다. 이 용어의 논증적 무게는 헤즈볼라를 지칭하기 위한 일상적 헤브라이어 단어의 사용에 의해 야기된 논쟁에 매우 뜻밖인, 대다수 이스라엘인들에게는 전혀 인식되지 않았다는 것, 그리고 이는 평범한 이스라엘인들에게는 페렐만이 말한 사실적 가치를 지니는 중립적 단어 중 하나를 구성한다는 것에 주목하자.

동사나 실사 또는 품질형용사에 관련된 어떤 어휘소들은 그 자체로 가치론적 가치를 지닌다(그들은 가치 판단을 연루시킨다). 언어 활동에 주관성의 기입을 표명하면서, 그러한 어휘소들은 단번에 발화체에 논증적 방향성을 부여한다. 오레키오니(1980)는 긍정적이거나 부정적인 가치 판단을 나타내는 대상에 관한 가치론적 평가사들을 연구했다. '테러리스트'나 '야만적인'과 같은 가치론적 품질형용사와 다른 많은 수단들에 입각하여, 논증자는 자신의 발언에 입장 표명을 기재할 수 있도록 마련된 가능성들을 활용할 수 있다. 이는 효과적인 양태 관리에 연관된 문제이다. 사르파티는 벤베니스트에게 있어서 모두스(modus)란 광범위하게 "발화 주체가 자신의 생각의 지각이나 재현에 대하여 진술하는 지적 판단, 정의적 판단, 또는 의지의 언어적 형태"라는 것을 환기한다.(1997: 23에서 인용) 언어학에서 다양한 양태의 확장에 대한 정리 속에서 구바르는 다음과 같이 논한다: '담화분석에서 양태라는 개념은 문장의 문법에서처럼, 그러나 문장의 유형들로 한정되지는 않으면서 화자가 자신의 발화체에 대하여 표명하는 태도를 명확히 구분하는 것을 목표로 한다. 명사, 형용사와 명사의 보어, 동사, 조동사, 그리고 부사는 모두 이러저러한 양태적 가치들을 정확하게 나타낼 수 있는 언어 형태이다."(1998: 52)

단어의 무게는 우리가 어떤 담화의 형성 속에서 빈도와 분포, 게다가 역사를 안다면 더 잘 식별될 수 있다.(IV, 8, 1) 예를 들어 시몬 보나푸는 이민을 다루는 좌파와 우파의 일련의 잡지들에서 '나라' '국민' '국가'와 같은 용어들의 출현과 용법을 검토한다.(1991) 몇몇 분야에서 그들의 출현과

취급에 대한 지식은 이 단어들이 속하는 논증에서 그들의 활용성을 보다
잘 이해할 수 있게 해준다. 1889년부터 1914년까지《사회주의 선전 활동》
을 분석한 마르크 앙주노는 '시민'과 관련하여 또한 대립하여 '동지'라는
용어가 형성하는 사용법을 연구한다. 그는 다음과 같이 논한다.

> '동지'――노동의 동지, 속박의 동지, 투쟁의 동지……――는 그것의 어
> 원과 개입하는 문장소에 의해, 그 자체로, 미래 '사회주의 공화국'의 평등한
> '시민들'보다 더 적절하게 **당원**이라는 특수한 집단을 목표로 할 수 있게 해
> 준다.
>
> (1997: 181)

이 용어는 "투사 세계에서 단순한 예의상의 표현"일 때조차도 "**혁명**에
대한 공감의 유대는 문제되지 않는다"는 것을 암시하므로, 논쟁적 텍스트
에서 충분히 작동하는 "친근한 연대성의 표시를 […] 보존한다."(앙주노,
1997: 182) 사회당 집회에서 군중에게 연설하는 자크 티보가 '동지들!'로
시작할 때, 이는 투쟁의 동지들이며, 사회당 내부에서 상반되는 목소리들
이 들리는 상황에서 단결해야 하는 사람들에게, 자신을 결속시키는 연대성
을 충분히 작동하게 만든다. 흥미롭게도 그에 앞서 연설했던 웅변가 레비
마스는 대중을 '시민들'이라는 용어로 불렀다: "시민 여러분, 진리요? […]
진리는 프랑스가 평화주의적 국가라는 것입니다."(마르탱 뒤 가르, 1936:
169) "상황이 복잡하기는 합니다. 시민 여러분! 하지만 절망적인 것은 아닙
니다."(앞글: 170) 티보의 외침: "동지들, 나는 말하고자 합니다!"(앞글: 171)
는 이 특별한 맥락에서 모든 영향력을 획득한다.

이러한 관점에서, 한 단어의 역사와 사용된 사회역사적 맥락에서 나타나
게 되는 특별한 의미 작용을 연구하는 것은 종종 흥미롭다. 예를 들어 '공
장주'와 '고용주'라는 용어는 1968년을 거친 후, '기업'이라는 "비인격화
된, 그리고 언뜻 보면 모든 이데올로기로부터 자유로운 용어로 대체되었다.

'현대주의자'는 공장주라는 말 대신에 기업경영자를 사용한다. 이러한 호칭은 공장주와는 반대로 '소유주-보호자'를 가리키는 것이 아니라 그것의 사회경제적 기능을 강조한다."(콜붐, 1984: 107) 시대에 뒤떨어진 '고용주'라는 어휘는 노동조합에 맞선 고용주의 결집을 유발했던 1936년 민중전선의 폭발 이후 특별한 중요성을 획득했다. 그러한 필요성은 다양한 분야의 기업주들을 단일 공동체로 통합시키는 것으로 나타났다. 그러나 '고용주'라는 용어는 이미 19세기 중반부터, **가족의 아버지**인 공장주가 가장 불리한 처지의 구성원들을 돌봐 준다는 친근한 은유에서 '노동자'와의 관계 속에 잘 확립되어 있었다. 따라서 그것은 계급적 종속과 도덕적 책임을 의미한다. 《한 지도자의 어린 시절》에서 사르트르에 의해 반어적으로 연출된 플뢰리에의 논증을 작용시키는 것은 이러한 토포이이다.

> 내 경우를 들어 볼까, 뤼시앵. 나는 소공장주야. 파리의 은어로는 소상인이라고 하지. 그래, 나는 1백 명의 노동자와 그들의 가족을 먹여 살리지. 내가 사업을 잘하면, 그들이 첫째로 이득을 본다구. 그러나 내가 공장을 닫아야 한다면, 그들은 길거리로 나앉겠지. 나는 사업이 잘 안 될 **권리가 없다네.** 그는 힘주어 말한다.
>
> (1939: 210)

인물에 대한 예증은 '소공장주'라는, 언뜻 보기에는 사실적 외관을 부여하는 용어 속에서 그 시대에 내포된 의미 가치의 전개로 요약된다. 그가 이 용어의 인정된 정의를 계승하는 한, 이야기는 뜻하지 않게 그러한 의미를 띠게 되는 것 같다. 독자가 분명한 사실 이면에 존재하는 온정주의적 관점과, 보이지 않는 서술자가 미묘한 반어법으로 결별하는 낡은 이데올로기적 의미의 표지를 발견할 수 있도록 그것은 소설적 담화로 전개되어야 한다.

그 자체로는 논증분석에 속하지 않는 어휘론적 연구는, 이처럼 주어진 시대에 어떤 단어나 표현의 수사학적 활용성을 더 잘 이해하기 위하여 우리가 그 결과를 이용할 때 그들의 풍부함을 드러낸다.

어휘의 재손질: (재)정의, 분리, 의미의 변화

플뢰리에가 한 것처럼 우리는 받아들여진 의미에 기초하여 그 유발 효과를 전개시킬 수 있다. 또한 페렐만이 정당하게 중요성을 강조한 수단인 정의 위에서 논증을 구축할 수도 있다.(1970: 286; 로브리외, 1993: 97-107) 정의는 때때로 인용하는 것이 유용하게 보일 때는 이미 확인된 것에 대한 환기를 이루지만, 종종 반대자의 입장을 반박하는 것에 관련될 때 특히 유용한 방식인 재정의로서 제시된다.

따라서 자신의 평화주의적 담화에서 티보는 전쟁이 청중의 열의에 의존함을 증명하기 위하여 재정의할 필요성을 느낀다.

그러나 잘 생각해 보십시오. 전쟁이 무엇입니까? 단지 이해의 대립입니까? 불행하게도 아닙니다! 전쟁은 인간이며 피입니다! 전쟁은 투쟁하는 동원된 민중입니다! 민중이 동원되기를 거부한다면, 민중이 싸우기를 거부한다면, 책임이 있는 모든 장관들, 은행가들, 트러스트 운영자들, 세계의 군수품 납입업자들은 전쟁을 일으킬 수 없을 것입니다!

(1955: 494)

티보의 재정의가 소위 상식적인 단순한 기술(전쟁은 싸우는 사람들이다)을 무장 투쟁에 대한 사회주의적 견해에 적극 찬동하는 청중의 정의라고 가정되는 더 정교화된 정의와 대립시킨다는 것은 흥미롭다. 논거의 효력은 전쟁에 대한 생각을 자신의 독단적 기술로부터 상식에서 나온 직접적·즉각적 견해로 이끌어 가는 것이며, 그것에 대한 말터——삼단 논법이 구축되는 대전제——를 형성하는 것이다: 전쟁은 싸우는 민중들이다. (만일) 우리 스스로가 싸우기를 거부한다면, (결론) 전쟁은 없을 것이다.

어떤 용어를 재정의하기보다는 다른 차원으로 옮기면서, 그리고 대립 작용을 만들어 내면서 사용할 수 있다. 예를 들어 대통령 선거에서 'gagner(승리하다)'는 투표를 통해 정해진다. 후보 자신만이 아니라 그 후보가 대표한 정당 또한 승리한 것이라고 생각할 수 있다. 그런데 1988년 대통령 선거 때, 시라크는 텔레비전 담화에서 다음과 같이 표명하면서 이 용어를 교묘하게 사용한다: "대통령 선거의 쟁점은 좌파나 우파 사람들 중에서 누가 승리할 것인가를 알고자 하는 것이 아닙니다. 이는 모든 프랑스 국민에게 있어서 프랑스가 이기느냐 지느냐 사이의 선택입니다."(생클루드 그룹, 1995: 43; 시라크의 담화 전체에 대한 분석이 수록되어 있음) 'remporter les élections(선거에서 승리하다)'로서의 'gagner'의 의미는 'perdre(지다)'와 대립되는 'gagner(이기다)'라는 더 일반적인 의미를 위하여 수정되는데, 이 때문에 두번째 발화체에서 이 수정된 의미의 출현은 선거에 대한 열의의 억제처럼 보인다. 시라크는 경제적 지향을 가진 용어들을 의미 있게 사용함으로써 의식적으로 두번째 발화체를 환기시킨다——이 용어들은 승리와 패배만큼이나 이득과 손실을 가리키는 것으로, 이는 시라크로 하여금 "프랑스가 이기기 위하여 해야 하는 것이 여기 있습니다"라고 말하게 하며, 더 나아가 부채 축소에 대한 경제 계획, 사적 발의권의 자유, 그리고 고용 창출을 위한 투자가 뒤따르게 해준다. 게다가 승리를 위하여 경합하는 것은 더 이상 정당이 아니라 큰 위험을 안고 경쟁에 들어간 국가 전체이다. 따라서 경쟁은 내부적 · 국가적인 선거의 측면에서 국제적 측면으로 넘어간다. 이는 경제와 권력의 관점에서, 실질적 이득을 위하여 국가들 사이에서 전개되는 경쟁이다. 이러한 의미의 변화는 암암리에 프랑스가 경합의 공간에서 이전처럼 역량을 발휘할 것처럼 제시하게 해준다. 또한 이러한 변화는 '좌파 사람들'과 '우파 사람들'이라는 표현(그런데 사람들이라는 단어의 사용은 분리의 심각성을 나타낸다)을 국가적 통합과 연대를 다시 세우는 '프랑스'와 '전 프랑스인'이라는 표현으로 대체하게 해준다. 시라크는 프랑스의 미래를 깊이 근심하며, 그가 보기에는 부차적인 정파적 논쟁을 초월한 사람으로 제시된다. 그는 우리가 대통령에 대해 품고 있는 생각에 적합한 이미지를 투영한다. 이행된 의미적 이동을 허용하는 재배합은 그로 하여금 대통령다운 태도를 취하게 해줌과 동시에 프랑스를 '승리자'로 만드는 데 있어서 사회주의자들의 무능력으로 그의 담화를 이끌어 가게 해준다: "1981년부터 1986년까지 사회주의자들의 세력하에서 우리 나라는 이웃들과 경쟁국들에 비해 5년의 후퇴를 겪었습니다."(앞글: 44)

의미의 변화는, 되풀이하지 않으면서 서로 수정하고 강화하는 용어들의 연쇄에 입각한 동위성의 구성인 경우가 더 빈번하다. 클레망소의 담화 (1885년 7월 31일 국회 토론)에서 발췌한 예를 보자. 이 논쟁에서 그는 프랑스의 식민주의 정책에 반대한다.

당신들이 이러한 모험에 뛰어든다면, 당신들이 오늘은 통킹, 내일은 아남, 모레는 마다가스카르 그 다음은 오보크라고 말한다면――왜냐하면 의사 일정에 오보크에 관련된 계획이 있으므로――, 내가 예전에 이미 범해졌던 무분별한 짓들이 다시 일어나는 것을 보게 된다면, 나는 영토의 방위를 위하여 나의 애국심을 지킬 것이며, 나의 애국심의 이름으로 당신들의 비난받아 마땅한 어리석음을 규탄할 것임을 밝히는 바입니다.

(지라르데, 1983: 109)

프랑스가 눈길을 돌리는 외국 이름을 가진 먼 나라들의 열거는 정책적 시도의 중요성을 박탈하고 폄하하는 '모험'이라는 용어를 정당화한다. 모험으로 뛰어드는 것은 모든 사회 통념에 따라 정당한 범위에서 위험을 고려하지 않은, 위험에 대한 기호와 일치하는 것이다. 그때부터 모험은 모든 합리성을 박탈한 지칭인 '무분별한 짓'으로 제시되며, 당연하게 '비난받아 마땅한'이라는 가치론적 가치를 지닌 형용사를 동반한 '어리석음'이라는 비난으로 몰아간다. 이 모든 것은 식민주의적 시도가 내세우고자 하는 진정한 애국주의와 대립된다. 그의 반대자들이, 클레망소의 견해로는 비상식적인 시도로 만든 애국적 가치를 그들 스스로에게 불리하게 돌리는, '나의 애국심'은 여기서 분명히 논쟁적이다. '모험' —— '무분별한 짓' —— '부주의'의 연쇄는 점차 식민지 정복에 대한 비난으로 청자를 이끌어 가야 한다. 화자는 자신의 입장을 논증하기보다는, 어떤 정치가에게 할 수 있는 가장 심한 비난 즉 책임감의 결여와 선견지명에 대한 무능력함이라는 비난에 이르게 하는, 가치론적 선택과 연쇄를 이용하여 동의시키려 한다. 광적인 모험이나 잘못된 애국심(화자의 애국심과 대립되는 '당신들'의 애국심)의 동위성은 모든 논쟁을 초월하여 인정되고 합의된 가치이며, 오로지 장기적으로 프랑스의 안위에 대한 우려로 이해되는 '영토의 방위'와 강하게 대립된다. 식민주의적 시도를 모험으로 지칭함으로써, 그리고 대응하는 동위성을 만들어 냄으로써 클레망소가 닥쳐올 재난에 대해 자신의 동포를 지키는 현인의 에토스를 투영한다는 것을 주목하자.

때로는 국한적이고 때로는 구축한 담화를 통하여 전개된 대립은, 우리가 그 효과를 잘 알고 있는 가치론적 공략을 허용한다. 하지만 여기에서 더 깊이 연구할 여유는 없을 것이다. 대립과 반전 전략에 기초한 올바슈 남작의 텍스트(1993: 205-215)에 대하여 안 에르슈베르 피에로가 행한 분석에서 좋은 예를 찾을 수 있을 것이다.

2. 말해지지 않은 것, 또는 함축의 힘

함축의 기능과 이유

논증은 분명히 말한 것만큼이나 암시하는 것으로 지탱된다. 일반 공리 생략 삼단 논법, 유추는 논리 담화 도식이 빈번하게 함축의 방식으로 텍스트 안에 기재된다는 것을 잘 보여 준다. 발화체 기저에 존재하는 논리로서의 수사학적 토포이와 묵시적 연결 원리로서의 화용론적 토포이는 전적으로 함축적이다. 우리가 알듯이 전형은 거의 직접적이고 완전한 형태로 제시되지 않는다. 게다가 우리는 아리스토텔레스가 생략 삼단 논법이라 부르면서, 청중이 스스로 쉽게 재구성할 수 있는 삼단 논법의 요소들을 모조리 명시하는 것은 불필요하다고 강조했던 것을 기억한다. 왜 자명한 듯한 것을 말하는가?

함축은 청중으로 하여금 결여된 요소들을 보충하게 한다는 점에서 논증의 효력에 기여한다. 문학 영역에서 볼프강 아이저가 발전시킨 해석 이론(1985)은 텍스트의 여백이 독자를 적극적인 파트너로 만드는 해석 활동을 촉진시킨다는 것을 보였다.(《우화 독자》[1985]에서 움베르토 에코가 계승한 관점) 논증적 전망에서 여백은 그 이상으로 작용한다. 청자는 스스로 재구성하는 활동 속에서 어떤 주장에 적응해 갈수록 그것에 더 잘 동의한다.

그럼에도 불구하고 함축이 강한 논증적 효력을 지녔다면, 이는 단지 담화와의 '협동'을 가능케 하는 해석 활동을 촉진하기 때문만은 아닐 것이다. 또한 뒤크로가 잘 보여 주었듯이 어떤 가치와 입장이 이것은 자명하다라는 방식으로 제시되고, 말하는 것의 공공연한 목적을 구성하지 않으면서 담화 안에 슬그머니 들어갈수록 더 큰 효과를 가지게 된다. 이처럼 어떤 가치와 입장은 모조리 표명될 필요가 없는 자명한 사실로서 제공될수록 청중에게 더 잘 인정되며 논쟁을 벗어난다. '말하는 것과 말하지 않는 것'의 활용이 어떻게 처음부터 넓은 의미의 논증적 관점에서 인식되는지를 잘 보여준다는 점에서, 여기서 창립자 뒤크로의 텍스트를 환기하는 것은 무용하지 않을 것이다.

함축을 필요로 하게 되는 가능한 한 […] 원인은 모든 명시된 단언이 그것만으로 토론의 주제가 될 수 있다는 사실에 기인한다. 말해진 모든 것은 반박될 수 있다. 따라서 대화 상대방의 돌발적인 반대의 표적이 되지 않게 하면서 어떤 견해나 바람을 나타낼 수 없다. 흔히 지적된 것처럼 어떤 생각의 표명은 문제화를 향한 첫번째, 그리고 결정적 단계이다. 그러므로 모든 기본적인 믿음에 대하여, 사회적 관념에 관한 것이든 개인적 방침에 관한 것이든 그것이 표현된다면, 그러한 믿음을 장황하게 설명하지 않고, 문제의 대상에 따라서 논쟁의 여지가 있는 대상으로 만들지 않는 표현 수단을 찾는 것이 필요하다.

(뒤크로, 1972: 6)

함축은 간접적으로 지나치게 하기는 힘든 명백한 전제나 요소들로 구성된 믿음과 견해를, 간접적이고 은폐하는 형태로 제시하므로 논증을 강화한다. 함축을 이용하는 다른 이유는 그것이 화자로 하여금 "어떤 것을 말하게 해줌과 동시에, 말하지 않았던 것처럼 할 수 있게 해준다"는 사실에 기인한다.(앞글: 5) 뒤크로는 다음과 같이 논한다: "함축에 관한 일반적인 문제는 우리가 말했던 것에 대한 책임을 받아들이지 않으면서 어떻게 무엇을 말할 수 있는가를 아는 것으로, 이는 결국 발언의 효용성과 침묵의 결백성으로부터 동시에 이득을 얻는 것과 같다."(앞글: 12)

화자가 자신이 의미하게 한 것을 책임지지 않을 수 있다는 가능성은 분명 청중에게 해석의 적절성에 대한 문제를 야기한다. 어떤 거부도 제기되지 않을지라도 담화에서 드러낸다고 믿는 명제에 식면한 청중은 새구성된 주장이 자신의 상상적 산물인지 의심스러운 텍스트에 실제로 존재하는지 확실히 알 수 없다. 그는 '해석적 짐작,' 즉 발화체의 의미와 의도에 대한 가설에 기초한 작업에 전념할 수 있을 뿐이다. 이를 위하여 청중은 "가변적 위상의 정보들을 결합하면서" 함축적 명제를 "어떤 발화체로부터 이끌어 내고 글자 그대로의 내용으로부터 추론하는" 활동을 해야만 한다.(오레키오니, 1986: 24) 이것은 오레키오니가 언어학적 의미에서 추론이라 부른 것이다.

함축에 대한 연구를 위해서는, 그것을 가능케 하는 언어학적 버팀목과 해독을 허용하는 백과사전적 능력이나 공유된 지식을 연구해야 할 필요가 있다. 여기서는 함축과 통념이 반드시 그런 것은 아니지만 종종 관련된 부분이 있다는 점을 강조해야 한다. 내가 몹시 흥분해서 다섯번째 담배에 불을 붙이는 순간 한 친구가 내게 'Jacques a cessé de fumer(자크는 담배를 끊었다네)'라고 말한다면, 나는 담배가 해롭다는 공통된 믿음의 기초 위에서 그가 나에게 자크의 모범을 따르라고 충고한다는 것을 이해할 수 있을 것이다. 반대로 이 얘기 저 얘기 두서없이 주고받는 대화에서 그가 나에게 'Jacques a cessé de faire du sport(자크는 운동하던 것을 그만두었다네)'라고 알려 준다면, 그가 나에게 자크를 모범으로 든다는 것은 별로 그럴듯해 보이지 않는다. 운동은 건강에 좋다고 여겨지는 것이 아닌가? 이번에는 통념이 추론에 개입하지 않는 경우를 들어 보자. 내가 'Jacques se doute que Michel est venu(자크는 미셸이 왔을 거라던데)'라는 말을 듣는다면, 나는 미셸이 실제로 온 것이라고 이해하지만, 미셸의 출현에 대한 이러한 특별한 정보는 공동체에 고유한 믿음 전체에서 나온 것이 아니다.

추론은 순수하게 언어적 정보의 기초 위에서(동사 'se douter'의 의미) 형성될 수도 상황적 정보의 기초 위에서(대화 상대방 중 한 사람이 담배를 피우고 있는 순간에 흡연에 대한 지적) 형성될 수도 있다. 또한 추론은 (우리가 곧 살펴볼) 그라이스가 대화의 격률이라 부른 것에 대한 올바른 이해의 기초 위에서 이행될 수 있다. 내가 연료가 바닥났다고 말하고, 사람들이 나에게 길모퉁이에 주유소가 있다고 알려 준다면, 나는 대화 상대방이 그 주유소가 열려 있을 것이고 연료를 팔 것이라고 가정했을 때에만 이 구체적인 순간에 이러한 정보를 나에게 제공했을 것이라고 가정한다.(그라이스, 1979: 65)

논증적 관점에서, 우리는 언어 안에 기재되고 의혹이나 책임의 완전한 거부의 대상이 될 수 없는 전제와, 전적으로 맥락적이며 구축된 의미의 책임을 양도할 수 있는 청자의 해독에 의존하는 암시 사이에 화용론이 세운 구분을 따를 것이다. 전제와 암시의 경우 논증적 상황에서의 함축이 언어활동의 일상적 기능 작용의 대상이 될 수도 있고, 반대로 설득의 시도를 위해 고의로 이용될 수도 있다는 것을 유의하자. '길모퉁이에 주유소가 하나 있어' 라는 답변은 첫번째 범주에 속하며, '자크는 담배를 끊었다네' 라는 언급은 두번째 범주에 속한다. 어쨋든 전제와 암시는 설득의 시도에 상이한 가능성을 제공하는 변별적인 현상을 이룬다.

전제와 암시

뒤크로의 뒤를 이어 오레키오니는 전제를 다음과 같이 정의한다: "공공연하게 제시되지는 않지만(즉 원칙적으로 전달되어야 할 메시지의 진정한 대상을 구성하지 않는), 발화 작용 틀이 어떠하건간에 내재적으로 기재되어 있는 발화체의 표명에 의해 자동적으로 이끌어지는 모든 정보."(1986: 25) 뒤크로에 의하면, 전제는 우리가 그것에 입각하여 말하는 정보들로 직접 발언에 개입하는 것은 아니다. 반대로 암시의 부류는 "주어진 발화체에 의해 운반될 수 있지만 그것의 실현이 발화 맥락의 어떤 특수성에 의존하는 모든 정보를 포괄한다."(오레키오니, 1986: 39) 예를 들어 'Jacques a cessé de fumer(자크는 담배를 끊었다네)' 라는 이미 인용된 발화체에서 전제는 'Jacques fumait auparavant(자크는 전에 담배를 피웠다)' 이다(이것은 'cesser de' 라는 동사의 의미——가까운 과거에 존재하는 어떤 것만을 중단하거나 변경시킬 수 있다——에서 나온 것이다). 해석은 맥락적이지 않다. 반대로 청자가 담배를 피우고 있는 상황에서 던져진 'Jacques a cessé de fumer(자크는 담배를 끊었다네)' 라는 말에서, 상황은 화자가 청자에게 이번에는 그가 자신의 건강과 다른 사람의 건강에 해로운 실행을 그만두라고 권한다는 것을 추론할 수 있게 해준다. 해석적 계산이 재구축해야 하고, 발화자가 언제나 책임을 거부할 수 있는 것이 암시이다("이는 결코 내가 말하고자 한 것이 아니다. 나는 단지 정보를 전달하는 것뿐이다"). 반대로 전제의 경우에는 화자로 하여금 자크가 전에는 담배를 피웠다는 것을 의미하게 했다는 것을 부인할 수 없다.

전제의 논증 가치를 보여 주는 몇몇 예를 들어 보자. 로맹 롤랑의 《싸움

을 넘어서》속에서 제1차 세계대전의 젊은 병사에게 건네는 그의 말 중에
다음과 같은 것이 있다: 'Vous faites votre devoir. Mais d' autres l' ont-ils
fait?(당신은 당신의 의무를 다하는군요. 그런데 다른 이들도 그러했나요?)' 거
기에는 세 가지의 전제가 있다: 'Vous' 에 대한 의무가 존재한다는 것을 함
축하는 존재의 전제(전투자는 이러한 의무를 수행한다는 전제), 비전투자들
에 대한 의무 또한 존재한다는 전제(그들이 그들의 의무를 수행했는지 알고
자 질문한다는 전제), 부정적 가치를 나타내는 'mais' 로 시작되는 질문에 기
재된, 비전투자들 또는 적어도 그들 중 몇몇은('d' autres') 그들의 의무를 다
하지 않았다는 전제(표명된 질문에 예상되는 연쇄는 '네, 그들은 그들의 의무
를 다했습니다' 는 아니다). 텍스트의 시작이 위치한 이러한 전제들은 전선
에 있지 않은 프랑스인들이 국가에 대하여 수행해야 하는 의무를 지닌다는
사실을 권고의 영역에 위치하게 해주며, 동시에 그들이 자신들의 임무를
저버렸다는 것을 암시하게 해준다. 첫번째 전제는 통념의 영역에 속하며
그 시대의 공인된 생각에 결부된다. 두번째 전제는 통념은 아니고 공유된
가치를 위반하는 이들에 대한 고발을 향하여 담화를 방향짓는 데 쓰인다.
이는 로맹 롤랑으로 하여금 자신의 책임을 다하지 않은 지도자와 지식인들
에 대한 공격으로 담화를 이끌어가게 해준다.(아모시, 1994: 48-51) 사실
"이러저러한 전제들을 포함하는 발화체를 선택함으로써, 우리는 전제를
이어갈 수 있는 발화체들의 범주를(또는 전제를 이어갈 수 없는 발화체의 범
주를) 한정한다."(뒤크로, 1972: 91)

전제는 언어학적 버팀목이나 운반하는 내용에 입각하여 밝혀질 수 있다.
두번째 범주에서, 존재의 전제는 'Vous faites votre devoir(당신은 당신의 의
무를 다하는군요)' 가 예증한다. 첫번째 범주에는 '상적' 또는 '변형적' 동사
('cesser de' 'continuer à' 'se réveiller' 등과 같은), 사실동사('savoir')와 비사
실동사('prétendre' 's' imaginer' ……), 'encore' 'aussi' 와 같은 형태소들, 강조
구문('C' est Geaorges qui a écrit ce livre')이나 'Qui est venu?(누가 왔는가?)'
(전제: '누군가 왔다') 유형의 의문문과 같은 통사적 표현들이 있다. 뒤크로

와 오레키오니의 저서에 언어학적 버팀목에 대한 목록과 분석이 있다.(1986: 38-39) 뒤크로는 전제에 대한 거부는 공격으로 느껴지며 의사소통의 단절을 초래한다는 사실을 강조하는데, 이는 대화가 위치된다고 여겨지는 틀을 문제삼게 되기 때문이다. 전쟁 기간에 의무가 존재한다는 생각을 거부하는 것은 모든 논증적 상호 작용을 갑자기 단절하는 것이 될 수 있으며, 로맹 롤랑의 담화를 무효가 되게 할 수 있을 것이다.

뒤크로에 따르면, 언어에 기재되고 발화체 의미의 일부를 이루는 전제는 넓은 의미로는 (단지 발화체의 연쇄로서가 아니라) 설득의 시도로 고려되는 논증에서 중요한 역할을 한다. 1885년 7월 28일 쥘 페리의 국회 담화 속에서 다음과 같은 선언을 예로 들어 보자. 거기에서 그는 식민지 국민의 권리로 프랑스의 식민주의를 공격하는 어떤 국회의원의 공격에 대답한다: "Je répète qu'il y a pour les races supérieures un droit, parce qu'il y a un devoir pour elles. Elles ont le devoir de civiliser les races inférieures(나는 우월한 인종에게 권리가 있다고 반복해서 말합니다. 왜냐하면 그들에게는 의무가 있기 때문입니다. 우월한 인종은 열등한 인종을 개화시켜야 할 의무가 있습니다)."(지라르데, 1983: 103) 명제는 우월한 인종이 권리와 의무를 가졌다는 것이다. 전제는 우월한 인종과 열등한 인종이 존재한다는 것이다──그리고 이 담화의 맥락에서 '우월한 인종'은 유럽사람들에 관련된 한정 기술이고, 따라서 프랑스는 식민지화의 권리를 가진 사람들의 범주에 속한다는 것을 암시한다. 또한 'parce que'로 표시된 인과 관계는 권리와 의무는 관련이 있음을 전제한다(의무를 다하는 사람들이 권리를 가진다). 마지막으로 "어떤 집단을 좀더 진화된 사회적 상태로 나아가게 하다"(로베르 사전)를 의미하는 'civiliser'라는 용어는 이러한 이행이 유익한 것이고, 선물에 해당하는 것임을 전제한다. 프랑스는 식민지화하는 것이 아니라 개화시키는 것이다. 모든 것에 있어 많이 갖춘 자가 부족한 자에게 베풀어야 한다는 도덕적 성격의 사회 통념에 결부된다. 우리가 알듯이 이 발화체의 전제는 개화의 사명이라는 용어로 프랑스 식민지화의 광대한 시도를 정당화하는 그 시대에 퍼진 이데올로기에 속한다.

우리에게 더 친숙한 마지막 예를 보자. 이 예에서 전제에 속하는 통념은, 1914년 애국적 의무의 도덕이나 19세기말 프랑스의 식민지화 사명이 재현하는 시대에 뒤떨어진, 그리고 쉽게 탐지되는 사고 체계의 형태로 제시되지 않는다. 조스팽이 헤즈볼라의 테러리즘에 대한 유명한 선언을 할 때, 이는 팔레스타인 민중의 분노를 유발한다. 그들은 조스팽이 팔레스타인 자치구역에 있는 벌 제이트대학교를 방문할 때 물리적으로 그를 공격한다. 시의적절치 않은 것으로 생각된 이러한 개입은 정치가들로부터 신랄한 비판을 불러일으켰다. 그들 중 알랭 쥐페(지롱드 RPR 의원이자 전수상)는 하원에서 다음과 같이 발언했다.

> 우선 제가 당신이 대상이 되었던 폭력에 대하여 우리의 강력한 비난을 표현할 수 있도록 허락해 주십시오. 프랑스의 수상이 그런 식으로 취급받았다는 것은 용납할 수 없습니다. 하지만 왜(Cela dit) 그러한 지경에까지 이르렀는지 이해하려고 노력해야 합니다.
>
> 《르몽드》, 2000년 3월 2일, p.8)

수상인 조스팽에 대해 행해진 폭력에 대한 준엄한 규탄은 양도와 담화의 새로운 방향으로의 이행을 나타내는 연결사 'cela dit'가 도입하는 발화체로 이어진다. 명제가 발생한 일을 이해해야만 한다는 것이라면, 전제는 조스팽이 대상이 되었던 공격에 이유가 있다는 것이다. 사실 '왜 그러한 지경에 이르렀는지'라고 하면서 상황이 비난할 만하게 악화된 이유를 이해해야만 된다고 말하는 것은, 이러한 이유가 존재한다는 것을 함축한다. 그러한 이유를 찾는 것과 그것에 대해 역설할 만한 가치가 있다는 사실은 (폭력은 용서할 수 없는 것이라 할지라도) 그 이유가 타당하다는 것을 암시한다. 이는 쥐페로 하여금 프랑스가 몸소 겪은 모욕에 대해 조스팽이 책임지게 하기 위하여 조스팽의 행위로 담화를 이끌어 가게 해준다. 이러한 공격은 하원의회라는, 조스팽에게 설명을 요구하는 정치 담화가 사실 다른 국회의원들과 그들 뒤에서 뉴스를 읽을 대중에게 건네지는 공간에서 모든 의미를 갖는다.

우리는 이유가 존재하고 타당할 수도 있다는 것을 암시하는, 그것을 찾아야 한다는 생각이 더 이상 전제에 속하지 않는다는 것을 주목할 것이다. 이는 오히려 협동 원리의 기초 위에서 청자가 해석하는 암시와 관련된다. 그라이스는 대화의 기저에 그리고 함축 작용, 즉 그가 'implicatures'라 부른 것——프랑스어로는 'implicitation'——의 토대에 협동 원리가 있다고 지적한다. 그라이스는 언어 교환이 암묵적 규칙에 의해 지배된다는 생각에서 출발하며, 이 암묵적 규칙을 '대화 격률'이라 명명하는데, 이것이 대체로 협동 원리(소위 CP, 'cooporation principles')를 구성한다. 협동 원리는 다음과 같은 권고에 의해 규정된다: "대화에 대한 당신의 기여는 당신이 참여한 구술 교환의 승인된 목적이나 방향에 의해 당신에게 요구된 것, 당신의 기여에 의해 도달된 수준에 상응한다."(그라이스, 1979: 71) 아울러 그라이스는 제공해야 하는 정보의 양을 규정하는 양의 격률, 잘못 알고 있는 것이나 근거가 부족한 것에 대해서는 단언하지 않을 것을 요구하는 질의 격률, 화제의 적절성을 요구하는 관계의 격률, 명확성을 요구하는 양태의 격률을 제시한다. 이러한 격률에 대한 위반은 어떤 경우에는 대화적 함축 작용(implicitation)을 초래할 수 있다. 이는 화자가 협동을 거부한다고 생각할 어떤 이유도 없는데 (또한 처음의 규칙과 모순되는 다른 것을 존중하기 위해서도 아닌데) 공공연하게 규칙을 위반할 때 일어난다. 그래서 청자는 협동 원리(CP)를 존중한다는 사실이 어떻게 말해진 것과 양립하는지 자문해 보아야 한다.(그라이스, 1979: 64)

고전이 된 예는 추천서에 그 학생이 근면했고 아름다운 서체를 가졌다고 평하는 교수에 관련된다(양의 격률에 대한 위반). 그라이스는 그의 분석을 관계의 규칙에 근거한 한 예로 시작한다: A가 B에게 요즘 은행에서 일하고 있는 공동의 친구가 어떻게 지내는지를 묻자 B는 다음과 같이 답한다.

"어, 잘 지내는 것 같아, 그는 동료들과 사이도 좋고 아직 감옥에 간 것도 아니니 말야." "그는 아직 감옥에 있지는 않아"라는 발화체가 물음에 대한 답변이 아니고 다음과 같은 단계를 고찰해 보아야만 해석될 수 있으므로 문자적 정보가 관계의 격률을 위반하는 것은 분명하다: "그는 아직 감옥에 있지는 않아"라고 말한 화자는 협동 원리를 존중한다. 그리고 그는 자신의 담화가 의미를 갖기 위해서는, 청자가 자신이 그 공동의 친구가 정직하지 못하다고 생각한다는 것을 가정할 필요가 있음을 이해한다는 것을 알고 있다. 다시 말하면 "그는 [···] 그가 Q라고 생각한다고 가정할 필요가 있음을 내가 이해한다는 것을 알고 있다. 그는 내가 Q라고 생각하는 것을 막기 위해 아무것도 하지 않았다. 따라서 그는 내가 Q라고 생각하기를 바라거나, 적어도 내가 Q라고 생각하게 내버려두고자 한 것이다. 따라서 그는 함축한 것이다."(그라이스, 1979: 65)

반 에메렌과 구르텐도르스트는 그들의 논증 이론에서 그라이스의 협동 원리가 논증의 결여된 전제를 명백히 하는 데 얼마나 유용한지를 보인다. (1984: 133-137) 이것은 그들이 화자의 논거와 발화체가 함축의 임무를 가지고 연루시키는 것을 적절하게 재구성하기 위해서 필수불가결하다고 평가한 작업이다. 언어학자가 구성한 예시보다는, 앙드레 브르통의 《초현실주의에 대한 첫번째 선언》(1924)의 한 부분을 예로 들어 보자.

내가 이 연구를 바치는 시적 초현실주의는 두 대화 상대방을 예절의 의무로부터 해방시킴으로써 대화를 절대적 진리 속에 복귀시키려고 노력한다. 그들은 각기 자신의 독백만을 추구한다.

(1981: 49)

선언 담화는 우선 전제에 기댄다. 화자는 존재의 전제에 입각하여 초현실주의를 제안하고 이러한 행동으로 그것을 확립한다(선언의 사명은 초현실주의에 대하여 말함으로써 당연히 움직임이 존재토록 하는 것이다). 그는

'복귀시키다' 라는 동사의 용법으로 대화가 본질을 잃었다는 것을 전제하며, 이러한 회복이 이행되는 방식을 가리키는 현재분사로 '예절의 의무' 가 대화의 진실성을 변질시킨다는 것을 전제한다. 발화체의 명제는 대화가 잃어버린 본질을 다시 세우는 것에 대한 초현실주의의 목적이다. 거기까지는 상호 주관적 의사 소통의 진실성을 되찾아야 한다는 필요성과 본성을 왜곡하는 예절의 인위적이고 구속적 특성에 대한 사회 통념의 차원에 조심스럽게 남아 있는 것 같다. 하지만 이어지는 발화체는 아주 다른 영역에 위치하며, 언뜻 보기에는 대화의 주제에 대해 적절성이 부족한 것 같다. 사실 그것은 모든 대화적 의사 소통과는 대립되는 독백을 언급한다. 이러한 예기치 않은 연쇄의 적절성을 회복시키기 위해서 청자는 화자가 협동 원리를 존중하길 원치 않는다고 생각할 어떤 이유도 존재하지 않는다는, 따라서 화자가 P라고 말하면서 즉 대화에 대한 단언에 뒤이은 발화체에서 독백에 대해 말하면서, 청자가 Q라고 즉 대화가 독백이라고 생각하기를 원한다는 원칙에서 출발해야 한다. 그때부터 텍스트는 언어 교류와 화자가 혼자 장황하게 늘어놓는 말의 등가를 함축하면서, 즉 대화를 독백 속에 용해시키면서, 또는 심지어 독백에서 대화의 본질을 보면서 예측된 통념에서 벗어나 반대 통념을 향한다. 사회적 의사 소통에 대한 이러한 공격은 화자가 논증된 이유로 자신의 입장을 뒷받침하지 않으면서, 독자로 하여금 동의하게 만들고자 하는 입장을 넌지시 가리키는 함축에서 나온 것이다.

협동 원리에 대한 고의적 위반으로서, 그리고 문맥적 정보에 의존하는 암시로서, 함축은 종종 화자가 부담하기를 거부하는 해석의 책임을 청중에게 맡긴다. 관계의 협동 원리를 적용하는 대중에게, 조스팽에 대하여 행해진 폭력의 원인을 찾는 것은 이러한 탐색의 적절성을, 따라서 타당한 이유의 존재를 전제하는 것임을 가정함으로써 화자는 자신이 결코 그렇게 말하지 않았다고 반박할 수 있다. 뒤크로는 '화자로서 내가 단언하는 것' 인 명제, '대화의 두 참여자에게 공통으로 제시하는 것' 인 전제(présupposé), 그리고 '내가 청중에게 결론을 내리도록 하는 것' 인 암시(sous-entendu)를 구별한다.(뒤크로, 1984: 20) 이 마지막 범주에는 악의적 암시인 비아냥거림(insi-nuation)과 담화의 문자성에는 나타나지 않으며 몇몇 상호 행위자들만 알고 그들간에 묵인하는 에두르기(allusion)가 포함된다.(오레키오니, 1986: 46; 극우파 언론에서 암시의 논증 가치에 대해서는 아모시의《단어들》참조, 1999)

3. 연결사

　말해진 것과 말해지지 않는 것은 연결 도구, 즉 연결사의 도움에 의해서만 논증 안에서 전개될 수 있는 발화체 속에 기재된다. 연결사는 뒤크로와 그의 영향을 받은 화용론자들이 풍부하게 연구했다. 특히 'mais(그러나)' 'eh bien(자)' 'd' ailleurs(더구나)' 그리고 'décidément(정말로)' 을 검토한《담화의 단어들》(1980)은 거의 전적으로 연결사에 대한 연구로, 우리는 그것을 참조하지 않을 수 없다. 또한 뒤크로는 'car' 'parce que' 그리고 'puisque(…때문에)' 와 같은 인과 관계를 나타내는 데 쓰이는 연결사들을 그들의 차이점을 살펴보면서 연구했다. 이러한 지식은 곧 '문학적 담화에 대한 화용론' 을 정리하려는 다양한 시도들에 통합되었다(우리는 이 점에 관하여 맹그노의 저서(1990)를 유익하게 참조할 것이다). 연결사는 그들의 연결 기능에 논증적 상관 기능을 덧붙인다는 점에서 논증분석과 직접적으로 관련된다. 이렇게 연결된 단위들은 다양한 유형에 속하며, 우리는 종종 그들의 이질성을 강조했다. 연결사는 두 발화체 사이에서("j' ai bien recu votre invita-tion, mais je ne serai plus à Paris à ces dates, 나는 당신의 초대를 기꺼이 받아들였습니다. 그러나 저는 그 날짜에 더 이상 파리에 있지 않을 것입니다"), 두 어휘소 사이에서("il est intelligent mais paresseux, 그는 똑똑하지만 게으르다"), 함축과 명시 사이에서, 발화 작용과 발화체 사이에서 작용할 수 있다.
　레바논 헤즈볼라의 테러 행위에 대한 선언에 뒤이어 국회에서 비난의 대상이 된 조스팽의 답변에서 'mais' 와 'car' 의 용법을 예로 들어 보자.

"Équilibre? Oui. Impartialité? Sans doute. *Mais* autour de quelles valeurs, autour de quels objectifs, pour quelle dynamique?(균형이라구요? 좋습니다. 공평성이오? 어쩌면요. 하지만 어떤 가치에 대하여, 어떤 목적에 대하여, 어떤 역학을 위해서입니까?"《르몽드》, 2000년 3월 2일 목요일 p.8) 뒤크로의 분석을 따른다면, 우리는 여기서 첫번째 움직임을 발견한다: 균형과 공평은 필요하며, 그것이 정치가를 인도해야 한다는 결론을 내릴 수 있을 것이다(P는 참이다, 우리는 r이라는 결론을 내리는 경향이 있다). 이러한 결론을 내려서는 안 되는데, 왜냐하면 정치가를 인도해야 하는 것은 균형과 공평성 그 자체로 그리고 그것들을 위해서가 아니라, 그것들이 소용된다고 여겨지는 가치와 목적이기 때문이다(r에 대한 P보다 non-r에 대한 Q가 더 강한 논거로 여겨지므로 r이라기보다는 non-r이어야 한다). 우리는 논증의 일부가 함축에 근거한다는 것에 주목할 것이다. 이는 논증에 신랄한 효력을 제공하는 생략적 표현에서 담화가 단지 논쟁의 대상이 되는 것, 즉 중동에서 프랑스의 정치적 태도를 인도해야 하는 원칙은 무엇인가를 암시할 뿐이기 때문이다. 또한 존재의 전제는 정치적 균형이 성립되는 가치와 실현해야만 하는 목적이 존재한다는 것을 함축한다. 존재의 전제는 결론보다는 원칙을 택해야 한다는 말터에 기댈 수 있도록 그러한 가치와 목적을 자명한 것처럼 제시한다. 조스팽은 자신을 비난으로 몰아가는 합의의 용어를 다시 들어, 단지 문제삼기 위해서 다른 사람의 담화를 책임지면서 인용한다. 그는 그러한 용어들의 존재 이유에 대한 검토를 사회 통념에 채택하게 했던 심오한 이유를 원칙에 대립시킨다. 우리는 간결하고 분명한 답변에 이은 두 질문에 대립시키는 문제, 깊이 생각하게 만드는 좀더 복잡한 질문에 주목할 것이다. 화자는 원칙을 가진 사람으로서뿐만 아니라 어떤 문제가 제기되면 깊이 생각할 수 있는 합리적인 사람으로 제시된다.

"Être impartial ne conduit pas à être aveugle à des actes dangereux pour les processus de paix. Nous devons faire preuve d'équilibre, *mais* nous devons être sans indulgence pour ceux qui utilisent la violence(공평하다는

것은 평화의 발전에 위험한 행동에 대하여 맹목적인 것은 아닙니다. 우리는 균형을 나타내야 합니다. **하지만** 폭력을 사용하는 이들에게 관대해서는 안 됩니다)."(앞글) 즉 P가 참이면(균형을 나타내는 것이 필요하다), r이라는 결론을 내릴 수 있을 것이다(이는 프랑스가 우선적으로 해야 하는 것이다). non-r이라는 결론이(이것은 프랑스가 우선적으로 해야 하는 것은 아니다. 다른 우선적인 문제들이 있다) 두번째 움직임에서 요구되는데, 이는 논거 Q가(폭력은 비난할 만한 것이며 비난받아야 한다) 논거 P보다(균형의 필요성) 더 강력하기 때문이다. 이는 다음과 같은 두 층위에서 정당화된다: 첫번째 도덕적 층위(도덕적 논거로서 Q는 정치적 게다가 전략적 논거로서 P보다 더 중요하게 보인다), 두번째 논리적이며 수사학적 토포로서 공론에 근거한 층위(어떤 문제를 정당화하는 원칙을 지키는 것이 이 문제보다 더 중요하다. 즉 원칙은 결과보다 우선권을 가진다).

따라서 우리는 처음의 두 답변을 구별하는 미묘한 차이를 이해하게 된다: "Équilibre? Oui. Impartialité? Sans doute." 'Sans doute'는 이미 이어지는 'mais'를 예상케 한다. 왜냐하면 이것이 단순한 단언으로서가 아니라 'sans doute, mais······' 라는 양보로 제시되기 때문이다. 그리고 실제로 공평함이라는 가치는 여기서 재검토되는 듯하다. 평화를 위하여 두 집단을 유지시키는 균형이 역설적으로 편파성의 필요에 이르게 되기 때문이다. 공평함이 따르는 평화의 목적에 충실하게 쓰이기 위하여 폭력에 반대하는 입장을 취해야 한다.

그리고 조스팽은 흥미롭게 다음과 같은 선언으로 끝맺는다: "*Car* cela ne renforce pas la position de la France d'être faible par rapport à la violence ou au fanatisme(왜냐하면 폭력이나 광신적 행위에 대해 무기력한 것이 프랑스의 입장을 강화하는 것은 아니기 때문입니다)." 화용론자들은 'parce que'가 청자가 알고 있는 사실을 설명하기 위하여 통사적 종속절에 인과 관계를 상정한다는 점에서 'car'가 'parce que'와 다르다고 주장한다. 반대로 'car'는('puisque'처럼) 연속적인 두 발화 작용 행위를 가정한다. 첫번째 발화 작용은 P를 상정하고, 이어서 두번째 발화 작용이 Q라고 말함으로써 그것을 정당화하는 것이다. 따라서 다음에서 중요한 것은 정당화이다: "nous devons être sans indulgence pour ceux qui utilisent la violence(우리는 폭력을 사용하는 이들에게 관대해서는 안 됩니다)." 이 명제가 논리를 세우고 정당화하는 것을 목표로 삼는 논증의 용어로 이루어졌다는 사실을 고려하지 않으면, 결론은 어떻게 보면 아무 가치도 없는 것을 되풀이하는 것이고, 제기된 논거와 이 논거를 내세운 담화의 존재 이유를 동시에 정당화하려 하는 것이다. 이런 되풀이는 흥미로운 효과를 만들어 낸다. 왜냐하면 이것은 이미 내세운 논리, 즉 윤리학과 평화 정책을 인도하는 중대한 원칙을 힘에 근거한 국가적 이익으로 대체시키는 논리로 이동시키기 때문이다. 앞의 것에 약간 이외로 추가된 이 마지막 움직임에서, 조스팽은 자신의 선언이 균형을 깨뜨리고 팔레스타인·레바논 그리고 아랍 국가들과의 관계를 혼란에 빠뜨리면서 프랑스를, 그리고 다른 거대 세력들과 동등한 자격으로 국제적 분쟁에 개입할 프랑스의 능력을 약화시키는 것이라고 주장하는 함축적 반대 논거를 논박한다. 논박은 부정의 형태로 제시된다: "cela ne renforce pas la position de la France(이는 프랑스의 입장을 강화하는 것이 아닙니다)." 'car'는 화자가 헤즈볼라를 비난하는 이러한 발언 행위를 이행하기로 한 것은 프랑스를 약화시키기 위해서가 아니라 강화시키기 위한 것이라는 생각을 도입한다. 이 논거를 지지해 주는 논리는 (거짓) 자명한 이치를 산출하는 말장난에 근거한다: 우리는 무기력하면서 강해질 수 없다("cela ne renforce pas…… d'être faible, 무기력한 것이…… 강화하는 것은 아닙니다"). 이 비모순의 논리 원칙은 도덕적 말터──자신의 원칙을 방어할 줄 모르는 자는 존경받지 못할 것이다──뿐만 아니라 정책적 예견──모든 종류의 광신적 폭력(여기서는 이슬람주의, 이란이 지지하는 레바논의 시아파 세력을 암시)을 저지할 줄 모르는 국가는 그들의 관대함에 의해 약화될 수밖에 없다──에도 근거한다. 어떻게 'car'가 도덕적 원칙과 정책적 계략, 즉 목적을 실현하고 체면을 지키기 위해서 수행해야 할 행위를 충돌케 하면서, 이미 내세워진 논리에 부과된 정당화를 도입하는지 보는 것은 흥미롭다. 그것은 원칙에의 호소가 잘 구상된 정책과 양립 불가능하지 않다는 것을 환기시키면서 청렴한 정치인의 에토스를 강화시킨다.

이 간결한 예는 연결사의 중요성과 연결사들이 논증 차원에서 충분히 이해되도록 (즉 단지 발화체의 연쇄로서가 아니라 설득의 시도로서) 함축, 발화 작용 틀, 그리고 특별한 의사 소통 상황 속에서 검토되어야 하는 모든 것과 같은 일련의 다른 요인들과 결부되는 방식을 잘 보여 준다. 이는 특히 페탱과 드 골의 담화에 나타난 연결사들에 대한 장 미셸 아당의 훌륭한 분석이 입증한다.(아모시, 1999; in 아당, 2000, 6장)

[더 읽어볼 책]

DUCROT(Oswald et al.), 1980, *Les Mots du discours*, Paris, Minuit.

DUCROT(Oswald), 1984, 〈Présupposés et sous-entendus〉, Le Dire et le Dit, Paris, Minuit.

GRICE(H.P.), 1979, 〈Logique et Conversation〉, *Communications*, 30, 31-56.

KERBRAT-ORECCHIONI(Catherine), 1986, *L'implicite*, Paris, Colin.

MAINGUENEAU(Dominique), 1980, *Pragmatique pour le discours littéraire*, Paris, Bordas.

SARFATI(Georges-Elia), 1997, *Éléments d'analyse du discours*, Paris, Nathan, 〈128〉.

[종 합]

논증의 효과는 담화로 전개하는 과정에서 나온다. 말하고 함축하는 방식이 대체로 동의를 구하는 말의 능력을 결정한다. 따라서 담화에서의 논증 분석은 언어과학 특히 맥락 속에서 발화체를 연구하는 화용론으로부터 언어진 것들에 의존한다. 예를 들어 어휘 선택, 의미적 변화, 동위성의 구성에서 면밀한 미시분석을 이행할 수 있다. 또한 전제나 암시와 같은 다양한 형태의 함의를 통하여 말해지지 않은 것에 대해 연구할 수 있다. 마지막으로 연결사(mais, puisque, car)에 대하여 이행된 연구는 논증적 담화 속에서 발화체들의 연쇄에 대한 연구를 가능케 한다.

6

논증에서 파토스와 감정의 역할

아리스토텔레스의 수사학은 파토스의 문제에 책 전체를 할애하는데, 파토스란 '판사[또는 다른 모든 대중들]를 어떤 배열 안에 놓는 방법'을 다루는 것이다.(아리스토텔레스, 1991: 181) 로고스가 그 자체로서 논증 전략에 관련되고, 에토스가 화자에 대한 이미지에 관련된다면, 파토스는 직접적으로 청중과 관계된다. 자세한 내용을 살펴보면 아리스토텔레스에게 있어서는 감동시킬 수 있는 것, 감정의 성격을 이해하는 것, 감정을 불러일으킬 수 있는 것, 청자가 그의 지위나 나이 등에 따라 어떤 감정에 특히 다가갈 수 있는지를 자문해 보는 것을 의미한다. 이러한 지식은 연설 수단으로 분노·분개·동정을 사용하고자 하는 연설자에게 반드시 필요하다.(앞글: 183) 파토스(pathos)의 복수형인 'pathè'라는 용어는 연설가가 "정신에 효과적으로 영향을 미치기 위해서 이해하는 것이 이로운" 감정, 즉 "분노와 평온, 우정과 증오, 공포와 믿음, 수치와 파렴치, 친절, 동정과 분개, 욕망, 경쟁심과 경멸"을 지칭한다.(파티용, 1990: 69) 아리스토텔레스의 수사학은 이 주제에 II권 전체를 할애하는데, 즉 어떤 정신 상태에서, 어떤 범주의 사람들에게, 어떤 동기에서라는 세 가지 주된 각도로 열정의 여러 유형을 검토한다. 그것은 분류학의 순수한 시도에 대한 문제도 아니고, 그 자체로 연구의 목적이 되는 정신(psyche) 연구에 대한 문제도 아니다. 파토스에 대해 이 책은 어떤 각도에서 접근하더라도 자라나고 있는 열정에 대한 기호학 역시 아니다. 인간의 열정에 대한 지식이 《수사학》에서 없어서는 안 되는 것으로 제시된다면, 그것은 바로 말을 통해 영향을 미치도록 해준다는 것이다. 즉 인간 열정에 대한 지식은 확신을 이끌어 내는 데 강력하게 기여한다.

그런데 사람들을 감동시키거나, 화가 치밀어오르게 하거나, 동정심을 유발시키거나, 아니면 그저 공포심을 불러일으킴으로써 사람에게 영향을 미치는 것은 합리성의 요구에 위배되는 것이 아닌가? 중요한 결정에 이르는 논증은 마음을 움직이지 않고는 사람들의 동의를 얻을 수 없단 말인가? 이것은 파토스를 로고스와 분리시키는 것을 거부한 아리스토텔레스의 입장과는 다르다. 감정에 호소하는 것이 통용되는 것은 과시적 담화에서만이 아니다. 토의적 담화에서처럼 재판적 담화에서도 말을 건네는 청중이 어떤 감정 상태에 있는지 아는 것, 더 나아가 적당한 감정 상태에 그들을 놓을 줄 아는 것이 중요하다. 왜냐하면 열정은 "우리를 변하게 함으로써 우리 판단의 차이를 야기하는 것이고"(아리스토텔레스, 1991: 182) 그것은 폴리스 운영에서 시민의 결정에 있어서처럼 재판에서 판사의 결정에도 중요한 영향을 미칠 수 있기 때문이다.

따라서 논증분석은 파토스에 좋은 자리를 부여함으로써 본래 수사학의 계획에 충실한다. 그래도 역시 그것은 고대부터 오늘날까지 수사학과 논증 이론이 다루었던 바와 같이 이성과 열정의 결합이 야기하는 수많은 문제를 해결해야만 한다.

1. 이성과 열정

확신과 설득: 완강한 이분법

플랑탱이 요약한 수사학 입문서는 "완벽한 설득이란 세 가지 **담화 작용**의 결합을 통해 획득된다"라는 것을 우리에게 알려 준다. 즉 담화는 가르쳐야 하고, 환심을 사야 하며, 감동시켜야 한다(docere, delectare, movere). 왜냐하면 지적 수단은 행위를 야기하기에 충분하지 않기 때문이다.(플랑탱, 1996: 4) 다시 말하자면, 이성에 호소하는 것이 행위를 야기하는 의지를 동요시키는 것을 의미하는 것은 아니다. 이러한 분할은 이중어 '확신시키다-설득하다'를 생성한다. 첫번째는 지적 능력에, 두번째는 마음에 호소한다. 납득과 설득, 로고스와 파토스 사이의 유기적 관계에 역점을 둔 통합적 관점에 직면하여 우리는 그들 각각의 자율성, 더 나아가 그들 사이의 모순에 역점을 둠으로써 그것들을 근본적으로 분리하는 입장을 취한다. 때로는 모든 명예를 받는 것은 이성적 납득이고, 때로는 반대로 칭찬받는 것은 마음을 동요시킴으로써 감동시키고 움직이게 하는 기술이다. 설득 의도에서 열정과 그것의 동원에 대한 문제는 수사학이 어떤 점에서 인류학적 시각에 달려 있는지를 잘 보여 준다. 그 문제는 생각하는 주체에 있어서 인간 합리성과 감정의 지위의 변하기 쉬운 개념에 본질적으로 관계된다.《현대 유럽 수사학의 역사》(푸마롤리, 1999)와 마티외-카스테라니의 최근 저서《열정의 수사학》(2000)은 효과적인 말의 기술에 대한 견해가 드러나는 이데올로기와 문화 공간에 따라 감정에 부여된 중요성을 수용했던 변화를 파악하게 해준다.

여기서 우리는 파스칼의 잘 알려진 계율 가운데, 마음에 대한 이유를 지지했던 몇 가지 예들을 언급하는 것으로 만족할 것이다.

설득하고 싶은 것이 무엇이건, 설득하고자 하는 사람을 고려해야 한다. 그들의 정신과 마음, 그가 어떤 원칙에 동의하는지, 어떤 것을 좋아하는지를 알아야 한다. […] 따라서 인간은 이성에 의해서보다 일시적인 기분에 의해 더 지배되기 때문에, 설득 기술은 납득시키는 기술뿐만 아니라 수락시키는 기술로 이루어진다.

(파스칼, 1914: 356)

파스칼에게 있어서, 오성에 호소한다는 것은 직접적으로 행동에 영향을 미치는 수락에 관심을 갖지 않으면 불충분한 것이다. 마찬가지로 라미는 청자의 관심을 고려하는 움직임 속에서만 설득을 생각하는데, 그 관심은 우리가 그들에게 인정하게 하려는 주장과 상반될 수도 있다. "따라서 웅변술은 진리라는 다른 무기로 마음을 공략하지 않으면 마음을 지배할 수 없을 것이며, 강한 저항을 발견할 것이다. 열정은 정신의 원동력이며, 정신에 영향을 미치는 것은 바로 그 열정이다."(라미, 1998: 229; 1판 1675) 인간 본성에 역점을 둔 이러한 입장에 직면하여 납득에 반대하고, 진정한 웅변의 기초가 되는 감정에 호소하는 것에 기반을 둔, 설득에 찬성을 표명하는 지베르의 입장을 살펴보자.

> 첫번째 것(convaincre, 납득시키다)은, 그것을 증명하는 이유들과의 관계에 대한 명백한 지식을 바탕으로 진리에 정신을 복종시키는 것이다. 두번째 것 (persuader, 설득하다)은 어떤 행위에 대한 애정 또는 증오에 의지를 효과적으로 복종시키는 것이다. 따라서 정신은 다시 진정한 설득이 없더라도 가장 명백한 이유에 의해 이미 진리에 복종된다. 마음이 납득될 때 진정한 설득이 존재한다.
>
> (지베르, 1730: 251 in 푸마롤리, 1999: 886)

이로부터 "감동적이지 않은 것은 설득에 반대된다"라는 결과가 나온다.(앞글) 동일한 생각에서 페렐만은 루소를 언급하는데, 그는 《에밀》에서 '우리가 어린아이를 설득할 수 없다면' 어린아이를 납득시키는 것은 중요하지 않다고 논한다. 인간을 움직이는 열정에 대한 고려는 이처럼 마음을 감동시키는 기술로서의 수사학에 대한 견해를 낳는다. 따라서 감동시키는 능력은 진정한 연설자를 탁월하게 만드는 웅변술에 대한 재능으로 기술된다. 우리는 이미 이러한 개념을 퀸틸리아누스에게서 발견한다.

그러나 넋을 빼앗고, 판단력을 잃게 하고, 원하는 기분이 들게 하며, 화를 불러일으키거나 눈물이 날 만큼 측은한 마음이 들게 할 수 있는 것은 드문 일이다. 그럼에도 불구하고 바로 이 방법으로 연설자가 지배하게 되고, 이것이 마음에 대해 갖는 지배력을 웅변술에게 보장한다.

(몰리니에에서 인용, 1992: 251)

고대에 웅변술은 수사학과 종종 대립되기에 이르는데, 수사학이 부자연스럽고 인위적인 것으로 간주되는 반면, 웅변술은 인간 내면의 진리를 파악하게 하거나 선에 이르게 하기 위해서, 인간의 가장 깊은 곳을 동요시키는 깊은 내면에서 생겨난 말이었다.[1]

이처럼 우리는 연설 기술에서 감정의 기능에 관한 매우 다양한 태도를 발견한다. 어떤 사람에게 감정은 진정한 웅변술의 수단이다. 또 어떤 사람에게 감정은 구체적인 결과에 이르기 위해 유감스럽지만 피할 수 없는 수단으로 보인다: 사람은 이성보다 자신의 열정과 관심에 따라 행동한다. 마지막으로 어떤 사람에게 감정은 청중을 다루는 확실한 수단을 구성하는데, 청중에 대한 지배력을 확보하는 것이 중요하다.

청중의 열정에 호소함으로써 청중을 확보할 수 있다는 힘의 위험성은 고대 시대부터 숙고의 대상이 되어왔다. 아리스토텔레스는 사물의 객관적인 평가를 간섭할 수 있는 감정을 자극함으로써 판사를 '타락시켜서는' 안 된다고 생각했다. 반대로 키케로는 연설자는 "말을 듣고 있는 사람들의 신임을 얻어야 하며, 특히 판단과 이성에 따르는 대신 이러한 감정을 불러일으켜야 할 의무가 있으며, 열정의 충동과 마음의 동요에 따라야 한다"고 안토니우스에게 말하게 했다.(키케로, Ⅱ, 1966: 178) 우리는 마음에 호소하는 설득의 개념이 왜 논쟁의 대상이 될 수 있었는지를 보았다. 이 문제는 오늘

---

1) C. Dornier와 J. Siess,《웅변술과 내재적 진리》(Paris, Champion, 출판 예정)에 대한 Cerisy의 학회발표집을 이 관점에서 참고할 것이다.

날에도 여전히 논란을 제기한다. 말의 모든 기술보다 우선하고 내재적 진리를 이해시킬 수 있는 마음의 웅변술의 증거가 감정에 있다고 보아야 하는가? 아니면 반대로 연설자는 감동시키고자 애쓰면서 이성에서 나오지 않는 영향력을 행사한다는 점에서 청중을 조작하는 것인가?

열정에 대항하는 논증 이론들

비형식논리학과 대부분의 논증 이론들은 논리적 추론과 논증적 상호 작용에서 감정의 개입에 반대하는 입장을 취했다. 주어진 입장으로 청중을 이끄는 시도는 사실상 합리적 수단에 의해 실행되는 하나의 의도로 이해되는데, 합리적 수단은 비합리적이라고 간주되는 감정에 호소하지 않는다. 반 에메렌과 공저자들은 이 점에 대하여 매우 단호하다.

논증은 **이성**의 활동인데, 그것은 논증자가 주제에 관해 심사숙고한다는 것을 가리킨다. 하나의 논거를 제시하는 것은 논증자가 이 문제에 있어 자신의 입장을 합리적으로 설명할 수 있다는 것을 보여 주고자 함을 의미한다. 그것은 우리가 어떤 입장을 채택할 때 감정이 어떤 역할도 할 수 없다는 것이 아니라, 담화에 의해 동일시된 이 내적 동기들이 그 자체로서는 직접적으로 적절하지 않다는 것이다. 사람들은 논증에서 논거를 제안할 때, 자신의 고찰을 이성의 왕국 안에 위치시킨다.

(반 에메렌 外, 1996: 2, 필자 번역)

화용 변증법의 주장자는 잘못의 근원이 열정에 있다고 보는 비형식논리학의 입장에 동조하면서 오류 연구에서 그것을 추구한다.(II, 4, 2) 실제로 오류의 일부를 확인하는 것은 흥미로운 일인데, 그 중에서 ad로 된 오류((ad populum(군중에의 호소), ad misericordiam(연민에의 호소), ad hominem(사람을 향한 논증), ad baculum(힘에의 호소))는 감정에 대한 호소에서 나온다.

오류는 자만심을 부추기고, 동정이나 공포를 불러일으키고, 유일하게 논거에 대해 평가할 수 있게 해주는 합리적 수단에서 벗어나게 하는 열정을 불러일으킨다. 그때부터 논리와 열정은 서로 상반되는 것 같다. 예를 들어 코피와 벌게스 잭슨은 그들의 오류 목록에 '감정에의 호소'를 열거한다. 그들은 이성 우위성에 대해 철학자들을 맞서게 하는 싸움에서 입장 취하기를 전면 거부하면서, "감정과 열정은 본래 그 자체로 추론 능력을 완전히 지배하는 대단한 지배력을 지닐 수 있다"라고 언급한다.(코피, 1986: 116, 필자 번역) 감정은 사실에 눈멀게 하고, 극단으로 몰아넣고, 일상적인 사고 과정을 방해한다. 이처럼 감정에의 호소는 단순히 감정에 호소할 때가 아니라, 추론 능력을 가로막을 정도로 동원할 때 기만적이 된다. 저자들이 이 문제를 조심스럽게 다루었음에도 불구하고 이성과 열정 사이에 대립이 분명히 세워지는 거기에서 가치가 하락되고, 많은 경우에서 신용이 떨어진다.

이러한 입장들은 더글러스 월턴의 연구에 의해 완화되었다. 1992년 발간된 중대한 저서 《논증에서 감정의 위치》에서 그는 논증 과정에서 감정의 정당성을 보여 준다. 그는 "감정에 호소하는 것은 설득적 대화에서 정당하고, 더구나 중요한 위치를 차지한다"라고 주장한다. 그래도 역시 "그것은 또한 기만적으로 사용될 수 있기 때문에 신중하게 다뤄야 한다"고 생각한다.(월턴, 1992: 1) 또한 그는 동정에 호소하거나 **사람을 향한 논거**로서 감정에 호소하는 논거들의 타당성 조건들을 검토하기 시작한다. 월턴은 **군중을 향한 논거**를 고려할 때, 군중에 호소하는 경향이 있다는 것을 확인한다. 거기에서 수사학적 열정은 열광에 이끌린 행동을 목적으로, 더구나 격렬함의 폭발을 목적으로 대중을 동원하고자 애쓴다. 그러나 중요한 것은 어떤 판단을 내리기 이전에, 연설자의 담화 상황이나 그가 선택한 틀 안에서 연설자의 목적을 고려하는 것이 중요하다. 예를 들어 집단의 정체성을 재확인하고, 그것을 도덕적 가치 주위에 더욱 공고히 하는 것이 목적인 과시적 담화는 감정에 호소할 수 있지만 그렇다고 해서 기만적이지는 않다.(월턴, 2000: 303) 마찬가지로 필리프 브르통은 그의 저서 《조작된 말》에서 "민주적 논증의 원동력인 가치에 호소하기는 내면의 감정을 동원하지만" 그렇다고 해서 비난할 만한 조작은 아니라고 언급한다.(2000: 78) 논증 이론들이 장차 감정에 점점 더 큰 자리를 내준다 하더라도, 그래도 역시 계속되는 불신을 자신의 관점에 유지하면서 몇몇 조건하에서만 감정을 묵인하는 것에 동의할 것이다.

열정이 우세하다는 말처럼 이성이 처음에 그것들을 명확히 구분할 수 있는 가능성을 전제했다는 점에 주목하는 것은 흥미로운 일이며, 우리가 열정과 이성의 상관성을 환기하는 것도 바로 이 때문이다. 페렐만은《논증 개론》(1970: 36)에서 "우리가 납득과 설득을 구분할 수 있다고 믿는 기준들은 항상 하나의 총체, 방법의 총체, 기능의 총체로부터 합리적이라고 간주되는 몇몇 요소들을 분리시키고자 하는 결정에 근거한다"라고 언급한다. 그는 비인칭적이고 시간을 초월한 것처럼 제시되는 오성에 따른 행위와 완전히 비합리적으로 제시되는 의지에 따른 행위 사이의 대립을 거부한다. 사실 그는 선택을 기반으로 확립된 모든 행동은 반드시 합리적인 기초를 지니고, 그것을 부정하는 것은 "인간의 자유 행사를 부조리하게 만드는 것"이라고 간주한다.(앞글: 62) 그러나 페렐만이 행위 수단으로서의 열정적인 것과 합리적인 것을 대립시킴으로써 그것을 분리시키는 것을 거부한다고 하더라도, 감정 유희를 논증적 실행에 통합시키려고 하는 것은 결코 아니다. 반대로 이성도 사람들을 감동시킬 수 있다는 것을 보여 주기 위해서, 의지를 감정보다는 오히려 이성에 결합시키는 근본적 관계를 강조한다. 더군다나 이러한 관점에서 페렐만이 아리스토텔레스의 파토스를 그대로 따르지 않았다는 것은 분명하다. 또《수사학》II권은 고대에는 독립된 과목으로서 심리학이 존재하지 않았기 때문에 파토스가 존재한다고 간주한다.

페렐만의 생각을 확산시키는 데 기여하면서, 수사학의 영역에서 열정의 결정적 중요성을 보여 주고 논증에서 열정의 역할을 근본적으로 재평가한 것은 미셸 메이예의 연구이다. 이러한 설명들은 메이예가 아리스토텔레스의 수사학에 대해서 쓴 책(문고판, 1991)과《열정의 수사학》(1989)에서 상세히 기술된다. 논증에서——그리고 웅변술으로 이해되는 수사학에서뿐만 아니라 수사학적 조작의 탈신비화에서——감정의 명확한 자리 매김은 최근 언어과학의 현저한 발전 아래, 특히 조르주 몰리니에의 기호문체론 (그는 《수사학 사전》에서 열정의 중요성을 주장한다), 크리스티앙 플랑탱과 파트릭 샤로도의 연구에서 오늘날 계속되고 있다.

논증에서 감정적인 것과 합리적인 것의 중복

담화분석가들이 채택한 입장은 평가 기준 제시를 주장하지 않고, 설득을 목표로 하는 담화에서 감정적 요소들의 기능을 기술하고 설명하는 데 있다. 감정 이론을 문제의 여지가 있고 혼란스러운 것으로서 거부하는 담화에서의 논증분석은 다른 인문과학, 특히 현대 사회학과 철학에서 입증된 긴밀한 관계가 감정을 합리성과 연관짓는 원리로부터 출발한다. 이러한 지식에 근거하여 샤로도가 요약하듯이 감정이라는 것은 어떤 것, 더 정확하게 말해서 인간 주체가 반대하기를 원하거나 바라는 것에 대하여 갖는 재현이 그에게 나타난다.(샤로도, 2000: 130) 따라서 그것은 사실상 수사학의 통념에 대응하는 믿음의 지식, "사회적으로 성립된 가치 수위에 집결된 지식"과 밀접하게 관련된다.(앞글: 131) 다시 말해 감정은 가치에, 더 정확하게 말해서 도덕적 성격의 판단에 근거하는 해석과 분리될 수 없다.

여기서 우리는 헤르만 파레가 제기한 생각을 재발견하게 되는데, 그 생각에 따르면 우리가 "판단에 대한 **인지적** 견해가 아니라 **평가적** 견해"를 수용한다는 조건에서 '감정은 판단이다.'(1986: 142) 감정은 대상의 평가, 즉 이 대상의 속성과 관련된 믿음들의 평가를 전제한다. 레이몽 부동이 '도덕적 감정,' 즉 도덕적 확실성에 기초한 감정이라는 명목하에 연구한 것이 바로 이것이다. 부동의 연구는 일반적인 도덕적 감정, 특히 정의감이 이성에 기반을 둔다는 것을 보여 주고자 하는데, 특히 이 경우에서 흥미롭다. 이성의 근원이 순수하게 감정의 힘에 있다고 보는 파레의 관점과 대립하여 '도덕적 감정의 논리학'은 "정의감의 원리에서, 특히 그것이 강력하게 검증될 때에는 언제나 적어도 이론상으로는 확고한 이성의 체계를 밝힐수 있다"라고 주장한다.(부동, 1994: 30) "그것은 감정적 반응에, 경우에 따라서는 격렬한 반응에 쉽게 결합된다는 점에서" 감정에 관한 것이다.(앞글: 32) 하지만 감정은 이성에 의거하고, 부당하다는 감정에 "초주관적인 성격을 부여하고 합의를 가능케 하는 것"이 바로 이성의 확고함이다.(앞글: 47) 달리 말해, 예를 들어 박해받는 무고한 사람들을 볼 때 느끼는 분노는, 분노에 사로잡힌 사람들이 그들의 가치론적 판단을 세우는 이성을 의식하건 아니건 간에 받아들일 만한 논거에 의해서 지지될 수 있을 것이다.(앞글: 50) 이러한 이성은 공정한 관찰자에 의해 이해되고 인정될 수 있다고 여겨진다. 샤로도에게와 마찬가지로 부동에게도 도덕적 감정 중심에 합리성의 회복은 체계를 고려하는데, 그 체계 안에서 끌어낸 이유는 합리적이고 객관적으로 전해질 수 있다. 그는 사회 정의감을 다루면서, 예를 들어 정의 평등주의 이론이 개인주의 체계에서 지지될 수 없을 것이라고 말한다.(부동, 1994: 45)

이러한 관점에서, 담화분석은 감정적 요소들이 청중의 통념과 동의를 얻고자 하는 합리적 절차와 긴밀한 관계를 취하면서 담화에 기재되는 것으로서 그것들을 고려한다. 또한 그것이 나타나는 특별한 의사 소통 상황 안에서 (감정을 불러일으키는) '파토스의' 효과를 알아내고자 한다.(샤로도, 2000: 138)

2. 논증적 상호 작용 안에서의 감정

담화 내에서 감동의 구축

파토스가 어떤 층위에서 논증적인 말 속에 기재되는지 알기 위해서는,

우선 감정이 생기는 여러 담화 충위들을 구별해야 한다. 파토스가 청자에게 만들어지는 감동 효과라는 것을 잊지 말자. 아리스토텔레스에게 그것은 무엇보다 설득 목표를 실현하기 위해 청중을 그 안에 놓아야 하는 배치와 관련된다. 청중에게서 유발된 감정을 말하는 주체가 느끼고 표현하는 감정과 혼돈해서는 안 된다. 또한 한 인간 주체에게 주는 느낌을 가리키는 감정과 혼돈해서도 안 된다. 그러므로 "나는 나의 분개를 표현하지 않을 수 없다" "그는 분노하여 외쳤다……"는 "이 불쌍한 아이들은 끔찍하게 불행한 상황에 처해 있었습니다"와 다른데, 이는 분노를 말하지 않으면서도 청중에게 분노를 일으키고자 한다.

그러나 어떻게 감정을 유발하며, 그 감정은 자기 스스로 느낀 감정과 어떤 관계를 유지하는가? 우선 연설자가 느끼는 것은 이 맥락에서는 그리 타당하지 않다는 것을 분명히 해야 한다. 왜냐하면 느껴진 것은 의사 소통이 제공하는 방법에 의해서만 의사 소통 안으로 전이되기 때문이다. 또 격정으로 마음이 흥분된 화자가 반드시 그 격정을 전달하는 것이 아니고, 청자는 담화에 대해 냉정한 입장을 유지할 수도 있기 때문이다. 너무 열정적인 연설자는 자기 자신의 감정의 열기에 사로잡혀서 청중에게 맞추기를 소홀히 하여 목표를 달성하지 못할 위험이 있다고 페렐만은 주장한다. 마찬가지로 열정을 기술한다고 반드시 그것이 공유되는 것도 아니다. 분노한 사람의 모습을 본다고 해서 내가 그의 감정을 느끼게 되는 것이 아니기 때문이고, 화난 사람의 담화가 반드시 가장 큰 효과를 갖게 되지는 않을 것이다.

그러므로 여기서 제기된 문제는 어떻게 논증이 감정을 표현할 수 있느냐가 아니라 어떻게 감정을 유발하고 구축하느냐의 문제이다.(플랑탱, 2000) 담화분석의 관점에서 두 가지 주된 전형적 예를 가정해 볼 수 있다. 즉 감정이 명시적으로 언급된 전형적 예와, 감정이 감정을 나타내는 용어들에 의해 지시되지 않고 야기된 전형적인 예이다. 우선 감정 어휘 영역에서 끌어온, 어떤 언어적 흔적도 없다는 점에서 가장 해결하기 어려운 것으로 보이는 두번째 전형적인 예의 경우를 들어 보자. 무엇이 파토스가 구축되는 과정을 밝히게 해주는가?

수사학적 전통에 충실한 플랑탱은 일반 공리로부터 겨냥된 파토스의 효과를 밝히기를 제안한다. 그것은 주어진 문화 안에서, 주어진 담화적 틀 안에서 어떤 유형의 감정적 반응을 유발하는지 보는 것이다. 플랑탱이 감정을 정당화하는 공론들을 결정하기 위해 제기하는 질문들은 그것이 누구와 관련되는가, 무엇과 관련되는가, 어디서, 이유는 무엇이며, 그것은 통제 가능한가 하는 것들이다.

르 클레지오의《떠도는 별》에서 발췌한 다음 부분을 예로 들어 보자.

> 조금씩, 아이들마저도, 수용소 주변에서 뛰고 소리지르고 싸우기를 그쳤다. 이제 굶주린 채, 개들처럼…… 그들은 오두막집 주변 먼지 속 그늘에 앉아 있다.
>
> (1992: 231)

1948년 전쟁으로 고향을 떠나 난민수용소에 있게 된 어린 팔레스타인 소녀 네즈마라는 일인칭 서술자에 의한 이 기술은 감정에 대한 어떤 언급도 가지고 있지 않다. 자기 자신의 감정도, 그녀가 말하고 있는 아이들의 감정도 지시되지 않는다. 그러나 텍스트는 그것이 우리의 문화에서 감정을 정당화하는 말터들과 연관되어 있다는 의미에서 하나의 일반 공리를 지니고 있다. 실제로 그것은 본래 죄가 없는 존재인 아이들에 관련되고, 그것은 이제부터 독자로 하여금 아이들에게 일어나는 일에 민감하게 만든다. 그것은 영양실조와 관련되는데, 왜냐하면 아이들이 '굶주려 있기' 때문이다. 즉 배고픔을 채우지 못하는 아이들을 보는 것이 자동적으로 연민을 불러일으킨다. 그것은 삶의 힘과 기쁨을 잃어버린 아이들과 관련된다. 그들은 어린 시절을 특징짓는 모든 활동과 놀이하기를 그쳤다. 그 사실이 아이들은 보호받아야 하며 명랑함과 천진난만함의 특권을 누려야 한다고 요구하는 도덕 감정에 충격을 준다. 게다가 '수용소' '오두막집'의 언급은 빈곤과 고통을 우선적으로 불러일으키는 틀을 제공한다. 마지막으로 '개들처럼'이라는 비교는 수용소 생활에 의한 인간성 상실을 강조한다. 이렇게 발화체는 부당함이라는 개념에 연결되어 있는 연민을 불러일으키고, 감정을 도덕적 느낌의 근거를 이루는 합리성 안에 고정시킨다.

우리는 위에서 언급된 다양한 측면들이 어떻게 서로 결합되는지 알 수 있다. 우선 감동이 사회적 · 도덕적으로 함축하는 표상 앞에서 어떤 유형의 반응을 일으키는 믿음 지식 안에 기재된다는 것이 확실해 보인다. 함축적인 믿음 · 규범 · 가치는 느낌을 불러일으키는 이유의 기초가 된다. 이 전제들에 대한 청중의 동의는 느낌의 이유의 수용 가능성을 결정한다. 그 다음에 우리는 감동이 담화 안에서 어떤 감정적 결론으로 이끄는 파토스적 요소(pathème)들을 지니는 발화체들로부터 어떻게 구축될 수 있는지 알 수 있다(움직임 없이 고정된 굶주린 아이들의 이미지는 '동정할 만하다'라는 결론밖에는 끌어낼 수 없다). 발화체 E를 감동적 결론으로 옮겨가게 하기 위해서 담화 안에 기재되는 연쇄가 거기에 있다. 공감과 부당함의 느낌만이 동원되었다는 것에 주목하자. 상황을 제시하는 방식들(책임지는 사람의 부재)과 허구적 상황은 모든 능동적 분노와 투쟁적인 참여로부터 단절시키면서 감동적 반응을 만들어 낸다. 이렇게 텍스트는 그것이 인간 조건, 고통, 그리고 죽음을 구체적인 경우와 관련시키면서 그것들을 탐구하게 하는 소설적 사명에 부응한다. 비극적인 운명에 대해 대답 없는 질문을 하는 느낌은 그 자체로 충분하고, 행동에 대한 어떠한 호소도 거기서 파생된다고 여겨지지 않는다.

감정의 표현과 정당화

여기서 연구된 전형적 예에서, 다소 함축에 의거하는 여러 가지 다른 가능성들을 첨가해야 한다. 르 클레지오의 발췌문은 이 경우를 예증한다.

— **표현되지 않고** 명시적으로 **정당화되지 않은**, 일반 공리로부터 추론된

감정;

그러나 다음과 같은 예도 찾아볼 수 있다:

- **표현되지 않았지만** 일반 공리와 관련해서 명시적으로 **정당화된 감정**;
- **표현되었지만** 일반 공리에 의거하면서, 명시적으로 **정당화되지 않은 감정**;
- **표현되고**, 일반 공리와 관련해서 명시적으로 **정당화된 감정**.

이 모든 경우들에서 청자의 감정과 관련된다는 것을 상기하자. 변이형들은 느낌과 그것의 정당화의 표명/불표명의 변수에 관련된다. 마노가 인용한 인류애적 호소의 발췌문을 예로 들자: "희생자들은 식량·위생·물·보호가 없어서 고통받고 죽어가고 있다. 남자·여자·아이들·노인들·당신과 나와 같은. 고통과 죽음은 어디에서나 유사하다."(2000: 289) 청자가 기부를 하도록 북돋을 수 있는 감정 이입과 연대감이 분명하게 지시되어 있지는 않다. 하지만 이런 감정들은 청자와 희생자들 사이의 유추('당신과 나와 같은'), 인간 조건에서 모든 인간들을 연합하는 근본적 유사성('고통과 죽음')에 직접 근거하여 죄 없는 사람들의 희생이라는 일반 공리가 야기하는 연민의 토대 위에서 야기된다. 화재가 되는 사람들(희생자들)과 상호 작용자들('당신과 나')을 구분하는 거리는 이렇게 공통적인 인간성을 주장함으로써 최대한 좁혀진다. 게다가 고통이 해결책을 찾을 수 있다고 표명하면서 고통의 원인이 강조된다. 즉 희생자들은 "…이 없어서 고통받고 죽어가고 있다."

또한 불러일으키고자 하는 감정은 발화체 속에 문자 그대로 기재되고 직접적으로 말해질 수 있다. 연민에 대한 호소들은 '불쌍한 걸인을 동정해 주세요'와 같은 관용적인 형식에 따라 이루어지고, 이런 이유로 보충적인 설명을 요구하지 않는다. 동정심은 가난하고 타인들의 선의에 의존하는 존재인 '걸인'이라는 단순한 언급 뒤에 나온다. 이렇게 지시된 이 느낌의 이유들은 일반 공리들 안에, 이 경우에는 걸인이라는 실사에 논증적 방향을 부

여하는 화용적 토포이 안에 있다. 그러나 우리가 거기에 호소하고 논증의
결과가 되어야 하는 감정은, 명시적으로 언급된 후에는 이유들에 의해서
뒷받침되고 정당화될 수 있다. 다음에 나오는 예들은 이런 유형에 속한다.

담화 속에서 구축되고 일반 공리를 기초로 청자를 이끌게 하는 느낌은
문자 그대로 또는 간접적으로 지시됨으로써 유발될 수 있다. 예를 들어
1894년에 데룰레드는, 그가 〈병사의 노래〉와 연관시키는 〈농부의 노래〉에
서 자신의 청중들에게 말을 건넨다.

> 평온하고, 근면하고, 정직한 이들이여,
> 눈을 들고 고개를 세우라.
> 이 땅의 사람들, 농부들이여 !

(데룰레드, 1908: 119)

이 시구들이 불러일으키고자 하는 것은 그들의 자존심과 그들의 계층에
속한다는 자부심이다. 시구들은 독자가 텍스트의 공론들에서부터 끌어내는
감정을 구축함으로써가 아니라 감정을 명령의 형태로 지시함으로써 유발
한다. 실제로 높이 들린 시선과 고개는 자부심의 신체적 표시이다. 적절성
의 협동 원칙에 따르면(III, 5, 2) 명령형인 '눈을 들어라' '고개를 세우라'
는 청자들이 이런 자세를 취하고 있지 않을 때에만(혹은 항상 취하고 있는
것은 아닐 때에만) 설명된다. 이것들은 이런 의미에서 '눈을 다시 들어라'
'눈을 내리깔지 마라'와 '고개를 다시 들어라'와 등가인데, 버려야 할 부정
적 태도를 언급하는 것을 피하므로 더욱 조심스럽다. 이는 그것이 비판이
아닌 격려와 관련되기 때문이다. 이 시의 발화 작용 장치에서 명령형 속에
나타나는 화자(명령을 말하는 '나')는 보잘것없는 사람들의 장점을 인정하
고, 그들을 이끌기 위해 기대되는 권위를 가진 장군, 잘 알려진 애국자, 정
치적 인물을 지칭한다. 그는 이 호소의 필요성을 농부들을 경시하는 사회
통념에 대한 반박에 두면서, 농부들에게 자신들의 가치에 대한 감정을 보

이라고 요구한다. 이 자부심의 정당성은 이 시에서 이중으로 정당화된다. '이 땅의 사람들'에서 '농부들'로 교묘하게 옮겨가는 호칭에 의해, 데룰레 드는 그다지 영광스럽지 않은 이 명칭에 고귀한 칭호를 부여한다. 그들이 야말로 전적으로 프랑스 땅에 속하는 이들이다. 게다가 그가 말을 건네는 이들에게 내미는 미화하는 거울은(I, 1, 5) 요구된 감정을 정당화하는 농부 들의 장점의 긍정적 이미지를 반영한다. 여기서 윤리적 미덕들이 농부들의 가치를 보증하고, 열등한 계층의 구성원 각자에게 이제 재평가된 소속의 자부심을 부여하게 된다. 또한 이 미덕들은 제3공화국이 다시 서기 위해 기대하는 애국적 장점들이기도 하다. 이 장점들이란 시민 교육의 축인 노 동과 정직, 지배의 안정에 의해 보장되는 평온함이다.

이렇게 우리는 시인이 청자들에게 맛보라고 요구하는 느낌이 어떻게 텍 스트 안에서 동시에 언급되고 정당화되는지 알 수 있다. 그 느낌은 그것이 이성적으로 야기되고 기획의 일부가 되는 국가적 목표를 향해 집중되므로 더욱 이성적으로 세워진다. 다른 한편, 공화국의 공통적 통념을 기초로 시 안에서 공감적으로 표명된 이 도덕심의 근거가 되는 것을 환기하는 것은 농부들을 감동시킴으로써 자부심을 유발해야 하는 그들 자신을 미화하는 기분 좋은 이미지를 가져온다.

감정을 논증하기

데룰레드의 텍스트가 농부들의 마음속에 생겨나게 하려는 감정을 암암 리에만 정당화하는 반면, 다른 담화들은 기대된 반응을 정당화하는 논거들 을 명시적으로 발전시키면서 주어진 상황에 대한 감정을 유발하도록 제시 된다. 그러므로 우리는 같은 사실이 다르거나 반대되기까지 하는 감정을 유발하고 혹은 서로 다른 결론을 위한 논거로 작용할 수 있다는 사실에 주 목하면서, 《감정 안에서의 논증》(1997)에 대한 연구에서 플랑탱이 분석한 감정을 논증하는 담화와 마주하게 된다. 예를 들어 자기 도시에 새로 건립된 기념비가 도시의 명성을 높이므로 자랑스러워해야 한다고 청중에게 호소할 수도 있고, 반대로 유용하게 쓰일 수도 있었을 돈이 낭비되었다는 생각으로 분노할 수도 있다. 이런 경우들에서 논증은 자부심이나 분노의 감정을 정당화하는 이유들을 내세우는 것으로 이루어진다. 논증은 감정을 정당화하고 감정을 이성적으로 세우는 데 기여한다.

　종종 이성적으로는 이상해 보이는 것을 열정에 호소하는 민족주의적 감정의 예를 들어 보자. 많은 예에서 어떻게 민족주의적 감정이 보고 느끼라고 제시될 뿐 아니라 정당화되고 논증되기도 하는지 볼 수 있다. 예를 들어 〈삽화가 있는 알자스〉 잡지 광고 전단(별첨 5; 모리스 바레스가 1889년 12월에 '프랑스의 조국'이라는 제목의 강연에서 전문 인용)은 '우리 동포들에게' 말을 걸고, "이 잡지의 페이지들을 넘기면서, 알자스의 아들들 한 명 한 명은 감동받을 것이고, 종교적으로 고양될 것입니다"(바레스, 1987: 210)라고 선언한다. 미래시제 '감동받을 것이고'는 계획적인 것이 사실이지만 동시에 그 힘이 가까운 미래에 실현된다는 것을 확신하는 것과 같은 명령으로써 주어진다. 알자스인 독자에게 불어넣어져야 하는 감정은 분명하게 표명되었다. 그것은 자기 자신의 이미지를 반영하지만 동시에 어기면 비난받는다는 조건하에 공동의 감정을 공유하면서(왜냐하면 언급된 감정은 알자스의 아들들 각자와 관련되는데, 누구든지 그렇지 않은 사람은 스스로 공동체에서 제외된다) 거기에 투영되는 거울놀이 속에서 '알자스의 아들들'에게 배포된다. 각자의 마음에 일깨워지는 민족적 자부심은 '종교적으로'라는 양태사에 의해 정화되는데, 그것은 성스러운 열정으로 장식되고 동시에 공동체를 그들의 정체성을 부여하는 종교에 결부시킨다.

　그러나 이 광고 전단은 민족적 자부심에 호소하는 것으로 만족하지 않고 감정의 중심에 이성(추론과 지식)의 필요성——이 경우에는 잡지가 알자스에서 출간되어야 한다는 것을 정당화하는 필요성——을 설명하는 논증을 구축한다. 광고 논증——이는 잡지를 배포하는 것과 관련된다——은 여기서 이성으로 민족애를 세우는 것을 목적으로 하는 논증에 결합된다. 또한 그것은 순수한 감정 현상을 언급하는 것으로 시작하는데, 그 안에서 공동체의 구성원들이 공감을 하고 설명이 필요없다.

> 우리 모두는 우리가 우리 중에 한 사람을 '그는 진짜 일자스인이야!' '그는 오래된 알자스의 진짜 사나이야!' 라고 정의할 때 우리가 표현코자 하는 바를 느낍니다. 그리고 또한 우리가 우리들 중 한 사람에게 고개를 흔들며 '그는 더 이상 알자스인이 아니야' 라고 말하게 된다면 그의 가치가 떨어진다는 것을 느낍니다.
>
> (앞글: 209)

여기서 감정은 두 층위에서 나타난다. 감정은 '그는 진짜 알자스인이야!' 라는 감탄에 기초하고, 이 말의 올바른 이해를 좌우한다. 이렇게 그것은 공유된 표상의 함축에 근거하는 동포들 사이의 의사 소통을 보장한다. 그러나 텍스트는 이 감정 자원이 감정을 백과사전적 지식과 분석적 능력 위에 놓게 하는 이성적 토대를 필요로 한다는 것을 보여 준다. 동포들의 공감만으로는 충분하지 않거나, 혹은 독일 점령의 시기에 처한 어려운 상황 속에서는 더 이상 충분하지 않다. 한 나라에 속하고, 그 내부를 알고, 그 정체성을 지지하는 감정은 그것이 외부의 위협과 구체적 사명, 즉 위험에 처한 조국의 수호의 대상이 되므로 더욱 분명하고 명시적이어야 한다. "알자스인들은 [···] 오늘날 뿔뿔이 흩어져 있습니다. 그들이 살고 있는 여러 곳에 그들은 새로운 애착을 갖습니다. 그러나 그들은 [···] 이 알자스 땅에 뿌리를 간직하고 있고 [···] 그들은 자기 자녀들에게 우리의 작은 고장의 기질을 공동의 유산으로 물려주는 것을 행복해하지 않겠습니까?"(1987: 210) 그러므로 이 잡지는 '알자스인의 의식 고수' 즉 생존을 위하여 필요한 지식과 이해를 근거로 함으로써 민족적 감정을 지지하기 위해 창간된다. 우리는 어떻게 이 감정이 표명할 수 있는 적합한 좋은 이유에 근거하는 것처럼 소개되는지 볼 수 있다(이 고장을 사랑하기 위해 알아야 하는 '기질' 이 있

다). 동시에 민족적 감정의 환기와 고수는 이 기질을 보존하기 위해서 필요
하다('알자스의 씨앗'에서 나온 것만이 알자스인들에게 유익하다). 만일 알자
스를 아는 것이 알자스를 사랑하는 것이라면, 그것을 사랑하는 것은 자신
의 정체성과 생존을 보장하는 것이다. 이 목표 역시 이성적으로 세워지고,
의지가 동원되기를 요구한다. 이 의지에 대한 뒷받침은 행동을 정당화하는
정보를 제공함으로써만 확보할 수 있다. 알자스인 독자에 대해 말하면서,
이 광고 전단은 "우리는 독자 여러분이 특히 고장의 개성에 대해서 잘 앎
으로써, 자신의 방법에 따라 더 확실하게 그 고장을 풍요롭게 하는 데 기여
할 수 있게 되기를 바란다"라고 말한다.(바레스, 1987: 210)

감정을 반박하기

청자의 감정은 단지 암묵적으로만 유발되거나 논증되어서는 안 된다. 그
것은 종종 청자에 의해 느껴진 감정을 대체해야 하는 반응으로써 제시되는
데, 이 감정은 여러 반대 담화에 의해서 유일하게 정당한 것으로 제시된 감
정이다. 예를 들어 평화주의자는 민족주의자들의 애국적 열광에 전쟁 희생
자들에 대한 연민을 대립시킬 것이다. 다른 감정에 의한, 한 감정에 대한
반박의 간단한 예는 에크만-샤트리안의 예에서 나타나는데, 게다가 이 예
는 우리를 담화 안에서의 감정의 기재의 문제로 이끌어 갈 것이다. 이 발췌
문은 《1813년의 한 신병의 이야기》에서 따온 것이다.

1) Quelques jours après, la gazette annonça que l'Empereur était à Paris,
et qu'on allait couronner le roi de Rome et l'impératrice Marie-Louise. M.
le maire, M. l'adjoint et les conseillers municipaux ne parlaient plus que
des droits du trône, et même on fit un discours exprès dans la salle de la
mairie. C'est M. le professeur Burget l'aîné qui fit ce discours, et M. le
baron Parmentier qui le lut. 2) Mais les gens n'était pas attendris, parce

que chacun avait peur d' être enlevé par la conscription; on pensait bien qu'
il allait falloir beaucoup de soldats: voilà ce qui troublait le monde, et pour
ma part, je maigrissais à vue d' oeil.

1) 며칠 후 신문은 황제가 파리에 있고 로마의 왕과 마리-루이즈 황후의
대관식이 있을 것이라고 알렸다. 시장님, 보좌관님과 시의회 의원들은 왕권
에 대해서만 이야기하고, 시청에서 긴급 담화를 가졌다. 이 담화문을 쓴 것
은 연장자인 뷔르게 교수님이었고, 낭독자는 파르멍티에 남작이었다. 2) 그
러나 사람들은 감동받지 않았다. 모두가 징병될까봐 두려워하고 있었기 때
문이었다; 사람들은 많은 병사가 필요할 것이라고 생각했다: 사람들을 불안
하게 만든 것은 바로 이것이었고, 나는 눈에 띄게 야위어 갔다.

(1977: 41)

첫 부분은 동원된 일반 공리를 기초로 자부심과 찬탄의 감정을 이끌어 내
기를 요구하는 담화를 장황히 말한다. 그것은 실제로 대관식의 역사적 기
록 속에 표현되어야 하는 왕권의 위엄과 관련된다. 모두 공식적 칭호로 지
시된 황제·황후, 그리고 왕권의 계승자인 로마의 왕에 대한 언급은 존경
심을 자극해야 한다. 이는 마을에서 왕실의 성대한 의식을 지지하는 모든
사람들에 대한 언급도 마찬가지이다. 즉 공식적인 인물들 또한 Monsieur[2]
라는 존칭과 결부된 존경과 함께 공식 칭호로 지칭된다: M. le maire, M.
l' adjoint, M. le professeur……(시장님, 보좌관님, 교수님……). 대중 신문 연
재소설에 쓰인 발화 장치에서, 1인칭 서술자는 평범한 사람들에게 말을 거
는 평범한 사람이다. 이것이 이 환기의 위엄을 증폭시키고, 청중의 경탄을
보장하는 듯이 보인다. 그러나 예상된 이 감정은 어긋나고, 서술자에 의해
서 반박되는데, 그는 공식적 인물들의 반응에 평범한 사람들의 반응을 대

---

2) 귀족, 부르주아에게 붙이던 칭호. 〔역주〕

립시킨다: "그러나 사람들은 감동받지 않았다……." 허구를 통하여 '나'는 이런 경우에 느껴야 하는 사회 통념만큼이나 왕족의 화려한 의식(우리 시대의 다이애나비, 왕실의 결혼과 벨기에 보두앵 왕의 죽음)을 좋아하고 결코 부인된 적이 없는 감동과 함께 그것을 따르는 대중들의 사회 통념도 일으킬 수 있을 감정을 거부한다.

이 반박을 효과적으로 실행하기 위해서는, 독자가 연대감을 느끼는 민중(어른들은 기뻐하고 존경 속에서 공감하고 젊은이들은 슬퍼한다)을 주민들이 대표한다 하더라도 가정된 반응을 거부하는 그 주민들을 등장시키는 것으로는 충분치 않다. 이 거부를 논증하고 그것을 이성적으로 세우는 것이 중요하다. 만일 'mais(그러나)'가 선호되는 입장을 지니는 논증적 급변을 도입한다면, 'parce que(왜냐하면)'는 민중의 채택된 입장의 합리적인 동시에 감정적인 이유들을 설명한다. 합리적 논거는 다음과 같다: 전쟁을 하기 위해서는 (징병에 의해 소집될) 많은 병사가 필요하다; 나폴레옹은 한번 더 전쟁을 할 것이다; 그러므로 그는 (징병으로 소집될) 많은 병사가 필요할 것이다. 생략 삼단 논법적 추론은 생략적 형태 안에서 완벽하게 명료하다. 그러므로 기쁨을 방해하는 것은 황제의 복귀와 관련된, 전쟁과 징병에 대한 생각이다. 이 공유된 추론('사람들은…… 생각했다')이 수긍할 만한 것은 그것이 발생시키는 느낌과 섞여 있다: "모두가…… 두려워하고……." "사람들을 불안하게 만든 것은 바로 이것이었고……." 글로 지칭된 불안과 두려움은 여기서 틀림없이 논증되었고, 그 힘으로 화려한 의식이 야기하는 경탄을 반박한다. 대립되는 두 감정의 원천에는 나폴레옹의 인척들의 대관과 군사적 갈등이 다시 시작되는 것이라는 두 가지 결과에 대한 상반된 반응들을 야기한다. 양식의 논리는 민중의 지혜에 호소하는 감정은 죽음의 위험(각각의 징병에 따르는 많은 죽음) 앞의 공포에 직면해서는 아무것도 아니다. 그러므로 독자의 선호가 그가 두려움을 공유하는 민중의 태도로 향해야 함이 틀림없다는 것에는 의심의 여지가 없다("모두가…… 두려워하고 […] 그리고 나는 눈에 띄게 야위어갔다").

제2제정 절정기에 씌어진 이 텍스트가 느낌의 반박을 실행하고, 함축을 지닌 배치를 이행한다는 것을 기억하자. 감정의 등장과 환기를 통해 '나'의 펜대를 이끄는 보이지 않는 화자는 강한 반나폴레옹적인 입장을 지지한다. 이것은 감정들이 과거의 비난에 대해 분출되도록 동원된 역사적 예(II, 4, 3)의 우회적 기술과 관련된다.

3. 담화 안에 감정의 기재

언어 안에서 주관성의 발화 작용

우리는 청자에게서 감정을 환기시키기 위한 시도로서의 파토스가, 거기에 아무것도 강요된 것이 없더라도 때로는 직접적이고('모두…… 두려워하고') 때로는 간접적인('나는 눈에 띄게 야위어 갔다') 감정의 언어적 언급에 의지한다는 것을 볼 수 있다. 문자로 언급된 감정은 (바레스에 의해 재생산된 전단의 경우에서처럼) 청자에게가 아니라 화자나 말하는 대상에게 부여될 수도 있다. 이 경우에 담화는 전염 효과를 기대하지만, 물론 이것은 보장될 수 없는 것이다. 청중이 화자나 말하는 대상의 감정에 동화되도록 해야 한다. 이 동화는 두 층위에서 이루어질 수 있다. 우선 우리에게 감정을 공유하라고 요구하는 사람이 느끼는 감정에 대한 언급과, 경우에 따라서 이 감정적 반응에 대한 정당화의 층위. 그리고 화자나 언급된 사람이 가진 느낌을 짐작하고 공유하게 하는 다소 간접적인 방식에 의한 감정 제안의 층위. 이 두 경우에 화자의 느낌은 상대방과 함께 세워지는 상호 작용 안에서 공감을 유발한다(혹은 적어도 유발하려고 노력한다). 반대로 대상이 되는 사람의 느낌들은 화자와 청자 사이에서 타협의 대상이 되는데, 여기서 화자는 대중으로 하여금 이야기되고 있는 제삼자의 입장 속에 투영되게 하는 기술을 제공해야 한다.

이 관점에서 아리스토텔레스적 의미의 파토스는 담화의 기초가 되는 일반 공리들만큼이나 언어 속의 감정 기재와 관련된다. 이것은 우리를 어떻게 감정이 담화 안에 놓여질 수 있는가를 아는 문제로 귀착시킨다. 이 문제는 오늘날 언어과학, 특히 언어 안에서 주관성의 발화 작용에 대해 연구한 후(케르브라트-오레키오니, 1980) 언어적으로 표현된 감정에 특별한 관심을 기울이는 언어 화용론에서 다루어지고 있다. 특별히 처음으로 언어 안에서 감정의 중요성을 강조한 샤를르 바이이에게 공로가 있다. 케라브라트-오레키오니는 언어에서의 감정의 기재가 이루어지는 방식에 대해 검토한다. 대략적으로 발신자는 수신자가 감정적 효과들을 겪으면서 해독해야 하는 표지들을 통해 (진정으로 느껴진 것이든 아니든) 감정을 언어화한다.(케르브라트-오레키오니, 2000: 59) 이 표지들은 감정의 의미적 범주들과 도덕가치론 덕택에 식별될 수 있다.(III, 5, 1) 감정이 가치 판단을 지니지 않기 때문에 이 두 범주가 다르다는 것을 지적하면서 케르브라트-오레키오니는 그 둘을 구별하는 것이 종종 어렵다는 것을 보인다. '정말 훌륭해!' 라는 감탄은 감정적 반응과 대상이나 겨냥된 행위에 대한 평가를 동시에 나타낸다. 그뿐 아니라, 감정적으로 중립적인 평가를 가리키는 도덕가치론이 구체적 상호 작용 속에서는 감정을 지닐 수도 있다.

감정은 단어의 순서, 감탄문, 간투사를 포함하는 통사적 방식 안에서 말해진다. 이런 이유로 그것은 또한 '감정소(pathème)' 즉 청중에게서 감정을 유발하는 것으로 여겨지는 요소들처럼 기능한다. 《밤의 끝으로의 여행》의 서술자인 바르다뮈가 어떻게 옆에서 전우들이 쓰러져 가는 것을 본 전쟁터에서의 첫 경험을 기술하는지 보자: "단 하나의 포탄! 그것이 재빨리 일들을 처리했다. 단 하나의 포탄일 뿐인데"라고 나는 중얼거렸다. '아! 참!' 이라고 나는 계속 반복해서 말했다. '아, 참!' (셀린, 1952: 18). 여기서 반복되는 간투사는 뭐라 말로 표현될 수 없는 감정의 격렬함을 나타내고, 과거의 상처에 비해 어느 정도 이 감정에 대해 빈정거리는 서술자의 거리를 보여준다. 또한 감정 현상은 문체적 표지——리듬 · 과장된 어투 · 반복——속에도 기재되는데, 이 속에서 감정은 보여질 뿐 아니라 전달되는 것으로 여겨진다.

　때로는 감정의 표현(언어 안의 감정 현상의 표지)과 감정소, 즉 청자에게 감정을 유발시킬 수 있는 요소들을 구별하는 것이 쉽지 않다. 마르그리트 뒤라스의《연인》의 다음 부분을 예로 들어 보자.

> 　프랑스어는 일등입니다. 교장선생님이 그녀에게 말한다: 부인, 따님이 프랑스어는 일등입니다. 엄마는 아무런, 아무런 말도 하지 않는다. 프랑스어에서 일등을 한 것이 아들들이 아니므로 그녀는 기쁘지 않다. 못된 여자, 우리 엄마, 내 사랑. 그녀가 묻는다: 수학도요?
>
> 　　　　　　　　　　　　　　　　　　　　　　　(뒤라스, 1984: 31)

　연속되는 두 목소리, 즉 서술자의 목소리와 소식을 전하는 교장의 목소리에 의한 훌륭한 학업 성적의 반복은 어머니 반응의 반복과 대구를 이룬다: "엄마는 아무런, 아무런 말도 하지 않는다." 이 구성은 자서전 작가의 분개를 반영하는 어린 소녀의 실망과 분개를 이해하게 해준다. 그녀는 자신의 담화에서 주체의 감정 현상을 기재하는데, 그것은 목록화된 토포이(훌륭한 학업 성적이 그 가치만큼 보상되지 않았고, 게다가 그것은 자기 어머니와 마주한 아이의 장점이다)를 기초로 분개를 불러일으키므로 더욱 잘 전달된다. 뒤따르는 설명은 이번에는 아들들에 비한 딸의 위상이 부당하다는 느낌을 강화시킨다. 도덕가치론적 고발은 엄마에 대항해서만큼이나 소년들에게 부여된 특권, 즉 소년들만이 직업을 준비한다고 여겨지므로 그들의 훌륭한 학업 성적이 소녀들의 성적보다 더 가치를 인정받는 것에 대해서도 소리를 높이는 반항하는 외침이다. 분노는 감정이 무겁게 실린 친숙한, 그리고 거의 저속하기까지한 용어 속에서 분출되고, 우리는 그것이 과거 속 주인공의 감정을 반영하는지 아니면 현재 화자의 관점을 반영하는지 알지 못한다: "못된 여자, 우리 엄마." 조금 충격적이고 모욕적인 이전의 호칭에 반대되는 매우 다정한 호칭이 그것에 즉시 뒤따른다: "못된 여자, 우리 엄마, 내 사랑." 커다란 감정적 힘이 화자가 어머니에게서 느끼는 분노와 비난과 애정의 섞임을 나타내는 이 대립 속에서 느껴진다. 이 힘은 어머니의 태도가 딸에게서 불러일으키는 부당하다는 감정을 더욱 강조한다. 반복의 과장, 감정 현상을 지닌 평가적 호칭의 선택, 욕설의 사용, 반대되는 감정을 보이는 용어 병렬, 언어 안에서의 이러한 감정 현상의 모든 표지들에서부터 뒤라스의 글쓰기는 독자들로 하여금 1인칭 서술자의 감정을 공유하게 만든다.

감정을 이야기하고 공유케 하기

여기서 감정은 느낌의 언어적 전이를 기초로 한 상호 작용을 청자와 함께 이끌어 내는 텍스트 안에서 나타난다. 뒤라스의 독자는 구어를 모방하는 언어 안에서 자신의 속내를 드러내고 겉으로 보여지는 단순함이 즉각성의 효과를 강화하는 화자와 공감을 느낄 수 있다. 그러나 말이나 글로 된 많은 담화들은 대중에게 제삼자 즉 상호 작용에 속하지 않지만 그에 대해서 화자가 감정을 유발하고자 하는 'il(그)'을 제시한다. 이 감정은 특성을 띨 수 있고, 서로 다른 목표를 향할 수 있다. 그것의 가장 일상적 경우는 물론 허구 텍스트나 자전적 이야기인데, 여기서 독자는 주인공들의 감정을 공유하도록 이끌린다. 그러나 우리는 많은 다른 전형적 예를 생각해 볼 수 있다. 예를 들어 마노는 인류애적 도움에 대한 호소에서 구호를 요구받는 사람들에게 부여된 감정을 연구한다. 그는 화자는 청자가 D(délocuté, 탈격)처럼이 아니라 D와 '함께' 느끼게 하도록 노력하는데, 왜냐하면 그것이 '동정심'을 불러일으키기 위해서이기 때문이라는 것에 주목한다. 그는 어린이 구호 단체(Village d'enfant SOS)에서 따온 다음의 예를 든다. "이 시선은 비탄의 시선이다……."(마노, 2000: 286) 감정의 관계와 기술을 이용해서 화자의 관여없이 청자가 탈격에게 관대함을 느끼게 하기 위한 탈격-청자

축을 활성화하려는 시도가 이런 유형의 텍스트 안에 있다.(앞글: 287)

샤로도는 텔레비전에서 그가 '감정화'라고 부르는 것을 연구한다. 이 경우는 언어적 기술이 고통을 직접적인 보는 것으로 대체하기 때문에 이 연구의 영역을 벗어난다. 그러나 여기서 흥미롭게도 비탄의 장면(볼탄스키에 의하면 '거리가 있는 고통')이, 시청자가 현실에 직면하는 동시에 거리를 두는 입장 속에 있다는 사실에서 유래하는 특별한 공감의 관계를 형성한다는 것을 언급한다. 이는 "동정심을 갖는 이가 고통받는 이와의 차이를 알고 있다는 것과, 그가 자신이 고통받지 않고 있다는 것을 안다는 것과, 그러므로 그가 가질 수 있는 죄책감의 이유들(이 느낌은 영화에서는 생기지 않는다), 그리고 행동으로 참여할 수 있는 이유들에 대해 […] 자문할 수 있다는 것을 전제하는" 관계이다.(샤로도, 2000: 143-144) 상호 작용 밖에 있는 제삼자의 감정을 연출하고 언어화하는 것은, 이 교환을 조정하는 의사 소통 장치에 의존하는 동시에 주체가 연루된 자신을 발견하는 교류 유형에 의존하는 효과를 만들어 낸다. 논증 담화를 만드는 형식적이고 제도적인 틀에 관심을 기울이기 전에, 로고스와 파토스의 기로에서 수사학의 문채들의 문제에 접근할 필요가 있다.

[더 읽어볼 책]

ARISTOTE, 1989, *Rhétorique des passions*, Postface de M. Meyer, Paris, Rivages poche.

MATHIEU-CASTELLANI(Gisèle), 2000, *La Rhétorique des passions*, Paris, PUF.

PLANTIN(Christian), 1998b, 〈Les raisons des émotions〉, *Forms of Argumentative Discourse/Per un'analisi linguistica dell'argomentare*, in M. Bondi éd., Bologne, CLUEB.

PLANTIN C., DOURY M., TRAVERSO V., 2000, *Les Émotions dans les interactions*, Arci/Presses universitaires de Lyon.

WALTON(Douglas), 1992, *The Place of Emotion in Argument*, The Pennsylvania State University Press.

[종 합]

논증 안에서의 감정의 자리는 여러 세기 동안 많은 논란의 대상이 되었다. 아리스토텔레스가 파토스에 중요한 자리를 부여하는 반면, 이상 우위의 명목으로 혹은 청중을 조작한다는 것을 구실로 감정에의 호소를 비난하는 이들도 많다. 그러나 논증의 현대 이론들은 설득을 목표로 하는 담화 안에서의 감정의 명예 회복을 목표로 한다. 이성과 열정이 연관 있고 감정을 불러일으킨다는 것이 반드시 비난받을 만한 조작을 추구하는 것이 아니라고 간주하기 때문에, 논증분석은 어떻게 청중에게 동의를 강화하고 행동에 참여시킬 수 있는 감정을 불러일으킬 수 있는지를 보고자 한다. 이런 관점에서 논증분석은 감정을 직접적으로 지시하지 않고, 그것을 청중에게서 일으키는 일반 공리들을 연구한다. 그것은 또한 담화 안에서 감정의 표현에 관심을 기울인다: 감정 현상은 감정을 표현하는 어휘 명칭으로부터 텍스트의 물질성 안에 기재될 뿐 아니라, 또한 감탄사나 반복처럼 그것을 말하고 전달하는 문채 효과를 통해서도 기재된다.

7

로고스와 파토스 사이: 문채

1. 논증성과 문채성

우리는 수사학에서 본질적인 것으로 자주 받아들여지는 문채에 대해 여기 할애된 지면이 적은 것에 놀랄 것이다. 이는 문채를 낮게 평가하는 것이 아니라 위상을 재고해 보는 것이며, 많은 수사학자를 계속 사로잡고 있는 분류에 대한 집착과 **미사여구법**에 관한 개론이 많았다는 점이 특히 이러한 작업에 도움이 될 것이다. 돈절법, 이사일의법, 전치법, 합성어 분리법 등 기이한 이름을 가진 전의의 목록이 얼마나 많은 세대들을 낙담시켰는가. 우리가 관심을 갖는 관점에서 목록 작성은 부차적인 중요성을 지닐 뿐이다. 문채는 언어적 형태이고, 맥락에서 이것의 논증적인 가치를 연구하는 것이 중요하다. 따라서 개별적 논증 상호 작용 중에서 사용되는 것만이 그것에 비중과 효과를 부여한다는 사실을 고려하면서 직유법·과장법 또는 액어법의 잠재성을 살펴보아야 한다. 우리는 여기서 고전 수사학과 전의(轉義)의 개론이 구성하는 체계적인 저장고를 참조하면서 문채 활용의 몇 가지 예만 제시할 수 있을 것이다. 우리는 문채와 전의에 대한 현대 사전들 이외에도, 특별히 뒤마르새와 퐁타니에의 저서들과 카트린 프로밀라그(1995)의 훌륭한 종합을 참조할 것이다.

우리가 문채에 적절한 부분을 할애했다고 여길 사람들에게 우리는 모든 장에서, 또 이번 장에서도 문채를 통해 로고스와 파토스의 방법을 모색하는 문제를 많이 수록하였다고 답할 수 있을 것이다. 《논증 개론》에서 이미 페렐만과 올브레히츠-티테카는 (색인이 잘 보여 주듯이) 책의 다양한 부분에서 대단히 많은 문채를 분류하면서, '담화의 소개와 형태'의 장 안에 삽입된 '수사학의 문채와 논증'이라는 제목의 항목에서만 문채에 대한 연구를 제한했다. 이것은 재현의 단순한 소개 문제가 아니다. 사실 신수사학적 접근 방식은 논증 차원에서 취해진 은유법·직유법·과장법 또는 완서법으로부터 문채성이라는 개념이 그것에 부여하는 부자연스러운 단위를 없애도록 했다. 우리의 담화분석 관점에서 이러한 태도는 매우 유익하다. 에두르기와 은유가 둘 다 문체 효과를 구성한다고 주장하면서, 왜 둘을 같은 항목에 넣을까? 둘의 기능 작용은 매우 다르다. 에두르기는 함의의 연구에 속하고, 반면에 은유는 유추 분석의 성질을 띤다. 또한 페렐만은 논증에서 유추의 기능을 설명한 장에 은유를 포함시킨다. 게다가 에두르기, 반어법이나 완서법은 암시의 논증적인 기능과 효력에 대한 숙고의 성질을 띤다. 우리가 파토스의 연구에서 볼 수 있었듯이, 반복의 문채는 여러 가지가 있으나 (프로밀라그가 hypozeuxe[1]라 일컫는[1995: 26]) 통사적 대구법이나 수사학적 조응소는 근본적으로 어떤 감동을 불러일으키는 것을 목적으로 한다. 따라서 논증분석의 용어로, 즉 청중에 영향을 끼치는 능력을 담화 기능에 연결짓는 관점에서, 문채에 대한 연구는 수사학개론서들의 종종 불확실하고 변화무쌍한 구분에 일치하지 않는 재편성을 하는 것이다.

2. 문채와 파토스

우리는 문채의 용법과 파토스 사이에 일반적으로 성립된 관계를 재검토할 것이다. 문제의 연대기적 설명은 차치하고, 우리는 여기서 라미가 1741

---

1) 미시구조적 문채. 〔역주〕

년에 열정과의 관계에서 한 문채에 대한 설명을 인용할 것이다. 그는 모든 설득 작업에서 열정의 필요성을 강조했다. 사실 라미에게 있어 문채는 '열정의 특징'이다(라미, 1998: 231): 문체의 효과는 강한 인상과 자극을 주고, 미학은 마음을 감동시키는 힘이 있다.

만약 우리가 모든 판사들의 증오를 받아 마땅한 범죄자가 불리하도록 말을 한다면, 판사들의 마음을 강렬하게 움직이기 위해서 말을 아껴서도 안 되고, 반복과 동의어를 삼가해서도 안 된다. 대구법은 범죄자가 괴롭혔을 사람들의 무고함에 견주어 그의 인생의 엄청난 죄를 이해시키기 위해 필요하다. 우리는 그보다 앞서 살았던 범죄자와 그를 비교할 수 있고, 그 범죄자의 잔인함이 호랑이와 사자의 잔인함보다 더 크다는 것을 보여 줄 수 있다. 웅변술은 그의 잔인함과 다른 나쁜 자질들을 기술하는 데 중요하다. 특히 활사법이나 생생한 묘사는 우리가 담화에서 기대하는 효과를 만들어 내고, 판사들을 우리가 이끌고자 하는 방향으로 가게 하도록 사용하는 많은 열정을 영혼에서 증폭시키게 한다. 빈번히 사용하는 감탄은 그렇게 매우 엄청난 많은 범죄를 보는 것이 야기하는 고통을 나타내고 다른 이들에게 고통과 혐오감의 동일한 감정조차 느끼게 한다. 돈호법에 의해, 활유법에 의해, 우리는 모든 당연한 이치가 죄인의 유죄 판결을 마땅하게 느끼도록 한다.

(라미, 1998: 230; 필자 강조)[2]

우리는 재판적인 것에 속하는 고전 담화 장르인 논고에서 다양한 문채의 기능을 명확하게 보여 줄 수 없을 것이다. 수사학자의 전제는 설득하기 위해 열정을 유발시킬 줄 알아야 한다는 것과 각 문채 유형이 특별한 효과를

---

2) 이러한 관점은 그룹 μ의 《일반수사학》에서 취해졌다. 그룹 μ는 사실 '수신자에게 생겨난 감정 상태'라는 파토스 의미에서 취해진, 이상하게도 에토스라 명명된 것과 문채의 효과를 연결시킨다.(1982: 147) 그러나 저서는 '문채의 구조와 에토스 사이에 필연적 관계는 없다'라고 강조하면서 모호한 표현으로만 이 관계를 제시한다.(앞글: 148)

만들어 내는 데 알맞은 자질을 포함한다는 것이다. 반복은 사람들에게 강한 인상을 주고, 활사법은 생생한 감동을 불러일으키고, 감탄은 고통을 표현함으로써 공유하게 한다. 롤랑 바르트가 이를 《고대 수사학》에서 잘 설명했다.

　… 문채를 통해서 우리는 열정의 고전적인 분류를 알 수 있다. […] 예를 들면 **감탄**은 말의 무례한 유괴, 감정의 실어증이다; […] **생략**은 열정을 제약하는 모든 것을 검열하는 것이다; […] **반복**은 '정당한 권리'의 강박적 되풀이이다; **활서법**은 사람들이 생생하게 재현되는 장면, 내적인 환상(욕구·질투 등), 정신적인 각본이다.

(바르트, 1994: 330-331)

그러나 우리는 라미에게 있어 문채는 내재하는 파토스적 효과, 담화 상황에 의존적인 효력을 가지지 않았다는 점을 주목할 것이다. 그것은 범죄를 비방하는 것과 관계되기 때문에 대구법의 도움을 받고, 잔인성의 공포를 표시해야 하기 때문에 예와 직유법은 예증의 역할을 한다.

라미의 인용은 논증에서의 문채 역할과 관련된 두 가지 중요한 주의점을 이끌어 낸다. 첫번째로 문채가 정신에 영향을 주지 않는다는 것과 추론을 도와 주지 않는다는 것을 텍스트로부터 결론지어선 안 된다. 우리는 은유의 인지적인 효력을 많이 언급했다. 은유의 잠재된 유추적 도식은 교육적이고 설득적인 잠재력을 내포한다. 우리는 유추가 숨겨진 관계를 살펴볼 수 있게 하고, 그것을 예증할 수 있게 한다는 점을 기억한다.(II, 4, 3) 다양한 경향이 육안과 순수 (실천) 이성을 초월하는 관계를 이해하게 해주는 유추의 발견적 힘을 칭찬했다. 낭만주의 작가들에서부터 보들레르와 초현실주의자들에 이르는 문학 동향은 유추의 문채가 핵심이 되는 체계들을 구상하였다. 소위 사고의 다른 문채들은 열정에 제한되지 않는 논증에 분명히 속한다. 반어법·역설법은 단지 마음을 감동시킬 뿐만 아니라 정신에 호소한다. 요컨대 문채는 다양하고 게다가 측정하기 어려운 사용에 따라서 이성과 열정의 결합을 허용한다.

두번째로, 논증의 고유한 목표를 지니는 담화의 장르에 따라 라미가 문채를 제시한 것을 살펴보는 것은 흥미롭다. 이것은 죄인에게 엄격하게 형을 내리게 하기 위해 판사를 동요시키는 것이고, 논고가 정의상 부여하는 임무이다. 우리는 그 점에서 강한 가설을 세울 수 있는데, 이 가설에 따르면 몇몇 장르들은 문제된 상호 작용적인 틀 안에서 그것의 효율성에 따라 특정 문채를 사용한다는 것이다. 또한 주어진 장르에서 어떤 문채 범주의 기능을 더욱 신중하게 연구할 수도 있다. 첫번째 범주에서, 우리는 로만 야콥슨의 과업(1963)을 언급할 수 있다. 그는 환유를 사실주의 소설의 전형적인 문채라고 생각했다. 마르크 앙주노는 많은 문채와 그의 일반 공리를 지니는 논쟁 장르인 비방의 글을 특징짓는 문채의 활용을 연구했기 때문에 두번째 범주를 받아들인다. 그는 반어적 표현에 대한 비방문의 저자가 사용하는 것을 검토했다. 이 반어법은 우리가 생각하는 것의 반대를 얘기하고, 수사학적 양보에 연결지어진다. 우리는 이 양보를 통해 그의 이점을 높이기 위해 반대자에게 또는 논쟁자가 스스로 잘못을 인정하는 체하는 반어적 자책에 무언가를 부여하는 듯 가장한다.(앙주노, 1982: 275-276)

3. 상투적 표현의 힘

고전 수사학은 문채를 단어의 형상인 전의와 구분한다. 은유에서처럼 용어가 일상적인 의미를 가리키지 않을 때 전의가 있다. 전의는 일반적으로 논리적 문식과 반대된다. 논리적 문식은 관념들 사이의 관계에 근거한다. 연언법·양보법·반어법 등이 그 예이다. 그러나 수사학적 구분이 불안정하다는 것은 문채의 효율성 관점에서 수사학적 구분이 본질적이지 않다는 것을 보여 준다. 우리는 여기서 고전적인 구분보다 살아 있는 문채와 죽어 있는 문채 사이의 대립을 다시 취함으로써 차이점을 강조한다. 이 대립은 문채의 논증 잠재력 차이를 강조하기 위해 현대에 시작되었다. 실제로 어휘적으로 충족되고 소위 상투적 문구라 일컬어지는 관용화된 문식은 적어도 문채적인 특성만큼 한정적인 역할을 하는 통념에 소속된다는 것을 표시한다. 이러한 문채는 청자와의 상호 관계를 이끌어 내는 친숙함의 효과나 파손의 효과를 일으킨다. 이 상호 관계는 청자가 이미 알고 있는 것을 보여줌으로써 호의를 베풀기도 하고, 진부함을 강요함으로써 그를 짜증나게 만들기도 한다. 물론 모든 것은 우리가 말을 거는 대중의 유형, 이미 말해진 것에 직면한 대중의 평범한 반응과 상투적 표현이 나타나는 담화의 장르에 따라 달라진다(몇몇 장르는 이미 만들어진 표현의 이용을 다른 것들보다 더 거부한다). 그러나 상투적 표현이 불가피하다는 것과 여러 차례 대상이 되었던 비난에도 불구하고 효과를 계속 만든다는 것을 잘 이해해야 한다. 이것은 폴란의 《타르브의 꽃》과 미셸 리파테르의 이제 고전이 된 작업이 오래전부터 증명했었다. 이러한 관점에서 페렐만과 올브레히츠-티테카가 지적한 의미로 상투적 표현의 논증 기능을 분석하기 위한 첫번째 시도는 《상투적 문구의 담화》(아모시와 로젠, 1982)에서 문학 텍스트에 관하여 이루어졌다. 관용화되었기 때문에 텍스트의 표면에서 알아볼 수 있는 소설적이거나 시적인 텍스트에서의 상투적 표현들은 소설 텍스트나 시 텍스트, 그리고 다른 담화의 모든 유형에서 가치를 전달하는 사회적 담화에 반드시 속하게 된다. 상투적 표현들이 눈에 띄지 않고 넘어가거나 친숙하고 자연스러운 외형으로 가치를 전달하면 할수록 독자에게 더 많은 영향을 끼칠 수 있다. 따라서 단지 은유나 과장법으로서가 아니라 통념적 요소로서, 그것들은 (사르트르의 《한 지도자의 어린 시절》과 같은) 경향소설의 논증에서 작용하거나 몇몇 문학텍스트가 실행하는 논증의 연출(알베르 카뮈의 《전락》)에서 작용한다. 또한 공론에 근거한 진부한 문체 효과를 평가 절하하는 것은 그것의 반어법적인 고발에 근거한 설득 효과를 도와 준다. 우리는 그 점에 관해서 안느 에르슈베르 피에로(1979)가 《마담 보바리》의 의회 장면에서 리외뱅의 수사학에 대해 제시한 훌륭한 분석을 다시 볼 것이다. 평범한 것을 거부하는 것 이상으로, 문학 담화에서 통념을 이끄는 이미 만들어진 표현에 대한 불신이 상투적 표현의 가장 효율적인 사용을 방해하는 것은 아니다. 그리고 알다시피 이것은 반복과 파손의 표지로서 상투적 표현에 대한 비판이 시행되지 않았던 고대와 마찬가지로 현대에도 그러하다.

4. 새로운 것과 예기치 못한 것

상투적 표현이 친숙함을 통해 설득한다면, 참신한 문채는 반대로 다소 극단적인 급변을 통하여 자신의 목표에 도달한다. 참신한 문채는 기대를 뒤엎어 담화의 순서를 재조직함으로써, 느끼고 생각하게 한다. 장 지오노의 이야기《대군중》에서 차용한 구체적인 예를 들어 보자. 이 이야기에서 은유적 글쓰기는 전쟁에 대한 기술에 활기를 부여하는데, 1920년대와 30년대에 문학 작품이 많이 쏟아져 나온 것이 독자들의 감성을 무디게 함으로써 전쟁에 대한 충격을 약화시킬 우려가 있었다. 이 단락에서 병사들은 적이 총을 마구 쏘아대는 다리 위로 수로를 건너가려 시도한다.

La mitrailleuse était en train de mâcher le bois de la passerelle et la chair des morts.
– Vite! Vite!——De dieu! de dieu! souffle Joseph.
– Vite!
Et maintenant la mitrailleuse mange quelque chose de chaud et de vivant; elle ronronne dans la chair molle.
– Ah! Vairon!

기관총은 육교의 나무와 죽은 자들의 살을 씹고 있었다.

－ 빨리! 서둘러!──제기랄! 빌어먹을! 조셉은 숨을 몰아쉰다(헐떡거린다).

　－ 빨리!

　그리고 지금 기관총은 무언가 따뜻한 살아 있는 것을 먹는다;

　그것은 부드러운 살 속에서 그릉그릉 소리를 낸다.

　－ 아! 피라미 같은…!

(지오노, 1931: 115)

　나무를 먹어 다리 위에 있는 병사들을 위협하고 또 생살을 먹는 짐승으로 기관총을 그려내는 것은 육식 동물의 쾌락을 더 잘 강조하기 위해서만 기관총을 의인화함으로써, 겉으로만 행복감을 주는 것처럼 보이는 양식에 맞게 'la chair à canon(총알받이)' 라는 상투적 표현을 다시 고친다는 점에서 더욱 인상적이다. 그리고 또 'elle ronronne': 기괴하고 끈질기게 괴롭히는 이미지로, 평상시에는 사람들 곁에 있는 애완동물 고양이가 병사들의 시체를 괴물처럼 먹는 금속성의 짐승이 된다. 은유는 그런 식으로 죽음의 압승, 그것들의 먹이가 된 인간에 대한 파괴 수단의 승리를 나타낸다. 그러나 독자를 사로잡는 혐오감은 순수한 감성에 근거하지 않는다. 그 느낌은 제1차 세계대전에 대한 가치 판단과 섞여 있다. 한편으로 문채는 기계들이 인간에 대항하여 싸우는, 보다 정확히 말해 무방비 상태의 병사들을 파괴하는 세상을 보게 한다. 이렇게 문채는 인간을 기계의 희생양으로 만들면서 전투가 나타내는 새롭고 야만스러운 모습을 고발한다. 다른 한편으로, 무생물에서 생물로의 변화는 모든 인간 주체들의 부재에 대한 의문을 제기한다. 사물들과 인간들을 먹어치우는 기계의 이미지에 맞는 문체 효과를 알아보는 것은, 또한 잔인함과 파괴가 친숙한 존재로 바뀐 대량 학살의 원인이 무엇인지를 자문하는 것이다. 이야기의 보이지 않는 서술자는 이처럼 반드시 명시적인 언급을 하지 않더라도 독자의 태도를 만들어 낼 수 있다. 동시에 그의 은유들의 예기치 못한 특성들과 그 은유들이 전개하는 매우 풍부한 결합망을 통해 텍스트는 글자 그대로의, 그리고 직접적인 모든 메시지 이상의 의미 작용들을 구성할 수 있게 하는 고차원적인 해석 활동을 촉구한다. 그러므로 문채는 명백한 교훈적 메시지의 전달을 통해서보다는, 생각을 특정한 논증적 경향으로 숙고하게 함으로써 자신의 효력을 완전히 획득한다.

한번 더, 그러니까 매우 시적인 허구적 텍스트에서도 파토스와 로고스는 서로 붙어다닌다. 우리는 이러한 긴밀한 결합이 대구법의 문채가 선호되는 연극 텍스트에서는 완전히 다른 양상을 띠는 것을 볼 수 있다. 예를 들어 라신의 《브리타니퀴스》에서 자신의 시녀 알빈에게 하는 아그리핀의 대사: "내 명예의 증대를, 내 신임의 추락을 보니까."[3](《브리타니퀴스》 1막 1장) 또는 네롱에 대한 대사: "아 ! 만일 그가 원한다면, 국부가 되라지; 허나 아그리핀이 어머니임을 좀더 생각해야지."[4](앞글) 대구법의 형태로 강한 요구를 표현한다. 이러한 대구법은 아그리핀이 불만을 품는 이유들을 정당화하기에 이른다. 동시에 그것들은 권력을 유지하고자 하는 그녀의 욕망이 존경의 외적 표시들(명예)을 획득하는 것에 대한 만족감뿐만 아니라 자신의 아들이 훌륭하게 통치하는 것(국부이다)을 보고자 하는 욕망보다도 얼마나 더 강한지를 보여 준다. 두번째 대구법은 말터에 근거한다. 네롱이 로마에 은혜를 입은 것이 그가 자기 어머니에게 은혜를 입은 것보다 더 중시될 수 없다. 그를 낳아 준 어머니에게 입은 은혜가 국가에 대한 의무보다 더 중요하다. 그녀는 사실 사리사욕과 권력에 대한 갈망 때문에 초래된 입장을 이성적으로 세우고 잘 알려진 가치들로 은폐시키고자 한다.

---

3) 《RACINE의 戲曲 上》, 장정욱 역, 경북대학교 출판부, 1987, p.313 참조. 〔역주〕
4) 앞글, p.311 참조. 〔역주〕

5. 문채, 텍스트의 일관성과 논증

몇몇 텍스트들은 밀도 있는 문채망을 조직함으로써 추론을 구성한다. 우리는 이에 대해서 〈밑바닥(Le Bas-Fond)〉(《레 미제라블》, 7장 2)이라는 제목의 텍스트 속 빅토르 위고의 다음의 전개를 통해 판단해 본다.

그런 무덤 속에서 꿈틀거리는 무시무시한 그림자들은 [⋯] 어머니가 들어 있다, 둘 다 무정한 계모, 즉 무지와 빈곤이다. 또 동료 하나를 가지고 있다. 그건 결핍이다; 그들이 만족을 느끼는 방법은 오직 하나, 식욕을 채우는 것 밖에 없다. 그들은 거의 동물적일 정도로 늘 탐식한다. 다시 말해 광포할 정 도이다. 그것도 폭군 같은 것이 아니라 호랑이처럼.[5]

(위고, 1964: 735)

모든 증명은 교훈적이면서 동시에 감정적인 특성을 띠는 유추적 문채들 로 지지된다. 자신의 인간성을 잃어버리고 동물적 미개 상태에 이르게 된 존재들을 탄생시킨 것은 호랑이라는 상투적 비유에 의해 재현된다. 케케묵 은 표현은 인간에 속하는 폭군과 완전한 잔인성을 구현하는 호랑이 사이에 확립된 분리를 통해 새로워진다. 친숙한 표현에 부여된 이러한 명확성은 잔혹함에 대한 여러 가지 가능한 어조와 정도를 나타냄으로써 생각하게 한 다. 상투적 표현의 조정을 위한 수정은 또한 (태생에 대한) '어머니' 라는 은 유에서 나타난다. 일반화된 이미지는 이렇게 인간을 짐승으로 저하시키는 것의 근원에 대한 단언을 '정착시킨다.' 바로 뒤에 나오는 예기치 못한 반 복 '무정한 계모' 는 기술의 불쾌감을 주는 면을 강조함으로써 출산을 못된

---

5) 빅토르 위고 지음, 《레 미제라블 Ⅱ》, 강영길 역, 일신서적 출판사, 1992, p.245 참 조. 〔역주〕

어머니, 불길한 태생에 연결시킬 수 있게 한다. 전체는 위험한 피조물들이 떠도는 깊숙한 곳의 세계('꿈틀거리는 무시무시한 그림자들⋯⋯')가 불러일으키는 두려움에 대한 공론과 '무덤'에 사는 사나운 동물의 이미지를 근거로 한다. 이 단락 전체에서 전개되는 깊숙한 곳과 동물성에 대한 은유적인 망의 일관성, 설명적 가치를 지니는 친숙한 이미지를 수정하고 명확히 하기 위해 그것을 과장되게 제시하는 방식은 독자로 하여금 감정과 숙고를 동시에 야기시키는 세계에 직면하게 하는 데 기여한다. 사실 강한 인상을 주고 두렵게 하려는 것이지만, 범죄와 그 범죄의 제거 가능성들에 대해 숙고하게 하려는 것이기도 하다. 텍스트가 스스로에게 권위적이고 과장되게 단언할 수 있는 가능성을 부여하는 전지전능한 서술자의 중개로 사회적 현실을 드러낼 때, 그것은 또한 문채적인 방법으로 분석하게 한다. 예를 들어 우리는 선구자들 중 하나로 문채의 논증적 가치를 연구했던 올리비에 르불의 과장된 단언에 동의한다: "그렇다. 문채는 논증을 용이하게 한다. 그렇다. 문채는 그 자체가 논증적 성격을 띤다. 그리고 이러한 두 기능은 거의 언제나 구별할 수 없다. 이 구별할 수 없는 것이 수사학의 근원을 이룬다." (르불 in 메이예, 1986)

텍스트가 어떻게 자신의 독자들로 하여금 설명적인 은유에서 출발하지 않고, 은유들의 작용이 허용하는 연상에 의한 점진적 변화에 전적으로 근거하는 논증, 말하자면 문채망이 분석적인 방식을 대신하는 논증에서 출발하도록 시도할 수 있는지를 보여 주기 위해 마지막 예를 들어 보겠다. 이것은 앞서 인용된 르 클레지오의 이야기 《떠도는 별》에서 유태인 주인공이 죽어가는 엄마를 보러 남프랑스에 가고 엄마를 화장하기 전에 죽어가는 그녀의 곁을 지키는 부분이다. 엘리자베스의 뜻에 따라 딸이 바다에 흩뿌리게 될 그녀의 유해에 대한 연상은 지중해 지방의 '언덕을 황폐하게 만들었던 화재'에서 나온 '바다 위로 빗발치듯 쏟아지는 재'[6](1992: 327)와 '이 마을 재난의 상처 속에서의 모든' 날들[7](앞글: 329)에 관련되는데, 여기서 상처는 문자 그대로의 의미(불타는 산림)와 비유적인 의미(고통의 신음)를 동시에 갖는다. 문채들에 의해 배열된 의미적 동위성을 통해 자연과 인간의 느낌들이 대조된다. 장면들 사이의 이동은 일련의 메아리들에 의해서 이루어지고, 텍스트 구성상 단순한 병렬에 의해 이루어진다. 자연과 느낌들 사이의 관계가 공론이기 때문에 독자는 이를 쉽게 결합시킬 수 있다. 그러나 이러한 관계 맺기는 자연적인 것과 감정적인 것 사이의 단순한 관계를 넘어서면서 조금씩 조금씩 전개된다.

모든 산들을 불태우고, 즉 툴롱·파이앙스·드라기낭·탄느롱 숲의 초록색 떡갈나무와 소나무 숲을 태워 버리고 있는 화재에 대한 소식을 신문에서 읽기도 했다. 그 재난의 불빛은 죽어가는 베이루트를 밝히고 있었다.

(1992: 330-331)

포위당한 마을에는 더 이상 물도 없고 빵도 없었다. 단지 화재의 흔들거리는 불빛, 대포의 포효와 파괴된 잔해 더미 가운데를 방황하는 어린이들의 모습만이 있었다.

그때가 팔월의 마지막 나날들이었다. 생 막심 위로 산 전체가 불타고 있었다.[8]

(1992: 331)

이러한 점으로부터 이중 연상이 이 장 전체에서 전개되고 화염에 휩싸인 자신들의 마을을 떠나는 베이루트 주민들에 대한 상상의 그림을 만들어 낸다: "바르에서는 7천 헥타르가 불에 타고, 공기나 물 속, 그리고 바다에서까지도 불타 버린 재 냄새가 나고 있었다. 화물선이 폐허가 된 도시로부터

---

6) J. M. G 르 클레지오 지음, 《떠도는 별》, 강명호 역, 소학사, 1993, p.351 참조. 〔역주〕

7) 앞글, p.354 참조. 〔역주〕

8) 앞글, p.356 참조. 〔역주〕

사람들을 화물처럼 싣고 떠나가곤 했다……."⁹⁾(앞글: 331-332) 1인칭 시점 담화의 인상주의적 기법은 서술자의 직접적인 주변 환경으로부터, 마찬가지로 화염에 쌓여 있는 레바논의 마을에 대해 갖고 있는 이미지로 미끄러지는 것을 가능케 해준다: 지금은 1982년 여름이다. 비유적인 문체, 과장된 반복, 리듬은 감정을 불러일으키는 시적 분위기를 창출한다. 장면들을 연결시키지 않고 병렬시키는 연상 기법은 한쪽에서 다른 한쪽으로의 이동을 쉽게 한다. 전체적으로 연상은 화재·파괴·죽음에 대한 주제를 여러 다른 어조들에 따른 반복의 형태로 다시 나타나게 한다. 화염에 쌓인 자연의 단말마는 죽어가는 엄마의 임종뿐만 아니라 전쟁에 휘말린 마을의 종말에도 부합된다.

그때부터 늙은 여인의 죽음이 필연적인 결말이 아닌 재난처럼 나타난다. 자연 재해(숲의 화재)와 사회적 재난(전쟁)이 사적인 영역에 미치고, 독자에게 전달된 마음의 동요의 강도를 증가시킨다. 동시에 개인적인 생각——엄마가 없어지는 것에 대한 고통이 집단적인 불행에 파급되고 그것에 자신의 비극적인 색조를 부여한다. 아마 이것은 제2차 세계대전 이후 이스라엘 쪽으로 이주했던 주인공에게 있어서, 레바논의 전쟁이 그녀의 개인적인 체험에 긴밀하게 결합되어 있다는 사실을 통해 부분적으로 설명될 수 있나. 그렇지만 레바논에서의 무력 갈등이 필연적으로 개인적인 존재를 종결짓게 하는 죽음, 산림을 파괴하는 자연 재해와 같은 차원에 놓이게 된 것을 이해해야만 한다. 파괴라는 전체적인 주제의 차원에 위치하면서, 고통과 죽음 앞에서의 고뇌라는 강렬한 감정으로 그 주제를 명확히 함으로써, 연상에 의한 점진적인 변화와 문체로 함양된 운율 있고 시적인 텍스트를 변조함으로써 이야기는 완전히 상황을 정치와 무관하게 만든다. 이것은 독자에게서 감정적인 반응을 불러일으킴으로써 특별한 상황과 정치적 분석 너머, 파괴에 대한 마음의 동요만이 중요한 영역에 독자가 놓이게 만든다.

---

9) 앞글, p.356 참조. 〔역주〕

이러한 시도는 미적 감정에 연결된 느낌들이 이성을 입다물게 하기 때문에 조작이 가능한 것으로 이해될 수 있다("브르통은 조작은 판단을 완전히 마비시키는 것이라고 말했다"[2000: 79]). 이 시도는 파괴 앞에서의 고통·고뇌·추방·죽음 등 갈등을 피하도록 설득시킬 수 있는 것의 핵심만을 유지하기 위하여 갈등을 북돋우는 근거들을 넘어서고자 하는 욕구처럼 나타날 수도 있다. 그것의 효과를 평가하기 위해서, 우리는 그 문채적 기능 작용을 연구하는 것으로 만족할 수 없다. 분석해야만 하는 것은 텍스트에 기재된 독자의 믿음 세계, 즉 텍스트가 근거하는 통념이다. 또한 문학 영역에서 행해지는 것은 논증 기획에서의 미학의 위상이다. 사실 이러한 발췌는 그것이 의지하는 형식적이고 제도적인 틀을 벗어나서는 분석될 수 없다. 지금 좀더 자세히 연구할 필요가 있는 것이 바로 이러한 영역들이다.

[더 읽어볼 책]

FONTANIER(Pierre), 1977, *Les Figures du discours*, introd. G. Genette, Paris, Flammarion.

FROMILHAGUE(Catherine), 1995, *Les Figures de style*, Paris, Nathan, 〈128〉.

HERSCHBERG PIERROT(Anne), 1979, 〈Clichés, stérétypes, stérétypies dans le discours de Lieuvain〉, *Littérature*, 36.

LAMY(Bernard), 1998, *La Rhétorique ou l'art de parler*, éd. critique B. Timmermans, préface M. Meyer, Paris, PUF.

[종 합]

오랫동안 '제한된' 수사학 영역을 구성했었던 문식(文飾)들은 여기서 그것들의 논증적 기능 안에서 연구되었다. 이런 범위에서, 문채적인 것은 함축과 유추와 같이 사실은 이질적인 논리-추론적 기능들에 속하는 매우 다양한 현상들의 범주들을 모은다. 전의(轉義)들은 때로는 상투적 표현으로서 논증에 개입하는데 이때 전의들의 친숙함이 중요한 효과를 가져오며, 때로는 혁신과 단절로서 논증에 개입하는데 이때 범주를 뒤짚는 것과 불러일으켜진 놀라움이 발견적이고 설득적인 힘을 전의에 부여한다. 몇몇 텍스트 유형에서는 은유망들과 연상 작용이 '시적인' 논증의 근본적인 뒷받침을 구성할 수 있다. 그러나 널리 공유된 관점과는 반대로 문채가 순수한 감성의 측면에 위치하지 않는다는 것을 강조해야만 한다. 문채는 일반적으로 로고스와 파토스를 결합함으로써 그것의 논증적 기능을 다한다.

제 IV 부
담화 장르

8
형식적 · 제도적 틀

1. 이론적 고찰

담화의 형식적 · 제도적 틀

논증은 그것이 놓이는 담화 모델에 긴밀하게 의존한다. 예들의 분석이
이를 잘 보여 주었다. 즉 언어 교류의 좋은 진행은 그것이 속하는 분야와
그것이 진행되는 장르에 의존한다. 장 조레스가 의회에서 말하는 사실을
고려하지 않고서 그의 에토스를 연구할 수 없고, 프리모 레비가 대담에서
사용하는 것을 살펴보지 않은 채 그의 응수에서 생략 삼단 논법을 연구할
수 없으며, 《죽음은 나의 일》이라는 소설, 더욱이 허구적 자서전의 공간에
통념적 요소를 다시 놓지 않은 채 그 소설에서 통념적 요소를 연구할 수 없
다. 어쨌든 전 과정을 거쳐 각 부분의 조사는 그것이 속하는 담화의 특수성
을 고려해야 했다.

재판적인 것, 토의적인 것, 과시적인 것을 구분함으로써, 설득하는 목적
을 지닌 말의 용법과 그 말이 전개되는 사회적이고 제도적인 장소를 고대
수사학이 밀접하게 연결했다는 것을 상기해야 하는가? 상호 작용이라는
연구의 장을 넓힘으로써, 현대 언어과학은 사회-제도적 상황과 논증이 조
사될 수 있는 장르를 증가시켰다. 재판적인 것, 정치적인 것과 의식 담화
외에, 친근한 대화, 일터에서의 교류, 의료 상담, 수업에서 교육적 상황,

텔레비전 토론 등을 고려한다. 입말이 대화분석의 대표적인 대상이라면, 논증은 언론 · 광고 · 철학적 에세이 · 서한문 · 인생 이야기 · 증언 · 서술적 허구 등 다양한 글말 종류에서 중시된다. 그러므로 발언, 역할 분배, 교류 관리, 규범과 가능성 등을 결정짓는 제도적 · 담화적 틀 안에 논증을 다시 위치시켜야 한다.

우리는 담화를 분류하기 위해 일상적으로 사용된 항목을 간략하게 살펴봄으로써, 그것이 어느 정도로 언어 논증에 최상의 입장을 부여하는지 볼 것이다. 이를 위해 우리는 영역과 장르라는 개념을 우선시하면서 이 개념 외에 담화 유형, 담화 형성이라는 개념을 고려할 것이다.

담화 유형: "담화 유형은 사회역사적이고 문화적인 활동의 다양한 분야 안에서 모집된다. 즉 문학 담화, 정치 담화, 과학 담화, 종교 담화, 법률 담화, 일간지 담화 등이 있다."(사르파티, 1997: 79) 이는 (장르의) 세분을 포함하는 큰 범주들이다. 반면 이 범주들은 형식화하기가 어렵다. 즉 종교담화만큼 방대하고 분화된 무언가의 특성들을 어떻게 기술할 것인가? 게다가 유형 정의를 지배하는 기준들도 역시 부정확하다. 우리는 흔히 이 이름으로 우리가 무의식적으로 어떤 단위를 부여하기는 하지만 위에서 나열한 활동 분야의 구분에 반드시 일치하지 않는 집합들을 가리킨다. 예를 들어 연애 담화의 경우뿐만 아니라, 그것을 특징짓고 뒷받침이 되는 상호 작용 유형에 따라 정의된 서한체 담화의 경우에도 마찬가지이다.(시에스, 1998) 유동성과 상대적인 애매함 안에서, 담화 유형이라는 개념은 비실용적인 것으로 드러난다. 그렇기 때문에 《텍스트 언어학. 담화 장르에서 텍스트로》(1999)에서 장 미셸 아당처럼 어떤 이들은 장르라는 개념을 위해 유형이라는 개념을 회피한다.

담화 형성: '담화 형성'이라는 개념은 미셸 푸코가 기초를 다지고 미셸 페쇠의 마르크스주의적 관점과 프랑스 담화분석 학파가 재형식화하였으며, 오늘날에는 훨씬 넓고 희미한 의미에서 다시 취해졌다. 맹그노는 다음

과 같이 지적한다: "담화 형성의 사용은 거의 제한되지 않았다. 주어진 역사적 상황에 대해 사람들은 공산주의적 담화를 위한, 행정에 의해 취해진 담화 전체를 위한, 주어진 학문에 속하는 발화체를 위한, 주인의 담화를 위한, 농민의 담화를 위한…… **담화 형성**이라고 말한다." 이처럼 그 표현은 19세기말 사회주의 담화(조레스, I, 2)처럼 같은 목적을 지향하는 사회-담화적 전체를 가리키지만, 좀더 넓게는 당파 구분을 너머 이 시대를 가로지르는 국가주의적 담화를 가리키거나(바레스, III, 2, 3), 문학 영역에서 반체제적 발언을 전체적으로 가리키는 전위 담화를 가리킨다.(브르통, III, 2, 2) 특별한 발언을 성격에 맞는 집단 안에 다시 놓으면서, 담화 형성을 고려하는 것은 상호 담화성이라는 현상을 고려하는 방법이다.(II, 1) 맹그노가 지적하였듯이, 그렇다고 해도 그 "유연성은 어려운 조작으로 이 용어를 표현한다."(맹그노, 1996: 42)

어떤 용어를 택하든지, 담화 상황을 결정짓는 사회 활동 분야와 동시에 이 공간 안에서 제도적 인식을 즐기는 형식적 틀 안에 논증을 위치시킬 수 있는 것이 중요하다는 것은 명백하다. 이를 위해 우리는 영역과 장르라는 개념을 다시 취하고 택할 것이다.

영역: 동의 추구와 언어의 힘은 그 자체의 논리를 지닌 사회 활동——정치 · 법률 · 문학 · 학술——…… 범위 밖에서는 측정될 수 없다. 그것은 담화에 목표를 부여하고 규칙을 부과한다. 따라서 담화의 기능과 영향력은 상호 작용이 일어나는 사회-제도적 공간에 따른다. 영역이라는 개념은 사회학자 피에르 부르디외에게서 빌려온 것이다. 부르디외에게 있어 영역은 적당한 '아비투스'를 지니는 사람들이 지각하고, 결정한 쟁점과 흥미, 즉 문제의 영역 안에서 그들이 작용하도록 해주는 명시적이거나 암시적인 습득에 의해 얻어진 경향을 지니는 위치들로 구성된 공간이다. 영역은 하나의 구조, 즉 투쟁에 참여한 행동주들 사이에 있는 힘 관계의 주어진 상태를 지닌다. 이들이 자신들에게 유리하게 이 구조를 변형하도록 마련된 전략을 펼친다는 점에서, 투쟁은 피지배와 지배 위치에 있는 행동주들 사이에 정

착한다. 이 조절 역동은 영역의 존재와 불가분의 관계이고 개인들이 반드시 그것을 의식한다는 것을 내포하지 않는다. 부르디외에 따르면 가장 다양한 영역들——정치·종교·철학·문학……——은 모두 하나의 공통된 일반 논리를 따르지만, 각각은 고유한 특수성(그들의 특성과 기능 법칙)을 지닌다.(부르디외, 1991) 요컨대 말의 힘은 정해진 영역 안에서, 그 영역 구조의 주어진 상태 안에서 차지한 위치와 불가분의 관계에 있다.

에토스에 대해 이미 언급하였듯이(I, 2, 2.4) 부르디외에게서 결정론은 어떤 영역 안에서 사회적 행동주로서 화자의 외부 위치에 담화 효율성을 전적으로 종속시킨다. 따라서 영역이라는 개념은 단지 조심스럽게 수사학적 관점에서 사용될 수 있을 뿐이다. 하지만 그 발화 작용이 실행되는 제도적 장소에 따라 담화를 생각하게 해준다는 점에서 영역이라는 개념은 중요하다. 어떤 선결 권위를 지닌 누가 말을 하는가? 어느 제도적 공간에서, 그리고 이 공간의 내부에서, 존재하는 다른 위치들에 비해 어떤 위치에서? (보존, 전복의) 어떤 전략을 사용하면서?

이 조건들은 말에 내재하며, 외부 맥락으로 간주해서는 안 되는 담화 상황을 구성한다. 앞에서 보았듯이, 조레스는 의회 담화에서(별첨 3) 상승하는 사회당이 정당들간에 경쟁놀이에서 자신의 위치를 강화시키려는 정치 영역의 성격을 띤다. 이런 입장은 정해진 그 순간에 평화주의에 대한 그의 발언의 양태를 조건짓는다. 앙드레 브르통은 대화에 대한 그의 입장을 진술할 때(III, 2, 2) 자신이 속하는 문학 제도를 다시 문제삼음으로써 자신의 격렬한 항의로 강한 인상을 주고자 하는 전위 운동의 지도자처럼 자처한다. 의사 소통의 근본적인 비판은 준비중인 이 운동이 결집하고, 목표와 규범을 재정의함으로써 문학 영역 중심으로 나아가기를 원하는 전략들을 구성한다. 그의 말의 힘은 이미 전복 논리를 부과한 예술적 전위에 그가 개입하는 데에서 생기는 동시에, 본래 동료들(정예 예술가, 정예 지식인, 정예 비평가) 전용인 이 '제한된 생산 범위'(부르디외) 안에서 그가 위반하는 양태의 특수성에서 생긴다. 잘 알려진 이 두 예를 언급하는 것은 어떤 혁신을 가져온다고 주장하는 것이 아니라, 담화 상황이라는 개념이 나오는 영역이라는 개념의 불가피한 특성 자체를 오히려 그 평범함으로부터 출발해서 보여 주려는 것이다. 다른 구체적인 경우와 마찬가지로 인용된 두 예에서 영역을 진정으로 고려하는 것은 그 시대에 영역의 상태에 대한 자세한 분석을 필요로 할 것이다.

장르: 담화 장르는 기능 규칙과 제약 전체를 포함하는 담화 모델이다. 장르는 변화하는 위계화 원리에 따라 제도가 알아보고 가치를 부여한다. 장르는 기대 범위를 결정하는 인정되고 목록화된 형태들 속에 개인의 말을 집어넣음으로써 사회화하게 해준다. 장르의 중개 없이는 대화가 불가능하다는 것을 우리는 자주 지적했다. 즉 장르는 듣기나 읽기를 단번에 유도함으로써 담화의 좋은 수신을 가능하게 한다. 비알라는 다음과 같이 지적한다: "총칭적 약호는 수신 방향에 관련되는 쟁점들을 […] 추론한다. […] 이 약호들은 다른 이점들의 유형을 야기하는 텍스트 유형들을 알리지만 […] 기대된 즐거움의 유형들도 가정한다……."(비알라, 1993: 212)

담화 장르가 역할 배분을 결정하고, 이로부터 발화 작용 장치가 자리잡는다. 이런 의미에서 맹그노는 자막 장면이라고 말한다. "각 담화 장르는 고유한 역할을 결정한다. 선거 캠페인 전단에서는 '유권자'에게 말하는 '후보'에 관한 것이다……."(1998: 70) 이 자막 장면은 무대술을 겸하는데(p.100 참고) 앞에서 보았듯이 맹그노는 자막 장면 안에 화자가 기재하는 미리 설정된 각본 유형을 위해 이를 마련해 둔다. 자막 장면이 부과된 것이라면 무대술은 반대로 자유롭게 선택될 수 있다. 청자와의 관계 속에서 화자의 태도에 관련된 무대술은 전형, 에토스라는 개념과 불가분의 관계에 있다.(I, 2)

물론 많은 텍스트들이 복잡하거나 위반하는 식으로 총칭적 형태를 부여한다. 어떤 장르에 분류되거나 여러 총칭적 모델을 사용하는 방법은 담화의 논증적 영향을 위해 결정적인 중요성을 지닌다.[1] 담화가 속하는 영역의 논리가 그 설득력을 조건지음으로써 변형이나 위반에 부여된 한계를 표시한다는 점에 주목하자. 예를 들어 정치 영역은 혁신과 단절 효과가 글말의 가치를 지지하게 되는 문학 영역보다 규칙과 관습에 대해 더 엄격한 준수를 부과한다.

요컨대 여성 운동 전단은 자신들의 권리를 요구하고 덜 소외된 위치를 차지하려는 피지배(여)자의 목소리를 들리게 하려는 정치 영역에 속하고, 이 영역 안에서 '전단'이라고 불리는 알려진 논쟁적 장르에 속한다. 우리는 이것이 소위 '여성 운동 담화'라는 담화 형성에 속한다고 간주할 수 있다. 《포화: 분대 일지》는 이 작품을 출판함으로써 바르뷔스가 자신의 위치를 정하는 문학 영역에 속하고, 소설 장르(좀더 자세하게 전쟁 이야기의 하위 장르)에 속한다. 그가 소위 '전쟁 증언'이라는 당시 상당한 문제가 되었던 담화 형성을 표방한다고 볼 수 있다.

대화에 관한 것과 대화적인 것

우리는 논증을 다룰 때, 논증의 관점을 바꾸어 변증법과 수사학에 대한 아리스토텔레스의 구분을 다시 취하는 또 다른 커다란 구분을 할 것이다. 이것은 앞장들에서 이미 다루었고, 상호 작용의 구분 원리를 재현하는 대화에 관한 것(dialogal)과 대화적인 것(dialogique)이다. 면대면 실제 상호 작용과 잠재적 상호 작용은 혼동될 수 없다. 잠재적인 상호 작용은 어떤 의미로는 담화에 의해 예측되었고 모방되었지만 참여자(들)의 구체적인 개입 없이 이루어진다.

이 구분이 한편으로는 직접적인 반응을 고려하고 이에 대답해야 하며, 대화나 토론중에 타인에게 적응하고, 의미를 공동 구축함으로써 협상해야 하는 논증을 제기하기 때문에, 다른 한편으로는 명시적으로나 암시적으로

---

1) 드리외 라 로셸의 서론에서 예를 찾아볼 수 있다. 우리는 이에 대해 출판 예정인 쿠퍼티-추르에서 더 길게 분석한다.

타인의 움직임을 예상하지만 흔히 예상할 수 없는 반응을 지니는 참여자에게 맞서지 않아도 되는 논증들을 제기하기 때문에 이 구분이 중요하다. 예를 들어 텔레비전 토론의 상호 행위자 각자의 응답은 대화 상대방에 대한 즉각적인 적응을 구성한다. 방송을 보는 분화되지 않은 익명의 대중인 제삼자를 설득해야 하는 논쟁 상황에서, 교류는 각자 타인의 공격을 피하는 방법을 시청자들이 평가해야 하는 결투의 외양을 지닌다. 예를 들어 '극우당과 대화해야 하는가?' 라는 제목의 1991년 토론에서, 브뤼노 메그레가 이민과 국가 정체성이라는 논란이 되는 문제에 대해 아이보리 코스트 출신 배우와 논쟁을 벌이는 장면에서 어떻게 타인의 말에 대면하고 그의 말을 재작성하는지 볼 수 있다.(아모시, 1994) 일반적으로 논증자가 전개하는 발화 장치와 전체 전략이 대화에 관한 것과 대화적인 것 사이의 이중성을 느끼게 한다고 말할 수 있다. 아울러 두 경우 모두에서 영역, 담화 형성, 다른 장르에 속하는 담화를 발견할 수 있다. 대화에 관한 것은 친근한 대화나 말다툼뿐 아니라 라디오 대답, 대담-책, 상업적 협상이나 외교적 협상, 연극 대화, 텔레비전 토론에서 찾아볼 수 있다.

우리에게 주어진 간략한 공간에서 우리는 대화적인 것에 속하는 장르의 몇 가지 예만을 다룰 것이다. 대화에 관한 것은 이 연구의 제한된 틀 안에 들어갈 수 없는 입말 상호 작용, 체면 관리, 표현법…… 등에 대한 화용론의 최근 지식들을 고려하는 완전한 연구를 요구한다.

우리는 정치 영역에서 슬로건, 지적 영역에서 논쟁 기사, 그리고 문학 영역에서 소설 이야기라는 다른 영역과 장르에 속하는 세 가지 텍스트로부터 대화적인 것을 조사할 것이다. 선거 슬로건은 (네탄야우가 평화 절차를 막았다고 비난받던 시기에) 1999년 선거 캠페인 동안 처음으로 수상 직접선거가 이루어진 이스라엘 선거 캠페인에서 가져올 것이다. 슬로건 장르와 그 분야에 독특한 틀의 논증적 중요성을 밝히면서, 다른 문화에서 취해진 이 예는 논증에서 사회문화적 변수의 중요성을 강조할 것이다. 논쟁적 기사는 프랑스어의 개혁과 여성주의 쟁점에 관련된 《르몽드》의 토론에서 취할 것이다. 이는 언어 전문가와 문학가를 싸우게 하는 관념 토론에서 논증의 특수성을 보여 주면서 논쟁적 담화의 기능을 명확히 해줄 것이다. 끝으로 이미 연구한 소설 텍스트 《1914년 여름》에서 사회당 모임을 택하여 어떻게 허구의 발화 작용 장치가 논증이라는 특별한 유형을 가능케 하고 서사학에서 가져온 도구의 사용을 분석가에게 요구하는지 보여 줄 것이다. 그럼으로써 불완전하고 게다가 분산된 채로 남아 있는 《포화: 분대 일지》《독서가》《죽음은 나의 일》《이방인》《연인》《떠도는 별》 등 허구 이야기의 분석을 모으고 체계화할 수 있을 것이다. 이처럼 구체적인 예로부터 구성된 마지막 장은 앞부분에서 연구된 (청중, 에토스, 통념과 상호 담화, 함의 등) 다양한 요소들을 활용할 수 있는 가능성을 보여 줄 어느 정도 자세한 분석을 제공할 것이다.

2. 선거 슬로건의 불가사의한 힘

정치 영역에서 슬로건 장르

1999년 선거 기간 내내 슬로건은 이스라엘에서 충분히 쏟아져 나왔다. 텔레비전 스포트 광고를 벗어나 집 정면에 플래카드, 개인 자동차에 스티커, 길과 교차로 구석에 벽보 형태로 나타났다. 긴 담화로 표출되는 공들여 만든 프로그램을 각 당이 전개하는 반면, 선거 캠페인에서 이 구체적인 문구에 부여한 중요성을 무엇이 설명하는가? 우리는 미국에서 'I like Ike'나 프랑스에서 프랑수아 미테랑 사진 아래 '조용한 힘'과 같은 슬로건들이 어떤 비결에 근거하여 부담이 큰 중요한 선택에 영향을 미칠 수 있었는지 살펴보았다.

그런데 우선 슬로건이 무엇인가? 다음과 같이 요약할 수 있다: 그것은 "구체적이고 눈길을 끌며, 쉽게 알아볼 수 있고, 논쟁적이고, 대부분 익명이고, 대중을 행동하게 하도록 마련된 문구"이고 그것의 "선동력은 언제나 명시적 의미를 넘어선다."(르불, 1975: 42)

눈길을 끄는 문구: 슬로건의 효과는 부분적으로 그 문체에 기인한다. 그것은 슬로건의 형식적 외관에 관계되거나, 아니면 그것이 운율, 동일 모음 반복, 리듬, 대구법…… 등을 강조하기 때문에 언어학자 로만 야콥슨이 '시적 기능'이라고 부른 것에 관련된다. 슬로건이 기쁘게 하는 언어적 성공으로 나타날 때, 그것은 지지하는 것에 대해 호감을 가지게 한다. 동시에 그것은 기억에 더 잘 새겨진다. 예를 들어 'I like Ike'라는 유명한 예에서 음의 반복은 'I Love Eisenhower'에서는 사라질 것이다. 혹은 히틀러식 표어에서 강조된 리듬 'Ein Volk, ein Reich, ein Führer(국민, 대국, 지도자)'이 있다. 슬로건의 힘은 또한 유희적 특성에도 있다. 광고는 언어 유희와 암시를 되풀이하는데, 그것의 유희적 특성을 많이 사용한다. 하지만 정치 슬로건도 그것을 많이 사용한다. "현실주의자가 되십시오. 불가능한 것을 요구하십시오" 같은 역설적인 문구는 프랑스에서 1968년 5월 혁명의 슬로건이다.

선동력이 언제나 명시적 의미를 넘어서는 문구: 슬로건의 결정타는 즐거움의 경품을 제공하는 형식적 유희에 제한되지 않는다. 슬로건이 대중에게 영향을 미친다면, 그것은 공동 지식과 공유된 믿음에 의존하는 함축적 의미에 슬로건이 활기를 주게 되기 때문이다. 광고 슬로건, 선거 슬로건에서처럼 극단적으로 간결함 속에서, 명시적으로 제시하는 것에서보다는 암시적으로 표시하는 것에서 더 설득력과 유혹력을 얻는다.

대부분 익명인 문구: 누가 이 메시지를 유권자에게 전달하는가? 누가 은밀하게 영향을 끼치고자 하는 '은밀한 설득자'인가? 일반적으로 선거 슬로건은 광고 슬로건과 마찬가지로 익명이다. 그것은 청자나 화자가 명시되지 않은 의사 소통 체계 안에 들어간다. 그것이 나오는 집단적 출처는 분명 정당이다. 정당 뒤에는 전문가들 집단이 윤곽을 드러내는데, 단순한 시민은 이것을 항상 분명하게 의식하지는 않으며, 적어도 반드시 신경 쓰는 것

은 아니다. 슬로건 생산에 신경 쓰고, 틀을 만들고 수정하고, 그 이익을 기대하고 함정을 예상하는 것은 팀이다. 전문가들이 자신들 작품의 비밀을 모호한 채로 내버려두기를 좋아하므로 광고팀의 계산은 많은 대중이 접근할 수 있는 것으로 간주되지 않는다. 그러므로 여러 발화 사례들을 지니는 발화 작용 포맷을 보게 된다:

[전문가팀] – 정당 – 익명의 화자.

우파 후보를 위한 슬로건: 힘에 대한 변형

이스라엘 우파인 리쿠드의 지도자 벤자민 네탄야우를 선전하는 것으로 여겨지는 슬로건의 특별한 경우를 들어 보자: '강한 국민을 위한 강한 지도자.' 이 슬로건은 세월이 감에 따라 '이스라엘의 미래를 위한 강한 지도자'로 변했다. 처음 슬로건이 아주 생생한 반응을 불러일으켰을 뿐 아니라 두 문구가 공통의 목표를 추구하면서도, 다른 논증 효과를 부여하는 함의를 달리 사용하기 때문에 특히 흥미롭다.

두 슬로건은 유사한 모양을 주는 명백한 상관 관계를 제시한다는 점에 주목하자. 그렇지만 두 명제는 문법적으로 대등하지 않다. 첫번째 슬로건의 '…를 위한'은 '착한 아이를 위한 사탕'에서처럼 '…를 위한'을 의미한다. 두번째 슬로건의 '…를 위한'은 '평온한 노년을 위한 생명 보험'에서처럼 '가능하게 하기 위한'을 의미한다. 거짓 유사성 뒤에 숨겨진 상이성은 형식적이지만은 않다. 즉 그것은 의미 차원에 강한 영향을 미친다. 분명히 두 슬로건은 같은 메시지를 전달하지 않는다. 교묘한 변화가 처음 것에서 새로운 것으로 이루어지며, 이는 그런 것 같지 않으면서 변화를 실행하게 해준다.

하지만 공공연하게 표방하기를 원하지 않는다면 왜 수고스럽게 다시 쓰는 작업을 하는가? 리쿠드에 봉사하는 전문가들은 그 문구에 반대하는 지식인들과 좌파 언론이 내건 파시즘 비난에 뒤이어 재작업이 이루어졌다는 것을 부정한다. 슬로건 위에 쏟아진 냉혹한 비난이 초래한 변화의 관점도 제외시켜서는 안 된다. 정당이 양보하거나 취소하는 것처럼 보이지 않으면서 재조준해야 한다고 느끼는 것은 당연하다. 뒷부분 '강한 지도자'를 반복함으로써 슬로건은 리쿠드의 불변을 강조한다. 그리고 이것은 형식적 구조(Y를 위한 X)를 지닐 뿐 아니라 문구 중 가장 논란이 분분한 부분, 즉 파시즘 비난을 초래한 부분인 '강한 지도자'를 지니기 때문에 더욱 그러하다. 아무것도 변하지 않았다…… 최소한 겉으로 볼 때에는.

그렇다면 '강한 국민을 위한'을 '이스라엘의 미래를 위한'으로 바꿈으로써 얻어진 변화는 정확하게 무엇인가? 처음의 모호한 문구에서 그 효과가 더 확실한 슬로건으로의 전이는 말해진 것과 말해지지 않은 것, 두 차원에서 이루어진다. 명제보다도 덜 변화하는 것은 전제와 암시이다.

'강한 국민을 위한 강한 지도자.'

명제, 전제, 토포이. 언어로 기재되어 있고 문맥에 의존하지 않는 첫번째 슬로건의 전제들은 지도자의 힘과 국민의 힘이라는 이중 힘이 존재에 관련된다. 네탄야우가 강한 지도자**이고** 이스라엘인들이 강한 국민**이라**는 점에서 네탄야우가 이스라엘인들에게 적합한 것이다. 발화체의 문자성에도 새겨진 것은 힘의 긍정적인 의미이다. **강한 것이 아름답다.** 이로부터 동사를 보충하여 명제 형태로 재구성한다면, 통합체-슬로건의 생략 구조가 허용한 첫 단언이 나온다: 강한 지도자[는 필요하다], 강한 국민[에게 **적합하다**]. 또한 이로부터 선거 슬로건을 투표 참여로서 정의하는 것이 허용한 두번째 재구성이 생긴다: 강한 국민, (당신에게 어울리는) 강한 지도자를 [**선출하세요**]. 리쿠드의 슬로건은 선언인 동시에 명령처럼 제시된다. 명령은 가려졌기 때문에 더욱 강하다. 사실 호칭도, 2인칭 대명사도 없다. 비인칭이고 겉으로는 중립적인 형태 아래 정당은 조심스럽게 유권자 집단에게 호소한다.

논증 연쇄는 말로 표현되지 않은 채 남아 있지만 발화체의 기초가 되고 논거에서 논거로의 이동을 보장하는 사회 통념에 의해 확보된다. 강한 국민은 무엇이 필요한가? 무엇이 그들에게 기여할 수 있는가? 현명하고 지혜로운 지도자, 경험이 풍부한 지도자 등 많은 대답들이 여기에 제시될 수 있다. 채택된 연쇄, 강한 지도자는 가려진 화용론적 **토포스**, 즉 '힘은 힘을 부른다' 에 근거한다. 좀더 깊이 있게 말해서 유유상종이다. 이 경우에는 반대되는 것들은 서로 끌고 보완한다는 것, 혹은 다른 특성들을 지닌 자질들은 서로 조합하면 진정한 우위에 도달할 수 있다는 것을 암시하는 역시 흔한 통념보다는 같은 것의 논리가 지배적이다.

형용사 '강한' 의 반복은 완벽한 균형 안에서 이루어진다. 이 구성은 'unique self-proposition(USP)' 원리를 네탄야우의 경우에 적용하는 것으로 전문가팀이 설명하였다. 그 원리는 후보에게 맞고, 그의 특별한 자질에 적합한 슬로건을 만든다고 규정한다. 따라서 균형은 그것이 내포하는 잠재성에 따라 선택된 것이 아니라, 네탄야우가 자연스럽게 표현하는 방법을 재생하기 때문에 선택되었을 것이다. 반면 이 원리는 여러 차원에서 중요한 기능을 완수하는 반복과 대구법의 효과들을 철저히 파헤치지는 않는다. 우선 이 효과들은 주의를 끌고, 즐거움을 선사하고 기억에 쉽게 기록된다. 그 다음은 주로 지도자와 국민들 사이의 완벽한 일치를 가정하는 유사성 관계 안에 이들이 자리잡게 한다. 이들은 비슷하고, 서로를 반영하고, 서로를 알아볼 수 있다. 반복은 '건강한 신체에 건강한 정신' 같은 아주 잘 알려진 문구를 가리킨다. 동시에 반복은 힘이라는 공통 자질에서 동질성을 발견하는 국민의 일체성을 만든다. 따라서 슬로건이 말을 건네는 대중에게 제시하는 것은 기분 좋게 하는 이미지이다.

이 첫번째 읽기를 통해, 힘은 그 자체로서 충분하고 보충될 필요가 없는 자질이라는 결론이 나온다. 그 우월성은 모든 타인을 배제하고 합세하는 강한 자들 연합의 이상을 표현한다. 이런 '파시스트적' 경향이 슬로건을 일부 국민의 격분한 비판에 처하게 했다. 그렇지만 이 단계에서 '강한' 이라는 용어가 지니는 분명한 의미 문제가 제기된다. 합의를 만들어야 하는 문구의 능력은 바로 문구의 애매하고 정해지지 않은 특성에서 나온다는 것을 우리는 지적할 것이다. 힘이라는 개념은 거기에 변화하기 쉬운 내용을 첨가하게 해주는 어떤 무의미함을 지닌다는 점에서 다양한 대중을 모을 수 있다. 여기에 그 용어의 목록화된 의미들과 논증력뿐 아니라 (본질적으로 단어의 대화적 특성에 연결된[III, 5, 1]) 문맥적 해석도 개입한다.

슬로건에서 '강한 지도자'는 무엇을 의미하는가? 맥락 밖에서 이 개념은 자기에게 부과되는 것 같은 결정들을 하기 위해 개인적인 권위를 행사하며, 통치하기 위해서 자신만을 믿는 정치인을 가리킬 수 있다. 따라서 권력을 독점하려는 정치적 인물들에 가깝다. 반면 1999년 이스라엘 수상의 직접선거 맥락은 또한 다른 해석을 제안한다. '강한'은 압력에 저항하고, 모든 장애에도 불구하고 자신의 고유한 정치 노선을 고수할 수 있는 것을 의미한다. 강한 지도자는 굴복하지 않는 사람이다. 즉 그는 상대방이나 열강의 요구에 굴복하지 않고, 부당하게 영토(유대, 사마리아, 골란)를 반환하지 않으며, 특히 예루살렘('우리의 통합된 수도') 문제에 대해 조금도 양보하지 않는다. 물론 이는 2000년 문턱에 이스라엘 정치에 있어 근본적인 것은 저항하는 것임을 가정한다. 이런 의미에서 슬로건은 자신의 청중을 팔레스타인 사람들에게 가능하면 양보하지 않으려는 우파 대중의 청중으로 구성한다.

반면 청중에의 호소는 처음에 나타날 수 있는 것보다 훨씬 크다. 자신의 입장을 미리 받아들이지 않는 사람들을 거부하는 대신, 슬로건은 전체적으로 이스라엘의 사회적 담화 안에 확고하게 자리잡은 통념을 기대한다. 공유된 이 지식에 따르면, 지나치게 양보를 표시하는 배열은 반드시 자신에게 불리하게 작용한다는 것을 훌륭한 협상자는 잊지 않는다. 평화적 해결을 지지하는 모든 사람들이 동의한 협상의 맥락 안에서, 확고하고 단호한 지도자의 필요는 강권력을 규탄하는 사람들에게도 긍정적으로 인식될 수 있다. 게다가 이스라엘 유태인 맥락에서 '강한 국민'이라는 문구는 오래전부터 학대받고 보호를 보장할 수 없는 유태인의 이미지를 변형시키고자 한 쇼아에 대한 충격적인 기억에 사로잡힌 국민의 자존심을 가리킨다.

끝으로 지도자와 국민에게 사용된 '강한'의 사용이 그 자체로 논쟁 거리임에 주목하자. 그것은 리쿠드 지도자의 저항 능력에 대해, 아라파트의 욕구에 지나치게 재빨리 따르는 노동 당원의 태도를 대립시킨다. 약자들은 언급되지 않고 지시되지 않았으므로 물론 이 논쟁성은 함축적으로 남아 있다. 논쟁성은 팔레스타인의 요구 앞에 굴복할 사람처럼 제시된 에후드 바락에게 대항하여 네탄야우와 그 추종자들이 개시한 공격에 익숙한 모든 이스라엘인들이 쉽게 활성화시켰다.

여기에 나열된 모든 함의는 문맥에 따른다는 점에서 암시의 성격을 띤다. 이들을 책임지도록 촉구된 발화 사례(이 경우 정당)는 잘못된 해석 계산에 이 함의들을 전가할 수 있다. 반면 지적할 것은 선거 기간에 슬로건은 고립된 것이 아니며, 함의의 해독은 스포트 광고와 선거 담화, 인터뷰와 일간지 주석에서 통용되는 상호 담화의 도움으로 이루어진다는 것이다. 해독의 타당성은 다른 곳에서 말해진 명시적인 선언에 의해 보장될 수 있다.

'이스라엘의 미래를 위한 강한 지도자.'

그러면 초기 문구에 대치된 두번째 슬로건은 어떠한가? 만일 '지도자는 강하다'라는 전제가 지속된다면, 이후로 그것은 '이스라엘의 미래(l' avenir d' Israël)'에 도움이 된다. 히브리어로 된 문구는, 정관사(l' avenir)이지만 부정관사처럼(un avenir) 나타날 수도 있는 관사 단계에서 가벼운 동요를 지닌다. 첫번째 경우에 전제는 이스라엘이 미래를 지닌다는 것이지만, 그 내용을 정하는 것이 문제이다. 문제는 바로 다음과 같다: 이스라엘을 위한 어떤 미래인가? 두번째 경우에 문구는 미래의 가능성 자체가 불명확하다는 것을 전제한다. 슬로건은 이스라엘에게 미래를 지닐 것, 즉 살(아남을) 수 있게 하는 명제를 진술한다. '강한 국민'으로 대치된 '이스라엘'이라는 이름은 슬로건의 반향을 풍부하게 하는 다의성을 지닌다. 그것은 이스라엘 국가에 관련되는 동시에, 성서와 역사적 차원에서 취해진 유대 국민뿐 아니라 국가의 국민이라는 의미에서 이스라엘 국민에도 관련된다.

'Y의 미래를 위한 X'라는 문구는 미래가 주어진 것이 아니라 건설하는 것임을 전제하고, 'Y의 미래를 위한 강한 지도자'는 1) 이 미래가 최소한 부분적으로라도 지도자에게 달려 있고, 2) 힘은 나라에 미래를 보장해 주는 장점임을 전제한다. 이런 의미에서 지도자라는 인물의 중시와 그를 통한 힘의 중시는 바뀌지 않았다. 아무것도 지적하지 않은 첫번째 문구와는 달리, 슬로건이 도입하는 쟁점의 중요성이 그런 중시를 확대시켰다고도 간주할 수 있다.

토포스의 단계에서는 '…를 위해'의 의미 변화가 논증 연쇄의 특성을 변화시킨다고 우리는 지적할 것이다. 그것은 더 이상 Y를 위한 X가 아니라, Y가 되기 위한 X인 것이다. '지도자의 힘'이라는 논거는 '(좋은) 미래'라는 결론으로 이끈다. 그것의 반대인 '지도자의 약함'은 불행한 미래 아니면 모든 미래의 불가능을 규정한다. 형용사 '강한'에 결부되고 발화체의 의미를 이끄는(통합 화용론의 '내재적 토포이') 사회 통념을 통해 원인에서 효과로 이동한다. 힘은 살아남고, 자신을 지키고, 자신의 이익에 신경 쓰고, 존속할 수 있고 굳건하고 타당한 것을 건설하게——요컨대 미래를 지니고 이 미래를 보장하게——해준다. 따라서 행동 차원으로 넘어간 것이다.

문맥상 미래를 확보하기 위해 강해야 할 필요성을 이스라엘 국민들은 바로 국가 건립 이후 싯누르는 위협에 대한 대답으로 이해하였다. 그 필요성은 임박한 위험에 대해 혹은 평화 절차에 참가한 아랍 지도자들의 실제 의도에 대한 그들의 의견이 무엇이든지, 우파 시민과 마찬가지로 좌파 시민들이 공유하고 널리 퍼진 통념 안에 뿌리박혀 있다. 미래를 확립하기 위해서뿐 아니라 평화 유지를 보장하기 위해 강한 군대의 필요에 대해 합의가 이루어진다. 차할(Tsahal)의 능력은 상황이 바뀔 때까지이므로 결정적인 문제는 그후로 외교 전쟁을 이기는 국가 원수의 능력에 대한 것이다.

두번째 슬로건은 지도자와 그 국민 사이에 이상적인 보완성의 유혹을 이용하지 않는다. 그것은 만족감을 주는 반사 효과를 철회하고 청자에게 아첨하는 이미지를 지우는 동시에 모든 중재 절차 밖에서, 강한 국가 지도자와 그를 선출한 국민 사이에 직접적이고 독점적인 관계가 일으킬 수 있는 난처한 결합들을 피한다. 동시에 그것은 위험 요소를 제거토록 하는 데 필요한 조치들을 취하게 할 걱정으로 자기 만족을 대신한다. 사실 이스라엘의 미래를 문제시하는 것은 국가가 위협받고 있으며 방어해야 한다는 것을 암시함으로써 두려움을 불러일으킨다. 그것은 파토스에 호소한다. 담화가 호소하는 것은 유권자의 정서이며, 수 차례의 전쟁을 치르고 계속 폭력과 죽음의 그림자 속에서 살아가는 국가에서 언제나 즉시 깨어나는 두려움과 불안에 호소하는 것이다.

문구의 모호함은 완고한 우파에게 말을 건네는 동시에 유태교의 요람으로 간주된 영토의 복구를 심각한 협박처럼 생각하는 종교 정당에게도 말을 건넨다. 문구의 의도적으로 무의미한 특성은 좀더 나은 미래가 마련해 주어야 할 것에 대한 자신의 견해를 각자가 거기에 부여할 수 있게 해준다. 이런 관점에서 두번째 슬로건은 평범한 만큼 더 넓게 혼합할 수 있다. 그것은 원래의 문구가 불러일으킬 수 있는 즉각적인 저항을 야기하지는 않는다. 왜냐하면 이스라엘이 (행복한) 미래를 얻어야 한다는 전제를 아무도 또다시 문제시할 생각은 안하는 반면, 무엇보다도 '강한 국민'이 되어야 하는 정당성과 중요성에는 많은 유권자들이 이의를 제기할 수 있기 때문이다.

물론 '강한 지도자'의 전제, 즉 다른 장점들보다는 힘으로 구별되는 국가 지도자의 필요성, 문맥에서 네탄야우가 강한 국가 지도자라는 생각에 대한 동의가 남아 있다. 이 불가피한 분열선은 우파와 좌파를 갈라 놓을 뿐 아니라 네탄야우의 숭배자와 비방자를 갈라 놓는다. 전제의 거부는 대화를 무효화시키고 선거 문구의 효과를 없앤다. 1999년 네탄야우가 에후드 바락에게 졌다는 것을 상기해 보자.

3. 논쟁적 토론: 《르몽드》에서 〈중성형에 대한 논쟁〉

장르와 의사 소통 장치: 논쟁적 기사

1998년 7월 31일 《르몽드》에 직업명의 여성화와 관련되는 프랑스어 개혁에 대해 마르크 푸마롤리가 쓴 논쟁적 기사가 실렸는데, 이는 열띤 토론을 불러일으켰다. 그의 논증적 양태는 그가 차용하는 논쟁 장르인 관념 토론의 범위 안에서뿐 아니라, 그가 선택하는 의사 소통 회로와 전파 방법의 범위 안에서 조사되어야 할 것이다. 이에 대해 도미니크 맹그노는 '의사 소통 장치' 즉 '말을 조직하는 전략들'(1998: 58)의 중요성을 강조하였다. 발화 작용 장치와 텍스트의 수사적 전략은 물리적 매체, 그리고 글말의 유통 방법에 긴밀하게 연결되어 있다.

논쟁적 수필이 일간지에 실릴 때 몇몇 정보 기사와는 다르게 어떤 명확한 화자가 말을 책임지는, 개인적인 사고의 글에 할애된 공간에 나타난다. 그것은 발화 작용 장치를 지니고, 텍스트의 효율성을 보장하기 위해 존중되어야 하는 역할들의 사전 배분을 지닌다. 모두에게 발을 선네는 때조차도 서명자는 비교적 학식이 있고 지적인 대중, 어쨌든 사건의 자초지종을 이해하기에 충분히 유식한 대중을 겨냥한다. 그 자신도 그 분야에서 자신의 직무상 어떤 제도적 권위를 부여받는 사람이다. 주제(의학·경제·예술·언어 등)가 자기와 관련되었거나, 아니면 자신이 지식인이라는 위치가 시의 업무에 개입할 수 있는 권리를 그에게 부여하기 때문에, 그는 자신이 다루는 주제에 대해 정당하게 생각을 표현할 수 있다. 여기에서는 첫번째 경우, 즉 자기와 관련된 주제에 대해 일간지의 독자들을 겨냥하는 전문가의 경우만을 다룰 것이다. 이것은 그 자체의 규범과 제약을 지닌다. 그리고 필자는 정기 간행물의 전문가가 아니고, 자신의 일상적인 권한 안에서 다른 장르를 실행하고 다른 장면에 개입하며, 전문가들의 좁은 폭을 훨씬 넘어서는 대중적 흥미의 주제들을 신문에서 다룬다. 그렇게 하기 위해 그는 전문 지식의 모든 흔적(전문 용어, 고도로 전문적인 지식 참조 등……)을 피하면서도 자신의 신분에 맞는 고상한 문체를 유지해야 한다. 일간지에서의 토론은 대중화(어떤 지식으로 이끌어야 한다)의 성격을 띠는 동시에 참여 수필(해결되지 않은 문제나 시민 문제에 대한 숙고를 끌어들여야 한다)의 성격을 띤다. 때로 기사는 선결 토론의 대상이 되는 문제들에 전념해야 하고, 진행중인 이 토론에 대해 자신의 입장을 정한다. 때로 그것은 독자에게 생소하지 않은 주제를 제시하고, 많은 대중과 관련될 문제선상으로 그것을 끌어올린다. 이 모든 경우 그것은 만장일치를 얻지 않고, 그것을 옹호하는 것이 자신에게 중요한 입장들을 제시한다. 일간지에 싣는 것을 자유롭게 선택하는 필자는 본래 개인적으로 관련되고 참여한 것이다.

따라서 마르크 푸마롤리의 텍스트는 지식인 대중 전용인 일간지 《르몽드》에서 계속되는 것처럼 지적 토론의 규칙에 따른다. 동시에 그 기사는 논쟁적 양태들도 지니는 논쟁 방식을 선택한다. 논쟁적 담화가 논증 이론 안에는 약하게만 개입되고, 불화 연구(페렐만, 반 에메렌, 그리즈 등, 서론 참고)보다는 합의 추구에 집중되었다 하더라도 거기에서 몇 가지 구성 자질을 끌어낼 수 있다. 그것은 다른 사람의 논거들을 진지하게 고려하려고 고심하지 않고, 그 논거들을 거절하고 공격함으로써 관점 차이를 강조하는 의견 충돌에 관한 것이다. 논쟁은 타협을 물리치고──그런 점에서 협상과 대립된다──반대 입장을 쓰러뜨려야 할 적이라고 간주한다──그것은 자신의 진리에 만족하고 그럼으로써 협의를 지향하는 논증과 공개 토론에 대립한다. 경쟁적인 논쟁은 다소간 표방된 폭력을 사용하고 **사물을 향한 논거**뿐 아니라 **사람을 향한 논거**(III, 4, 2)를 사용함으로써 반대자를 불법화하려고 한다. 제안자의 시각으로 제삼자를 이끌기 위해 갈등의 장면이 주어진 이 제삼자가 보는 앞에서, 설득하기보다는 이겨야 하는 적으로 간주된 대립자에 맞서 타인의 이유를 듣지 않는 제안자를 논쟁은 이처럼 대립시킨다.[2] 이처럼 정의된 논증의 논쟁적 양태는 자체 조절에 그것을 맡기는 다양한 총칭적 틀 안에 끼어들 수 있다. 풍자문에서 논쟁 사용의 전형적인 분석은 이제는 고전이 된 마르크 앙주노의 작품 《풍자적인 말》(1982)에서 찾아볼 수 있다.

우리가 다루는 경우에 유명한 지식인 마르크 푸마롤리는 적합한 일간지 《르몽드》에서, 공공의 일에 관련되는 문제를 좋은 언어 용법 안에서 보기에 충분히 유식한 대중, 즉 언어 교정이 실용과 유산의 의미에서 문화의 일부를 구성한다고 보는 뛰어난 독자를 겨냥한다. 신문에서 기사의 서명자는 '콜레주 드 프랑스 교수(16-17세기 유럽의 수사학과 사회 강좌)'이면서 프랑스 한림원 회원'으로 지칭된다. 따라서 그는 이중 자격으로 발언할 권위가 있다. 즉 기관은 잘 말하기 기술(수사학)과 좋은 용법(한림원)에 관한 그의 권위를 인정했다. 그의 말이 힘을 가질 수 있는 것은 그가 이 이중 **스켑트론**을 지니기 때문이다. 그리고 이는 문학적·문화적 기관에 경의를 표하는 교양 있는 대중이 그의 직책과 특권을 알아주므로 더욱더 그러하다. 그러나 화자의 선결 에토스는 순전히 제도적인 이 영역에 제한되지 않는다. 거기에는 저자의 개인적인 명성이 덧붙여진다. 마르크 푸마롤리의 작품 《문화적 국가》와 같이 수사학에 대한 그의 훌륭한 업적을 알고, 그를 문화에 있어서 참여 지식인(그는 문화에 대한 국가 간섭을 반대한다)으로 아는 일부 독자들에게 그의 이름은 친숙하다. 이 경우 소위 '중성형'의 언쟁에서 독자가 단지 활성화시킬 수 있을 뿐인 다른 차원이 덧붙여지는데, 즉 마르크 푸마롤리는 남자라는 것이다.

전문 호칭 여성화의 공식적 채택에 찬성하여 1998년 3월에 수상 리오넬 조스팽의 공문이 재개한 운동이라는 점에서, 발언은 대중 이익 문제와 관련된다. 그것은 브누아트 그루가 주재한 위원회의 심의를 바탕으로 로랑 파비우스가 작성했지만 한번도 적용되지 않았고 그렇다고 폐기되지도 않

---

2) 논증 영역에서 논쟁, 그 쟁점과 문제에 대해서는 출판 예정인 크리스티앙 플랑탱의 〈논전자에서 논쟁자로〉, 《논쟁적 글쓰기》를 가장 많이 참조할 것이다.

은 1986년 3월 11일 공문을 반영한다. 1998년 5월 중순, 의회 결정은 의회 직 명칭의 여성화를 선택했다. 정기 간행물과 텔레비전은 이미 그 뒤를 따랐다. 이런 맥락에서 마르크 푸마롤리는 언어적 개혁에 반대하여 다음을 내세운다: 1) 문법적 성은 성별과 일치하지 않는다. 2) 프랑스어에서 남성형은 또한 중성형 역할을 한다(이중 기능). 3) 공직은 중성형이므로 남성형이다. 4) 그것을 여성화하는 것은 성적 의미를 부여하는 것이므로 그 직책을 가지는 여성들에게 피해를 준다.

마르크 푸마롤리의 논거 집합이 텍스트의 중심에 있으므로 중심 위치를 차지하지만, 제한된 지면만을 차지한다. 6과 1/2단 중 2단 즉 텍스트의 1/3도 안 되는 부분을 차지한다. 그렇다면 문법도 문제가 아니고, 프랑스어, 그 성 체계, 신어 창조 차원에서의 혁신 가능성에 내재한 논리도 문제가 아닌 나머지, 즉 처음의 2단과 끝의 2와 1/2단은 무엇을 위해 남겨진 것인가? 기사의 핵심은 명백하게 언어적인 문제를 벗어나는 토론과 관련된다. 성의 사명에 부응하는 좀더 넓은 사회적·관념적 문제에 언어적 문제를 통합한다.

물론 추론을 다음과 같이 삼단 논법으로 단순화할 수 있다: 1) 문법적 성은 성별과 일치하지 않는다. 2) 공직을 가리키는 실사의 남성형과 여성형은 문법적 성이다. 3) 따라서 이 실사들의 남성형과 여성형은 성별과 일치하지 않는다. 혹은 1) 프랑스어가 중성형이 필요할 때마다 남성형을 사용한다. 2) 공직은 항상 중성형이다. 3) 따라서 공직은 항상 남성형이어야 한다. 반면 설득 작업이 공백 속에서 추론을 전개하는 것이 아니라, 정부가 지지하는 공식 조치의 신망을 떨어뜨림으로써 제시된 주장에 독자들이 동의하게끔 하는 복잡한 언어 상호 작용 안에 이 추론이 통합된다. 그러기 위해 담화는 화자의 이미지와 대립자의 이미지를 다시 다듬는다.

에토스와 상호 작용의 구축

서명자가 실행한 자기 소개는 결부된 것이 정부가 아니라 한림원과 전문 용어 총위원회라는 논거를 그가 힘 있게 주장하도록 해주고, 언어 문제에 대해 규칙을 정하게 해준다. 마르크 푸마롤리의 직함들을 언급하는 것이 여기에서는 그의 말을 정당화하기에 충분할 것이다. 그러나 기사는 특권 계급의 이익과 분리되기를 원하는 목소리(이성의 객관적인 목소리)를 듣게 하므로 이 직함들을 강조하지 않도록 세심한 주의를 기울인다.

사실 화자는 어떤 순간에도 자신의 직무를 상기시키지 않는다. 그가 한림원에 대해 말하더라도 그는 자신이 한림원 회원이라는 것을 상기시키지 않고 전체적인 '우리' 안에 위치한다: "프랑스에서 우리는 전통적으로 좋은 용법의 정의를 부여받은 한림원이 있다. 우리는 또한 한림원과 긴밀하게 협력하여 작업하는 전문 용어 총위원회가 있다." 이런 생략은 화자가 타인들, 이 경우 신문에게 자신의 직함들을 열거하게 함으로써 겸손과 신중함을 보여 주고자 하는 고상한 취향의 규칙들을 따르는 것이다. 한림원 회원의 자질은 그의 완벽한 교정 문체에서 나타날 것이고, 수사학자의 능력은 언어 사용, 특히 반어법에서 나타난다. 마찬가지로 서명자는 연구자나 수필가로서 자신의 능력을 상기시키지 않는다. 이것은 3쪽의 두번째 단 끝에 인유(引喩) 난에서 단지 조심스럽게 다음과 같이 아름다운 말미에 상기되었다: "《문화적 국가》가 신성시하기 전에 꼭두각시 사전학자가 기록한 프랑스 문법의 멋진 저녁."

게다가 화자의 인물은 인칭대명사 용법에서 가능한 한 지워진다. 텍스트에는 단 한번의 '나'가 있다: "나는 여성들이 그럼으로써 이득을 보는지 모르겠다." 이것은 성차에 근거한 거리에서 여성들 앞에 화자를 놓기 때문에 흥미롭다. 기사가 듣게 하는 것은 남자의 말이다. 반대로 중립성의 특성을 단언에 부여하려 하고, 화자와 청자들을 통합적인 총체 안에 모으는

'on'이 많이 쓰이는 것을 보게 된다: "생각하지 않는다 on n'imagine pas" "거기에서 보는 경향이 있다 on est porté à y voir" "제외할 수도 없다⋯⋯ on ne peut pas non plus exclure⋯⋯" "⋯라고 간주할 수 있다 on peut considérer que⋯⋯" "주장할 권리가 있다 on est en droit de soutenir" "이처럼 모형으로 나타나는 것을 본다⋯⋯ on voit ainsi se dessiner en miniature⋯⋯." 비인칭 문구들은 이처럼 두 가지 성의 합리적인 존재들 전체를 통합한다.

반대로 최고의 문법학자들과 함께 남성의 이중 기능 효과를 거기에서 보는 **경향이 있다**(On est porté).

이 직무들에 여성의 승진이 프랑스 문법에 의해 능가되었고 쉬워졌다고 **주장하는 것은 사리에 어긋나지 않는다**(Il n'est pas absurde de soutenir)⋯⋯.

프랑스 공직 생활 직함들에 문법적으로 성적 의미를 부여하는 것은 여성 승리의 역사, 도덕적 효과, 순수하게 정치적인 의미를 사라지게 하거나 소멸시킬 것이라고 **주장할 권리가 있다**(on est en droit de soutenir).

'on'은 뒤이어 '우리(nous)'로 대체되고 이것은 프랑스인으로서의 정체성에 공통으로 속하는 것을 통해 청자들과 관계를 설립한다. 예를 들어 프랑스 한림원에 대해 방금 상기된 '우리'가 그러하다. 그것은 프랑스인들에게 청원하는 맥락에서 다시 취해진다: "프랑스인들이여. 한 번만 더 노력을 합시다! 사람들이 **우리**에게 말하기를, 언어와 문법은 근본적으로 타락되었습니다. 8월 4일 **우리의** 밤을 만듭시다. 소심한 지엽적인 개혁에만 국한되지 **맙시다**. 거꾸로 성적 의미를 부여합시다⋯⋯."(필자 강조) 국가적 소속을 나타내는 이 '우리'들 속에서, 관습적이고 계몽적인 '우리'를 지적할 수 있다: "프랑스어에서 **우리**는 상대적인 일관성을 보았고, 지금까지 의기양양한 여성들에게 아주 잘 어울릴 수 있었던 성의 현 상태, 그것은 대성공을 거둔 여성들에게 지금 진정으로 참을 수 없는 것이 되었는가?"(필자 강조) '우리'는 화자와 함께 성의 문법 체계의 일관성을 '보았고' 따라서 그의 주장, 즉 단일한 적용 범위를 지닌 여성형과 반대로 남성형과 중성형이라는 이중 적용 범위를 지니는 남성형에 대한 그의 설명에 동의하는 독자들의 '우리'이다. 즉 남성형과 중성형은 풍자적인 '우리'에 대립하는데, 이 '우리'는 과도하게 연속된 명령형에서, 귀류법에 의한 증명에 따라 웃음거리 안에 환기된 행동을 쏟아내게 하는 격화, 고조에 몰두한다. 국가적 소속과 공유된 지혜의 '우리'는 이번에는 진지하게 말미에 있는 일련의 명령법에 다시 나타난다. 명령법은 명령을 구성하는 좋은 충고의 명령법이다: "프랑스 문법은 우리의 놀이 규칙입니다. 압력 단체 파벌의 기분이나 야망을 위해 그것을 망가뜨리지 맙시다. 사실상 프랑스어가 인위적인 크레올어[3]가 되는 것을 우리가 감수하지 않는 한 말입니다. [⋯] 이런 [프랑스어의] 진보는 단지 시간과 용법의 소산일 뿐입니다. 그것을 재촉하지 맙시다."

따라서 화자는 때로는 상식 있는 모든 사람들이 공감할 수 있는 이성의 비인칭 목소리처럼 나타나고, 때로는 문화를 공유하고 대표하는 프랑스 공동체의 구성원으로서 나타난다. 지식인은 자신이 참여 시민이기를 바란다.

상대방 담화의 불법화

이 담화는 격찬하는 타인에 대립할 뿐 아니라 여성이 실행하는 직무명에 관련된 실사들의 여성화를 부과한다. 대립자의 담화는 철저하게 비방되었다. 그것은 소문, 일시적인 기분, 유행, 맹신, 비굴한 모방의 담화처럼 제시되었다.

푸마롤리에 따르면 상대방의 말은 떠도는 소문으로 만들어졌다. 즉 사라져 버리는 간접적인 담화로서, 그런 입장에 서기를 거부하며 (정식으로 서

---

3) 식민지 특히 서인도제도에서 원주민이 유럽 무역 상인을 상대로 쓰는 프랑스어·스페인어·영어 등이 뒤섞인 혼성어. 〔역주〕

명된 논쟁적 기사와는 반대로) 그 출처를 알 수 없는 것이다. 푸마롤리는 '공문의 익명 저자들'이나 '비밀 공문'을 환기시킨다. 이 텍스트는 "접근할 수 없는 텍스트에 대해 의사를 표명하는 것은 어렵다"라는 토론을 피하려고 하므로 솔직성 원칙을 어기는 것처럼 제시되었다. 소문과 대화하는 것 또한 어렵다: "그건 소문이다." 따라서 처음부터 반대 담화는 투명성과 솔직성 원칙을 피하는 것처럼 기술되어 있다. 그것은 말을 돌려서 하고, 도망치고, 부정직하다. 그러므로 불리한 소송을 위해 비난받아 마땅한 방법으로 승리를 거두게 하는 것은 놀랍지 않다. 즉 권위 있고 인정된 사례들을 완결된 사실 앞에 놓는 것이다: "공문의 익명 저자들은 그들의 주장을 위해 완결된 사실을 찾은 것 같다."

그것은 또한 주관적인 담화일 것이다. 즉 언어에서 여성화에 대한 담화는 "자신들을 위해 《르 피가로》와 《르몽드》 등, 여러 신문에 직함 앞에 오는 관사의 여성화를 받아들이게 한" "현정부의 여성 장관들" "소수의 여성 장관들에게 고유한 변덕[일시적인 격노]에 지나지 않을 것이다." 따라서 그것은 신중을 기하고 논리 정연한 담화의 반대, 인내심 있고 신중한 담화의 반대──그리고 물론 화자가 실행하는 과학적 담화의 반대이다.

이 주관적인 담화는 힘의 담화이다. 푸마롤리는 그 논리가 권력 중심에서 지배한다는 사실이 기분에 덧붙여진 '명소에서 오늘날 우세한 여성화 기분의 논리'라고 말한다. 그것은 지금으로서는 소수일 것이다. 즉 '소수 여성 장관들'의 논리인 것이다. 반면 권력을 지닌 이 소수는 대다수에게 강제로 담화를 강요하려 한다. "그것이 언론의 지지와 함께 잘 준비되었다고 하더라도 결단을 내리는 것은 정부의 절대 명령이 아니다"라고 푸마롤리는 단언한다. 현정부의 여성 장관들로부터, 언론의 도움을 얻어 독단적인 결정(은밀하게 러시아를 상기시키는 '절대 명령(oukase)')을 강요하는 사회당 정부 전체에게로 이동한 것이다.

게다가 현정부의 개별적인 이익에 도움이 되는 편파적인 담화, 정당 담화, '압력 단체의 파벌의 기분이나 야망을 위해' 행동하는 파벌 담화('파

벌: 같은 이익을 지지하는 사람들의 모임')이다. 결국 그것은 미국식에 맞는 담화, 앞에서 르윈스키 사건 때《피가로 마가진》에 대해서 보았듯이 미국 법률을 거부하는 아주 프랑스적인 대중을 규합한다고 여겨지는 논거이다: '사용된 미국식의 재활용 공장 프랑스'는 '미국식 유행, 행동과 태도의 모방'에 몰두한다.

하지만 지금으로서는 예가 있다면 그것은 미국에서 오는 것이다. 한번 더 그것은 10년 늦게 본국에 온 것이다. 오늘날 이전보다 훨씬 덜 과격하고 교리적인 미국식 여성주의가 정치적으로 옳은 것을 초래하여, 사람들이 영어로 기고하는 대부분의 미국 잡지는 철저하게 당신의 텍스트를 고친다.

요컨대 상대방의 담화는 상대를 웃음거리로 만들기 위해 그것을 부조리한 것으로 몰아붙임으로써 모방하는 패러디에서 비웃음거리가 되어 버린다. 패러디는 타인의 요구의 결과들을 기괴하게 제시함으로써 타인의 말을 인용하고 재구성한다. 이런 독단적인 선택에서 나오는 악의는 유머의 힘으로 가득 찬다. 텍스트는 조롱의 대상이 된 사람의 항의가 항상 부적절하다는 사실을 기대한다. 따라서 그것은 상대의 체면을 잃게 하는 것이다. 즉 논쟁에 있어 한번 웃음거리가 되면 거기에서 회복하기가 어렵다. 그것은 최소한 이 공격의 근거가 되는 전략인 것 같다.

사람들이 우리에게 말하듯이, 언어와 문법은 남성을 위해 태고적의 불순한 성적 의미 부여에 의해 근본적으로 타락되었는가? […] 유감스럽게도 fesse(엉덩이), borgnesse(여자 애꾸눈), drôlesse(뻔뻔스런 여자)와 운율이 맞으며 아주 멀리서나마 duchesse(공작부인)를 상기시키기 때문에 지금까지 여성들이 두려워하며 거부했던 notairesse(여자 공증인), maîtresse de conférence(여자 조교수), doctoresse(여자 박사), chef-fesse(여자 책임자) 등의 단어들을 무서워하지 말고 합법화하자.

청중 구축

동시에 일간지 《르몽드》의 가상 독자의 이미지에서 출발해서 담화가 청중에 대해 구축하는 이미지를 조사해야 한다. 청중이 분명하게 드러난 몇몇 호칭의 경우 청중은 '프랑스인'으로 지시된다. 화자가 '우리' 안에 포함되므로 청중은 화자와 국가적·언어적·문화적 소속을 공유한다. 청중은 프랑스의 가치들을 옹호한다고 하면서 미국 양식을 흉내내는 나쁜 프랑스인들을 대표하는 대립자와 구별된다. 교양 있고 지적인 엘리트에 속하는 마르크 푸마롤리의 독자는 넓은 면적의 광고를 규범으로 택하거나, 카르푸, 더 나쁜 예로 맥도널드, 베네통을 모델로 택하기를 거부해야 한다. 따라서 문화적 구별은 대량 소비에 사로잡힌 군중들의 멸시당할 만한 문화, 거대한 자본주의, 외국 영향(문화적 국가가 부추긴 모든 경향)에 대립된다.

끝으로 이런 청중은 화자와 마찬가지로 책임 있는 부서에 여성을 승진시키는 데는 호의적이지만, 이 목적과 아무런 상관이 없는 언어 변조에는 호의적이지 않은 진보주의적 독자이다. 따라서 기사는 여성을 위한 사회 변화를 인정하는 모든 남녀를 자기 편으로 두려며, 불평등이나 보수적인 모든 입장을 부인한다.

그렇게 하면서 텍스트는 청중에게 스스로를 알아보게 하는 거울을 내민다. 한편으로 텍스트는 화자가 기대를 걸 수 있다고 생각하는 가치와 믿음, 즉 한림원과 같은 문화 기관들에 대한 존경, 저급한 문화의 타락에 반대하는 고급 문화의 가치, 미국의 '**정치적으로 옳은 것**'의 모든 남용 거부에 근거한다. 다른 한편 담화는 독자들에게 제시된 이상과 일치하기 위해 자신을 투영하라고 요구하는 이미지를 자신의 독자들을 위해 공들여 만든다.

여성 독자에 대해, 텍스트는 그들에게 의기양양한 여성의 이미지에 대립하는 승리를 거둔 여성들의 이미지를 제시한다. 한편에는 실제 쟁점, 즉 시합에서 이기는 것에 전념하는 여성들이 있을 것이고, 다른 한편에는 그들의 성공을 외쳐대고, '적'을 제압함으로써 그것을 뽐내고 싶어하는 여성들이 있을 것이다. 같은 동위성의 내부에 만들어진 구별은 좋은 밀과 독보리를 구분하게 해준다. 그때까지 남성이 하던 직책을 얻은 여성들은("최근까지 여성들의 야망은 의기양양하게 남성형 직무를 겨냥했다") "Mme la X보다는 Mme le recteur-chancelier(학장)나 Mme le professeur de droit(법대 교수)라고 불리기를 선호한다."[4] 푸마롤리는 이에 대해 파리주재 미국 대사(ambassadeur) 파멜라 해리만이 Mme l'ambassadrice라 불렸을 때 그녀의 분노를 환기시킨다. 푸마롤리에 따르면, 요직과 권력을 얻은 이 여성들은 그들의 승리에서 정치적 의미를 얻기 위해 사람들이 계속해서 자신들을 남성으로 어미 변화해 주기를 바란다. 가장 큰 영광을 위해 해리만이 분명 벗어나는 '과격한 양식' '가장 시끄럽고 가장 일시적인 미국' 양식을 지지하는 열렬하고 단호한 여성주의자들에 그녀들은 반대한다. 의기양양한 여성에 반대하여 승리를 거둔 여성의 긍정적인 이미지에 여기에서는 본받아야 할 본보기의 영향력, 대사직 게다가 프랑스에서 미국 대사직을 맡은 여성의 본보기의 영향력이 첨가된다.

더욱이 텍스트는 시민 생활을 지배하는 세 가지 도덕적 태도인 "광신, 양식의 명목으로 그것을 공격하는 진정한 절제, 우파와 좌파의 모든 무절제에 동의하는 협력 중립성" 가운데 하나로 그녀의 입장을 제시함으로써 거기에 결정적인 중요성을 부여한다. 중용의 선택은 하찮지 않을 것이다. 왜냐하면 그것은 우리의 운명이 달려 있을 시민 윤리를 끌어들일 것이기 때문이다. 예를 들어 직함의 여성화에 반대하는 마르크 푸마롤리의 주장에 대한 동의는 여성들의 진정한 승리를, 그리고 문화와 프랑스적 예외의 보호를 보장하는 것 이상일 것이다. 따라서 시민 윤리도 보장할 것이다. 여성들이 실행한 직무의 직함들을 여성화하는 것에 반대하는 그의 비난에서,

---

4) 예를 들어 프랑스어에서 대학교수의 직함은 남자의 경우 Monsieur le professeur라고 부르며, 여자의 경우에는 명사 le professeur(교수)의 여성형이 없으므로 단지 Monsieur 대신 Madame을 붙여 Madame le professeur라고 부른다. [역주]

논쟁자는 의사를 표명하고자 선택한 의사 소통 장치와 장르의 목적에 부응한다. 그는 자기 주장의 진실성뿐 아니라 쟁점들의 심각성 대로 평가받는 모순의 중요성에 대해서도 자신의 대중을 설득하려고 한다.

4. 허구 이야기와 그 장치: 《1914년 여름》의 예

수사학과 서사학

복잡한 허구 이야기를 이해하기 위해서는, 발화 장치의 특수성을 고려하면서 논증적 상호 작용의 기본 모델을 서술의 요구에 맞추어야 한다. 발화 장치는 서사학 분야에서 목소리와 초점화 문제에 대해 다양한 서술 사례들을 구분하는 것을 연구한 시연구가들의 다양한 분석 대상이 되었다. 훨씬 최근에 이야기 이론에 통합된 청자는 이야기 수신자(narrataire) 형태로 분석되었다.(프린스, 1973) 청자는 다양한 관점에서 발전된 독서 이론의 틀 안에서 더욱 진전된 사고의 대상이 되었다.

수많은 텍스트들이 작품에는 없는 것 같은 3인칭 서술자에 의해 이야기되었다는 사실에 의해, 허구 이야기에 대한 상호 작용적 접근 방법은 흔히 일어날 법하지 않은 것처럼 되었다. 그들의 발화 작용 근원을 잊게 하는 경향이 있는 서술들은 흔히 같은 행동으로 이야기 수신자의 흔적을 지운다. '혼자 이야기되는 것' 같은 이야기는 어떤 경우에도 화자 없이는 서술이 있을 수 없다는 사실을 약화시키는 데 충분히 기여하였다. 이론에서 이런 혼동은 벤베니스트의 범주를 어느 정도 지나치게 적용함으로써 유지될 수 있었다. 즉 벤베니스트는 인칭 체계(je-tu)와 해당하는 문법 표지(시제, 직시어⋯⋯)를 사용하는 **담화**(discours)와 비인칭 체계(3인칭, il)와 해당하는 문법 표지 위에 구축된 **이야기**(récit)를 구분한다. 언어 활동 사용의 가능한 두 가지 형태에 대한 이런 기술을 일반화함으로써 문학 연구들은 모든 말이 결국 상호 대화에 속한다는 것을 가끔 잊었다. 문학 연구들은 마치 상대가 없는 것처럼——소설 담화는 아무에게도 말을 걸지 않고서도 전개될 수 있는 것처럼——하였다.

소위 '3인칭' 이야기는 상호 대화를 파괴하지 않는다. 반면 그것은 역설적으로 발화 작용이나 수신 작용의 명시적 표지가 없는 틀 안에 상호 대화를 제시한다. 하지만 비어 있는 두 경우 사이에 상호 작용적 역동성이 어떻게 가능한가? 일상적 의사 소통 단계에서 이상해 보이는 것은 허구 이야기 분야에서는 흔한 것으로 드러난다. 1인칭으로 된 개인적 이야기(《포화: 분대 일지》《이방인》《독서가》《죽음은 나의 일》……) 옆에는 소위 '3인칭' 이야기가 가능하게 하는 비인칭이고, 보이지 않으며, 부재(不在)의 서술자를 우선하는 소설 모델이 있다. 익명의 'il'이 되기 위해서도 서술자는 담화 안에 기재되며, 담화에는 수많은 표시들이 담화의 이미지와 이야기 수신자와의 관계를 재구성할 수 있게 해준다. 청자라는 인물에 있어 텍스트 안에서의 그 기재 양태와 상호 작용 안에서의 기능은 1인칭 이야기를 특징짓는 것과 전혀 다르지 않다. 따라서 이야기에서 두 'il' 사이의 상호 작용은 'je'와 'tu/vous' 사이에 만들어지는 것과 같은 방식으로 재구성될 수 있다.

이것이 고유한 서술 공간 안에서 서술의 가능한 것들을 설명하는 표를 만들면서 시연구가들이 이미 제기한 것이다. 실제 저자를 제외하는 주네트는 허구현실외적(extradiégétique), 즉 이야기된 이야기(허구현실 diégèse) 밖에 있는 서술자와, 이야기 내부에서 말을 하는 허구현실(내)적((intra)diégétique) 서술자를 구분한다. 이런 구분은 서술 단계들을 분류하게 해준다. 여기에서 다음과 같은 의사 소통 체계가 나온다.

AR(AI)- → Nr- → RT- → Nre- → (LV)LR

[AR= 실제 저자, AI=추론된 저자, Nr= 서술자, RT= 이야기, Nre= 이야기 수신자, LV=잠재적 독자, LR= 실제 독자]

이런 분류를 제안하면서, 주네트는 발화 작용 차원, 혹은 서술 작용(이야기하는 행위) 차원의 중요성을 강조한다. 그러면서 그는 모든 담화에(상황 안에서 말의 모든 사용에) 고유한 발화 작용의 틀을 벗어나는 '3인칭 이야기'라는 개념에 대한 흔한 실수를 해소시키려고 애쓴다.

지금까지 우리는 '1인칭-혹은 3인칭-이야기'라는 용어를 단지 함의의 따옴표와 함께 사용한다는 것을 발견할 수 있었다 [···] 서술자가 이야기 안에 그런 식으로 매순간 개입하는 한, 모든 서술 작용은 원래 잠재적으로 1인칭으로 만들어졌다.

(1972: 251-252)

벤베니스트가 한 담화(discours)와 이야기(récit) 사이의 구분이 야기할 수 있었던 혼돈을 유감스럽게 생각하면서 주네트는 이야기가 **"담화 형태일 수밖에 없다고 강조하는데, 이 담화 형태에서는 발화 작용의 표지들이 임시로 그리고 일시적으로만 정지되었다(모든 발화체는 그 자체가 발화 작용의 흔적이기 때문에 '아주 부분적으로'를 덧붙였어야 했을 것이다. 이것은 화용론의 교육 중 하나인 것 같다).' (1983: 67)

여러 단계에서의 발화 장치

이미 앞장들에서 시작한 《1914년 여름》의 사회당 집회에 대한 분석은 소위 '3인칭' 소설의 발화 장치에서 취해진 허구의 논증 기능을 보여 주기 위해서 여기에서 다시 취할 것이다. 이런 범위에서 어떻게 소설 논증이 여러 차원에서 동시에 전개되는지를 볼 것이다. 인물들은 서로 의사를 소통하고 다소간 밝혀진 설득 작업에 전념한다. 이 설득 작업은 주인공이 (자크의 엄숙한 연설 같은) 자신의 주장에 대화 상대방들이 동조토록 하기 위해 발음한 담화로부터([서론, 4.4] 《샤베르 대령》의 첫 구절에서와 같이) 갈등이나 관점 교환이 실행되는 하찮은 대화로 간다. 인물들 뒤에는 암시적인 이야기 수신자에게 말을 건네는 소위 '3인칭' 서술자가 보인다. 이처럼 허구 인물들 사이의 상호 작용은 같은 차원에 있지 않고, 같은 쟁점을 지니지 않는 상호 작용에 둘러싸여 있다. 끝으로 서술자는 작가의 이미지, 대중이 만들 수 있고 이 대중에게 영향을 끼치는 이미지를 가리킨다. 반대로 작가는 자신의 논증 선택에 영향을 주는 가정된 독자 이미지를 자신을 위해 만든다. 확대 과정으로 복잡해진 발화 장치는 분화된 논증을 쌓고 연결하는 여러 층을 이룬다.

앞에서 보았듯이, 정치 집회의 발언은 하나의 틀과 기정 역할 배분을 논증에 제공하는 담화 장르를 구성한다. 당황한 청중을 이끌기 위해 발언하는 자크 티보의 목표와 전략을 볼 수 있었다. 이미 실행된 분석을 자세히 되풀이하지 않고, 대중의 동의를 얻기 위해 집회 상황 안에서 정치적 담화의 모든 전략, 즉 동일한 청중 구축, 적당한 에토스 배치, 정의와 같은 수단 활용을 동원하는 연설자를 텍스트가 등장시킨다는 것만을 상기하자. 허구 상황에서 정치적 발언은 실제 담화를 모방하고, 그 요소들을 대표자로 드러내는 연습을 한다. 반면 '3인칭' 서술자는 어떠한가? 그는 뒤에 있는 이야기 수신자에게 읽을 것으로 무엇을, 그리고 인물의 말 너머 어느 정도로 주는가?

자크의 논증이 집회 발언에 속하는 반면, 서술자의 논증은 문학 전통에 널리 퍼져 있는 담화 장르에 연결된다. 로제 마르탱 뒤 가르의 투명하고 익명인 3인칭 서술자는 《티보 가의 사람들》이 표방하는 사실주의 소설의 규칙이기도 한 역사 소설의 규칙을 따른다. 말하는 자는 결심할 필요가 없다. 왜냐하면 그는 사실을 말하고, 사회적이고 사적인 이야기 흐름을 아주 객관적으로 장황하게 늘어놓는 육체에서 분리된 목소리를 구성하기 때문이다. 톨스토이나 졸라의 경우와 반대로 《티보 가의 사람들》의 서술자는 항상 같은 뜻을 지니는 지식을 퍼뜨리기로 되어 있는 현자나 역사가의 익명 목소리를 듣게 하지는 않는다. 그는 전지적 해석뿐 아니라 전체적인 관점,

전체적인 조망을 용납하지 않는다. 그는 오히려 보여 주고, 전달하고, 인용하고, 상세히 설명하는 관찰자이다. 명시적인 해설 차원에서, 그는 다소 공들여 만든 연기 지시에 만족하는 것 같다. 그것이 《1914년 여름》에서 서술자와 이야기 수신자의 상호 작용을 지배하는 발화 장치가 끼어드는 틀이다.

연출에서 문제 제기로

　직접적인 효율성을 노리는 말의 연극적 연출이 텍스트 안에서는 자크 티보 담화의 화용적이고 윤리적인 한계에 대한 문제 제기를 겸한다. 서술자의 순수해 보이는 외모는 조사를 통해 볼 때 교훈이 많은 것이 분명하다. 그것은 민중 선동이라는 미묘한 문제를 제기하는 엄숙한 대중 연설에 의해 연설자에게 야기된 심취를 강조한다. 자크의 말을 극적으로 묘사하는 것은 연설자가 행동으로 선동하는 사람들에 대한 그의 책임감 문제를 제기한다. "갑자기 모든 것이 흔들렸다. 갑작스런 현기증…… 번개처럼 자신의 책임감이 그의 뇌리를 스쳐갔다. 발언한 것이 옳은 일이었을까? 내가 진실을 파악하고 있다고 나 자신에게 말할 수 있을까? ……잠시 양심의 가책을 느낀 그는 허탈감에서 빠져나오지 못하고 있었다."(1955: 494) 반면 심각한 만큼 한순간 정당하다 하더라도 이 질문은 출발할 준비가 된 열성당원들이 '자석에 끌려오는 쇳가루처럼'(앞글) 방으로 물러나고, 군중의 움직임이 생기자마자 바로 지워진다. 서술자는 웅변가가 그에게서 의심을 지우는 군중과의 관계에 의해 자신을 이끌게 하는 방법을 기술한다: "순식간에 불안한 마음이 누그러지더니 아무런 흔적도 없이 사라져 버렸다. 그러고는 다시금 자신이 생각하고 있는 모든 것, 아무 말 없이 자신을 향해 의문을 제기하고 있는 저 사람들에게 말해 주고자 하는 모든 것이 명료하고 이론의 여지가 없는 것으로 여겨졌다."(앞글) 자크가 청중에 대해 세운 이미지는 거울 놀이에서 이상화된 그 자신의 이미지를 그에게 반사한다. 그의 담화는 의심에서 벗어난 확신을 강화시키는 데 기여하는 힘의 의지에 의해 이끌린다: "누구인지 전혀 분간할 수 없는 이들의 얼굴 얼굴에서는 호소하는 듯한 빛이 역력했는데, 그것이 자크에게는 뜻하지 않은 엄청난 힘을 가져다 주었다. 그와 동시에 그의 확신과 희망은 열 배나 더 그 강도를 더해갔다."(앞글: 495) 잠시 후 "그는 자신의 힘을 자각했다."(앞글: 496)

이처럼 서술자의 담화는 정치적 웅변술 메커니즘의 비밀스런 요소들을 벗겨냄으로써 연설자와 청자가 서로에게 행사하는 상호 영향을 드러낸다. 한편으로 대중이 이상화된 이미지를 부여하는 화자는 진리 역할을 한다. 즉 그는 그때부터 더 이상 검증이나 숙고에 신경 쓰지 않는다. 그의 말은 토의와 토론 공간을 열지 않고, 권력 행사와 혼동되려고 한다. 공인은 스스로의 힘을 느낌으로써 얻어진 심취 속에서 자신이 연설하는 사람들을 행동으로 밀어붙인다. 다른 한편 군중이 반응하게 만들기 위해 연설자는 자기 힘의 관대한 거울을 군중에게 내밀어야 한다. 그는 이 효과를 위해 청중에게 친숙한 사회주의 슬로건을 동원한다.

어떠한 합법적인 권력, 어떠한 동원령도 우리가 없으면, 우리의 동의가 없으면, 우리가 따라가 주지 않는다면 아무것도 아닌 것입니다! 따라서 우리의 운명은 오로지 우리에게 달려 있습니다! 우리의 운명은 우리가 마음대로 결정할 수 있습니다. 왜냐하면 우리는 다수이고 힘이 있기 때문입니다!

(1955: 494)

이 특별한 상황에서 청중을 군중이라는 이유로 행동력으로 설득하려는 것은, 한 방향으로 유도하는 것이 언제나 가능하지는 않은 폭력에 대한 취향과 용기를 청중에게 불어넣는 위험을 무릅쓰는 것은 아닌가? 평화주의의 원인이 《티보 가의 사람들》에서는 윤리적 근거에 따라 비난받을 수 없는 만큼 여기에서는 그만큼 더 많은 힘을 가지고 정치적 논증의 윤리적 한계 문제가 제기된다. 민중 선동의 역동성은 사회주의 웅변가에게서도 엿보인다. 이는 데룰레드의 국가주의적 논증을 특징짓는 역동성과 그다지 다르지 않다.(별첨 2) 논증의 윤리적 타당성에 대한 문제 제기의 복잡성은 그것이 웅변 상황으로 야기된 만큼 더 크다. 사실 담화의 효과가 즉각적이어야 하고, 유예를 허용하지 않는 선택과 행동을 유발해야 하는 긴박한 순간에 민중 선동으로 흘러갈 위험이 크다. 그러면 비난받아 마땅한 조작과 정당한 논증을 어떻게 구분할 것인가? 이것이 미묘한 의심이 전혀 없이 수사학에서 주요한 윤리 문제이며, 서술자의 담화가 그에 대한 대답을 준다고 주장하지 않고 제기하는 문제이다.

서술자가 야기한 두번째 문제 제기는 단호하게 합의에 역행하여 가려는 사람이 책임진 말, 반대 담화가 가질 수 있는 효율성의 한계와 관련된다. 선택된 순간은 특히 이런 연구에 적합하다. 장면은 조레스의 암살 전날, 총동원 전날인 1914년 8월 30일에 위치한다. '국가주의적 감언이설'을 공격한다면, 그것은 "프랑스인이라면 아무도 외국의 새로운 침략에 대항해서 자기의 국토를 지키기를 거부하는 사람은 없을 것입니다!"라고 주장하면서이다.(1955: 491-492) 전시에 사회주의자들의 지배적인 담화는 이미 제자리를 잡았고, 그것은 곧 승리를 거둘 것이다. 모두가 과거 자신들의 입장에 등을 돌릴 때, 어떤 운동과 정당의 원칙에 충실한 외로운 사람이 무엇을 할 수 있는가? 자크 티보가 누리는 연설자의 승리는 일시적인 승리를 나타낼 뿐이다. 일화의 끝이 그것을 잘 보여 준다. 그때까지만 해도 열정적이던 군중은 무정부적 무질서로 돌아가고 그로부터 자크의 담화는 짧은 순간만을 끌어냈을 뿐이다: "그들은 웅성거리며 출구 쪽으로 몰려갔다."(앞글: 498) 게다가 열성당원들이 연설가를 큰 소리로 외치는 반면, 연설가는 더이상 모습을 보이지 않는다. 힘이 빠진 그는 단지 개인적인 쇠약의 것이 아닌 '파멸' 속으로 빠져든다.

연사는 무대 뒤의 어둠침침한 곳에 주저앉아 있었다. 온몸이 달아오르고 기진맥진해지고 땀투성이가 된 채, 낡은 무대 장식들 더미 뒤에 있는 상자

위에 앉은 자크는 흐트러진 머리에 팔꿈치를 무릎 위에 올려놓고 두 주먹으로 눈을 감싸고 있었다. 이런 난파 상태에 빠진 그는 될 수 있는 대로 오랫동안 모든 사람을 피해 혼자 있고 싶은 생각밖에 없었다.

(앞글: 498-499)

자크 티보의 마지막 노력은 하찮은 시도인가, 아니면 다른 이들이 저버리고 있는중이라는 확신을 위해 무슨 수를 써서라도 끝까지 투쟁하는 평화주의자의 영웅적 행동인가?

이 문제 제기가 제시된 텍스트 안에 기재된 이야기 수신자 혹은 독자는 모든 점에서 자크의 청중과 다르다. 우선 그는 공통된 관념적 소속으로 통합된 연합을 구성하지 않는다. 즉 익명의 서술자가 겨냥하는 대중은 분화되지 않았다. 반면 몇몇 특성은 그 모든 구성원들에게 공통된다. 이들은 기본적인 백과사전적 지식을 지닌다. 즉 그들은 비록 개인적으로 동조하지 않더라도 사회주의 담화와 그것의 평화주의적 논거 집합을 가깝게 혹은 멀게 알고 있다. 게다가 그들은 어떤 평화주의적 시도도 1914년 전쟁을 막을 수 없었다는 것을 미리 알았기에, 자크의 담화에 대해 그것을 읽을 수 있게 해주는 시간적인 거리를 지닌다. 충직한 사회주의자는 아직도 바라지만 그들은 그의 필사적인 노력이 헛됨을 안다. 이에 덧붙여 텍스트에 은연중에 기재된, 뒤섞인 청중의 선결 동의를 전제하는 몇몇 가치들이 있다. 사실 이 함의적 가치들의 활성화는 서술자가 제기한 문제 제기를 이해하고 그에 참여할 수 있게 해준다. 책임감의 의미보다 우세한 힘의 도취, 군중에 의해 반사된 이미지에 자신을 모습을 비치는 자아 도취의 즐거움은 자아의 절대 권력의 허영과 욕구를 책망하는 교훈에 따라 비난받아 마땅한 태도들로 인지될 수 있는 것 같다. (단지 개인적인 윤리 차원이 아니라) 정치적 윤리 차원에서, 텍스트에 기재된 이야기 수신자는 민중 선동적 조작을 비난하는 시민이다. 주인공의 양면성과 텍스트를 유발하는 문제 제기는 이런 공유된 가치에 의존한다.

가치 판단을 거절하는 민중 선동 기능에서, 《티보 가의 사람들》의 서술자는 어떤 주장을 단호하게 단언하는 대신 이를 문제 제기로 대치하는 특별한 개입 양식을 가능케 한다(서론에서 《샤베르 대령》에 대해 이미 살펴보았다). 청중에게서 동의를 얻어내고 즉각적인 행동을 유발하고자 하는 담화를 인물이 늘어놓는 그곳에서, 서술자는 문제를 드러내는 텍스트를 독자에게 제시하고 생각하도록 유발한다. 자크는 대답을 주려 하고, 소설의 보이지 않는 서술자는 자문하라고 촉구한다. 게다가 그가 독자의 심사숙고에 맡기는 주제들은 주인공이 청중 앞에서 전개하는 주제들에 비해 어긋나 있다. 한 사람은 어떤 희생을 치르더라도 전쟁을 막는 수단에 대해 말하고, 다른 사람은 난국의 시기에 개인의 가능성과 대중 발언의 윤리적 한계를 모색한다. 한 사람은 전체적인 평화주의의 주장들을 납득시키려 하고, 다른 사람은 이 태도의 타당성에 대한 문제 제기를 야기한다. 이런 의미에서 인물의 논증과 익명 서술자의 논증에 대해 같은 의미를 줄 수는 없다. 즉 전자는 현실에서 개입을 가능케 하는 대답들을 주려 하고, 후자는 결정적인 대답을 주지 않고 용어를 제공하는 토론을 시작한다.

로맹 롤랑의 평화주의적 기사(별첨 1)의 발화 장치와, 《티보 가의 사람들》에서 선택된 부분의 발화 장치를 구분하는 차이를 보게 된다. 이 두 경우에 그가 걱정하는 이미지와 청자에게 제공하는 믿음에 따라 화자(연설자)가 청자(청중)에게 말을 건네는 상호 작용적 모델이 부과된다. 반면 《제네바의 일기》에서 자리잡은 것과 반대로 이야기의 상호 작용은 이중이다. 허구적 연설자와 대중의 관계는 서술자와 이야기 수신자의 관계로 교체된다. 분화된 제도적 틀 안에 뿌리내린 이런 여러 차원들은 다른 시간성 위에서 행해진다. 즉 연설은 1914년 8월 30일의 것이고, 서술자의 말은 날짜가 쓰여 있지 않지만, 분명히 그 사건보다 나중이다. 그리고 소설은 1936년에 출판되었다.

1930년대 출판된 소설 표지에 보이는 이름의 작가 이미지를 익명의 서술자가 가리킨다는 것을 잊어서는 안 된다. 《1914년 여름》이 출판될 때,

《티보 가의 사람들》의 작가는 이미 유명했고, 역사적 충실성과 진리를 염려하는 그의 작가로서의 권위는 이미 정립되었다. 세번째 상호 작용 틀은 그렇게 그려지고, 이는 작가와 1936년 가상의 작가, 즉 동란의 위협이 사람들을 사로잡으며 전쟁에 대한 소설가의 매우 불안해하는 질문이 현실 안에서 불가피하게 반응을 발견하는 시대에 가상의 독자를 연결한다. 자크의 말과 행동이 제기한 질문은 새로운 세계 전쟁 가능성에 직면하여 채택해야 할 태도 문제를 암시적으로 가리킨다. 그 질문은 정치의 길을 묻고 전체주의적 민중 선동의 분명한 (그리고 로제 마르탱 뒤 가르가 분명하게 비난한) 예로부터 출발하지 않고, 좌파 입장에 의해 인민 전선에서 제기된 효율성 문제로부터 출발해서 웅변술의 윤리적 한계들을 질문한다. 소설 텍스트 안에서 얽힌 세 가지 논증 차원이 어떻게 비허구적 파시즘 담화를 주장하지 않는 복잡성을 주는지 알 수 있다.[5]

《티보 가의 사람들》의 특별한 경우는 허구적 담화에 제공된 논증 가능성을 모두 사용하지는 않는다. 물론 이 경우는 자크의 연설을 극적으로 연출하고 설득 작업의 요소들을 제시하면서 그것들을 보여 주는 것을 즐기는 만큼 더욱더 증명에 적합하다. 그것들의 분석은 단계들의 자율성으로 수월해지고, 이는 텍스트의 겉만 보고도 이해되게 한다. 《죽음은 나의 일》 같은 이야기에서 볼 수 있었던 것처럼 항상 그런 것은 아니다. 이 책에서는 주인공에 대해 멀고 가까움을 은밀하게 작용하게 하는 보이지 않는 서술자를 1인칭이 감추고, 《연인》에서는 1인칭 서술자와 그녀의 소녀 시절의 목소리가 항상 쉽게 구분되지는 않는다. 허구 이야기의 방대한 범주 내부에서 허구적 자서전, 개인 이야기, 사실주의 소설 같은 장르는 그들의 독특한 발화 장치를 통해 논증적 발화의 양태들을 조건짓는다. 그러나 어쨌든 허구의

---

5) 《1914년 여름》이 출판된 시기에 작가 논증과 로베르 마르탱 뒤 가르의 문학적 영역 안에서의 입장 문제를 여기에 제시하기에는 너무 많은 전개를 필요로 한다. 이 주제에 대해 우리는 루트 아모시의 〈평화주의적 담화와 작가 논증〉 in A. Santa & M. Parra eds를 참고할 것이다.

이야기는 단계적인 구성을 통해, 의회 담화나 일간지 기사의 발화 작용 장치가 허용하지 않는 복잡한 방식으로 논증을 활용할 수 있다.

[더 읽어볼 책]

ADAM(Jean-Michel), 1999, *Linguistique textuelle. Des genres de discours aux textes*, Paris, Nathan, 〈Fac Linguistique〉.

ANGENOT(Marc), 1980, *La Parole pamphlétaire. Typologie de discours modernes*, Paris, Payot.

BOURDIEU(Pierre), 1991, 〈Le champ littéraire〉, *Actes de la recherche en sciences sociales*, 89, septembre.

GENETTE(Gérard), 1972, *Figures III*, Paris, Le Seuil.

MAINGUENEAU(Dominique), 1993, *Le Contexte de l'œuvre littéraire. Énonciation, écrivain, société*, Paris, Dunod.

[종 합]

논증은 그것이 전개되는 형식적 · 제도적 틀에 의존한다. 담화 유형과 담화 형성이라는 개념보다 영역과 장르라는 개념들이 여기에서는 더 중요하다. 사회학자 부르디외에게서 빌려온 영역이라는 개념은 어떤 사회 활동 공간 안에서 어떤 제도적 입장에서부터, 그리고 어떤 입장을 위해 논증적 발언이 이해되는지를 알 수 있게 해준다. '장르'라는 개념은 각 영역 안에서 몇몇 형태들이 역할 분배와 조절을 제공함으로써 논증을 형성하는 그 형태들이 널리 유포되어 있다는 것을 가정한다. 게다가 논증 문제에 있어 대화적인 것인지 대화에 관한 것인지에 따라 그 역동성이 크게 다르다는 사실을 고려해야 한다. 각각의 영역은 이 두 범주 사이에 나뉘는 장르들을 지닌다.

정치적·지적·문학적 영역에서 대화적인 것에 속하는 장르들에서 빌려온 세 가지 예들의 분석을 통해, 논증을 조건짓는 특징적 제약들을 보여 줄 뿐 아니라 책 전체를 통해 연구된 여러 가지 수사학적 방법들의 사용을 보여 줄 것이다. 예를 들어 정치적 슬로건의 연구는 함의의 힘에 대한 문제를 다시 취하고, 《르몽드》의 토론 연구는 논쟁을 불러일으키는 수단들을 강조한다. 마르탱 뒤 가르의 《1914년 여름》 텍스트를 다시 취하여, 허구 이야기에 고유한 발화 작용 장치의 특수성을 보여 준다. 단계적인 그 구성은 논증의 극화뿐 아니라 성찰과 열린 토론이고자 하는 논증적 담화도 가능하게 하는 같은 텍스트 안에서, 논증적 상호 작용의 중첩을 가능케 한다.

결 론

우리가 편의상 '논증분석'이라고 부른 것은 문맥 안에서의 언어 사용이라는 의미에서 담화의 논증 차원의 접근 방법이다. 말하는 주체가 그것을 사용하기 위해 언어 체계를 자기 것으로 삼자마자 그는 교류라는 역동성 안으로 들어간다. 화자는 의사 소통하고 상호 작용한다. 왜냐하면 모든 입말이나 글말은 타인을 겨냥하고, 있거나 없거나, 실제적이거나 잠재적이거나, 인정하거나 인정하지 않거나 동반자 없이는 존재할 수 없기 때문이다. "말하는 것은 교류하는 것이고, 교류하면서 변화하는 것이다." 케르브라트-오레키오니에게 있어 언어적 상호 작용을 정의하는 이 문구는 또한 왜 논증 차원이 담화에 핵심적인지 설명할 수 있는 문구이기도 하다. 담화에서의 논증은 확고하든 확고하지 않든, 청자를 설득하거나 아니면 최소한 자기 식으로 보고 생각하도록 영향을 끼치려는 시도로 구성된다. 그것은 태도들을 형성하려 하고, 극단적인 경우 행동을 결정지으려 한다. 고대 그리스 문화에서 나온 수사학적 전통이 잘 보여 주듯이 말은 행동하게 하는 힘을 지닌다. 말은 어떤 특별한 관점에 대해 사람들이 동의하게 하거나, 사물과 사건에 대한 시각을 형성함으로써 상호 개인 관계와 사회적 공간 안에 개입한다.

현대 화용론이 상황 안에서 말의 힘을 강조하고 말하는 것이 행동하는 것이라는 사실을 강조한다는 점에서, 그것은 설득술이라는 아리스토텔레스적 의미 안에 수사학을 연결시킨다. '하나의 장르에 결부된 행동으로서' 담화를 간주하는 담화분석이 "텍스트 조직과 정해진 사회적 장소를 연결하는 발화 작용 장치를 생각하고자"(맹그노, 1991: 13) 한다는 점에서, 담화분석은 말의 사용을 그 사회적 · 제도적 장소(법정, 공공 장소……)에 연결하는 수사학적 전통을 다시 취한다. 그러므로 우리는 수사학의 공간, 즉 언어과학이 오늘날 얻은 확대 안에서 언어과학의 공간에 수사학을 복귀시킴으로써 담화를 연구하는 학문 분야들의 벽을 없앨 수 있다.

그러기 위하여 두 가지 조건이 채워져야 한다. 우선 수사학을 하나의 장식술, 문채와 비유 분류로 깎아내림으로써 문체론 안에 희석시키는 전통으로부터 수사학을 끌어내어야 한다. 설득술로서의 수사학은 논증과 동의어이다. 문채는 담화의 효과를 강화하기 위해 사용된 언어적 수단들이고, 따라서 문체 효과들은 근본적으로 그들의 논증적 기능 안에서 간주되었다. 이런 관점은 효율적인 말 안에서 문체의 중요성과 미학에 대해 해결되지 않은 채 남아 있는 문제로 귀착된다. 문체론을 맹렬히 공격하기보다 논증 분석은 수사학과 오랫동안 추구한 대화를 새로운 근거에 따라 재개하려 한다. 두번째로, 언어 기능에는 관심이 없고 극단적인 경우 논거의 좋은 형성에 장애가 된다고 보는 (형식적 · 비형식적) 논리학으로부터 논증 이론을 분리시켜야 한다. 논증적 담화에 내재된 논리 체계는 그 힘이 어휘 선택, 상호 담화, 발화 작용 장치, 장르 규칙에 따르는 말 안에서 활성화된다. 따라서 우리는 설득 목적을 지니는 담화의 실제 기능 안에서, 몇몇 철학적 경향이 선호하는 논리—담화적 체계의 위상과 오류의 위상에 대해 일부 해결되지 않은 채 남아 있는 문제에 귀착된다. 여기에서 재개된 것은 논증을 다루는 데 있어 철학과 언어과학의 대화이다.

담화의 논증 영역을 연구하는 것은, 논증이 담화 유형이 아니라 그 자체로 담화의 일부를 이룬다는 것을 강조하는 것이다. 흔히 "주어진 주장에 대한 의견이나 표상을 대화 상대방이 공유토록 하기 위해" 말을 하는 것이 사실이라면 "아주 흔히 논증하기 위해 말을 한다"라고 할 수 있을 것이다.(아당, 1977: 103) 설득 목적이 명시적이고 분명할 때 논증적 **목표**가 있고, 표명된 의도와 계획의 결과로서 논증이 나타나지 않을 때 논증적 **영역**이 있다. 어쨌든 논증은 독립적이고 구별된 장치를 구성하지 않는다. 즉 논증은 언어적 상호 작용 전체의 역동성 안에 들어간다. 그것은 참여자들 사이의 교류를 지배하는 발화 작용 장치, (정치적·매체의·지적·문학적……) 다양한 영역 안에 제도화된 장르들 같은 의사 소통의 틀에 의해 결정된다. 그것은 그렇게 합의된 언어적 상호 작용의 사회문화적 기초, 즉 상호 주체적 교류와 토론을 가능케 하는 사회 통념과 상호 담화에 의존한다. 이런 전체적인 틀 안에서 논증은 고유한 방법들, 즉 아리스토텔레스에게는 수사학이 근거하는 기반을 구성하는 (연역적 특성의) 생략 삼단 논법이나 (귀납적 특성의) 유추와 같은 논리-담화적 체계들을 활성화한다. 또한 이런 틀 안에서 논증은 어휘 선택으로부터 통사적 조직까지, 가치론적 표지들로부터 함의까지, 가장 다양한 언어적 수단들을 가능케 하는 담화 전략을 펼친다. 논증 이론들로부터 수없이 이의가 제기된 부분인 파토스마저도 언어 활동 안에서 일반 공리와 감정 표지들을 통해 담화 안에 기재될 방도를 찾는다. 흔히 심리학으로 보내진 파토스는 그처럼 담화분석을 구성하고, 그에 대해 지속적인 관심을 부여하기 시작하는 언어과학을 구성하는 일부가 된다.(플랑탱 外, 2000)

그러므로 우리는 각각의 경우가 전체적인 특수성 안에서뿐 아니라 사회역사적·개인적 특수성 안에서 검토되어야 한다는 것을 염두에 두고, 논증이 담화 안에 구축될 수 있는 전체적인 양태들을 기술할 수 있다. 다시 말해 우리가 그렇게 하려고 시도했듯이, 담화 안에서 논증 구성 요소들의 전체적인 제시를 실행할 수 있다. 하지만 특별한 자료체들을 분석하는 데 있어 일시적인 교류를 조건짓는 특별한 조건들을 생략할 수 없으며, 각 경우에 사용된 독특한 전략들도 생략할 수 없다. 이것은 각 발언이 특별한 사회역사적 조건 안에서 행해진다는 것이다. 발언은 용량과 그에 적합한 조합에 따라 논증을 구성하는 요소들을 자기 식으로 활용한다. 그렇기 때문에 논증분석은 문학 연구 안에서의 텍스트 분석, 의사 소통 연구 안에서 정기 간행물 담화분석을 이끄는 정신과 가깝거나 역사 과학에서 고문서 연구의 기초가 되는 원리와 가깝다. 논증분석이 정치적 발언, 신문의 글, 지적

토론뿐 아니라 허구 텍스트에도 적용될 수 있는 분석 방법들을 제시하는
만큼 논증분석은 담화와 관련 있는 모든 학문 분야들 사이에 교량 역할을
한다.

별 첨

[별첨 1] 로맹 롤랑, 《싸움을 넘어서》

여러분은 여러분의 의무를 다해야 합니다. 그러나 그들은 어떻습니까?

이 젊은이의 연장자에게, 그들의 윤리적 안내자에게, 의견의 지배자에게, 종교적 혹은 비종교적 지도자에게, 성직자에게, 사상가에게, 대중 연설가에게 감히 진리를 말합시다.

자! 여러분은 수중에 지금 그러한 부, 이 영웅주의 보물을 가졌습니다! 무엇을 위해 그 부를 사용할 것입니까? 이 희생된 가엾은 젊은이들, 여러분은 어떤 목적에서 그 고결한 희생을 바쳤습니까? 이 젊은 영웅들의 서로간의 참수! 헤라클레스처럼 자기 손이 찢기는 상처를 입으면서 화장대 위로 올라가는 미친 유럽의 참상을 드러내는 유럽의 전쟁, 신성 모독적인 싸움!

서양의 더 큰 세 민족, 문명의 수호자들은 자신의 몰락에 열중합니다. 그리고는 러시아 군대, 터키인, 일본인, 수단인, 세네갈인, 모로코인, 이집트인, 인도의 시크교도, 인도인 용병, 극과 적도의 이방인들, 모든 색깔의 피부를 가진 인종들에게 구원해 달라고 요청합니다! 사분 통치 시대의 로마 제국은 서로 잡아먹기 위해 세상 밖까지 도움을 요청했다고들 합니다!⋯⋯ 따라서 우리의 문명이 매우 견고해서 여러분은 그 기둥이 흔들릴까 두렵지 않단 말입니까? 우두머리가 무너진다면 여러분의 모든 것도 무너질 것이라고 생각하지 않습니까? 여러분을 나뉘게 했던 문제——그들의 의지에 대항한 속국 민족의 문제——와 여러분 사이에서 얻는 것이 많은 일과 세상의 부를 공평하게 나누는 일을 평화적으로 해결해야만 했었지 않습니까? (여러분은 진지하게 시도조차 하지 않았습니다.) 가장 큰 꿈이 끊임없이 오만한 그림자로 다른 민족을 짓누르고, 끊임없이 전쟁을 위하여 다른 나라가 합병되어야만 합니까? 수 세기 동안 상대방을 바꾸는 이 유치하고 피로 물든 놀이는 전 인류가 지칠 때까지 결코 끝나지 않는 것입니까?

이 전쟁들, 범죄를 자초한 국가 원수는 감히 책임을 져야 한다는 것을 나는 알고 있습니다. 각각은 교활하게 반대자에 대한 책임을 내던지려고 애쓰고 있습니다. 그리고 그를 따르는 다루기 쉬운 민족들은 인간보다 더 위대한 권력이 모든 것을 움직인다고 말하면서 체념하고 받아들입니다. 백년 전부터 늘 되풀이되는 말을 우리는 다시 한번 듣습니다: '모든 의지보다도 더 강한 전쟁의 운명.' 인간은 세계의 무질서를 운명 탓으로 돌리기 위해, 운명이라는 것을 만들어 냈습니다. 운명이라는 것은 없습니다! 운명, 그것은 바로 우리가 원하는 것입니다. 그리고 때로는 우리가 그다지 원치 않는 것이기도 합니다. 지금 각자는 자신의 **죄를 고백해야 합니다!** 정예 지식인층, 교회, 노동당은 전쟁을 원하지 않았습니다…… 좋습니다! ……그럼 전쟁을 막기 위해 무엇을 했습니까? 전쟁을 약화시키기 위해 무엇을 하고 있습니까? 그들은 전란을 선동하고 있습니다. 각자 자신의 죄수복을 가져가시오.

로맹 롤랑, 1915.《싸움을 넘어서》(Paris, Paul Ollendorf), pp.21-23.

1914년 9월 15일, 처음 제네바 신문에 연재.

[별첨 2] 폴 데룰레드의 기념 담화

동포 여러분,

38년 만에 처음으로 저는 기분 좋게 이 샹피니 전투의 언덕에 올랐습니다. 처음으로 기쁜 마음으로 우리의 죽음의 무덤 위에 올라섰습니다.

[…] 사실 그렇습니다. 프랑스의 모습은 쇄신되었습니다. 그것과 함께 지금까지 위협과 아첨, 그리고 침략자의 무례한 지배를 참아낸 슬픔과 포기,

패배당하고 불안한 얼굴은 사라졌습니다. 우리는 옛 프랑스의 분개와 자부심, 고결하고 너그러운 모습이 눈부시게 되살아나는 것을 보았습니다. 그토록 이웃 국가의 해방을 위하여 피를 아끼지 않았던 프랑스가 마침내 자신의 자유와 명예, 이익 그리고 민족들 사이에서 자신의 지위를 되찾기 위하여 목숨을 바칠 준비가 된 것처럼 보입니다.

사실 중요한 것은 미래의 전투, 불가피한 전투, 고명하신 평화주의자들, 우리의 겁 많고 염치 없는 반군국주의자 부모들이 생각하고 우리에게 믿게 하려 애쓰는 것보다 멀지 않은 전투에서, 이 모든 것을 지키고 계승하는 것입니다.

멀리 떠오르는 이 붉은 태양을 외면할 수는 없는 것입니다.

1908년 10월 3일, 샹피니 전투지에서의 담화

[별첨 3] 장 조레스의 국회 담화

저는 우선 여기서, 우리에게 있어서, 보편적 평화에 대한 바람에도 불구하고 이 대립과 끊임없이 반복되는 전쟁에 대한 위협의 근본석 원인을 말하고자 합니다. 각국에서 제한된 계급의 사람들이 생산과 교류의 주요한 수단들을 지니게 되고, 또한 그들이 다른 사람들을 소유하고 지배하게 되며, 이 계급이 그들이 지배하는 사회에 끝없는 경쟁과 영원히 끊이지 않는 투쟁, 돈과 권력을 위한 일상의 전투인 그들의 법칙을 부과할 것입니다. 이 특권 계급은 대중의 모든 가능한 노력에 대항하여 자신들을 보호하기 위하여 군사적 가계나 과두정치적 공화국의 일로 무장한 몇몇 사람들에 의지할 것이고, 독재 정치는 분노한 민중을 이용하여 부르주아 의회의 자유를 짓밟고, 배부른 부르주아를 이용하여 민중의 공화주의적 각성을 짓밟으며, 그들이 서로를 속이고 지배하도록 이 깊은 계급간의 적대 관계를 이용할 수 있을 것입니다. 이렇게 되면 이러한 계급 사이의, 개인 사이의 끝없는 정치적·경제적·사회적 전쟁은 각국에 민중들간의 무장 전쟁을 불러일으킬 것입니다. 국가간의 갈등은 각국의 계급과 이해의 이 깊은 분열에서 나오는 것입니다…….

여러분의 폭력과 혼란의 사회가 평화를 원하고 겉으로는 평온해 보일지라도 잔잔한 먹구름이 폭풍우를 몰고 오듯 언제나 전쟁을 배태하고 있습니다.

여러분, 민중간의 전쟁을 소멸시키는 방법은 하나뿐입니다. 그것은 개인들간의 전쟁을 소멸시키는 것이고, 경제적 전쟁, 현 사회의 혼란을 소멸시키는 것이며, 영원한──전쟁터에서의 보편적 투쟁에 이르고 말──보편적 투쟁을 사회적 조화와 통합의 체제로 대체시키는 것입니다.

자, 여러분들이 늘 그렇듯 쓸데없는 의도가 아니라 원칙의 효율성과 결과의 현실성을 논리적으로 깊이 생각해 본다면, 왜 사회주의 정당이 오늘날 세계에서 유일한 평화의 정당인지 알 수 있을 것입니다.

1895년 3월 7일, 국회 담화

[별첨 4] 앙리 바르뷔스의 《포화: 분대 일지》

욕설들

바르크는 내가 쓰는 것을 본다. 그는 밀짚을 지나 네 다리로 내게 기어왔고 자신의 잠이 깬 모습, 파이야스의 불그스름한 머리카락으로 점 찍힌 얼굴과 쌍시옷(ㅆ)이 그 위에서 펴졌다 접혀졌다 하는 생기 있는 작은 눈을 나에게 보였다. 축축한 초콜릿 나머지를 주먹에 쥐고 초콜릿을 와작와작 씹으며 먹으며 그는 입을 사방으로 움직인다.

그는 과자 가게의 향기를 내게 뿜으며 가득 찬 입으로 더듬더듬 말한다.

─ 어, 너 글 쓰는구나? 네가 나중에 군인에 대해 쓸 것이지? 네가 우리라고 말할 것이지, 그렇지?

- 그래, 아들아, 나는 너와 너의 친구들, 우리의 존재에 대해서 말할 것이야.

- 그러니까 내게 말해 보라구…….

그는 머리로 내가 적고 있던 종이를 가리켰다. 글이 해결 안 난 채 나는 그를 바라보고, 그를 따랐다. 그는 내게 질문하기를 원한다.

-내게 명령하지 말고 말해 봐……. 네게 묻고 싶은 게 있어. 자, 만약 네가 네 책에 병사들을 말하려 한다면 그들이 말하는 것처럼 말하도록 하겠니, 아니면 네가 그걸 꾸밀 것이니? 이건 사람들이 말하는 욕설에 관한 것이야. 그러니깐 우리가 매우 친해서 의미 없고, 우리가 이것에 대해 격렬하게 싸우지 않기 위해서, 네가 두 명의 털북숭이들이 말하는 것을 들을 때마다 그들은 인쇄업자들이 그리 인쇄하고 싶어하지 않는 것들을 1분도 쉬지 않고 말하고 반복하는 것을 듣게 될 거야. 그래서 뭐? 만일 네가 그것을 말하지 않는다면 너만 이상할 거야. 네가 그것들을 묘사하고 싶어한다는 사실과 색깔이 있는 사방에 가장 눈에 띄는 색깔들 중 하나를 두지 않는다는 사실을 말할 사람처럼 말야. 하지만 그런 일은 없어.

- 아버지, 나는 그들 대신에 말할 것인데, 그것이 사실이기 때문입니다.

- 그러나 내게 말해 보라구, 네가 그렇게 하면, 사실에 신경 쓰지 않은 채 네 주위 사람들이 네가 비겁자라는 것을 말하지 않을까?

- 아마도 그렇겠죠. 그렇지만 그런 사람들을 신경 쓰지 않고 그렇게 할 것입니다.

- 내 의견이 궁금하니? 나는 책에 대해 알지 못하지만 이건 용감한 일이야. 이건 일어날 수 없기 때문이야. 네가 이걸 감히 한다면 굉장히 멋지게 될 거야. 그러나 마지막 순간에는 괴롭게 될 거야. 넌 지나치게 예의가 바르거든…! 이것은 심지어 우리가 서로 알아왔던 때부터 내가 알게 된 네 결점 중의 하나야. 그리고 또한 우리가 술을 나눌 때, 이건 나쁘다고 핑계대며 네 몫을 친구에게 주는 대신에 머리를 깨끗이 하겠다고 머리에 잔을 붓는 몹시 기분 나쁜 습관이지.

[별첨 5] 〈삽화가 있는 알자스〉의 '잡지 광고 전단'

"우리 동포들에게."

"알자스인 각자는 우리 조국을 돌아다니길 좋아합니다. 또한 오늘날엔 죽은 조상들의 풍습과 행동을 화제삼는 것을 좋아합니다."

"이것은 즐거움이고 동시에 유익한 것입니다. 자연스러운 환경에 몰입할 수 있는 육체적이고 정신적인 행복이 있습니다. 사실 우리 모두는 우리 중에 한 사람을 '그는 진짜 일자스인이야! 그는 오래된 알자스의 진짜 사나이야!' 라고 정의할 때 우리가 표현코자 하는 바를 느낍니다. 그리고 또한 우리가 우리들 중 한 사람에게 고개를 흔들며 '그는 더 이상 알자스인이 아니야' 라고 말하게 된다면 그의 가치가 떨어진다는 것을 느낍니다."

"모든 알자스인들에게 이러한 감정은 조상에 대한 경건한 마음과 밑바닥에 애정을 타고납니다. 그러나 다음의 감상적인 문구에서처럼 알자스를 향해 사는 것으로는 부족합니다: **우리 고향과 고인들을 사랑하는 이유는 이해할 수 있어야만 하고, 어떤 방법으로 그것을 잘 이끌어내고 고수하며 알자스의 전통을 연장할 수 있는지 알아야만 합니다.**"

"이러한 생각은 존재의 이유를 제시해 주고 잡지의 계획을 제시해 줍니다……."

"잡지는 과거의 삶에서 습관이 된 세부 사항을 수집하고 유명한 조상에 대해 말하고, 대중의 관심에 따른 예술가·학자·작가들을 알려 주고 알자스의 지적인 활동의 완벽한 그림을 제시합니다."

"이렇게 우리는 존경하는 모든 것, 우리가 형성한 모든 것에 이 잡지를 할애합니다. 우리는 젊은 세대들이 우리 고향의 전통에 충실하기 위해서 이 잡지가 도움이 되길 바랍니다."

"우리 계획은 과거로부터 계승될 가치 있는 모든 것을 끄집어내 줍니다."

"우리 계획은 현재에서 우리 고유의 유산으로부터 생겨난 모든 것, 국가의 재산에 자리를 차지할 수 있는 모든 것, '영원한 알자스'의 부분을 이루는 모든 것을 알려 줍니다."

"이 잡지의 페이지들을 넘기면서 알자스의 아들들 한 명 한 명은 감동받을 것이고, 종교적으로 고양될 것입니다. 우리는 독자 여러분이 특히 고장의 개성에 대해서 잘 앎으로써, 자신의 방법에 따라 더 확실하게 그 고장을 풍요롭게 하는 데 기여할 수 있게 되기를 바랍니다. 왜냐하면 어떤 것이 유익하고 진실된다는 주장은 다음의 질문에 대한 답변을 통한 증명을 항상 필요로 합니다: '무엇과 관련하여 이것이 유익하거나 진실되는가?'"

"어떤 것들이 알자스의 씨앗을 발전시키는 것이라 해도 그것이 알자스인들에게 유익하거나 진실된 것은 아닙니다. 적어도 그것이 우리 민족의 결실이 아니라면 그것들은 정신적인 환경 조건을 수용해야만 합니다: 그렇습니다. 그것들은 전신에 따라서, 환경에 따라서 변화해야만 합니다. 다른 표현은 없습니다. 우리는 알자스 문화의 시대를 만들었습니다."

"알자스인들은 어느 소수 민족 이상으로 오늘날 뿔뿔이 흩어져 있습니다. 그들이 살고 있는 여러 곳에 그들은 새로운 애착을 갖습니다. 그러나 그들은 여러 세대 동안 그들의 아버지가 묻힌 이 알자스 땅에 뿌리를 간직하고 있고 간직해 나갈 것입니다. 그들은 자기 자녀들에게 우리의 작은 고장의 기질을 공동의 유산으로 물려 주는 것을 행복해하지 않겠습니까? 이 잡지는 이를 도울 작정입니다. **이 좋은 의도가 어렵다 하더라고, 그것은 알자스인의 의식을 고수하는 데 공헌할 것입니다. 알자스 의식은 본질적인 힘에 영감을 주고 입증하고 되살아나게 할 것입니다.**"

《국가주의 현장과 교리》(1902)에서 재발췌,
1899년에 프랑스 조국동맹 앞에서 행해진 강연인 모리스 바레스의
〈알자스-로렌 문제점의 새로운 입장〉에서 재현된 텍스트
(1987년에 재간행, Paris, Éd. du Trident, pp.209-210)

[별첨 6] 마르크 푸마롤리, 〈중성형에 대한 논쟁〉

소문이 퍼진다. 이 소문은 교육부장관이 몸소 서명하지 않았다고 단언하고 사람들이 그것을 읽어보지도 않고 그것에 대해 말하고 쓰는, 공개되지 않은 공문에 의해 시작되었다. 이 공문은 행정에서 몇몇 직급에 있어서 이런 직책을 여성이 맡는 일이 점점 많아지면 여성형을 부과할 것이다.

시험삼아 쓴 탄알의 외관을 한 이것은 과녁을 맞혔다. 7월 12일, 월드컵에서 프랑스가 이긴 날짜의 《르몽드》지는 필리프-장 카텡시가 풍자적으로 쓴 기사를 1면에 실었다. 형식의 문제는 스포츠에서나 언어에서나, 그리고 공문서의 끝없는 세부 사항에서 프랑스인들의 관심을 끌고 열광시키기까지 한다. 그들은 이런 문제들이 공동적인 동시에 개별적인 그들의 존재 이유와 관계가 있다는 것을 잘 느낀다.

받아들일 수 없는 텍스트에 대해서 의사를 표시하는 것은 어려운 일이다. 공식적이든 비공식적이든 이 공문은 현 정부의 몇몇 여성 장관들이 자신이 사용하기 위해 채택하거나, 《피가로》와 《르몽드》를 포함해 여러 신문들에서 채택하게 한 여성화의 전례를 승인할 것이다. 그러나 같은 텍스트는(사람들이 전하는 바에 따르면) 그보다 더 나아갈 것이다: 그것은 행정 언어에서 공적인 직급을 뜻하는 몇몇 실사를 여성화하는 것을 의무화할 것이다. 우리는 이제부터 'madame[1] la députée[2]'나 'madame la chancellière de l'université'라고 써야 할 것이다. 그러나 이 신비한 공문서에서는, 신조어 사용이나 다름없는 새로운 칭호들의 리스트들은 짧고 특히 불완전하다. ministresse도, gardeuse나 gardienne des sceaux도, mairesse도, provieuse도,

---

1) 여성에게 붙이는 존칭. 〔역주〕

2) député는 국회의원을 뜻하는데, 남성형이므로 정관사는 le를 써야 한다. 그런데, 프랑스어 남성 명사에 여성형을 만드는 방법 중 하나인 e를 첨가하고, 여성형 정관사 la를 붙인 것이다. 이는 문법에 맞지 않는 것으로 논란의 대상이 되고 있다. 〔역주〕

professeure도, rectrice도, sénatrice(혹은 sénateure나 sénateuse)도 언어의 현대화에 대한 이 문제의 계획 속에서 나타나지 않는다.

프랑스에는 언어의 올바른 사용을 정의하는 임무를 전통적으로 맡고 있는 아카데미 프랑세즈가 있다. 우리는 또한 아카데미와 긴밀한 협조 속에서 일하는 전문 용어 위원회도 가지고 있다. 우리는 정부가 이 큰 기관과 전문가 위원회의 자문을 듣지 않고 프랑스어 문법에 대한 입법을 하리라 생각하지 않는다. 그것이 이 텍스트의 매우 비밀스러운 특징을 설명하는 것일 테지만, 또한 그것에 대해 많이 나타나는 회피도 설명해 준다: 공문의 무명의 저자들은 자신들의 주장을 위해서, 이러한 주장이 법적 효력을 갖기도 전에 아카데미와 전문 용어 위원회를 굴복시키거나 무력한 분개에 의해 웃음거리가 되는 것 사이의 선택밖에는 없도록 궁지에 모는 기정사실을 만들어 내고자 한 것 같다.

이러한 문법 개혁에 대한 생각은 여성의 입장을 주장하는 엄격한 관점에서 본다 해도 프랑스에서는 완전히 새로운 생각이다. 최근까지 여성주의적 야망은 오늘날에도 여전히 남성형으로 되어 있는 직책들을 승리적으로 목표로 삼았고, 이런 직책을 맡은 여성들의 대부분이 madame le recteurchan-celier나 madame le professeur de droit를 madame la…… 보다 선호하는 것처럼 보인다.

파리의 첫번째 주 프랑스 미 대사였던 (그리고 우리말을 완벽히 구사했던) 파멜라 해리만은 누가 그를 'Madame l' ambassadrice'[3]라고 부르는 실수를 하자 매우 화를 냈다. 그녀가 맡고 있었고 그러고자 했던 직책과 호칭은 남성형으로 된 것이었고, 그것은 클린턴 대통령이 그를 임명한 대로 클린턴의 눈에, 그 자신의 눈에, 그리고 대중들에 눈에 더 이상 훌륭할 수 없는 임무를 수행하면서도 커다란 국제 정치의 복도에, 즉 사적인 영역에 머물러 있던 직책을 보상하고 정당화하는 것이었다. 그 이전에 벤자민 프랭클

---

3) 대사를 뜻하는 단어는 embassadeur인데, 존재치 않는 여성형을 임의적으로 만든 것.

린과 토머스 제퍼슨에게 붙여졌던 미국 대사의 호칭이 그를 결국 공적이고 역사적인 무대의 조명 아래 출현시킨 것이다. 그것은 공식적으로 역사가 그때까지 나타내기를 거부했던 것을 드러냈다: 세계적 여성 아래 숨어 있는 국가 원수. 성을 섞고 호칭들의 초월성을 모르는 것은 이성이 있고 감정이 있는 여성들이 결국 자신들이 무엇이 되고 싶고 무엇이 될 수 있는지 알게 해주는 언어의 섬세함을 약화시키는 것이 아닐까?

호칭의 여성화를 위한 갑작스런 반전은 아마도 한줌밖에 안 되는 여성 장관들의 일시적 변덕일 것이다. 그것이 그것을 사용하는 일반적 여성들이나 대중의 동의를 얻을 수 있을까? 그것이 언론의 지지와 함께 준비되었다 해도, 그것을 해결할 것은 정부의 엄명이 아닐 것이다. 그러나 우리는 변덕을 부리고 새로운 것을 따르고 인정하는 대중을 제외시킬 수도 없다.

어쨌든 파멜라 해리스만의 관점은 지금까지 공적 지위를 맡은 프랑스의 여성들에 의해서 일반적으로 채택되어 왔고, (문법적) 성(性)과 (생물학적) 성을 구별하는 방향으로 가고 있었다. 프랑스인은 남성과 여성이라는 두 가지의 문법적 성밖에는 모른다; 이 두 성의 분배는 생물학적 성의 구별과 결코 일치되지 않았다; 그러므로 오늘날 그것이 '여성/남성 간의 전쟁' 의 '전시 상황' 이 될 수는 없다.

프랑스어에서는 남성과 여성형의 두 개의 실사가 공통적인 인자를 갖거나 실사화된 원형의 성을 결정하는 것에 관련되어 있을 때 남성형이 우세하다. 아무도 거기서 남성의 어떤 특권의 증거를 찾아볼 수 없다. 가장 훌륭한 문법학자들과 함께 우리는 반대로 거기서 프랑스어에서 남성형의 두 가지 기능을 갖는다는 것을 알 수 있다. Le jour(낮 혹은 날)는 밤에 반대될 때에는 남성형이고 시간 측정의 도구가 될 때에는 중성이다(그리고 낮과 밤의 모든 시간을 포괄한다).

마찬가지로 우리는 만일 공적 영역에서 관직의 이름들이 프랑스어에서 남성형이라면, 그렇다고 그 직책을 지닌 사람들이 전부 그리고 언제나 남성이어야 한다는 것을 주장하는 것은 아니라고 간주할 수 있다. 생물학적

성은 문법적-그리고 주되거나 부차적인 성적 특성이 원래 없는 이 공적 역할의 법적 정의와 아무런 관계가 없다. 라틴어에서는 중성형 officia로 명명한다. 프랑스어는 그 흔적을 암암리에 도처에 가지고 있다. 경우에 따라서 officia는 남성과 여성에 의해서 수행될 수 있고, 프랑스어 문법이 문법적인 것이 하나도 없는 편견에 의해 반대당한 반면, 이런 기능에 대한 여성의 진급이 프랑스어 문법에 의해서 앞당겨지고 수월해졌다는 것을 지지하는 것은 부조리하지 않다. 외무부 장관이나 파리대학교 총장, 정부나 국회의 서기장은 비인칭적이고 성이 없는 법적인 실체들이다. 우리는 이러한 실체들과 함께 사랑을 나눌 수 없고, 이런 호칭은 그가 우두머리인지 성원인지를 표시하는 것 이상이 아니다. 남성형은 그렇다고 굳게 믿어지는 생물학적 성과 관계가 없다. 여성이 이런 직책을 가졌을 때 이 호칭들을 여성화하는 것은 이런 여성들에게서 비인칭적이고 공평한, 그리고 성추행을 불허하는 권위를 빼앗아 갈 것이다. 우리는 공적 영역을 떠나서 사적 영역이나 반(半) 사적 영역, 즉 길거리 연극의 몇 장면에 이르게 될 것이다[…].

이미 프랑스어에서 아카데미에 의해 여성형이 승인된 호칭들——그리고 올바른 사용을 존중하는 아카데미가 자발적으로 자선 속에 승인한——은 구체제의 호칭들이거나(아직 존재는 하지만 어떤 법적 시위노 갖지 못하는 여왕, 후작부인, 백작부인, 남작부인 등), 혹은 공적 직책과는 아무런 공통점이 없는 직업적 명사들이다: 제빵사, 세탁사, 제단사, 소설가, 변호사, 비행자, 택시 운전사 등. 이 여성형들은 중성 규칙에 대한 예외가 아니고, 파수병이나 기병 전령, 망보는 사람처럼 남성들에 의해 담당되는 직업이지만 호칭이 왜곡되었다고 비난하지 않는 여성형 이상이 아니다.

우리는 공적 영역 호칭의 문법적 성별화가 역사와 도덕적 효과들, 그리고 여성의 정치적 승리의 의미를 사라지게 하거나 지워 버릴 것이라고 주장할 권리가 있다. 여성들이 얻은 것은 다소 그들의 영역이었던 직업이나 직업 시장에서의 전문성이 아니라 권력의 권위와 책임감이다. 이는 문법적으로 남성으로 말해진다. 그렇다고 그것이 오늘날 남성의 특권의 증거가 되는 것은 아니다. 라틴어로 말하자면 auctoritas(권위)와 virga(책임)는 전통적인 사용에서 분리될 수 없는 것이었다; 그것은 언제나 사용에서 명목상 분리될 수 있다. 우리는 점점 더 많은 책임없는 명백한 권위들을 볼 수 있다. (우리는 지휘봉을 남성으로, 채찍을 여성으로 해석할 수도 있을 것이다!)

이제 만일 우리가 정말로 공화국의 신학을 하고 싶고 기분의 작은 파도에 만족하지 않기를 바란다면 끝장을 보아야 한다. 프랑스인들이여, 조금만 더 노력해 보라! 그러므로 언어와 문법은 아득한 옛날 남성들에게 유리하도록 된 성별화로 인해서 깊이 타락한 것인가? 비교적 일관된 것으로 알아왔고, 지금까지 승리한 여성들에게 잘 부합해 온 현재 프랑스어에서의 성별의 상태는 정말로 이제 승승장구하는 여성들에게 참을 수 없는 것이 되었는가? 만일 그렇다면, 그것은 자만, 자만 중의 자만일 것이다. 8월 4일을 우리의 밤으로 만들자. 소심한 부분적 개혁에 국한되지 말자. 예외 없이, 사적 영역이든 공적 영역이든 모든 호칭들을 통해 성별화하자. 유감스럽게도 fesse, borgresse, drôlesse와 운율이 맞으며 아주 멀리서나마 duchesse를 상기시키기 때문에 지금까지 여성들이 두려워하며 거부했던 notairesse, maîtresse de conférence, doctoresse, cheffesse 등의 단어들을 무서워하지 말고 합법화하자. recteuse, rectrice, rectale 중에서 결정을 보자. gardeuse, gardienne 중에서, proviseuse와 proviseure 중에서, procureuse와 procureure 중에서 선택을 하자. juge와 capitaine의 여성형을 찾자. 이런 연속이 결국 대칭이 되기를! 여성들이 여기서 이득을 볼지는 모르겠으나, 적어도 오늘날 높은 자리에 있는 우세한 여성화의 주장들의 논리는 좁은 영역에 국한될 것이다. 그 논리는 언어를 개혁하고 정신 못차리게 할 것이며, 공인된 양식에 따라 세계에 모범을 제공할 것이다.

하지만 지금으로서는, 만일 예가 있다면 그것은 미국에서 유래한다. 그것은 조국에 10년이나 늦게 도착했다. 미국의 여성 운동——오늘날에는 전보다 덜 광신적이고 교리적인——은 대부분의 미국 잡지들과 같이 정치적으로 올바르다는 관점을 가져왔는데, 잡지들에 영어로 기사를 실으면 모든 문법적 성차별이 체계적으로 사라지게 하기 위해서 (13세기의 텍스트라 하더라도) 텍스트를 체계적으로 수정했다. 미국의 대학 대부분에게 보내는 편지 위에는 성차별적인 'chairman'을 중성적인 'chair'가 대체했다.

프랑스에서 호칭의 여성화에 대한 주장은 사실 캐나다나 월로니, 그리고 미국에서 광신적인 진앙을 일으킨 유행에 대한 소심하고, 때늦고, 지엽적 이고, 식민지적인 모방이다. 그것을 영어보다 문법 구조가 덜 튼튼한 프랑 스어에 적용하는 것은 우습고 모욕적인 일일 것이다. 한번 더 왕보다 더 왕 실주의적이지 않다면.

우리는 다시 프랑스적 예외와 국가에 대한 거대한 담론을 고통스럽게 만 드는 모순에 직면하게 되는데, 국가만이 사각 지대를 조심스럽게 보존할 수 있다. 이 고상한 마지노선의 기획을 떠들어대는 이들은 종종 가장 빛나 고 가장 일시적이고, 미국 스스로가 흥분하고 휩쓸리고, 프랑스가 뒤늦게 흉내내는 것을 재미있어하는 미국의 유행·풍습·방식들의 모방 속에서 가 장 맹목적으로 달려드는 이들과 같은 이들이다.

좌파라 자처하는 사람들, 즉 '운동에 참여'하지만 아무 운동에나 참여하 지는 않는 사람들이 상업적 기업들 프랑스어의 문제에 관해서 권위로 간주 할 수 있다는 것은 놀라운 일이다. 카텡시 씨와——롤랑 바르트가 1977년 에 콜레주 드 프랑스 취임 강연에서 말한——광고의 '창조성'이 소위 언 어의 '파시즘'과 경우에 따라서 **성차별주의**의 허상을 부수기까지 하는 카르푸 같은 상업 기업들이 경솔하게 하는 일이 그것이다. 이 문화적 국가 에 의해 승인이 되기도 전에 속기사에 의해 기록된 프랑스어 문법의 '위대 한 저녁'을 맥도널드나 베네통이 시작하는 것을 기다려야 할 것인가?

호칭들의 경우에 따른 여성화에 대한 이 소문이 화젯거리가 되는 대화들 이 프랑스 곳곳에서 일어났는데, 주로 세 가지 입장이 서로 대립된다. 프랑 스어 문법의 성별화에 대한 생각을 기뻐하는 '찬성하는' 이들; 부과되는 기초적 구별을 상기하는 '반대하는' 이들; 그리고 중립적인 사람들. 중립 적인 사람들은 반대하는 입장에 더 가까운데 이들은 논쟁이 격해지는 순간

이렇게 외치는 것을 잊지 않는다: "이 바보 같은 짓은 유감스러운 일이지만, 어떻게 하나요. 되는 대로 놔둬야죠. 그것은 시대의 방향으로 가는 것입니다."

이 작은 전쟁 안에서, 우리는 유럽에서 이 세기를 철의 세기로 만든 세 가지 정신의 축소판이 그려지는 것을 볼 수 있다. 진정한 절제가 양식과 중립성의 이름으로 그것과 싸우는 광신주의, 우파나 좌파의 선동적 남용에 동의하는 협력적 중립주의, 이들은 차례로 '**역사의 방향에 알맞은**' 것으로 간주된다.

프랑스어 문법은 우리의 게임의 규칙이다. 그것을 파벌이나 로비의 야망의 기분대로 헤치지 말자. 우리가 프랑스어가 인위적인 크레올(거기서는 바나니아의 소설에서 '원주민'의 이등 계층처럼 말을 할 것이다: 'Y a bon, ma capi-taine')이 되도록 깊이 체념한 것이 아니라면, 그리고 프랑스 자체가 이미 사용된 미국식 유행의 재활용 공장이 아니라면 말이다. 그것은 사실이다. 언어는 변할 수 있다. 그것은 분명하다. 그러니 이 변화는 시간과 사용의 딸일 수밖에 없다. 너무 재촉하지 말자. 어리석은 사람은 오늘 숙명이라고 믿고자 하는 것을 내일 추하게 만들 수 있다.

마르크 푸마롤리, 《르몽드》, 1998년 7월 31일 금요일.
마르크 푸마롤리는 콜레주 드 프랑스의 교수(16, 17세기 유럽의 수사학과 사회)이고 아카데미 프랑세즈의 회원이다.

참고 문헌

분석된 발췌문 출처 (별첨 외)

BALZAC Honoré de, 1976, *Le Colonel Chabert*, in *La Comédie humaine III*, *Études de mœurs: Scènes de la vie de province, Scènes de la vie privée*, Paris, Gallimard, ⟨La Pléiade⟩.

BEAUVOIR Simone de, 1976, 1ʳᵉ éd. 1949, *Le Deuxième Sexe II*, Paris, Gallimard, ⟨Folio⟩.

BEAUVOIR Simone de, 1976, *La Femme rompue*, Paris, Gallimard, ⟨Folio⟩.

BRETON André, 1981, *Manifestes du Surréalisme*, Paris, Gallimard, ⟨Idées⟩.

CAMUS Albert, 1962, *L'Étranger. Théâtre, récits, nouvelles*, Paris, Gallimard, ⟨La Pléiade⟩.

CÉLINE Louis-Ferdinand, 1952, *Voyage au bout de la nuit*, Paris, Gallimard, ⟨Folio⟩.

CIXOUS Hélène, 1986, *Entre l'écriture*, Paris, éd. des Femmes.

CLEMENCEAU Georges, *Débats parlementaires du 31 juillet 1885*, in Girardet R., 1983.

COHEN Albert, 1972, *Ô vous, frères humains*, Paris, Gallimard, ⟨Folio⟩.

DAVIS Bette, 1962, *The Lonely Life(Une vie solitaire)*, New York, G.P. Putnam's Sons.

DÉROULÈDE Paul, 1908, *Chants du paysan*, Paris, Fayard.

D. M., Du Marsais, *Essai sur les préjugés*(Amossy Ruth et Delon Michel éds.), 1999, *Critique et légitimité du préjugé*, (XVIIIᵉ-XXᵉ siècle), éditions de l'Université de Bruxelles.

DRIEU LA ROCHELLE Pierre, 1951, *Récit secret suivi de Journal*(1944-1945) et d'Exorde, Paris, Gallimard.

DURAS Marguerite, 1984, *L'Amant*, Paris, Minuit.

DURKHEIM Émile et Lavisse Ernest, 1992, *Lettres à tous les Français*, Paris, A. Colin.

ERCKMANN-Chatrian, 1977, *Histoire d'un conscrit de 1813*, Paris, Le Livre de poche.

FAURE Alain et RANCIÈRE Jacques(éds.), 1976, *La Parole ouvrière 1830-1851*, Paris, UGE, ⟨10/18⟩.

FERRY Jules, 1880, ⟨Discours à la Chambre du 23 décembre 1880⟩, in *Textes politiques français*, 1987, Stéphane Rials éd. Paris, PUF, 〈Que sais-je?〉.

GEFFEN Jonathan, 1999, *Une femme très chère*(en hébreu).

GIONO Jean, 1931, *Le Grand Troupeau*, Paris, Gallimard, 〈Folio〉.

GIRARDET Raoul, 1983, *Le Nationalisme français. Anthologie 1871-1914*, Paris, Le Seuil, 〈Points〉.

GRACQ Julien, 1981, *En lisant en écrivant*, Paris, Corti.

HUGO Victor, 1964, *Les Misérables*, Paris, Gallimard, 〈La Pléiade〉.

LE CLÉZIO J.-M. G., 1992, *Étoile errante*, Paris, Gallimard, 〈Folio〉.

LEVI Primo, 1995, *Le Devoir de mémoire. Entretien avec Anna Bravo et Federico Cereja*, trad. de l'italien par Joël Gayraud, Paris, éd. des Mille et Une Nuits.

LYOTARD Jean-François, 1984, *Tombeau de l'intellectuel et autres papiers*, Paris, Galilée.

MERLE Robert, 1952, 1972 pour la préface de R. Merle, *La mort est mon métier*, Paris, Gallimard, 〈Folio〉.

MARTIN DU GARD Roger, 1955, *Œuvres complètes II. Les Thibault. L'Été 1914*, Paris, Gallimard, 〈La Pléiade〉.

PICQ Françoise, 1993, *Libération des femmes. Les années-mouvements*, Paris, Le Seuil.

RACINE Jean, 1950, *Britannicus, Œuvres complètes*, Paris, Gallimard, 〈La Pléiade〉.

RENAITOUR J.-M., SERVANT Stéphane, LOYSON Paul-Hyacinthe, avec une lettre de Romain Rolland, 1916, *Au-dessus ou au cœur de la mêlée? Une polémique républicaine*, Paris, éd. de la revue *L'Essor*.

ROCHEFORT Christiane, 1978, *Ma vie revue et corrigée par l'auteur*, Paris, Stock.

SARTRE Jean-Paul, 1939, L'Enfance d'un chef, *Le Mur*, Paris, Gallimard, 〈Folio〉.

SCHLINK Bernhard, 1996, 1re éd. 1995, *Le Liseur*, trad. de l'allemand par B. Lortholary, Paris, Gallimard.

SIMON Claude, 1989, *L'Acacia*, Paris, Minuit.

VEILLON Dominique, éd., 1984, *La Collaboration. Textes et débats*, Paris, Librairie générales française, 〈Biblio essais〉.

VOLTAIRE, 1989, *Traité sur la tolérance*, Paris, Flammarion, 〈GF〉.

보충 참고 문헌

ADAM Jean-Michel, 1997, 3e éd. revue et corrigée, *Les Textes: types et prototypes*, Paris, Nathan Université, 〈fac linguistique〉.

ADAM Jean-Michel, 1997, *L'Argumentation publicitaire. Rhétorique de l'éloge et de la persuasion*, Paris, Nathan Université, ⟨fac linguistique⟩.

ADAM Jean-Michel, 1997, *Linguistique textuelle. Des genres de discours aux textes*, Paris, Nathan Université, ⟨fac linguistique⟩.

AMOSSY Ruth et ROSEN Elisheva, 1982, Les Discours du cliché, Paris, SEDES.

AMOSSY Ruth, 1989, ⟨La mise en scène de la star hollywodienne: (auto)biographies⟩, Cahiers de sémiotique textuelle n° 16, sous la dir. de Philippe Lejeune, pp.63-77.

AMOSSY Ruth, 1991, *Les Idées reçues. Sémiologie du stéréotype*, Paris, Nathan, ⟨Le Texte à l'œuvre⟩.

AMOSSY Ruth et HERSCHBERG PIERROT Anne, 1997, *Stéréotypes et clichés. Langue, discours, société*, Paris, Nathan Université, ⟨128⟩.

AMOSSY Ruth, 1997, ⟨La Force des évidences partagées⟩, *Stéréotypes et alentours*, numéro coordonné par M. MARGARITO, *Ela. Revue de didactologie des langues-cultures* n°107, juil-sept., pp.265-277.

AMOSSY Ruth(éd.), 1999, *Images de soi dans le discours. La construction de l'éthos*, Genève, Delachaux et Niestlé.

ANGENOT Marc, 1980, *La Parole pamphlétaire. Typologie des discours modernes*, Paris, Payot.

ANGENOT Marc, 1988, ⟨Pour une théorie du discours social⟩, *Littérature* n°70, mai, pp.82-98.

ANGENOT Marc, 1989, *1989. Un État du discours social*, Québec, Le Préambule.

ANGENOT Marc, 1997, *La Propagande socialiste. Six essais d'analyse du discours*, Montréal, Balzac.

ANSCOMBRE Jean-Claude et DUCROT Oswald, 1988, *L'Argumentation dans la langue*, Liège, mardaga.

ANSCOMBRE Jean-Claude(éd.), 1995, *Théorie des topoï*, Paris, Kimé.

ARISTOTE, 1990, *Organon V. Les Topiques*, tard. et notes J. Tricot, Paris, Vrin.

ARISTOTE, 1991, *Rhétorique*, tard. C.-E. Ruelle, intr. M. Meyer, commentaire de B. Timmermans, Paris, Le Livre de poche.

AUSTIN J.L., 1970, 1ʳᵉ éd. en anglais 1962, *Quand dire, c'est faire*, Paris, Le Seuil, ⟨Points Essais⟩.

BAKHTINE Mikhail(Volochinov), 1977, *Le Marxisme et la philosophie du langage*, Paris, Minuit.

BARTHES Roland, 1957, *Mythologies*, Paris, Le Seuil, ⟨Points⟩.

BARTHES Roland, 1970, *S/Z*, Paris, Le Seuil, ⟨Points⟩.

BARTHES Roland, 1975, *Roland Barthes par Roland Barthes*, Paris, Le Seuil.

BARTHES Roland, 1994, ⟨L'Ancienne rhétorique. Aide-mémoire⟩, in *Recherches rhétoriques*, Paris, Le Seuil, ⟨Points⟩; 1ʳᵉ éd. *Communication* n°16, 1970.

BENVENISTE Émile, 1966, *Problèmes de linguistique générale*, 1, Paris, Gallimard.

BENVENISTE Émile, 1974, *Problèmes de linguistique générale*, 2, Paris, Gallimard.

BODIN Louis(tard. et éd.), 1967, *Extraits des orateurs attiques*, Paris, Hachette.

BOKHOBZA-KAHANE, à paraître, ⟨Impartial mais sensible⟩, L'éthos dans le *Traité sur la tolérance, Qu'est-ce que la tolérance?* Perspectives sur Voltaire, Siess Jürgen éd., Centre international d'étude du XVIIIᵉ siècle Ferney Voltaire.

BONNAFOUS Simone, 1991, *L'Immigration prise aux mots*, Paris, Kimé.

BOUDON Raymond, 1994, ⟨La logique des sentiments moraux⟩, *L'Année sciologique* n°44, pp.19-51.

BOURDIEU Pierre, 1982, *Ce que parler veut dire. L'économie des échanges linguistiques*, Paris, Fayard.

BOURDIEU Pierre, 1991, ⟨Le champ littéraire⟩, *Actes de la recherche en sciences sociales* n°89, sept.

BRETON Philippe, 1996, *L'Argumentation dans la communication*, Paris, La Découverte.

BRETON Philippe, 2000, *La Parole manipulée*, Paris, La Découverte.

BRETON Philippe et GAUTHIER Gilles, 2000, *Histoire des théories de l'argumentation*, Paris, La Découverte.

BRINTON A., 1985, ⟨A Rhetorical View of the ad hominem⟩, *Australian Journal of Philosophy* n°63:1, pp.51-63.

CICÉRON, 1966, *De L'Orateur*, texte établi et tard. par E. Coiraud, Paris, Les Belles Lettres.

CHARAUDEAU Patrick, 2000, ⟨Une problématisation discursive de l'émotion, À propos des effets de pathémisation à la télévision⟩, in Plantin C. *et al.*

COPI Irving M., BURGESS-JACKSON Keith, 1992, *Informal Logic*, New Jersey, Prentice Hall.

DECLERQ Gilles, 1992, *L'Art d'argumenter. Structures rhétoriques et littérarires*, Paris, Éd. Universitaires.

DESBORDES Françoise, 1996, *La Rhétorique antique*, Paris, Hachette.

DOMINGUEZ Fernando Navarro, 2000, *Analyse du discours et des proverbes chez Balzac*, Paris, L'Harmattan.

DORNIER Carole et SIESS Jürgen(éds.), à paraître, *Éloquence et vérité intérieure*, Paris, Champion.

DUCROT Oswald, 1972, *Dire et ne pas dire. Principes de sémantique linguistique*,

Paris, Hermann.

DUCROT Oswald, 1980, *Les Échelles argumentatives*, Paris, Minuit.

DUCROT Oswald et *al*., 1980, *Les Mots du discours*, Paris, Minuit.

DUCROT Oswald, 1984, *Le Dire et le Dit*, Paris, Minuit.

DUMARSAIS, 1977, *Traité des Tropes*, Paris, Le Nouveau Commerce.

ECO Umberto, 1985, 1ʳᵉ éd. en italien, 1979, *Lector in Fabula*, Paris, Grasset.

EGGS Ekkehard, 1994, *Grammaire du discours argumentatif*, Paris, Kimé.

FONTANIER Pierre, 1977, *Les Figures du discours*, intr. G.Genette, Paris, Flammarion.

FROMILHAGUE Catherine, 1995, *Les Figures de style*, Paris, Nathan Université, ⟨128⟩.

FUMAROLI Marc(sous la dir. de), 1999, *Histoire de la rhétorique dans l'Europe moderne*, Paris, PUF.

GARDES-TAMINE Joëlle, 1996, *La Rhétorique*, Paris, A. Colin.

GAUTHIER Gilles, 1995, ⟨L'argument périphérique dans la communication politique: le cas de l'argument ad hominem⟩, *Hermes* n°16, *Argumentation et rhétorique*, pp.149-152.

GENETTE Gérard, 1972, *Figures III*, Paris, Le Seuil.

GENETTE Gérard, 1983, *Nouveaux Discours du récit*, Paris, Le Seuil.

GOFFMAN Erving, 1973, *La Mise en scène de la vie quotidienne 1. La Présentation de soi*, Paris, Minuit.

GOFFMAN Erving, 1974, *Les Rites d'interation*, Paris, Minuit.

GOFFMAN Erving, 1987, *Façons de parler*, Paris, Minuit.

GOUVARD Jean-Michel, 1998, *La Pragmatique, Outils pour l'analyse littéraire*, Paris, A. Colin.

GOVIER Trudy, 1998, 1ʳᵉ éd. 1985, *A Practical Study of Argumnts*, Belmont, Califonia, Wadsworth.

GRICE H.P., 1979, ⟨Logique et coversation⟩, *Communicaions* n° 30, 31-56.

GRIZE Jean-Blaize, 1971, *Travaux du Centre de recherches sémialogiques* n° 7, Neuchâtel.

GRIZE Jean-Blaize, 1990, *Logique et Lagage*, Paris, Ophrys.

GRIZE Jean-Blaize, 1996, *Logique naturelle et communication*, Paris, PUF.

GROUPE DE SAINT-CLOUD, 1995, *Présidentielles. Regards sur les discours télévisés*, Paris, Nathan Université.

GROUPEμ, 1970, *Rhétorique générale*, Paris, Le Seuil, ⟨Points⟩.

GUILLAUMIN Colette, 1984, ⟨Immigration sauvage⟩, *Mots* n° 8, 43-51.

HADDAD Galit, 1999, 〈Ethos préalable et ethos discursif: l'exemple de Romain Rolland〉 dans Amossy 1999.

HAMBLIN C.L., 1970, *Fallacies*, London, Methuen.

HERSCHBERG PIERROT Anne, 1988, *Le Dictionnaire des idées reçues de Flaubert*, Presses universitaire de Lille.

HERSCHBERG PIERROT Anne, 1993, *Stylistique de la prose*, Paris, Belin.

ISER Wolfgang, 1985, 1ʳᵉ éd. en allemand, 1976, *L'Acte de lecture, théorie de l'effet esthétique*, Liège, Mardaga.

JAKOBSON Roman, 1963, *Essais de linguistique générale*, Paris, Minuit.

JAUBERT Anna, 1990, *La lecture pragmatique*, Paris, Hachette.

KENNEDY Georges, 1963, *The Art of Persuasion in Greece*, New Jersey, Princeton University Press.

KENNEDY Georges, 1972, *The Art of Rhetoric in the Roman World*, New Jersey, Princeton University Press.

KERBRAT-ORECCHIONI Catherine, 1980, *L'Énonciation de la subjectivité dans le langage*, Paris, A. Colin.

KERBRAT-ORECHIONI Catherine, 1986, *L'implicite*, Paris, A. Colin.

KERBRAT-ORECHIONI Catherine, 1989, 〈Théorie des faces et analyse conversationnelle〉, in *Le Frais Parler d'Erving Goffman*(ouvr. coll.), Paris, Minuit.

KERBRAT-ORECHIONI Catherine, 1990, *Les interactions verbales*, t.1, Paris, A. Colin.

KERBRAT-ORECHIONI Catherine, 2000, 〈Quelle place pour les émotions dans la linguistique? Remarques et aperçus〉, dans Plantin *et al.*

KIBÉDI VARGA Aron, 1970, Rhéthorique et littérature. *Études de structures classiques*, Paris, Didier.

KLINKENBERG Jean-Marie, 2000, 1ʳᵉ éd. 1996: De Boeck, *Précis de sémiotique générale*, Paris, Le Seuil, 〈Points Essais〉.

KOLBOOM Ingo, 1984, 〈Patron et patronat. Histoire sociale du concept de patronat en Franceaux 19ᵉ et 20ᵉ siècle〉, *Mots* nᵒ 9.

KOREN Roselyne, 1996, *Les Enjeux éthiques de l'écriture de presse ou la mise en mots du terrorisme*, Paris, L'Harmattan.

KUENTZ Pierre, 1994, 1ʳᵉ éd. 1970, 〈Le 'rhétorique,' ou la mise à l'écart〉, dans *Recherches rhétoriques*, Paris, Le Seuil, 〈Points〉.

KUPERTY-TSUR Nadine, éd. 2000, *Écriture de soi et argumentation*, Presses universitaires de Caen.

LAMY Bernard, 1998, *La Rhétorique ou l'art de parler.* éd. critique B. Timmermans, préface M. Meyer, Paris, PUF.

Langages n° 137, mars 2000, *Sémiotique du discours et tensions rhéthoriques*, par J.-F. Bordron et J. Fontanille.

LE GUERN Michel, 1977, 〈L'éthos dans la rhéthorique française de l'âge classi- que〉, dans *Stratégies discursives*(ouvr. coll.), Lyon, PUL.

MAINGUENEAU Dominique, 1984, *Genèses du discours*, Liège, Mardaga.

MAINGUENEAU Dominique, 1990, *Pragmatique pour le discours littéraire*, Paris, Dunod.

MAINGUENEAU Dominique, 1991, *L'Analyse du discours*, Paris, Hachette.

MAINGUENEAU Dominique, 1993, *Le Contexte de l'œuvre littéraire. Énonciation, écrivain, société*, Paris, Dunod.

MAINGUENEAU Dominique, 1996, *Les Termes clés de l'analyse du discours*, Paris, Le Seuil, 〈Mémo〉.

MAINGUENEAU Dominique, 2000; 1ʳᵉ éd. 1998a: Dunod, *Analyser les textes de communication*, Paris, Nathan Université.

MANNO Guiseppe, 2000, 〈L'appel à l'aide humanitaire: un genre directif émotion- nel〉, dans Plantin *et al.*

MERTEL Guylaine, 1998, *Pour une rhétorique du quotidien*, Québec, CIRAL.

MATHIEU-CASTELLANI Gisèle, 2000, *La Rhétorique des passions*, Paris, PUF.

MEYER Michel(éd.), 1986, *De la métaphysique à la rhétorique*, Presses de l'Uni- versité de Bruxelles.

MEYER Michel, 1991, *Le Philosophe et les passions*, Paris, Le Livre de poche.

MEYER Michel éd., 1993, *Questions de rhétorique. Langage, raison et séduction*, Paris, Le Livre de poche.

MEYER Michel(éd.), 1999, *Histoire de la rhétorique des Grecs à nos jours*, Paris, Le Livre de poche.

MOESCHLER Jacques, 1985, *Argumentation et conversation, Éléments pour une ana- lyse pragmatique du discours*, Paris, Hatier/Didier.

MOLINIÉ Georges, 1992, *Dictionnaire de rhétorique*, Paris, Le Livre de poche.

MOLINIÉ Georges et VIALA Alain, 1993, *Approche de la réception*, Paris, PUF.

PARRET Herman, 1986, *Les passions. Essai sur la mise en discoures de la sub- jectivité*, Liège, Mardaga.

PASCAL Blaise, *De l'aet de persuader, in Œuvre complètes IX*, Paris, Gallimard.

PATILLON Michel, 1990, *Éléments de rhétorique classique*, Paris, Nathan Université, 〈fac〉.

PERELMAN Chaim et OLBRECHTS-TYTECA Olga, 1970; 1ʳᵉ éd. 1958, *Traité de l' argumentation. La nouvelle rhétorique*, Édition de l' Université de Bruxelles.

PERELMAN Chaim, 1977, *L' Empire rhéthorique. Rhétorique et Argumentation*, Paris, Vrin.

PLANTIN Christian, 1990, *Essais sur l' argumentation.*, Paris, Kimé.

PLANTIN Christian(éd.), 1993. *Lieux communs. Topoï, stéréotypes, clichés*, Paris, Kimé.

PLATIN Christian, 1995, 〈L' argument du paralogisme〉, *Hermes* n° 15, *Argumentation et rhétorique* I, pp.245-269.

PLANTIN Christian, 1996, *L' Argumentation*, Paris, Le Seuil, 〈Mémo〉.

PLANTIN Christian, 1997, 〈L' argumentation dans l' émotion〉, *Pratique* n° 96, pp.81-100.

PLANTIN Christian, 1998, 〈L' interaction argumentative〉, *Dialoganalyse VI*, Tübingen, Max Niemeyer, pp.151-159.

PLANTIN Christian, 1998a, 〈Les raisons des émotions〉, *Forms of Argumentative Discourse/Per un' analisi linguistica dell'argomentare*, in M. Bondi éd., Bologne, CLUEB.

PLANTIN C., DOURY M., TRAVERSO V., 2000, *Les Émotions dans les interactions*, Arci/Presses universitaires de Lyon.

PRINCE Gerald, 1973, 〈Introduction à l' étude du narrataire〉, *Poétique* n° 14, pp.178-196.

REBOUL Olivier, 1991, *Introduction à la rhétorique*, Paris, PUF.

REBOUL Olivier, 1975, *Le Slogan*, Bruxelles, Complexe.

RESCHER N., 1964, 3ᵉ éd., *Introduction to Logic*, N.Y., St Martin' s Press.

ROBRIEUX Jean-Jacques, 1993, *Éléments de rhétorique et d' argumentation*, Paris, Dunod.

SARFATI Georges-Elia, 1997, *Éléments d' analyse du discours*, Paris, Nathan Université, 〈128〉.

SARFATI Georges-Elia, 1999, *Discours ordinaires et identités juives*, Paris, Berg international.

SEARLE John, 1985, *Sens et expression*, Paris, Minuit.

SIESS Jurgen(dir.), 1998, *La Lettre entre réel et fiction*, Paris, SEDES.

SULEIMAN Susan Rubin, 1983, *Le Roman à thèse ou l' autorité fictive*, Paris, PUF.

VAN EEMEREN Frans H., GROOTENDORST Rob, 1984, *Speech Acts in Argumentative Disscussions*, Doordrecht, Foris.

VAN EEMEREN Frans H., GROOTENDORST Rob, 1992, *Argumentation, Communication and Fallacies. A Pragma-dialectial Perspective*, NJ & London, Lawrence Erlbaum.

VAN EEMEREN Frans H., GROOTENDORST Rob, SNOEK HOEKEMANS Francesca, 1996, *Fundamentals of Argumentation Theory*, NJ & London, Lawrence Erlbaum.

VON MOOS Peter., 1993, 〈Inrodution à une histoire de l'endoxon〉, dans Plantin C.(éd.), *Lieux Communs*, Paris, Kimé, pp.3-13.

WALTON Douglas, 1992, *The Place of Emotion in Argument*, The Pennsylvania State University Press.

WALTON Douglas, 2000, 〈Conversational Logic and Appeal to Emotions〉, dans Plantin *et al.*

WISSE Jakob, 1989, *Ethos and Pathos, from Aristotle to Cicero*, Amsterdam, Hakkert.

본 저서에 소개된 텍스트에 대한 루스 아모시의 상세한 분석 참고 자료:

1994, 〈Les dessous de l'argumentation politique télévisée〉, *Littérature* nº 93, pp.31-47.

1995, 〈Stéréotypie et argumentation〉, in *Le Stéréotype*, Alain Goulet(éd.), Presses universitaires de Caen, pp.47-61.

1997, 〈Cliché et pathos: l'instigation à la violence〉, *GRAAT, Fonctions du cliché. Du banal à la violence*, Claudine Raynaud et Peter Vernon(éds.), pp.15-28.

1999, 〈Israël et les juifs dans l'argumentation de l'extrême droite. Les fonctions du doxique et de l'implicite〉, Mots nº 58, *Argumentations d'extrême droite*, pp.79-100.

2000, 〈Pathos, sentiment moral, raison: l'exemple de Barrès〉, dans Plantin et al., *Les Émotions dans les interactions, op. cit.*

2000, 〈Du témoignage au récit symbolique. Le récit de guerre et son dispositif énonciatif〉, in *Écrire la guerre*, C. Milkovitch-Rioux et R. Pickering, Clermont-Ferrand, PU Blaise Pascal, pp.87-102.

2000, 〈La mise en scène de l'argumentation dans la fiction. Le tract pacifiste de Jacques Thibault〉, in *De l'argumentation à la fiction. Passages. Recherches et travaux*, Lise Dumasy(éd.), Grenoble, PUG, pp.49-62.

2000년 출간 예정:

〈Images de soi, images de l'autre dans l'interaction (auto)biographique〉: *La mort est mon métier* de Robert Merle, *Paradoxes du biographique, Revue des Sciences Humaines*, numéro coordonné par Dominique Viart.

〈La France contre Romain Rolland. Des usages de l'argument ad hominem〉, *Pamphlet, Manifeste, Utopie*, Lise Dumasy(éd.), Paris, L'Harmattan.

⟨Plaidoirie et parole testamentaire. L'*Exorde* de Drieu la Rochelle⟩ in *Écriture de soi et argumentation*, textes réunis et présentés par Nadine Kuperty-Tsur, PUC.

⟨Discours pacifiste et argumentaion d'auteur dans L'*Été 1914* de Roger Martin du Gard⟩, Lire l'*Été 1914 et Épilogue*, Angels Santa & Montse Parra(éds.), Lleida, Pagès éd., ⟨El Fil de Adriana⟩.

역자 후기

어떻게 상대방을 설득할 것인가? 이는 사용하는 형태나 수단에 관계 없이 모든 의사 소통이 공통적으로 추구하는 바이다. 특히 언어 활동을 통한 의사 소통에서는 나와 의견이 다르거나 무관심하던 '그들'을 나에게 공감하는 '우리'로 만들기 위해 끊임없이 언어로부터 풍부한 자원을 끌어온다.

전통적으로 고대 그리스의 수사학은 이런 설득술을 중시하였다. 하지만 수세기를 거치면서 수사학은 논증 차원이 배제되고 표현에만 치중하는 말장난으로 폄하되는 수모를 감수해야 했다. 다행히 뒤늦게나마 20세기 중반부터 시작된 수사학에 대한 재평가와 함께 논증에 대한 연구도 활성화되고 있다. 이 책의 저자 루스 아모시 교수는 수사학적 전통과 화용론을 토대로 논증을 연구한다. 화자에 의한 언어 활동으로서의 '담화' 안에서 진행되는 논증 작용을 보여주기 위해 다양한 장르의 담화를 분석 대상으로 삼는다. 국회 연설, 여성 운동 전단지, 신문이나 잡지에 실린 논쟁, 문학 작품에 이르기까지 그 대상은 다양하다. 따라서 논증에 쓰인 발화 작용 장치를 연구하는 화용론뿐 아니라, 청중을 설득하고자 하는 정치·법정·광고 등 각 분야에서 참고할 만한 좋은 읽을거리를 제공할 것이다.

이 책은 우리말로 옮기고 가다듬기 위해 가진 50여 회 세미나의 결과물이다. 텍스트의 정확한 이해와 더 나은 우리말 표현을 찾기 위해 6명의 역자들이 서로의 의견을 나누는 작업은 그야말로 훌륭한 논증 연습이었다고 할 수 있다. 6명의 노력과 열정이 담긴 값진 경험이 결실을 맺을 수 있도록 편집을 맡아 주고 교정 작업에 애써 주신 출판사 여러분들에게도 깊은 감사를 전한다.

2003년, 역자들을 대표하여 장인봉

색 인

《S/Z》 154

《1813년의 한 신병의 이야기
Histoire d'un conscrit de 1813》 249

《1914년 여름 L'Été 1914》 135,284,304,
306,308,312,313,315

가르드-타민 Gardes-Tamine 31

《감정 안에서의 논증 L'argumention dans
l'émotion》 246

《고대 수사학 Ancienne rhétorique》 262

《고독한 생애 The Lonely Life》 118

《고르기아스 Gorgias》 14

고비어 Govier, Trudy 185

고티에 Gauthier, Gilles 13,186

고프먼 Goffman, Erving 31,99,100,101,124

《관용론 Traité sur la tolérance》 107,197

구바르 Gouvard, Jean-Michel 207

굼페르츠 Gumpcrz 39

그라이스 Grice, Paul 33,216,221,222

그라크 Gracq, Julien 196

그루텐도르스트 Grootendorst, Rob 31,
32,168

《그리스로부터 오늘날까지 수사학의 역사
L'Histoire de la rhétorique des Grecs
à nos jours》 13

그리즈 Grize, Jean-Blaize 25,27,28,29,44,
50,59,60,61,62,88,103,163,166,170,196,284

《근대 유럽에서의 수사학의 역사
L'Histoire de la rhétorique dans
l'Europe moderne》 13

《글쓰기로의 탄생 La Venue à l'écriture》
86,131

《기억의 의무 Le Devoir de mémoire》
174

기요맹 Guillaumin, Colette 205

《나시오날 엡도 National Hebdo》 192,193

《논쟁적 글쓰기 L'Écriture polémique》
295

《논증 개론: 신수사학
Traité de l'argumentation. La nouvelle
rhétorique》 20,80,238,260

《논증과 대화 Argumentation et
conversation》 37

《논증에서 감정의 위치 The Place of
Emotion in Argument》 237

《논증의 기초 Fondements de l'argu-
mentation》 170

《누가 전쟁을 원했는가 Qui a voulu la
guerre》 113

《누벨 옵세르바퇴르 Nouvel Observateur》
147

《단어들 Mots》 224

《담화분석 Analyse du discours》 133

《담화 안에서의 자기 이미지 Image de soi
dans le discours》 102

《담화의 단어들 Les Mots du discours》
224

《담화의 문채 Les Figures du discours》 19

《대군중 Le Grand Troupeau》 265

《대독 협력 La Collaboration》 137

데룰레드 Déroulède, Paul 64,71,72,80,81,
85,142,143,245,246,310,322

데리다 Darrida, Jacques 121

데보르드 Desbordes, Françoise 13
데이비스 Davis, Bette 118,119,120,121
데카르트 Descartes, René 121
도미니치 Dominicy, Marc 23
《독서가 Le Liseur》 171,284,305
뒤라스 Duras, Marguerite 254,255
뒤르켐 Durkhem, Émile 111,112,113,114
뒤마르새 Du Marsais 19,196,259
뒤셰 Duchet, Claude 140
뒤크로 Ducrot, Oswald 23,33,34,35,36,37,
    43,50,95,96,97,109,110,124,149,150,151,214,
    215,217,218,219,223,224,225
드레이 Dray, Julien 195
드리외 라 로셸 Drieu La Rochelle 73,
    74,282
드 모르간 de Morgan, Augustus 179
《떠도는 별 Étoile errante》 242,269,270,
    284
라무스(피에르 드 라 라메)
    Ramus(Pierre de la Ramée) 18,19
라미 Lamy, Bernard 93,234,260,261,262,263
라비스 Lavisse, Irnest 111,112,113
라 퐁텐 La Fontaine, Jean de 198
《랑가주 langages》 24
《레 미제라블 Les Miserables》 268
레비 Levi, Primo 71,171,174,175,176,177,
    208,277
로크 Locke, John 181
롤랑 Rolland, Romain 64,65,66,90,107,129,
    130,186,187,188,217,218,219,262,312,321,
    322,333
《뢰브르 l' Oeuvre》 115
루소 Rousseau, Jean –Jacques 234
룰레 Roulet, Eric 37
르 게른 Le Guern, Michel 73,74
르네투르 Renaitour 186

르불 Reboul, Olivier 56,185,269,285
르 클레지오 Le Clézio,
    Jean–Marie–Gustave 242,243,269,270
리파테르 Riffaterre, Michael 264
리프만 Lippmann 62
마노 Manno, Giuseppe 244,255
《마담 보바리 Madame Bovary》 244
마르크스 Marx, Karl 78,110,133,135,278
마르탱 뒤 가르 Martin du Gard, Roger
    68,135,307,313,315
마르텔 Martel, Guylaine 39
마스 Mas, Levy 71,208
《만약 이것이 인간이라면: 아우슈비츠
    에서의 생존 Se questo è un uomo》
    178
《말하기, 행하기, 정의하기 Dire, agir,
    definir》 152
《말하는 것은 행하는 것 Quand dire, c' est
    faire》 32
《말하는 것이 의미하는 것 Ce que parler
    veut dire》 101
《매우 사랑스러운 여성 Une femme très
    chère》 138
맹그노 Maingueneau, Dominique 30,31,
    91,97,98,102,124,133,134,140,190,204,224,
    278,279,281,293,317
메를르 Merle, Robert 157,158,159
메이예 Meyer, Michel 13,14,45,56,238,269
《모든 것 위의 독일: 독일 정신과 전쟁
    L'Allemagne au–dessus de tout: la
    mentalité allemande et la guerre》 113
《모든 프랑스인에게 보내는 편지
    Lettres à tous les françois》 98,111,113
모리악 Mauriac, François 137,138
몰리니에 Molinié, Georges 14,20,141,243,
    235,239

뫼슐레 Moeschler, Jacques 37,38,168

《문화적 국가 L'État culturel》 295,297

〈문화적인 비정책을 위해 Pour une non-
politique culturelle〉 147

《민중의 외침 cri du peuple》 146

바레스 Barrès, Morris 247,249,252,279,327

바르뷔스 Barbusse, Henri 115,116,164,282,
324

바르트 Barthes, Roland 92,129,130,132,144,
154,155,262,333

《바사인과 상인 Le Bassa et le Marchand》
198

바이이 Bally, Charles 253

바흐친 Bakhtine, Michail 39,46,55,204

반 에메렌 van Emeren, Frans 31,32,55,
168,170,185,187,222,236,294

발자크 Balzac, Honoré de 47,48,119,130,
154,155

《밤의 끝으로의 여행 Voyage au bout de
la nuit》 253

베르트랑 Bertrand, Caporal 115

베이용 Veillon, Dominique 137

벤베니스트 Benveniste, Émile 63,64,95,96,
97,207,304,306

보나푸 Bonnafous, Simone 207

보들레르 Baudelaire, Charles-Pierre 262

보부아르 Beauvoir, Simone de 82,120

본 무스 Von Moos, Peter 1. 128,129

볼탄스키 Boltanski 256

볼테르 Voltaire 107,197

부동 Boudon, Raymond 239,240

부르달루 Bourdaloue, Ainsi 93

부르디외 Bourdieu, Pierre 101,103,124,279,
280,314

브르통 Breton, André 222,279,280

브르통 Breton, Philippe 13,49,237,272

브리뇨 Brigneau, François 292

《브리타니퀴스 Britannicus》 267

블랑셰 Blanchet, Philippe 31

《비밀 이야기 Récit secret》 73

비세 Wisse, Jakob 91

《사라진 Sarrazine》 130,132,156

사르트르 Sartre, Jean-Paul 209,264

사르파티 Sarfati, Georges-Elia 152,207,
278

《사회 통념 Les Idées reçues》 156

《사회학적 방법의 규준 Les Règlesles
de la Méthode Sociologique》 112

〈삽화가 있는 알자스 Revue alsacienne
illustrée〉 247,326

《상투적 문구의 담화 Les Discours du
Cliché》 264

샤로도 Charaudeau, Patrick 239,240,256

《샤베르 대령 Le Colonel Chabert》 47,
305,312

세르방 Servant, Stéphane 187,188

셀린 Céline, Louis-Feedinand 253

소쉬르 Saussure, Ferdinand de 19

《소피스트적 논박 Réfutations sophistiques》
26,178,179

《수사학 Rhétorique》 14,15,17,31,90,91,92,
153,163,231,238

《수사학 사전 Dictionnaire de Rhétorique》
143,239

《수사학 제국 L'Empire rhétorique》 67

슈링크 Schlink, Bernhard 171

슐라이만 Suleiman, Susan Rubin 135

스턴 Sterne 67

시몽 Simon, Claude 135,136,160

식수 Cixous, Hélène 86,131,132

〈신프랑스 평론 NRF(Nouvelle Revue
Francaise)〉 73

《신화론 Mythologies》 130

《싸움을 넘어서 Auèdessus de la mêlée》
64,65,107,186,187,217,321,322

《쓰며 읽으며 En lisant en écrivant》 196

아다드 Haddad, Galit 102,107

아당 Adam, Jean-Mmichel 23,44,104,105,
228,278,318

아리스토텔레스 Aristoteles 14,15,16,17,20,
21,24,26,29,33,35,36,37,45,49,50,55,57,89,90,
91,92,93,95,96,101,102,103,114,124,128,141,
143,144,145,147,148,149,150,152,153,154,163,
165,166,178,179,189,190,192,198,199,214,231,
232,235,238,241,253,257,282,317,319

아모시 Amossy, Ruth 62,74,88,92,102,104,
118,129,145,155,156,196,198,218,224,228,264,
238,313,343,345

아이저 Iser, Wolfgang 214

《아카시아 L' Acacia》 135

안스콩브르 Anscombre Jean-Claude 33,
35,36,37,43,50,149,150,151,152

알베르 Albert, Camus 82,83,182,188,264

《앙리 바르뷔스 투쟁하는 작가 Henri
Barbusse écrivain combattant》 116

앙주노 Angenot, Marc 23,140,143,195,208,
263,295

야콥슨 Jakobson, Roman 19,263,285

《언어 활동에서 주관성의 발화 작용
L'Énonciation de la subjectivité dans
le langage》 55

에그스 Eggs, Ekkehard 91,92

에르슈베르 피에로 Herschberg Pierrot,
Anne 20,129,145,155,213,264

에크만-샤트리안 Erckmann-Chatrian
249

《에밀 Emile ou de l'education》 234

에코 Eco, Umberto 214

《연인 L'Amour》 254,284,313

《열정의 수사학 Rhétohique des passions》
233,238

《오 그대, 인간 형제들이여 Ô vous, frères
humains》 82

《오류들 Fallacies》 26

《오르가논 Organon》 165

오스틴 Austin, John Langshaw 23,30,31,32

《오스틴에서 고프먼까지의 화용론 La
Pragmatique d'Austin à Goffman》 32

올브레히츠-티테카 Olbrechts-Tyteca,
Lucie 20,22,58,66,67,81,260,264

《우화 독자 Lecror in Fabula》 214

《웅변술과 내재적 진리 loquence et vérité
intérieure》 235

월턴 Walton, Douglas 26,237

위고 Hugo, Victor 188,268

《유사 지대의 고장 Rivage des Syrtes》 197

《이방인 L' Étranger》 182,284,305

이소크라테스 Isocrates 92,101,103

《인간 오성론 An Essay Concerning Human
Understanding》 181

《인간 희극 La Comédie humaine》 154

《일반 수사학 Rhéorique générale》 19

《장 크리스토프 Jean-Christophe》 107

잭슨 Jackson, Copi & Burgess 179,237

《전락 La chute》 264

《전의 Des tropes》 19

《전의적 축소 réduction tropologique》 19

《정치회고록 Mémoires politiques》 137

《제2의 성 Le Deuxième Sexe》 82,83

《제네바의 일기 Journal de Genève》 312

제펜 Gefen, Jonathan 138,139

조레스 Jaurès, Jean 71,77,78,79,80,81,108,
109,110,135,277,279,280,310,323

《조작된 말 La parole manipulée》 237

졸라 Zola, Émile 307

주네트 Genette, Gérard 19,305,306

《죽음은 나의 일 La mort est mon
    métier》 157,277,284,305,313

체레자 Cereja, Federico 175

《초현실주의에 대한 첫번째 선언
    Premier manifeste du Surrélisme》 222

《축소된 수사학 rhétorique restreinte》 19

카뮈 Camus, Albert 181,182,188,264

케네디 Kennedy, Georges 13,93

케르브라트 오레키오니
    Kerbrat–Orecchioni, Catherine 39,55,63,
    96,100,253,317

코렌 Koren, Roselyne 23,195,205,206

코엔 Cohen, Albert 82,83

콜랭 Colin, Auguste 142,146

콜붐 Kolboom, Ingo 209

쿠엔츠 Kuentz, Pierre 18

퀸틸리아누스 Quintilianus, Marcus Fabius
    96,166,234

클레망소 Clemenceau, Georges 212,213

클린켄베르그 Klinkenberg, Jean–Marie
    19,20

키베디-바르가 Kibédi–Varga, Aron 93

키케로 Cicero, Marcus Tullius 15,92,93,
    235

《타르브의 꽃 Fleurs de Tarbes》 264

《텍스트 언어학. 담화 장르에서 텍스트로
    Linguistique textuelle. Des genres de
    discours aux textes》 278

톨스토이 Tolstoi 138,307

《투사 Militant》 205

《트리스트람 샌디 Tristram Shandy》 67

《티보 가의 사람들 Les Thibault》 68,69,
    307,309,312,313

파레 Parret, Herman 239

파스칼 Pascal, Blaise 233,234

파티용 Patillon, Michel 231

페렐만 Perelman, Chaim 20,21,22,23,24,29,
    44,45,48,50,53,54,56,57,58,59,66,67,71,80,81,
    83,84,88,127,141,143,144,145,189,195,205,207,
    210,234,238,241,260,264,294

페리 Ferry, Jules 190,191,192,219

페쇠 Pêcheux, Michel 96,103,278

페탱 Petain, Philippe 74,137,138,228

《편견에 대한 에세이 L'Essai sur les
    préjugés》 196

《포화: 분대 일지 Le feu; journal d'une
    escouade》 115,117,282,384,305,324

퐁타니에 Fontanier, Pierre 19,259

푸마롤리 Fumaroli, Marc 13,233,234,293,
    294,295,296,297299,300,302,303,328,334

푸코 Foucault, Michel Paul 278

《풍자적인 말 La Parole pamphlétaire》
    195,295

프로밀라그 Fromilhague, Catherine
    259,260

프린스 Prince 304

플랑탱 Plantin, Christian 23,37,38,39,40,41,
    43,45,50,164,178,232,233,239,241,242,246,295,
    319

플로베르 Flaubert, Gustave 129,145

피보 Pivot, Bernard 106

《한 지도자의 어린 시절 L'Enfance d'un
    chef》 209,264

함블린 Hamblin, Charles L. 26,184

《현대 유럽 수사학의 역사 L'Histoire de
    la rhéthorique dans l'Europe moderne》
    233

루스 아모시
텔아비브대학교 교수
저서:《Les Idées reçues》(Nathan, 1991)
《Stéréotypes et Clichés》(Nathan, 1997, A. Herschberg Pierrot와 공저) 등
현재 프랑스에서 전쟁에 대한 담화 속의 논증 연구

장인봉: 이화여자대학교 인문·외국어문학부 불어불문학전공 부교수
이보영: 이화여자대학교 불어불문학과 대학원 석사 과정
정지혜: 이화여자대학교 불어불문학과 대학원 석사 과정
정효영: 이화여자대학교 불어불문학과 대학원 석사 과정
조현경: 이화여자대학교 불어불문학과 대학원 석사 과정
최연희: 이화여자대학교 불어불문학과 대학원 석사 과정

문예신서
223

담화 속의 논증

초판발행 : 2003년 5월 30일

지은이 : 루스 아모시
옮긴이 : 장인봉 외
총편집 : 韓仁淑
펴낸곳 : 東文選

제10-64호, 78. 12. 16 등록
110-300 서울 종로구 관훈동 74
전화 : 737-2795

편집설계 : 朴 月

ISBN 89-8038-284-7 94700
ISBN 89-8038-000-3 (문예신서)

【東文選 現代新書】

1	21세기를 위한 새로운 엘리트	FORESEEN 연구소 / 김경현	7,000원
2	의지, 의무, 자유 — 주제별 논술	L. 밀러 / 이대희	6,000원
3	사유의 패배	A. 핑켈크로트 / 주태환	7,000원
4	문학이론	J. 컬러 / 이은경 · 임옥희	7,000원
5	불교란 무엇인가	D. 키언 / 고길환	6,000원
6	유대교란 무엇인가	N. 솔로몬 / 최창모	6,000원
7	20세기 프랑스철학	E. 매슈스 / 김종갑	8,000원
8	강의에 대한 강의	P. 부르디외 / 현택수	6,000원
9	텔레비전에 대하여	P. 부르디외 / 현택수	7,000원
10	고고학이란 무엇인가	P. 반 / 박범수	8,000원
11	우리는 무엇을 아는가	T. 나겔 / 오영미	5,000원
12	에쁘롱 — 니체의 문체들	J. 데리다 / 김다은	7,000원
13	히스테리 사례분석	S. 프로이트 / 태혜숙	7,000원
14	사랑의 지혜	A. 핑켈크로트 / 권유현	6,000원
15	일반미학	R. 카이유와 / 이경자	6,000원
16	본다는 것의 의미	J. 버거 / 박범수	10,000원
17	일본영화사	M. 테시에 / 최은미	7,000원
18	청소년을 위한 철학교실	A. 자카르 / 장혜영	7,000원
19	미술사학 입문	M. 포인턴 / 박범수	8,000원
20	클래식	M. 비어드 · J. 헨더슨 / 박범수	6,000원
21	정치란 무엇인가	K. 미노그 / 이정철	6,000원
22	이미지의 폭력	O. 몽젱 / 이은민	8,000원
23	청소년을 위한 경제학교실	J. C. 드루엥 / 조은미	6,000원
24	순진함의 유혹 〔메니시스賞 수상작〕	P. 브뤼크네르 / 김웅권	9,000원
25	청소년을 위한 이야기 경제학	A. 푸르상 / 이은민	8,000원
26	부르디외 사회학 입문	P. 보네위츠 / 문경자	7,000원
27	돈은 하늘에서 떨어지지 않는다	K. 아른트 / 유영미	6,000원
28	상상력의 세계사	R. 보이아 / 김웅권	9,000원
29	지식을 교환하는 새로운 기술	A. 벵토릴라 外 / 김혜경	6,000원
30	니체 읽기	R. 비어즈워스 / 김웅권	6,000원
31	노동, 교환, 기술 — 주제별 논술	B. 데코사 / 신은영	6,000원
32	미국만들기	R. 로티 / 임옥희	10,000원
33	연극의 이해	A. 쿠프리 / 장혜영	8,000원
34	라틴문학의 이해	J. 가야르 / 김교신	8,000원
35	여성적 가치의 선택	FORESEEN연구소 / 문신원	7,000원
36	동양과 서양 사이	L. 이리가라이 / 이은민	7,000원
37	영화와 문학	R. 리처드슨 / 이형식	8,000원
38	분류하기의 유혹 — 생각하기와 조직하기	G. 비뇨 / 임기대	7,000원
39	사실주의 문학의 이해	G. 라루 / 조성애	8,000원
40	윤리학 — 악에 대한 의식에 관하여	A. 바디우 / 이종영	7,000원
41	흙과 재 〔소설〕	A. 라히미 / 김주경	6,000원

42 진보의 미래　　　　　　　　D. 르쿠르 / 김영선　　　　　　　6,000원
43 중세에 살기　　　　　　　　J. 르 고프 外 / 최애리　　　　　　8,000원
44 쾌락의 횡포·상　　　　　　J. C. 기유보 / 김웅권　　　　　10,000원
45 쾌락의 횡포·하　　　　　　J. C. 기유보 / 김웅권　　　　　10,000원
46 운디네와 지식의 불　　　　B. 데스파냐 / 김웅권　　　　　　8,000원
47 이성의 한가운데에서 — 이성과 신앙　　A. 퀴노 / 최은영　　6,000원
48 도덕적 명령　　　　　　　　FORESEEN 연구소 / 우강택　　6,000원
49 망각의 형태　　　　　　　　M. 오제 / 김수경　　　　　　　6,000원
50 느리게 산다는 것의 의미·1　P. 쌍소 / 김주경　　　　　　　7,000원
51 나만의 자유를 찾아서　　　C. 토마스 / 문신원　　　　　　6,000원
52 음악적 삶의 의미　　　　　M. 존스 / 송인영　　　　　　　　근간
53 나의 철학 유언　　　　　　J. 기통 / 권유현　　　　　　　　8,000원
54 타르튀프 / 서민귀족 〔희곡〕　몰리에르 / 덕성여대극예술비교연구회　8,000원
55 판타지 공장　　　　　　　　A. 플라워즈 / 박범수　　　　　10,000원
56 홍수·상 〔완역판〕　　　　J. M. G. 르 클레지오 / 신미경　8,000원
57 홍수·하 〔완역판〕　　　　J. M. G. 르 클레지오 / 신미경　8,000원
58 일신교 — 성경과 철학자들　E. 오르티그 / 전광호　　　　　6,000원
59 프랑스 시의 이해　　　　　A. 바이양 / 김다은·이혜지　　8,000원
60 종교철학　　　　　　　　　J. P. 힉 / 김희수　　　　　　10,000원
61 고요함의 폭력　　　　　　V. 포레스테 / 박은영　　　　　8,000원
62 고대 그리스의 시민　　　　C. 모세 / 김덕희　　　　　　　7,000원
63 미학개론 — 예술철학입문　A. 셰퍼드 / 유호전　　　　　10,000원
64 논증 — 담화에서 사고까지　G. 비뇨 / 임기대　　　　　　6,000원
65 역사 — 성찰된 시간　　　　F. 도스 / 김미겸　　　　　　　7,000원
66 비교문학개요　　　　　　　F. 클로동·K. 아다-보트링 / 김정란　8,000원
67 남성지배　　　　　　　　　P. 부르디외 / 김용숙　　개정판 10,000원
68 호모사피언스에서 인터렉티브인간으로　FORESEEN 연구소 / 공나리　8,000원
69 상투어 — 언어·담론·사회　R. 아모시·A. H. 피에로 / 조성애　9,000원
70 우주론이란 무엇인가　　　P. 코올즈 / 송형석　　　　　　　근간
71 푸코 읽기　　　　　　　　P. 빌루에 / 나길래　　　　　　8,000원
72 문학논술　　　　　　　　　J. 파프·D. 로쉬 / 권종분　　　8,000원
73 한국전통예술개론　　　　　沈雨晟　　　　　　　　　　　10,000원
74 시학 — 문학 형식 일반론 입문　D. 퐁텐 / 이용주　　　　8,000원
75 진리의 길　　　　　　　　A. 보다르 / 김승철·최정아　　9,000원
76 동물성 — 인간의 위상에 관하여　D. 르스텔 / 김승철　　　6,000원
77 랑가쥬 이론 서설　　　　　L. 옐름슬레우 / 김용숙·김혜련　10,000원
78 잔혹성의 미학　　　　　　F. 토넬리 / 박형섭　　　　　　9,000원
79 문학 텍스트의 정신분석　　M. J. 벨맹-노엘 / 심재중·최애영　9,000원
80 무관심의 절정　　　　　　J. 보드리야르 / 이은민　　　　8,000원
81 영원한 황홀　　　　　　　P. 브뤼크네르 / 김웅권　　　　9,000원
82 노동의 종말에 반하여　　　D. 슈나페르 / 김교신　　　　　6,000원
83 프랑스영화사　　　　　　　J. -P. 장콜 / 김혜련　　　　　　근간

84 조와(弔蛙)　　　　　　　　金敎臣 / 노치준·민혜숙　　　　8,000원
85 역사적 관점에서 본 시네마　J. -L. 뢰트라 / 곽노경　　　8,000원
86 욕망에 대하여　　　　　　　M. 슈벨 / 서민원　　　　　　8,000원
87 산다는 것의 의미·1—여분의 행복　P. 쌍소 / 김주경　　　7,000원
88 철학 연습　　　　　　　　　M. 아롱델-로오 / 최은영　　8,000원
89 삶의 기쁨들　　　　　　　　D. 노게 / 이은민　　　　　　6,000원
90 이탈리아영화사　　　　　　L. 스키파노 / 이주현　　　　8,000원
91 한국문화론　　　　　　　　趙興胤　　　　　　　　　　10,000원
92 현대연극미학　　　　　　　M. -A. 샤르보니에 / 홍지화　8,000원
93 느리게 산다는 것의 의미·2　P. 쌍소 / 김주경　　　　　7,000원
94 진정한 모럴은 모럴을 비웃는다　A. 에슈고엔 / 김웅권　8,000원
95 한국종교문화론　　　　　　趙興胤　　　　　　　　　　10,000원
96 근원적 열정　　　　　　　　L. 이리가라이 / 박정오　　　9,000원
97 라캉, 주체 개념의 형성　　　B. 오질비 / 김 석　　　　　9,000원
98 미국식 사회 모델　　　　　J. 바이스 / 김종명　　　　　7,000원
99 소쉬르와 언어과학　　　　　P. 가데 / 김용숙·임정혜　　10,000원
100 철학적 기본 개념　　　　　R. 페르버 / 조국현　　　　　8,000원
101 철학자들의 동물원　　　　A. L. 브라쇼파르 / 문신원　　근간
102 글렌 굴드, 피아노 솔로　　M. 슈나이더 / 이창실　　　　7,000원
103 문학비평에서의 실험　　　C. S. 루이스 / 허 종　　　　8,000원
104 코뿔소 〔희곡〕　　　　　　E. 이오네스코 / 박형섭　　　8,000원
105 지각 —감각에 관하여　　　R. 바르바라 / 공정아　　　　근간
106 철학이란 무엇인가　　　　E. 크레이그 / 최생열　　　　근간
107 경제, 거대한 사탄인가?　　P. -N. 지로 / 김교신　　　　7,000원
108 딸에게 들려 주는 작은 철학　R. 시몬 셰퍼 / 안상원　　7,000원
109 도덕에 관한 에세이　　　　C. 로슈·J. -J. 바레르 / 고수현　6,000원
110 프랑스 고전비극　　　　　B. 클레망 / 송민숙　　　　　8,000원
111 고전수사학　　　　　　　　G. 위딩 / 박성철　　　　　10,000원
112 유토피아　　　　　　　　　T. 파코 / 조성애　　　　　　7,000원
113 쥐비알　　　　　　　　　　A. 자르댕 / 김남주　　　　　7,000원
114 증오의 모호한 대상　　　　J. 아순 / 김승철　　　　　　8,000원
115 개인 —주체철학에 대한 고찰　A. 르노 / 장정아　　　　7,000원
116 이슬람이란 무엇인가　　　M. 루스벤 / 최생열　　　　　8,000원
117 테러리즘의 정신　　　　　J. 보드리야르 / 배영달　　　8,000원
118 역사란 무엇인가　　　　　J. H. 아널드 / 최생열　　　　8,000원
119 느리게 산다는 것의 의미·3　P. 쌍소 / 김주경　　　　　7,000원
120 문학과 정치 사상　　　　　P. 페티티에 / 이종민　　　　8,000원
121 가장 아름다운 하나님 이야기　A. 보테르 外 / 주태환　　8,000원
122 시민 교육　　　　　　　　　P. 카니베즈 / 박주원　　　　9,000원
123 스페인영화사　　　　　　　J.- C. 스갱 / 정동섭　　　　8,000원
124 인터넷상에서—행동하는 지성　H. L. 드레퓌스 / 정혜욱　9,000원
125 내 몸의 신비—세상에서 가장 큰 기적　A. 지오르당 / 이규식　7,000원

126 세 가지 생태학	F. 가타리 / 윤수종	8,000원
127 모리스 블랑쇼에 대하여	E. 레비나스 / 박규현	9,000원
128 위뷔 왕 〔희곡〕	A. 자리 / 박형섭	8,000원
129 번영의 비참	P. 브뤼크네르 / 이창실	8,000원
130 무사도란 무엇인가	新渡戸稻造 / 沈雨晟	7,000원
131 천 개의 집 〔소설〕	A. 라히미 / 김주경	근간
132 문학은 무슨 소용이 있는가?	D. 살나브 / 김교신	7,000원
133 종교에 대하여―행동하는 지성	J. 카푸토 / 최생열	근간
134 노동사회학	M. 스트루방 / 박주원	8,000원
135 맞불·2	P. 부르디외 / 김교신	10,000원
136 믿음에 대하여―행동하는 지성	S. 지제크 / 최생열	9,000원
137 법, 정의, 국가	A. 기그 / 민혜숙	8,000원
138 인식, 상상력, 예술	E. 아카마츄 / 최돈호	근간
139 위기의 대학	ARESER / 김교신	근간
140 카오스모제	F. 가타리 / 윤수종	10,000원
141 코란이란 무엇인가	M. 쿡 / 이강훈	근간
142 신학이란 무엇인가	D. F. 포드 / 노치준·강혜원	근간
143 누보 로망, 누보 시네마	C. 뮈르시아 / 이창실	근간
144 《제7의 봉인》 비평연구	E. 그랑조르주 / 이은민	근간
145 《쥘과 짐》 비평연구	C. 르 베르 / 이은민	근간

【東文選 文藝新書】

1 저주받은 詩人들	A. 뻬이르 / 최수철·김종호	개정근간
2 민속문화론서설	沈雨晟	40,000원
3 인형극의 기술	A. 훼도토프 / 沈雨晟	8,000원
4 전위연극론	J. 로스 에반스 / 沈雨晟	12,000원
5 남사당패연구	沈雨晟	10,000원
6 현대영미희곡선(전4권)	N. 코워드 外 / 李辰洙	절판
7 행위예술	L. 골드버그 / 沈雨晟	18,000원
8 문예미학	蔡 儀 / 姜慶鎬	절판
9 神의 起源	何 新 / 洪 熹	16,000원
10 중국예술정신	徐復觀 / 權德周 外	24,000원
11 中國古代書史	錢存訓 / 金允子	14,000원
12 이미지―시각과 미디어	J. 버거 / 편집부	12,000원
13 연극의 역사	P. 하트놀 / 沈雨晟	절판
14 詩 論	朱光潛 / 鄭相泓	22,000원
15 탄트라	A. 무케르지 / 金龜山	16,000원
16 조선민족무용기본	최승희	15,000원
17 몽고문화사	D. 마이달 / 金龜山	8,000원
18 신화 미술 제사	張光直 / 李 徹	10,000원
19 아시아 무용의 인류학	宮尾慈良 / 沈雨晟	절판
20 아시아 민족음악순례	藤井知昭 / 沈雨晟	5,000원

21 華夏美學	李澤厚 / 權 瑚	15,000원
22 道	張立文 / 權 瑚	18,000원
23 朝鮮의 占卜과 豫言	村山智順 / 金禧慶	15,000원
24 원시미술	L. 아담 / 金仁煥	16,000원
25 朝鮮民俗誌	秋葉隆 / 沈雨晟	12,000원
26 神話의 이미지	J. 캠벨 / 扈承喜	근간
27 原始佛教	中村元 / 鄭泰爀	8,000원
28 朝鮮女俗考	李能和 / 金尙憶	24,000원
29 朝鮮解語花史(조선기생사)	李能和 / 李在崑	25,000원
30 조선창극사	鄭魯湜	7,000원
31 동양회화미학	崔炳植	18,000원
32 性과 결혼의 민족학	和田正平 / 沈雨晟	9,000원
33 農漁俗談辭典	宋在璇	12,000원
34 朝鮮의 鬼神	村山智順 / 金禧慶	12,000원
35 道教와 中國文化	葛兆光 / 沈揆昊	15,000원
36 禪宗과 中國文化	葛兆光 / 鄭相泓 · 任炳權	8,000원
37 오페라의 역사	L. 오레이 / 류연희	18,000원
38 인도종교미술	A. 무케르지 / 崔炳植	14,000원
39 힌두교의 그림언어	안넬리제 外 / 全在星	9,000원
40 중국고대사회	許進雄 / 洪 熹	30,000원
41 중국문화개론	李宗桂 / 李宰碩	23,000원
42 龍鳳文化源流	王大有 / 林東錫	25,000원
43 甲骨學通論	王宇信 / 李宰碩	근간
44 朝鮮巫俗考	李能和 / 李在崑	20,000원
45 미술과 페미니즘	N. 부루드 外 / 扈承喜	9,000원
46 아프리카미술	P. 윌레뜨 / 崔炳植	절판
47 美의 歷程	李澤厚 / 尹壽榮	28,000원
48 曼茶羅의 神들	立川武藏 / 金龜山	19,000원
49 朝鮮歲時記	洪錫謨 外/李錫浩	30,000원
50 하 상	蘇曉康 外 / 洪 熹	절판
51 武藝圖譜通志 實技解題	正 祖 / 沈雨晟 · 金光錫	15,000원
52 古文字學첫걸음	李學勤 / 河永三	14,000원
53 體育美學	胡小明 / 閔永淑	10,000원
54 아시아 美術의 再發見	崔炳植	9,000원
55 曆과 占의 科學	永田久 / 沈雨晟	8,000원
56 中國小學史	胡奇光 / 李宰碩	20,000원
57 中國甲骨學史	吳浩坤 外 / 梁東淑	35,000원
58 꿈의 철학	劉文英 / 河永三	22,000원
59 女神들의 인도	立川武藏 / 金龜山	19,000원
60 性의 역사	J. L. 플랑드렝 / 편집부	18,000원
61 쉬르섹슈얼리티	W. 챠드윅 / 편집부	10,000원
62 여성속담사전	宋在璇	18,000원

63 박재서희곡선	朴栽緒	10,000원
64 東北民族源流	孫進己 / 林東錫	13,000원
65 朝鮮巫俗의 硏究(상·하)	赤松智城·秋葉隆 / 沈雨晟	28,000원
66 中國文學 속의 孤獨感	斯波六郎 / 尹壽榮	8,000원
67 한국사회주의 연극운동사	李康列	8,000원
68 스포츠인류학	K. 블랑챠드 外 / 박기동 外	12,000원
69 리조복식도감	리팔찬	20,000원
70 娼 婦	A. 꼬르벵 / 李宗旼	22,000원
71 조선민요연구	高晶玉	30,000원
72 楚文化史	張正明 / 南宗鎭	26,000원
73 시간, 욕망, 그리고 공포	A. 코르뱅 / 변기찬	18,000원
74 本國劍	金光錫	40,000원
75 노트와 반노트	E. 이오네스코 / 박형섭	20,000원
76 朝鮮美術史硏究	尹喜淳	7,000원
77 拳法要訣	金光錫	30,000원
78 艸衣選集	艸衣意恂 / 林鍾旭	20,000원
79 漢語音韻學講義	董少文 / 林東錫	10,000원
80 이오네스코 연극미학	C. 위베르 / 박형섭	9,000원
81 중국문자훈고학사전	全廣鎭 편역	23,000원
82 상말속담사전	宋在璇	10,000원
83 書法論叢	沈尹默 / 郭魯鳳	8,000원
84 침실의 문화사	P. 디비 / 편집부	9,000원
85 禮의 精神	柳 肅 / 洪 熹	20,000원
86 조선공예개관	沈雨晟 편역	30,000원
87 性愛의 社會史	J. 솔레 / 李宗旼	18,000원
88 러시아미술사	A. I. 조토프 / 이건수	22,000원
89 中國書藝論文選	郭魯鳳 選譯	25,000원
90 朝鮮美術史	關野貞 / 沈雨晟	근간
91 美術版 탄트라	P. 로슨 / 편집부	8,000원
92 군달리니	A. 무케르지 / 편집부	9,000원
93 카마수트라	바짜야나 / 鄭泰爀	10,000원
94 중국언어학총론	J. 노먼 / 全廣鎭	18,000원
95 運氣學說	任應秋 / 李宰碩	15,000원
96 동물속담사전	宋在璇	20,000원
97 자본주의의 아비투스	P. 부르디외 / 최종철	10,000원
98 宗敎學入門	F. 막스 뮐러 / 金龜山	10,000원
99 변 화	P. 바흘라빅크 外 / 박인철	10,000원
100 우리나라 민속놀이	沈雨晟	15,000원
101 歌訣(중국역대명언경구집)	李宰碩 편역	20,000원
102 아니마와 아니무스	A. 융 / 박해순	8,000원
103 나, 너, 우리	L. 이리가라이 / 박정오	12,000원
104 베케트연극론	M. 푸크레 / 박형섭	8,000원

105 포르노그래피	A. 드워킨 / 유혜련	12,000원
106 셸 링	M. 하이데거 / 최상욱	12,000원
107 프랑수아 비용	宋 勉	18,000원
108 중국서예 80제	郭魯鳳 편역	16,000원
109 性과 미디어	W. B. 키 / 박해순	12,000원
110 中國正史朝鮮列國傳(전2권)	金聲九 편역	120,000원
111 질병의 기원	T. 매큐언 / 서 일·박종연	12,000원
112 과학과 젠더	E. F. 켈러 / 민경숙·이현주	10,000원
113 물질문명·경제·자본주의	F. 브로델 / 이문숙 外	절판
114 이탈리아인 태고의 지혜	G. 비코 / 李源斗	8,000원
115 中國武俠史	陳 山 / 姜鳳求	18,000원
116 공포의 권력	J. 크리스테바 / 서민원	23,000원
117 주색잡기속담사전	宋在璇	15,000원
118 죽음 앞에 선 인간(상·하)	P. 아리에스 / 劉仙子	각권 8,000원
119 철학에 대하여	L. 알튀세르 / 서관모·백승욱	12,000원
120 다른 곳	J. 데리다 / 김다은·이혜지	10,000원
121 문학비평방법론	D. 베르제 外 / 민혜숙	12,000원
122 자기의 테크놀로지	M. 푸코 / 이희원	16,000원
123 새로운 학문	G. 비코 / 李源斗	22,000원
124 천재와 광기	P. 브르노 / 김웅권	13,000원
125 중국은사문화	馬 華·陳正宏 / 강경범·천현경	12,000원
126 푸코와 페미니즘	C. 라마자노글루 外 / 최 영 外	16,000원
127 역사주의	P. 해밀턴 / 임옥회	12,000원
128 中國書藝美學	宋 民 / 郭魯鳳	16,000원
129 죽음의 역사	P. 아리에스 / 이종민	18,000원
130 돈속담사전	宋在璇 편	15,000원
131 동양극장과 연극인들	김영무	15,000원
132 生育神과 性巫術	宋兆麟 / 洪 熹	20,000원
133 미학의 핵심	M. M. 이턴 / 유호전	20,000원
134 전사와 농민	J. 뒤비 / 최생열	18,000원
135 여성의 상태	N. 에니크 / 서민원	22,000원
136 중세의 지식인들	J. 르 고프 / 최애리	18,000원
137 구조주의의 역사(전4권)	F. 도스 / 김웅권 外 Ⅰ·Ⅱ·Ⅳ 15,000원 / Ⅲ	18,000원
138 글쓰기의 문제해결전략	L. 플라워 / 원진숙·황정현	20,000원
139 음식속담사전	宋在璇 편	16,000원
140 고전수필개론	權 瑚	16,000원
141 예술의 규칙	P. 부르디외 / 하태환	23,000원
142 "사회를 보호해야 한다"	M. 푸코 / 박정자	20,000원
143 페미니즘사전	L. 터틀 / 호승희·유혜련	26,000원
144 여성심벌사전	B. G. 워커 / 정소영	근간
145 모데르니테 모데르니테	H. 메쇼닉 / 김다은	20,000원
146 눈물의 역사	A. 벵상뷔포 / 이자경	18,000원

147	모더니티입문	H. 르페브르 / 이종민	24,000원
148	재생산	P. 부르디외 / 이상호	18,000원
149	종교철학의 핵심	W. J. 웨인라이트 / 김희수	18,000원
150	기호와 몽상	A. 시몽 / 박형섭	22,000원
151	융분석비평사전	A. 새뮤얼 外 / 민혜숙	16,000원
152	운보 김기창 예술론연구	최병식	14,000원
153	시적 언어의 혁명	J. 크리스테바 / 김인환	20,000원
154	예술의 위기	Y. 미쇼 / 하태환	15,000원
155	프랑스사회사	G. 뒤프 / 박 단	16,000원
156	중국문예심리학사	劉偉林 / 沈揆昊	30,000원
157	무지카 프라티카	M. 캐넌 / 김혜중	25,000원
158	불교산책	鄭泰爀	20,000원
159	인간과 죽음	E. 모랭 / 김명숙	23,000원
160	地中海(전5권)	F. 브로델 / 李宗旼	근간
161	漢語文字學史	黃德實·陳秉新 / 河永三	24,000원
162	글쓰기와 차이	J. 데리다 / 남수인	28,000원
163	朝鮮神事誌	李能和 / 李在崑	근간
164	영국제국주의	S. C. 스미스 / 이태숙·김종원	16,000원
165	영화서술학	A. 고드로·F. 조스트 / 송지연	17,000원
166	美學辭典	사사키 겡이치 / 민주식	22,000원
167	하나이지 않은 성	L. 이리가라이 / 이은민	18,000원
168	中國歷代書論	郭魯鳳 譯註	25,000원
169	요가수트라	鄭泰爀	15,000원
170	비정상인들	M. 푸코 / 박정자	25,000원
171	미친 진실	J. 크리스테바 外 / 서민원	25,000원
172	디스탱숑(상·하)	P. 부르디외 / 이종민	근간
173	세계의 비참(전3권)	P. 부르디외 外 / 김주경	각권 26,000원
174	수묵의 사상과 역사	崔炳植	근간
175	파스칼적 명상	P. 부르디외 / 김웅권	22,000원
176	지방의 계몽주의	D. 로슈 / 주명철	30,000원
177	이혼의 역사	R. 필립스 / 박범수	25,000원
178	사랑의 단상	R. 바르트 / 김희영	근간
179	中國書藝理論體系	熊秉明 / 郭魯鳳	23,000원
180	미술시장과 경영	崔炳植	16,000원
181	카프카 — 소수적인 문학을 위하여	G. 들뢰즈·F. 가타리 / 이진경	13,000원
182	이미지의 힘 — 영상과 섹슈얼리티	A. 쿤 / 이형식	13,000원
183	공간의 시학	G. 바슐라르 / 곽광수	23,000원
184	랑데부 — 이미지와의 만남	J. 버거 / 임옥희·이은경	18,000원
185	푸코와 문학 — 글쓰기의 계보학을 향하여	S. 듀링 / 오경심·홍유미	근간
186	각색, 연극에서 영화로	A. 엘보 / 이선형	16,000원
187	폭력과 여성들	C. 도펭 外 / 이은민	18,000원
188	하드 바디 — 할리우드 영화에 나타난 남성성	S. 제퍼드 / 이형식	18,000원

189 영화의 환상성　　　　　　　　J. -L. 뢰트라 / 김경온·오일환　　　18,000원
190 번역과 제국　　　　　　　　　D. 로빈슨 / 정혜욱　　　　　　　16,000원
191 그라마톨로지에 대하여　　　　J. 데리다 / 김웅권　　　　　　　근간
192 보건 유토피아　　　　　　　　R. 브로만 外 / 서민원　　　　　　근간
193 현대의 신화　　　　　　　　　R. 바르트 / 이화여대기호학연구소　20,000원
194 중국회화백문백답　　　　　　郭魯鳳　　　　　　　　　　　　　근간
195 고서화감정개론　　　　　　　徐邦達 / 郭魯鳳　　　　　　　　　근간
196 상상의 박물관　　　　　　　　A. 말로 / 김웅권　　　　　　　　근간
197 부빈의 일요일　　　　　　　　J. 뒤비 / 최생열　　　　　　　　22,000원
198 아인슈타인의 최대 실수　　　　D. 골드스미스 / 박범수　　　　　16,000원
199 유인원, 사이보그, 그리고 여자　D. 해러웨이 / 민경숙　　　　　　25,000원
200 공동생활 속의 개인주의　　　　F. 드 생글리 / 최은영　　　　　　20,000원
201 기식자　　　　　　　　　　　M. 세르 / 김웅권　　　　　　　　24,000원
202 연극미학 — 플라톤에서 브레히트까지의 텍스트들　J. 셰레 外 / 홍지화　24,000원
203 철학자들의 신　　　　　　　　W. 바이셰델 / 최상욱　　　　　　근간
204 고대 세계의 정치　　　　　　모제스 I. 핀레이 / 최생열　　　　16,000원
205 프란츠 카프카의 고독　　　　　M. 로베르 / 이창실　　　　　　　18,000원
206 문화 학습 — 실천적 입문서　　J. 자일스·T. 미들턴 / 장성희　　24,000원
207 호모 아카데미쿠스　　　　　　P. 부르디외 / 임기대　　　　　　근간
208 朝鮮槍棒敎程　　　　　　　　金光錫　　　　　　　　　　　　　40,000원
209 자유의 순간　　　　　　　　　P. M. 코헨 / 최하영　　　　　　　16,000원
210 밀교의 세계　　　　　　　　　鄭泰爀　　　　　　　　　　　　　16,000원
211 토탈 스크린　　　　　　　　　J. 보드리야르 / 배영달　　　　　19,000원
212 영화와 문학의 서술학　　　　　F. 바누아 / 송지연　　　　　　　근간
213 텍스트의 즐거움　　　　　　　R. 바르드 / 김희영　　　　　　　15,000원
214 영화의 직업들　　　　　　　　B. 라트롱슈 / 김경온·오일환　　　근간
215 소설과 신화　　　　　　　　　이용주　　　　　　　　　　　　　15,000원
216 문화와 계급 — 부르디외와 한국 사회　홍성민 外　　　　　　　18,000원
217 작은 사건들　　　　　　　　　R. 바르트 / 김주경　　　　　　　14,000원
218 연극분석입문　　　　　　　　J. -P. 링가르 / 박형섭　　　　　18,000원
219 푸코　　　　　　　　　　　　G. 들뢰즈 / 허 경　　　　　　　근간
220 우리나라 도자기와 가마터　　　宋在璇　　　　　　　　　　　　　30,000원
221 보이는 것과 보이지 않는 것　　M. 퐁티 / 남수인·최의영　　　　근간
222 메두사의 웃음/출구　　　　　　H. 식수 / 박혜영　　　　　　　　근간
223 담화 속의 논증　　　　　　　　R. 아모시 / 장인봉　　　　　　　20,000원
224 포켓의 형태　　　　　　　　　J. 버거 / 이영주　　　　　　　　근간
225 이미지심벌사전　　　　　　　　A. 드 브리스 / 이원두　　　　　　근간
226 이데올로기　　　　　　　　　D. 호크스 / 고길환　　　　　　　16,000원
227 영화의 이론　　　　　　　　　B. 발라즈 / 이형식　　　　　　　20,000원
228 건축과 철학　　　　　　　　　J. 보드리야르·J. 누벨 / 배영달　16,000원
229 폴 리쾨르 — 삶의 의미들　　　F. 도스 / 이봉지 外　　　　　　　근간
230 서양철학사　　　　　　　　　A. 케니 / 이영주　　　　　　　　근간

231 근대성과 육체의 정치학　　　D. 르 브르통 / 홍성민　　　　　　근간
232 허난설헌　　　　　　　　　　金成南　　　　　　　　　　　16,000원
233 인터넷철학　　　　　　　　　G. 그레이엄 / 이영주　　　　　　근간
234 촛불의 미학　　　　　　　　　G. 바슐라르 / 이가림　　　　　　근간
235 의학적 추론　　　　　　　　　A. 시쿠렐 / 서민원　　　　　　　근간

【기 타】

▨ 모드의 체계　　　　　　　　　R. 바르트 / 이화여대기호학연구소　18,000원
▨ 라신에 관하여　　　　　　　　R. 바르트 / 남수인　　　　　　　10,000원
▨ 說 苑 (上·下)　　　　　　　　林東錫 譯註　　　　　　　　각권 30,000원
▨ 晏子春秋　　　　　　　　　　林東錫 譯註　　　　　　　　　30,000원
▨ 西京雜記　　　　　　　　　　林東錫 譯註　　　　　　　　　20,000원
▨ 搜神記 (上·下)　　　　　　　林東錫 譯註　　　　　　　　各권 30,000원
■ 경제적 공포[메디치賞 수상작]　V. 포레스테 / 김주경　　　　　　7,000원
■ 古陶文字徵　　　　　　　　　高 明·葛英會　　　　　　　　20,000원
■ 古文字類編　　　　　　　　　高 明　　　　　　　　　　　　절판
■ 金文編　　　　　　　　　　　容 庚　　　　　　　　　　　36,000원
■ 고독하지 않은 홀로되기　　　　P. 들레름·M. 들레름 / 박정오　8,000원
■ 그리하여 어느날 사랑이여　　　이외수 편　　　　　　　　　　4,000원
■ 딸에게 들려 주는 작은 지혜　　N. 레흐레이트너 / 양영란　　　6,500원
■ 노력을 대신하는 것은 없다　　　R. 쉬이 / 유혜련　　　　　　　5,000원
■ 노블레스 오블리주　　　　　　현택수 사회비평집　　　　　　　7,500원
■ 미래를 원한다　　　　　　　　J. D. 로스네 / 문 선·김덕희　　8,500원
■ 사랑의 존재　　　　　　　　　한용운　　　　　　　　　　　3,000원
■ 산이 높으면 마땅히 우러러볼 일이다　　유 향 / 임동석　　　5,000원
■ 서기 1000년과 서기 2000년 그 두려움의 흔적들　J. 뒤비 / 양영란　8,000원
■ 서비스는 유행을 타지 않는다　B. 바게트 / 정소영　　　　　　5,000원
■ 선종이야기　　　　　　　　　홍 회 편저　　　　　　　　　8,000원
■ 섬으로 흐르는 역사　　　　　　김영회　　　　　　　　　　10,000원
■ 세계사상　　　　　　　　창간호~3호: 각권 10,000원 / 4호: 14,000원
■ 십이속상도안집　　　　　　　편집부　　　　　　　　　　　8,000원
■ 어린이 수묵화의 첫걸음(전6권)　趙 陽 / 편집부　　　　　各권 5,000원
■ 오늘 다 못다한 말은　　　　　이외수 편　　　　　　　　　7,000원
■ 오블라디 오블라다, 인생은 브래지어 위를 흐른다　무라카미 하루키 / 김난주　7,000원
■ 인생은 앞유리를 통해서 보라　B. 바게트 / 박해순　　　　　　5,000원
■ 잠수복과 나비　　　　　　　　J. D. 보비 / 양영란　　　　　　6,000원
■ 천연기념물이 된 바보　　　　　최병식　　　　　　　　　　　7,800원
■ 原本 武藝圖譜通志　　　　　　正祖 命撰　　　　　　　　　60,000원
■ 隸字編　　　　　　　　　　　洪鈞陶　　　　　　　　　　40,000원
■ 테오의 여행 (전5권)　　　　　C. 클레망 / 양영란　　　　　各권 6,000원
■ 한글 설원 (상·중·하)　　　　　임동석 옮김　　　　　　　　各권 7,000원
■ 한글 안자춘추　　　　　　　　임동석 옮김　　　　　　　　　8,000원

東文選 文藝新書 193

현대의 신화

롤랑 바르트

이화여대 기호학연구소

이 책에서 바르트가 분석하고자 한 것은, 부르주아사회가 자연스럽게 생각하고 자명한 것으로 생각해 버려서 마치 신화처럼 되어 버린 현상들이다. 그것은 1950년대 중반부터 60년대 초까지 프랑스 사회에서 일어나고 있는 현상이지만, 이미 과거의 것이 되어 버린 것이 아니라 오늘날에도 유효한 것이기 때문에 독자들의 많은 관심을 불러일으키고 있다. 저자가 이책에서 보이고 있는 예리한 관찰과 분석, 그리고 거기에 대한 명석한 해석은 독자에게 감탄과 감동을 체험하게 하고 사물을 보는 새로운 눈을 뜨게 한다. 특히 후기 산업사회에 들어와서 반성 없이 이루어지고 있는 것, 가벼운 재미로만 이루어지면서도 대중을 지배하는 모든 것에 대해서 이 책은, 그것들이 그렇게 자연스런 것이 아니라는 것, 자명한 것이 아니라는 것을 알게 한다. 사회의 모든 현상이 숨은 의미를 감추고 있는 기호들이라고 생각하는 이 책은, 우리가 그 기호들의 의미 현상을 알고 있는 한 그 기호들을 그처럼 편안하게 소비하고 있을 수 없다는 것을 우리에게 알게 한다.

이 책은 바르트 기호학이 완성되기 전에 씌어진 저작이기 때문에 엄밀한 의미에서 바르트 기호학을 대표하는 것은 아니지만, 그러나 그의 타고난 기호학적 감각과 현란한 문체로 이루어져 있어서 그의 기호학이론에 완전히 부합되고 있을 뿐만 아니라, 그의 텍스트 실천이론에도 상당히 관련되어 있어서 바르트 자신의 대표적 저작이라 할 수 있다.

東文選 文藝新書 162

글쓰기와 차이

자크 데리다

남수인 옮김

해체론은 데리다식의 '읽기'와 '글쓰기' 형식이다. 데리다는 '해체들'이라고 복수형으로 쓰기를 더 좋아하면서 해체가 '기획' '방법론' '시스템'으로, 특히 '철학적 체계'로 이해되는 것을 거부한다. 왜 해체인가? 비평의 관념에는 미리 전제되고 설정된 미학적 혹은 문학적 가치 평가에 의거한 비판이라는 부정적인 이미지, 부정성이 필연적으로 내포되어 있는 바, 이러한 부정적인 기반을 넘어서는 讀法을 도입하기 위해서이다. 이 독법, 그것이 해체이다. 해체는 파괴가 아니다. 비하시키고 부정하고 넘어서는 것, '비평의 비평'을 하는 것이 아니다. 해체는 "다른 시발점, 요컨대 판단의 계보·의지·의식 또는 활동, 이원적 구조 등에서 출발하여 다른 가능성을 생각해 보는 것," 사유의 공간에 변형을 줌으로써 긍정이 드러나게 하는 읽기라고 데리다는 설명한다.

《글쓰기와 차이》는 이러한 해체적 읽기의 전형을 보여 준다. 이 책은 1959-1966년 사이에 다양한 분야, 요컨대 문학 비평·철학·정신분석·인류학·문학을 대상으로 씌어진 에세이들을 수록하고 있다. 이 책은 루세의 구조주의에 대한 '비평'에서 시작하여, 루세가 탁월하지만 전제된 '도식'에 의한 읽기에 의해 자기 모순이 포함될 수밖에 없음을 지적함으로써 자신의 읽기가 체계적 읽기, 전제에 의거한 읽기, 전형(문법)을 찾는 구조주의적 읽기와 다름을 시사한다. 그것은 "텍스트의 표식, 흔적 또는 미결정 특성과, 텍스트의 여백·한계 또는 체제, 그리고 텍스트의 자체 한계선 결정이나 자체 경계선 결정과의 연관에서 텍스트를 텍스트로 읽는" 독법이 될 것이다. 이러한 독법을 통해 후설의 현상학을 바탕으로, 데리다는 어떻게 로고스 중심주의가 텍스트의 방향을 유도하고 결정하고 있는지 보여 주는 한편, 사유의 새로운 지평을 열어 보고자, 중요하지 않은 것으로 간주되어 경시되거나 방치된 문제들을 발견하고 있다.

東文選 文藝新書 211

토탈 스크린

장 보드리야르
배영달 옮김

우리 사회의 현상들을 날카로운 혜안으로 분석하는 보드리야르의 《토탈 스크린》은 최근 자신의 고유한 분석 대상이 된 가상(현실)·정보·테크놀러지·텔레비전에서 정치적 문제·폭력·테러리즘·인간 복제에 이르기까지 현대성의 다양한 특성들을 보여 준다. 특히 이 책에서 보드리야르는 오늘날 우리를 매혹하는 형태들인 폭력·테러리즘·정보 바이러스와 관련하여 기호와 이미지의 불가피한 흐름, 과도한 커뮤니케이션, 프로그래밍화된 정보를 분석한다. 왜냐하면 현대의 미디어·커뮤니케이션·정보는 이미지의 독성에 의해 증식되며, 바이러스성의 힘을 지니기 때문이다.

보드리야르는 현대성은 이미지의 독성과 더불어 폭력을 산출해 낸다고 말한다. 이러한 폭력은 정열과 본능에서보다는 스크린에서 생겨난다는 의미에서 가장된 폭력이다. 그리고 그것은 스크린과 미디어 속에 잠재해 있다. 사실 우리는 미디어의 폭력, 가상의 폭력에 저항할 수가 없다. 스크린·미디어·가상(현실)은 폭력의 형태로 도처에서 우리를 위협한다. 그러나 우리는 스크린 속으로, 가상의 이미지 속으로 들어간다. 우리는 기계의 가상 현실에 갇힌 인간이 된다. 이제 우리를 생각하는 것은 가상의 기계이다. 따라서 그는 "정보의 출현과 더불어 역사의 전개가 끝났고, 인공지능의 출현과 동시에 사유가 끝났다"고 말한다. 아마 그의 이러한 사유는 사유의 바른길과 옆길을 통해 새로운 사유의 길을 늘 모색하는 데서 비롯된 것일 터이다. 현대성에 대한 탁월한 통찰력을 보여 주는 보드리야르의 이 책은 우리에게 우리 사회의 현상들을 비판적으로 읽게 해줄 것이다.

東文選 現代新書 74

시 학 — 문학 형식 일반론 입문

다비드 퐁텐
이용주 옮김

　이론 교과로서 시학은 모든 예술 사이에, 아름다움에 대한 학문으로 정의된 미학과 다양한 현존 언어들 사이에, 인간 언어에 대한 과학적 연구로 이해되는 언어학의 중간에 위치한다. 시학은 언어로 된 메시지의 미학적 측면, 즉 순간적인 다량의 의사 소통에서 전달된 정보 이후에 바로 사라지지 않고 수신자에게 메시지를 감지하게 만드는 것에 중점을 둔다.

　2천5백 년 전 아리스토텔레스가 기초를 마련한 시학은 현대에 와서 문학의 특성, 즉 '문학성'에 대한 폭넓은 연구로 바뀌었다. 평가하고 해석하는 비평과 달리 시학은 언어 예술, 언어의 내적 규칙, 언어 기법, 언어 형식을 객관적으로 기술하고자 한다. 이 연구서는 먼저 역사적인 흐름에 따라 요약하고, 서술학, 픽션의 세계, 시적 언어, 의미화 과정, 문학 장르의 까다롭고 아주 흥미로운 문제까지 포함한 근대 문학 이론의 다양한 영역을 통해 심오하고 점진적인 과정을 제시한다.

　저자 다비드 퐁텐 교수는 고등사범학교를 졸업하였으며, 철학 교수 자격 소지자이다.

東文選 文藝新書 173

세계의 비참 (전3권)

피에르 부르디외 外

김주경 옮김

사회적 불행의 형태에 대한 사회학적 투시——피에르 부르디외
와 22명의 사회학자들의 3년 작업. 사회적 조건의 불행, 사회적 위
치의 불행, 그리고 개인적 고통에 대한 그들의 성찰적 지식 공개.

우리의 삶 한편에는 국민들의 일상적인 삶에 대해 무지한 정치 책임자
들이 있고, 그 다른 한편에는 힘겹고 버거운 삶에 지쳐서 하고 싶은 말조
차 할 수 없는 사람들이 있다. 이들을 바라보면서 어떤 사람들은 여론에
눈을 고정시키기도 하고, 또 어떤 사람들은 그들의 불행에 대해 항의를
표하기도 한다. 물론 이들이 항의를 할 수 있는 것은 자신들이 그 불행에
서 벗어나 있기에 가능한 것이다.

여기 한 팀의 사회학자들이 피에르 부르디외의 지휘 아래 3년에 걸쳐
서 몰두한 작업이 있다. 그들은 대규모 공영주택 단지 · 학교 · 사회복지
회 직원, 노동자, 하층 무산계급, 사무직원, 농부, 그리고 가정이라는 세
계 속에 비참한 사회적 산물이 어떠한 현대적인 형태를 띠고 나타나는지
를 이해하고자 했다. 그들이 본 각각의 세계에는 저마다 고유한 갈등 구
조들이 형성되어 있었고, 그 안에서 발생하는 고통을 직접 몸으로 체험
한 자들만이 말할 수 있는 진실들이 있었다.

이 책은 버려진 채 병원에 누워 있는 전직 사회복지 가정방문원이라든
가, 노동자 계층의 고아 출신인 금속기계공, 정당한 권리를 찾지 못하고
떠돌아다닐 수밖에 없는 집 없는 사람들, 도시 폭력의 희생자가 된 고등
학교 교장과 교사들, 빈민 교외 지역의 하급 경찰관, 그리고 이들과 함께
살아가는 수많은 사람들의 만성적이면서도 새로운 삶의 고통을 이야기
한다.

東文選 現代新書 116

공포의 권력

줄리아 크리스테바

서민원 옮김

이 책은 크리스테바가 셀린의 전기적·정치문학적인 경험을 대상으로 한 텍스트를 구상하면서 쓴 책이다. 셀린을 연구하면서, 크리스테바는 셀린이 개인적으로는 질병과 육체의 붕괴나 윤리·도덕의 피폐, 사회적으로는 가족과 집단 공동체의 붕괴 및 제1·2차 세계대전 등이 그에게 편집증적으로 집중되는 주제인 것에 관심을 가지고, 그 지긋지긋한 상태에 대한 접근 방법으로 아브젝시옹을 선택한다.

이 책의 제Ⅰ장은 아브젝시옹에 대한 현상학적 접근 방법으로 이루어져 있다. 제Ⅱ장은 크리스테바가 직접 몸담고 있는 정신분석학적인 접근 방법으로서, 공포증과 경계례의 구조에 의거하여 아브젝시옹의 개념을 명확히 하려는 시도로 이루어져 있다. 제Ⅲ장은 오래 전부터 인간의 의식(儀式)들 속에서 행해지는 정화 행위의 본질이란, 아브젝시옹을 통한 의식이라는 사실에 초점이 맞추어져 있다. 제Ⅳ장과 제Ⅴ장 역시 동서고금을 통해 모든 종교가 억압하려는 아브젝시옹이야말로 종교의 다른 한 면이자 종교 자체를 존재케 하는 힘이라는 사실을 강조한다. 제Ⅵ장에서부터는 셀린의 정치 팜플렛을 중심으로 한 정치·전기·문학상의 경험을 형상화한다.

이 책은 지식의 전달만을 그 목적으로 하지 않는다. 셀린이라는 한 작가의 문학적 경험을 통해, 그다지 중요해 보이지 않는 아브젝시옹이라는 주제에 크리스테바가 그토록 심혈을 기울인 뒤안에는 나름의 이유가 있다. 그 비참과 욕지기나는 더러움이 불러일으키는 통쾌함, 정화 작용의 의미를 되새기면서 현대를 살아가는 우리가 발견해야 할 것들을 가르쳐 주는 것이다.